ALFRED KANTOROWICZ

Politik und Literatur im Exil

Deutschsprachige Schriftsteller im Kampf gegen den Nationalsozialismus

CHRISTIANS

Hamburger Beiträge
zur Sozial- und Zeitgeschichte Band XIV

*Im Auftrag der
Forschungsstelle für die Geschichte
des Nationalsozialismus in Hamburg
und der Hamburger Bibliothek
für Sozialgeschichte und Arbeiterbewegung
herausgegeben von
Werner Jochmann, Werner Johe
und Ursula Büttner*

Ausstattung Alfred Janietz
Gesamtherstellung Clausen & Bosse, Leck Schleswig
Printed in Germany
ISBN 3-7672-0546-7

INHALT

Vorbemerkung

Die vorliegende Arbeit behandelt Schwerpunkte der ineinandergreifenden politischen und literarischen Vollbringungen von insgesamt 2500 deutschsprachigen Schriftstellern, die aus rassischen oder politischen Gründen von den zur Herrschaft gelangten Nationalsozialisten vertrieben worden oder aus eigenem Entschluß ins Exil gegangen waren, weil sie unter diesem Regime nicht arbeiten und nicht leben konnten. Sie bildeten keine Einheit. Alle geistigen, politischen (auch sektiererischen) Strömungen Europas in der ersten Hälfte des 20. Jahrhunderts waren in diesem Ensemble vertreten. Mit dieser Vielspältigkeit verwoben ist die Fluktuation der Schriftsteller, bedingt teilweise durch die Besetzung der Asylländer, die zu neuer Flucht – zumeist in die USA, nach England, Lateinamerika, Schweden und in die Schweiz – zwang; teilweise durch geistige und politische Wandlungen der Exilierten, durch neue Erkenntnisse und Gewissensentscheidungen. Es gibt – außer der Hitlerfeindschaft – für die deutschsprachigen Exilschriftsteller keinen gemeinsamen Nenner. Dieser Nachweis zieht sich durch alle Abschnitte des Buches.

Als beispielhafte Schwerpunkte für wesentliche Erfahrungen und Aktivitäten der Exilschriftsteller sind gewählt: die Veranstaltungen des Schutzverbandes Deutscher Schriftsteller im Exil in Paris – die hundert verzeichneten Vortragsabende, öffentlichen Diskussionen, Kundgebungen, an denen insgesamt Hunderte von namhaften Schriftstellern beteiligt waren, sind einer der Höhepunkte deutschen Geisteslebens in unserem Jahrhundert –; in mittelbarem Zusammenhang damit die Beteiligung auch nichtkommunistischer Autoren deutscher Sprache am Moskauer Schriftstellerkongreß 1934, von dem der anfänglich verkannte unheilvolle »Sozialistische Realismus« ausging, sowie am Internationalen Schriftstellerkongreß zur Verteidigung der Kultur in Paris 1935, der letzten großen geistigen Manifestation Europas vor der Höllenfahrt; die Teilnahme und Anteilnahme der deutschsprachigen Schriftsteller am Spanischen Bürgerkrieg. Auf theoretischer Ebene ist die Realismusdiskussion von besonderer Bedeutung. Sie verbindet Vorkrieg und Nachkrieg miteinander. Das gleiche gilt von den Erwartungen, die mit der Begründung der Deutschen Freiheitsbibliothek oder, wie sie zunächst auch hieß: der Bibliothek der Verbrannten Bücher und dem Tag des Freien Buches, den Gedenkfeiern an den Jahrestagen der Bücherverbrennungen am 10. Mai 1933 in Deutschland, verknüpft waren. Da ist vieles, was als vergangen, als Geschichte erzählt werden sollte, von fast unheimlicher Gegenwärtigkeit. Die Exilsituation hat sich, was Literatur und Kunst betrifft, in der DDR fortgesetzt; die Verbotslisten verlängern sich, Zensur, Totschweigen, Verleumdungen unbequemer Schriftsteller sind dort die Regel, der gewaltsame oder freiwillige Exodus hat schon beachtliche Ausmaße angenommen, und die volkstümliche Intellektuellenhatz in diesem Teil des Landes kann ein Vorbote des Abstiegs in Geschichtslosigkeit sein. Noch kann man das hier ohne unmittelbare Gefährdung aussprechen: das ist der Unterschied. – Die Infragestellung der deutsch-jüdischen Symbiose drängte sich bei dem Thema des Buches von selbst auf.

Die Wahl der Schwerpunkte ist objektiv als repräsentativer Teil des Ganzen gerechtfertigt. Subjektiv erfolgte sie nach dem Gesichtspunkt der Zeugniskraft, um aus eigener Erfahrung und Anschauung, gestützt auf gerettetes Quellenmaterial, den Fälschungen, Verdrehungen, Einseitigkeiten entgegentreten zu können und die oftmals kaum glaubliche Verzerrung der Proportionen zu berichtigen. Krasse Beispiele für solche Manipulationen finden sich im Text. Daß viele Quellen, die in der DDR unter Verschluß sind, sich für mich nicht öffneten, versteht sich von selbst. Die Quellen in der Bundesrepublik sind spärlicher. Manches floß aus dem Ausland zu: aus den USA, aus England, der Schweiz, Österreich. Auf Spekulationen und »Enthüllungen« ließ ich mich nicht ein. Private Zwistigkeiten, Affären sind kein Gegenstand der Untersuchung. Eher ist – vielleicht sogar selbstkritisch – zu bedenken, daß zwielichtige Figuren, die sich später als Agenten, Rufmörder, Söldlinge von Geheimdiensten zu erkennen gaben, ohne jede Wertung am gegebenen Ort genannt werden.

Hunderte, die ihren Anteil am Exilschrifttum und am politischen wie geistigen Widerstandskampf gegen den Nationalsozialismus hatten, werden vorgestellt. Viele andere bleiben unerwähnt, weil sie in den behandelten Zusammenhängen nicht in Erscheinung traten. Darunter sind manche, deren Werke hohen literarischen Rang haben. Die Auswahl ergab sich durch die Schwerpunkte von selbst. Jeder der Genannten steht stellvertretend für andere seinesgleichen.

Daß die Arbeit trotz schwerer, langwieriger Erkrankungen im vorgesetzten Rahmen vollendet werden konnte, habe ich der Geduld, der Nachsicht und dem Zuspruch des Leiters der Forschungsstelle für die Geschichte des Nationalsozialismus in Hamburg, Professor Dr. Werner Jochmann, zu danken. Gern benutze ich die Gelegenheit, auch den Mitarbeitern der Forschungsstelle für Rat, Ermutigung und Hilfe zu danken: Frau Ursula Büttner, die die sehr umständliche und mühevolle redaktionelle Betreuung des Manuskripts übernommen hat, Frau Irene Roch, die den Anmerkungsapparat überprüfte und ergänzte sowie das umfangreiche Namensregister erstellte, und Frau Helga Hermsdorf, die für die Reinschrift des überarbeiteten Textes verantwortlich war.

Sehr hilfreich gezeigt haben sich auch während einer längeren Arbeitsperiode in der Deutschen Bibliothek in Frankfurt Herr Dr. Berthold und seine Mitarbeiter von der Abteilung Exil-Literatur. Kollegiale Gespräche mit den Professoren Walter A. Berendsohn, Stockholm, Hans Wolffheim, Hamburg, und Hans Albert Walter, Hamburg, haben zu Erkenntnissen und Richtigstellungen beigetragen. Besonders verpflichtet bin ich Herrn Jan Hans von der Hamburger Arbeitsstelle für deutsche Exilliteratur, der sich in vielen Fällen bei der Beschaffung von Quellenmaterial sowie mit Auskünften, Rat und praktischer Hilfe präsent gezeigt hat.

Hamburg im Oktober 1977 — Alfred Kantorowicz

1. Bestandsaufnahme und Klarstellungen

Wir gehen bei unserer Betrachtung von der Gegebenheit aus, daß nach Hitlers Machtergreifung 1933 viele deutsche Wissenschaftler, bildende Künstler, Musiker, Architekten, Regisseure und Schauspieler sowie die meisten deutschen Schriftsteller von Bedeutung und Geltung ausgetrieben wurden oder eigenwillig das Land verließen, weil sie unter der Diktatur des Nationalsozialismus nicht leben wollten. Die Zahl der Vertriebenen oder Flüchtenden wuchs mit der Ausdehnung des Machtbereichs der Hitlerherrschaft auf Österreich, die Sudetengebiete und das tschechische Kernland. Auch in Ungarn, Polen, Rumänien gab es zumeist jüdische deutschsprachige Schriftsteller, die bei der Eroberung oder politischen Gleichschaltung dieser Länder fliehen mußten, um ihr Leben zu retten; nur wenigen gelang es, von Polen in die Sowjetunion auszuweichen oder nach Palästina zu entkommen. Vereinzelte deutsch schreibende jugoslawische Schriftsteller waren – ebenso wie Ungarn und Polen – schon in den zwanziger Jahren nach Deutschland übersiedelt und wurden nach 1933 den deutschen Exilgruppen zugerechnet.

Da sich die Forschung erst spät, unsystematisch, mit unzureichenden Mitteln und gegen beharrliche Widerstände der komplexen Thematik angenommen hat, ist bis jetzt noch nicht einmal die Zahl der exilierten deutschsprachigen Schriftsteller ermittelt worden. In der 1970 erschienenen zweiten Auflage des lexikalischen Werkes von Wilhelm Sternfeld und Eva

Tiedemann: »Deutsche Exil-Literatur 1933–1945. Eine Bio-Bibliographie« – der zentralen und bislang wichtigsten Quelle für alle Arbeiten über dieses Gebiet –, sind 1880 Autoren verzeichnet, die als Exilanten ermittelt wurden. In dieser Zahl sind, wie Sternfeld und Tiedemann im Vorwort klarstellen, nicht enthalten »solche Autoren, die keine Möglichkeit zur Flucht hatten und in Gefängnissen und Lagern umgekommen sind; die Sammlung und Verzeichnung ihrer Schriften ist eine Arbeit für sich«. [1]

Der nun über neunzigjährige, aber noch immer tätige Senior und Mentor der Forschung zur deutschsprachigen Exilliteratur, Walter A. Berendsohn, der bis 1933 an der Universität Hamburg wirkte und jetzt in Stockholm lebt, hat in einer Besprechung der Neuauflage dieses »Exil-Lexikons« darauf hingewiesen, daß es trotz der 400 hinzugekommenen Autoren immer noch unvollständig ist. Als Beispiele führt er zwei Zeugnisse an: Helmut Müssener, der sich seit 1968 mit der »Grundforschung« in Schweden befaßt,[2] habe »in diesem abseitigen Lande etwa 40 solcher Autoren festgestellt, die im Lexikon fehlen«; und in der dritten Auflage des von Desider Stern zusammengestellten Katalogs zur Ausstellung »Werke jüdischer Autoren deutscher Sprache« [3] habe er selbst die Namen »fast 200 aus dem Dritten Reich ausgewanderter Autoren« gefunden, die das Lexikon nicht enthalte. Es handelt sich zumeist um Schriftsteller (im weitesten Begriff), die nach Israel eingewandert sind, wo es noch keine Sammel- und Forschungsstelle für die deutschsprachige Exilliteratur gibt. Berendsohn berichtet, daß man in Israel schätze, etwa 700 bis 1000 deutschsprachige Schriftsteller seien »aus dem Machtbereich Hitlers dort eingewandert«. Im Vorwort zur zweiten Auflage des Exil-Lexikons wird jedoch glaubhaft erklärt, daß eine Anzahl deutschsprachiger jüdischer Schriftsteller, die nach Palästina ausgewandert sind, sich nicht als Exilanten fühlten, da sie »in ihre Heimat zurückgekehrt« seien. Die Namen dieser und anderer fehlten, weil sie nicht aufgenommen zu werden wünschten.

Seit vor einigen Jahren auch die amerikanische Forschung sich der deutschen Exilliteratur angenommen hat, werden weitere Vergessene und Verschollene entdeckt. Von den überlebenden Exilanten erinnern sich bei der Durchsicht des Exil-Lexikons manche an deutschsprachige Schriftsteller, die nicht genannt worden sind, obwohl sie im Exil waren oder noch sind – zumeist allerdings mit neuer Staatsangehörigkeit als Amerikaner, Engländer, Franzosen, Israelis usw. Das muß nicht in jedem Fall Übersehen sein; es kann auch mit dem Prinzip der Edition zusammenhängen. In der Erstausgabe wurde das Exil auf die Jahre 1933 bis 1945 beschränkt. Die Neuausgabe gibt nur wenig mehr Spielraum. In der Einleitung wird dazu erklärt: »Weder der Zeitraum noch der Personenkreis konnten aber, wie manche Kritiker wünschten, klar und fest abgegrenzt werden, denn die vielfältige Wirklichkeit des Exils läßt sich nicht in einen engen Rahmen pressen – letztlich spiegelt unsere Bibliographie das unsichere, wechselhafte und ganz verschiedenartige Schicksal der Menschen, von denen sie handelt. Sehr viele in den Jahren 1933–1945 entstandene Werke konnten erst später erscheinen, weil die Verfasser im fremden Land keinen Verleger gefunden hatten; sie konnten auch nach Beendigung des Krieges nicht sofort in Deutschland publiziert werden, weil hier das Papier knapp und Verleger-Lizenzen zunächst selten waren. Zudem hinderten einige Asylländer die Heimkehrwilligen oft längere Zeit an der Ausreise. Aus diesen Gründen haben wir bei den Zurückgekehrten die Zeitgrenze auf etwa 1948 festgesetzt; bei den in ihren Asylländern Gebliebenen gilt als äußerste Grenze 1950.«[4]

Diese bewußte Begrenzung macht verständlich, warum sich neben vielen anderen der Name eines in der Bundesrepublik so hochgeschätzten Dichters wie Paul Celan im Exil-Lexikon nicht findet. Der berühmte Verfasser der »Todesfuge«, der 1970 im Exil in Paris den Freitod wählte, dichtete jenseits der festgelegten Zeitmauer, ebenso wie der in London lebende junge Arno Reinfrank, der Ende der sechziger Jahre mehrere ansehnliche Preise für seine Gedichte erhielt. In der Grundsatzerklärung zur Neuauflage heißt es weiter: »Selbstverständlich haben wir Lebenserinnerungen, die das Exil betreffen, ohne irgendeine zeitliche Begrenzung aufgenommen (übrigens auch solcher Personen, die sonst nicht als Schriftsteller hervorgetreten sind).«[5] Da ist zu fragen, warum ein so bekannter Autor wie Wolfgang Leonhard fehlt, dessen autobiographischer Bericht über seine Jugend im sowjetischen Exil unter dem Titel »Die Revolution entläßt ihre Kinder« ein aufsehenerregender internationaler Erfolg wurde.[6]

Wie bei diesen kritischen Anmerkungen ist es in dieser Studie generell ein Prinzip, unter den Tausenden von Schriftstellern im Bereich der deutschsprachigen Exilliteratur wenn möglich stellvertretend für andere solche Namen zu wählen, die für heutige Leser noch ein Begriff sind oder doch wenigstens eine Erinnerung anklingen lassen. Aber die Einwände und Fragen zum Exil-Lexikon sollen dessen Wert nicht schmälern; vielmehr ist seine zentrale Bedeutung für die Forschung zu unterstreichen. Das Werk ist ein Kristallisationspunkt. Erst nachdem die enorme Zahl von nahezu 1900 exilierten Schriftstellern rubriziert worden war, konnte man feststellen, wer und welche Bücher, Schriften, Übersetzungen, nachgelassenen Manuskripte nachzutragen bleiben. Berendsohn nimmt an, daß diese Aufgabe »nur durch systematische internationale Zusammenarbeit in etwa 20 Jahren gelöst werden« könne.[7]

Eine weitere Einschränkung der Bestandsaufnahme machen die Verfasser des Exil-Lexikons in bezug auf die sogenannte »innere Emigration«.

Dieser Begriff ist bald nach Kriegsende zum Streitgegenstand geworden. Am 18. August 1945 veröffentlichte die Münchener Zeitung einen offenen Brief von Frank Thieß an Thomas Mann mit der Überschrift: »Die innere Emigration«. Die an dieses pamphletistische Schreiben anknüpfende Polemik hat lange Zeit das Verhältnis der exilierten Schriftsteller zu den im Lande gebliebenen belastet und viele Exilanten von der Heimkehr in ihr ehemaliges Vaterland abgehalten, denn Thieß machte sich zum Sprecher des »Volksempfindens«, als er darauf bestand, deutsche Schriftsteller – seine jüdischen Freunde nahm er aus – hätten die Ehrenpflicht gehabt, im Lande zu überdauern, und nicht »aus den Logen und Parterreplätzen des Auslandes der deutschen Tragödie« zuschauen dürfen. Er fuhr fort: »Es ist nun einmal zweierlei, ob ich den Brand meines Hauses selbst erlebe oder ihn in der Wochenschau sehe, ob ich selber hungere oder vom Hunger in den Zeitungen lese, ob ich den Bombenhagel deutscher Städte lebend überstehe oder mir davon berichten lasse.«

Angesichts der Leichenfelder des Exils, der materiellen Not, der Verfolgungen, Entrechtungen, Demütigungen, Einkerkerungen, der Lebensangst und der Todesangst, den »Leiden an Deutschland«, dem »Herzasthma des Exils« (beides Begriffsprägungen Thomas Manns), der Bewahrung der deutschen Sprache und der besten deutschen Überlieferung durch die Exilanten kann man die Erbitterung des solchermaßen abqualifizierten Thomas Mann – und seiner Schicksalsgefährten – über diese von Ahnungslosigkeit und Selbstgerechtigkeit zeugende Kundgebung wohl verstehen. In »Entstehung des Doktor Faustus. Roman eines Romans« schrieb er zornig: »Gleichzeitig ging ... ein schiefer und aufreizender Artikel von Frank Thieß aus der ›Münchener Zeitung‹ ein, jenes Dokument, worin eine Körperschaft, genannt ›Innere Emigration‹, sich mit vieler Anmaßung etablierte: die Gemeinde der Intellektuellen, die ›Deutschland die Treue gehalten‹, es ›nicht im Unglück im Stich gelassen‹, seinem Schicksal nicht ›aus den bequemen Logen des Auslandes zugesehen‹, sondern es redlich geteilt hatten ...«[8]

Die Auseinandersetzung hat fortgezeugt – bis zum heutigen Tag. Sie ist paradigmatisch. Sie erklärt, warum von Tausenden exilierter deutschsprachiger Schriftsteller so wenige in die Bundesrepublik zurückgekehrt sind – oder sie nach kurzfristiger Rückkehr wieder verlassen haben; sie erklärt die vielfachen Vorbehalte gegen die »Exilliteratur« und den lange anhaltenden Unwillen, sich mit diesem Gebiet zu beschäftigen. Sie erklärt, warum die achtbändige Ausgabe der literaturkritischen und politischen Schriften und Reden Thomas Manns für insgesamt 20 DM – 2,50 DM pro Band – verramscht werden mußte und trotzdem ein Ladenhüter blieb. Sie erklärt die Invektiven gegen Heinrich Mann in neuen deutschen Literaturgeschichten und seine Unterschätzung in der breiten Öffentlichkeit. Sie erklärt aber auch die von mir nicht geteilte Ansicht vieler im Ausland lebender und lehrender oder forschender Literaturwissenschaftler, daß es so etwas wie eine »innere Emigration« nie gegeben habe.

Berendsohn hat sich in Rede und Schrift zum Verfechter dieser These gemacht. Die von ihm begründete, von Helmut Müssener geleitete Stockholmer Koordinationsstelle zur Erforschung der deutschsprachigen Exilliteratur hat ihrem im Herbst 1971 versandten Arbeitsbericht einen hektographierten Artikel von Berendsohn zur Frage der »inneren Emigration« beigefügt. Daß seine entschiedene Weigerung, sie anzuerkennen und zu einem Teilgebiet der Forschung zu machen, nicht auf Ressentiments oder gar Deutschfeindlichkeit beruht, weiß jeder, der seine Arbeiten über »Die humanistische Front« kennt. In dem Kapitel »Das andere Deutschland. Illusion oder Wirklichkeit« hat er den Hitleropfern und den Widerstehenden in Deutschland Kredit gegeben.[9] Es ist seine wissenschaftliche Überzeugung, daß »innere Emigration« ein Widerspruch in sich selbst sei. In dem bezeichneten Artikel schreibt er: »›Innere Emigration‹ kann doch nur den Sinn haben, dass man sich zurückzieht von aller Wirksamkeit, keinen Anteil mehr nimmt am Zeitgeschehen, sich völlig dem ›inneren Leben‹ zuwendet.«[10] Berendsohn erinnert an das Verstummen von Karl Kraus, des vormals so Wortmächtigen, der in Nummer 888 seiner »Fackel«, die im Oktober 1933 nach zehnmonatiger Zäsur erschien, in einem zehnzeiligen Gedicht bekannte: »Das Wort entschlief, als jene Welt erwachte.«

Da die Frage, ob das Schweigen bekannter Dichter und Schriftsteller als passiver Widerstand, Verweigerung der Gefolgschaft und somit als eine Art »inneres Exil« gewertet werden kann, nicht nur für die Jahre der Hitlerdiktatur sich stellt, sondern in jeder Zwangsherrschaft von Bedeutung ist (also zum Beispiel auch heute Aufschluß über den Druck auf das geistige Leben im anderen Teil Deutschlands geben kann), sei ein Extempore erlaubt: Bert Brecht, dessen Genie der weitsichtige Karl Kraus frühzeitig erkannte und der seinerseits dem scharfzüngigen Moralisten Respekt bezeugte, hat in einem noch nicht genügend beachteten Beitrag zu einer Gedenkschrift anläßlich des 60. Geburtstages von Kraus die tiefere Bedeutung des Verstummens des ehemals so Beredten interpretiert:[11]

»In einem zehnzeiligen Gedicht
erhob sich seine Stimme, einzig um zu klagen,
daß sie nicht ausreiche.
Wenn die Greuel ein bestimmtes Maß erreicht haben,
gehen die Beispiele aus.
Die Untaten vermehren sich
und die Weherufe verstummen.

Die Verbrechen gehen frech auf die Straße
und spotten laut der Beschreibung.
Dem, der gewürgt wird,
bleibt das Wort im Halse stecken.
Stille breitet sich aus und von weitem
erscheint sie als Billigung.
...
Als der Beredte sich entschuldigte,
daß seine Stimme versage,
trat das Schweigen vor den Richtertisch,
nahm das Tuch vom Antlitz und
gab sich zu erkennen als Zeuge.«

Berendsohn will diese Not des In-sich-hinein-Schweigens nicht als eine Komponente der Exilsituation anerkennen. Er beharrt: »Es hat zweifellos viele gegeben, die bis zur inneren Lähmung gelitten haben unter dem seelischen Druck ihrer Umwelt im Dritten Reich. Aber ich sehe keinerlei Grund, dieses innermenschliche Geschehen als Heldentum zu rühmen und es mit der Emigration in irgendwelche Verbindung zu bringen.«[12]

Bei aller ihm schuldigen Ehrerbietung, hier kann ich dem Vorkämpfer und Wegbereiter der Forschung über die deutschsprachige Exilliteratur nicht folgen. Ich lese in Joseph Wulfs Dokumentation »Literatur und Dichtung im Dritten Reich« die Briefe Ricarda Huchs an den Präsidenten der Preußischen Akademie der Künste Max von Schillings, in denen sie ihren freiwilligen Austritt aus der bereits von Juden, Pazifisten und Liberalen »gesäuberten« Akademie begründet. Vom Präsidenten aufgefordert, ihr Austrittsgesuch rückgängig zu machen und als gute Deutsche »am nationalen Aufschwung« teilzunehmen, beruft sie sich in einem Brief aus Heidelberg vom 24. März 1933 auf »das Recht der freien Meinungsäußerung«, und auf abermaliges Drängen erwidert sie in einem endgültig abschließenden Schreiben vom 9. April 1933: »Daß ein Deutscher deutsch empfindet, möchte ich fast für selbstverständlich halten; aber was deutsch ist, und wie Deutschtum sich bestätigen soll, darüber gibt es verschiedene Meinungen. Was die jetzige Regierung als nationale Gesinnung vorschreibt, ist nicht mein Deutschtum. Die Zentralisierung, den Zwang, die brutalen Methoden, die Diffamierung Andersdenkender, das prahlerische Selbstlob halte ich für undeutsch und unheilvoll. Bei einer so sehr von der staatlich vorgeschriebenen Meinung abweichenden Auffassung halte ich es für unmöglich, in einer staatlichen Akademie zu bleiben. Sie sagen, die mir von der Akademie vorgelegte Erklärung werde mich nicht an der freien Meinungsäußerung hindern. Abgesehen davon, daß eine ›loyale Mitarbeit an den satzungsgemäß der Akademie zufallenden nationalen und kulturellen Aufgaben im Sinne der veränderten geschichtlichen Lage‹ eine Übereinstimmung mit dem Programm der Regierung erfordert, die bei mir nicht vorhanden ist, so würde ich keine Zeitung oder Zeitschrift finden, die eine oppositionelle Meinung abdruckte. Da bliebe das Recht der freien Meinungsäußerung in der Theorie stecken.« [13]

Ein französischer Germanist, der überragende, an der Sorbonne und dem Collège de France lehrende und forschende Professor Robert Minder, dem 1969 der Hansische Goethe-Preis verliehen wurde, forderte in seinem Buch »Dichter in der Gesellschaft«, dieser Brief Ricarda Huchs müßte in jedem deutschen Lesebuch stehen. [14] Dafür ist die Zeit noch nicht reif. Man könnte es auch anders sagen: Die Zeit, in der das selbstverständlich erschien, ist längst vergangen, denn nach dem Ende des »Reiches der Hölle« – es sind Ricarda Huchs Worte – waren Ost und West sich darin einig, daß sie das Präsidium des ersten – und letzten – gesamtdeutschen Schriftstellerkongresses übernahm, der Anfang Oktober 1947 im sowjetischen Sektor der noch ungeteilten Hauptstadt Berlin stattfand. Da traf man (wenn nicht schon zuvor) einander wieder, und es gab keine Mißverständnisse, keine Vorbehalte zwischen denen, die draußen, und denen, die im Lande – und sei es durch beredtes Schweigen – die deutsche Literatur vertreten hatten. Die es betraf, wußten voneinander; sie sprachen eine Sprache. Wahrhaftig, beim Wiedersehen mit Bernhard Kellermann, Peter Suhrkamp, Elisabeth Langgässer, Paul Wiegler, Axel Eggebrecht – um nur einige der im Lande Verbliebenen zu nennen, die damals in Berlin lebten oder aus den Westzonen zum Kongreß gekommen waren – bedurfte es keiner Erklärungen; natürlich auch nicht, wenn man später anderswo Hans Henny Jahnn oder Kasimir Edschmid oder Emil Belzner oder Erich Kästner oder Karl Jaspers oder Hermann Kasack oder Walter von Molo sprach; die Überlebenden der Lager oder Zuchthäuser des Hitlerstaates wie Ernst Niekisch, Günther Weisenborn, Rudolf Pechel, Ernst Wiechert und wie viele andere waren ohnehin besser ausgewiesen als die Exilanten.

Diese Beweisführung besagt keineswegs, daß die Genannten oder Nichtgenannten einig gewesen wären. Im Gegenteil: Es ist meine These, daß gerade die Vielspältigkeit ein ganz entscheidendes Charakteristikum der Schriftstellergruppen im Exil war. Jedoch meine ich, daß in dieser Vielheit auch die ihren Platz finden, die durch ihr Nichtmitmachen, Nichtdabeisein, ihr Verstummen oder ihre in äsopischer Sprache verschlüsselte Absage an die Gewalthaber und Untäter den Nachweis erbracht haben, in eine »innere Emigration« entwichen zu sein. Die Verschiedenheit der Existenzbedingungen, der Ausdrucksmöglichkeiten draußen und drinnen wird nicht übersehen. Doch solche Verschiedenheiten bestanden auch zwischen denen, die in Frankreich interniert wurden oder nach der Besetzung im

Untergrund illegal überlebten, und denen, die in den USA Freizügigkeit und Arbeitserlaubnis besaßen; noch krasser waren die Unterschiede zwischen den zahlreichen literarisch bedeutenden Schriftstellern, die in England Asyl gefunden hatten, und der politisch fast homogenen Gruppe, die in der Sowjetunion Zuflucht gesucht hatte und sich – seit 1936 bei Gefahr ihres Lebens – den Normen des Parteisekretariats für Literatur, Kunst und Wissenschaft beugen mußte. Der Einsiedler Karl Wolfskehl in Neuseeland war nicht nur räumlich weltweit entfernt von Bertolt Brecht, der am dänischen Sund die Svendborger Gedichte und »Die Gewehre der Frau Carrar« schrieb; aber er war im Lebensgefühl dem im Lande verbliebenen und bis zur Verzweiflung unter der Barbarei leidenden Dichter Oskar Loerke sehr nahe. Der freiwillig ins Exil gegangene, betont deutsch empfindende Neuromantiker Albrecht Schaeffer hatte zu Ernst Wiechert literarisch weit engere Beziehung als, sagen wir, zu dem emigrierten gesellschaftskritischen Romancier Lion Feuchtwanger. Auch hier beschränken wir uns auf diese wenigen Beispiele, die leicht zu vervielfachen wären.

Die Abgrenzung mag in einzelnen Fällen schwierig sein. Nach 1945 geriet man mit dem sehr dehnbaren Begriff des »inneren Exils« oder des »inneren Widerstandes« ins Uferlose, Sumpfige. Heute, 1977, ist in der Bundesrepublik der Verdacht, daß Unzugehörige sich selbst dem »inneren Exil« zurechnen, nahezu gegenstandslos geworden, denn es gilt als normal und keineswegs als unehrenhaft, dabeigewesen zu sein; eher sind es die damals Abseitsstehenden, die ihr Nichtdabeigewesensein zu erklären und zu verantworten haben. Einen Vorteil hat niemand mehr von der Beteuerung seiner Zugehörigkeit zum »inneren Exil« zu erwarten. Verneint man den Tatbestand des »inneren Exils«, so tut man auch denen Unrecht, die nach 1945 als Schriftsteller in ähnliche Zwangslagen gerieten wie ihre unwilligen Kollegen im Dritten Reich. In verkleinertem Umfang hat das Exil sich fortgesetzt: von Theodor Plievier, der schon 1947 aus der damaligen sowjetischen Besatzungszone in den Westen floh – Übersiedlung konnte man die Abkehr des vormaligen Exilanten in der Sowjetunion nicht nennen – und der dann im Exil in der Schweiz 1955 starb, bis zu Peter Huchel, der sich nach jahrelangem Schweigen als fast Siebzigjähriger die Ausreise ertrotzte; von Professor Wolfgang Abendroth, der dann in Marburg lehrte, bis zu Professor Ernst Bloch, der mit 77 Jahren noch einmal alles preisgab und Zuflucht in Tübingen fand; von Peter Jokostra zu Manfred Bieler, von Carola Stern zu Gerhard Zwerenz sind in nicht enden wollender Reihe Dichter, Geisteswissenschaftler, Dramatiker, Erzähler, Publizisten aus dem Staatsgebiet der DDR emigriert oder geflohen, weil sie sich den stalinistischen oder poststalinistischen Regeln für Literatur und Wissenschaft nicht gleichschalten lassen wollten.

Seit dem Bau der Mauer und der fast lückenlosen Vernietung der Staatsgrenzen der DDR gibt es auch wieder das »innere Exil«, das sich vornehmlich durch Verstummen kenntlich macht. Die Übergänge von der passiven zur aktiven Resistenz sind flüssig. Von Robert Havemann, der schon in den Todeszellen der Nationalsozialisten seinen Mann gestanden hat und der seit den sechziger Jahren wegen seiner Vorlesungen und Veröffentlichungen über »Dialektik ohne Dogma«[15] als Staats- und Parteifeind gilt, hat man gehört; auch von dem zornigen Bänkelsänger Wolf Biermann. Von vielen anderen, die in bitterem Schweigen beharren, obwohl – oder weil – sie viel zu sagen hätten, weiß man nichts. Namen zu nennen käme einer Denunziation gleich. Will man mir glauben, daß ich in meinem Gedächtnis manche Namen von solchen bewahre, denen »das Wort entschlief«.

Auch wenn man das »innere Exil« nicht einbezieht, ist auf Grund der bisher vorliegenden Forschungsergebnisse anzunehmen, daß weit über zweitausend Dichter, Schriftsteller und Publizisten deutscher Sprache aus dem Dritten Reich, den besetzten Ländern und den Satellitenstaaten fliehen mußten oder freiwillig in die Fremde gingen. Es war ein Exodus des Geistes, der in der uns bekannten Geschichte nicht seinesgleichen hat.

Austreibung, selbstgewähltes Exil, Scheiterhaufen für Dichter, Denker und Propheten und ihre in Schrift oder Druck überlieferten Hohelieder, Weissagungen und Lehren hat es zu allen Zeiten gegeben. Das weiß jeder Sekundaner und jeder, der die Bibel gelesen hat. Die ehrwürdigsten Namen der abendländischen Geistesgeschichte sind mit diesem Schicksal verknüpft. Das »In-die-Wüste-Gehen« ist für geistige und schöpferische Menschen kein leidend hingenommenes Unglück, sondern Vorbereitung auf die Berufung. Viele der unsterblichen Werke der Weltliteratur sind hinter Kerkermauern oder als Kampfschriften im Exil entstanden. Geschichtlich naheliegende Beispiele sind der »Don Quijote« des Häftlings Cervantes oder die von heiligem Haß gegen die Vergewaltiger seiner Vaterstadt Florenz glühenden Terzinen der »Göttlichen Komödie« des mehrfach zum Tode der Verbrennung bei lebendigem Leibe verurteilten Exilierten Dante. Von »Dantons Tod« des Flüchtlings Georg Büchner zu den »Châtiments« des Frondeurs Victor Hugo, der in gnadenloser Einsamkeit auf der Insel Guernsey 19 Jahre lang der Despotie in seinem Vaterlande Frankreich trotzte; von Heines »Wintermärchen« zu Brechts »Svendborger Gedichten«; von Marx' »Kapital« zu Ernst Blochs »Prinzip Hoffnung«; von Thomas Manns »Leiden an Deutschland« zu Nelly Sachs' »Von Flüchtigen und Flucht« erstreckt sich die Kette der im Exil entstandenen großen Werke Glied an Glied.

Aber schon durch die Namen Brecht, Bloch, Thomas Mann, Nelly Sachs ist angedeutet, daß nach 1933 nicht wie etwa 1848 eine homogene Gruppe infolge revolutionärer oder konterrevolutionärer Umwälzungen die Heimat verlassen mußte. Tatsächlich stellte der Rückfall in die Barbarei, der sich in den Bücherverbrennungen manifestierte, die Gesamtheit der deutschsprachigen Schriftsteller in all ihren Schichtungen, Richtungen, religiösen, politischen, weltanschaulichen und künstlerischen Überzeugungen vor die Entscheidung. Die Deutschland verließen, repräsentierten alle denkbaren Nuancen der Literatur des Zeitalters.

Zudem änderte sich die Exilsituation ständig: Viele, wahrscheinlich die meisten, erlebten sie als einen Entwicklungsprozeß. Man wechselte die Länder, die Anschauungen, den Glauben, die Staatsbürgerschaft, in einigen Fällen auch die Sprache, in der man schrieb. Aus Freigläubigen wurden bekennende Juden. Kommunisten konvertierten zum Katholizismus. Bürgerliche Liberale bekehrten sich zum Marxismus. Apolitische Schöngeister wurden engagierte österreichische Legitimisten. Bekannte Gesellschaftskritiker verkrochen sich in Elfenbeintürme. Pazifisten wurden streitbare Verfechter des Abwehrkampfes gegen den Nationalsozialismus. Diese noch unübersichtliche, ungeordnete, teilweise unentdeckte Vielfältigkeit der Exilliteratur erschwert jede wertsetzende Beschreibung.

2. Einführungen in die Geschichte der deutschsprachigen Literatur im Exil

Frühe Vorarbeiten

Schon nach dem ersten Jahrfünft des Exils, also noch vor Ausbruch des Krieges, der die Masse der Exilschriftsteller nochmals umschichtete, sind einige Versuche der Bestandsaufnahme und Gliederung unternommen worden. Sie konnten verständlicherweise nicht mehr als ergänzungs- und revisionsbedürftige Vorstudien sein, und als solchen gebührt ihnen Dank.

Im Jahre 1938 erschien in Paris eine Studie von Alfred Döblin, betitelt »Die deutsche Literatur im Ausland seit 1933. Ein Dialog zwischen Politik und Kunst«.[1] In der nur 60 Seiten umfassenden Schrift unterteilt Döblin die deutsche Literatur von der Jahrhundertwende bis 1933 in drei Hauptströmungen: eine konservative, zurückblickende Gruppe, eine in der Mitte angesiedelte, humanistische Gruppe und eine in sich gespaltene »geistesrevolutionäre« Gruppe. Zu den Konservativen zählt er Wilhelm von Scholz, Hermann Stucken, Rudolf G. Binding, Walter von Molo, Hans Carossa, Hermann Stehr, Paul Ernst, Josef Ponten, Wilhelm Schäfer, Erwin Guido Kolbenheyer – nur bedingt Ricarda Huch und Stefan George. Als Vertreter der humanistischen Gruppe nennt er Heinrich Mann, mit Vorbehalt Gerhart Hauptmann, uneingeschränkt (trotz persönlicher Abneigung) Thomas Mann, ferner Jakob Wassermann, Bruno Frank und die Österreicher Hofmannsthal und Schnitzler. Die von ihm so genannte »geistesrevolutionäre«

Strömung umfaßt trotz Gegensätzen und Generationsunterschieden Georg Kaiser, Carl Sternheim, Fritz von Unruh, Bertolt Brecht, Ernst Toller, Else Lasker-Schüler, Alfred Wolfenstein, Franz Werfel, Franz Kafka, Ernst Weiß, Leonhard Frank, Hermann Kesten, Joseph Roth, Anna Seghers, Gustav Regler, aber auch Ernst Jünger, Arnolt Bronnen, Ernst von Salomon. Bei dieser ohnedies heterogenen Gruppe macht er zwischen Deutschen und Österreichern keinen Unterschied.

Alle drei Gruppen sind von der 1933 erzwungenen Spaltung betroffen. Die Konservativen bejahen vieles, z. B. die »Hohenstaufenträume«, auch die Neigung zum Ständestaat, aber manche »hatten sich das Ganze mehr dekorativ, wie die Festwiese im 3. Akt der Meistersinger oder à la Parsifal mit oder ohne Blumenmädchen vorgestellt. Sie merken, dass sie vorbei geträumt haben«. Und »Stefan George wird den Wunsch empfinden auszuwandern«.[2] Von den Profiteuren des Umbruchs, die in den Akademien, Theatern, Verlagen mit ihren völkischen Literaturerzeugnissen die Plätze der Ausgetriebenen oder Schweigenden einnehmen, spricht Döblin nicht. Daß die »humanistische Gruppe« stärker von den Ereignissen betroffen ist, versteht sich von selbst. Aber auch die dritte Gruppe der »Geistesrevolutionäre« ist zerrissen in Links- und Rechtsradikale. Gottfried Benn, dessen anfängliches Bekenntnis zu Hitler so viele Schriftsteller überraschte, enttäuschte und sogar wie Klaus Mann empörte, erteilt Döblin Absolution. »Nun sitzt er gefangen bei der als dionysisch gefeierten Macht und feiert nicht mehr.«[3]

Das Urteil deckt sich übrigens mit dem eines anderen Zeitzeugen, Oskar Loerke, der die »Jahre des Unheils« – so der Titel seiner geheimen Aufzeichnungen – im Lande erlebte und in lange nach seinem Tode von dem Freund Hermann Kasack veröffentlichten Tagebüchern darstellte. Dabei ist Loerke, dem ja alles unmittelbarer unter die Haut ging, in anderen Fällen unversöhnlich. Über die Konstituierung der neuen, von Juden, Pazifisten, Demokraten und anderen Linken »gereinigten« Sektion Dichtkunst der Akademie der Künste schreibt er unter dem Datum des 9. Juni 1933: »Im übrigen waren die Herren Nationalisten sehr unter sich. Schäfer, immer zu hysterischen Wutausbrüchen neigend, brüllend, schwarzer Alberich. Das tückische, aufgeblasene breiige Nichts Kolbenheyer, stundenlang redend«; und später, aber noch unter dem gleichen Datum: »Benn rief an, entsetzt von den negativen Ereignissen des Vortags, ›diesen Wahlen, diesen Menschen‹.«[4]

Döblin sieht in der Verlorenheit Benns die Bestätigung für sein Axiom, daß Dichtung nicht gleichgeschaltet werden kann. »Während einer politischen Gleichschaltung befindet sich, wie im Krieg, alle Literatur im Exil . . . Daher sind auch die Reste der Literatur, die im Lande verblieben sind, zu einem unnatürlichen Vegetieren verurteilt ... Freiheit gehört so sehr zum Wesen des Kunstschaffens und der literarischen Produktion, dass bei ihrem Fortfall von Kunst oder Literatur eben nicht mehr die Rede sein kann.« Das bezieht sich bei ihm nicht nur auf die nationalsozialistische Diktatur. Er verallgemeinert: »Jede Dogmatik erlebt hier früher oder später ein Fiasko.«[5]

Dieser Gefahr sind die exilierten Schriftsteller nach Döblins Meinung nicht ausgesetzt. Er folgert: »Anämie, Entkräftung, geistige und moralische Schrumpfung ist so wenig sichtbar bei den Schriftstellern draussen, dass wahrscheinlich spätere Literarhistoriker bei den wichtigsten ihrer Werke vergeblich nach Zeichen der Auswanderung suchen werden.«[6] Die besonderen Umstände des Exils, die materielle Not, die Heimatlosigkeit werden nicht übersehen – dennoch: »Jawohl, wir sitzen unverändert weiter für uns, jeder für sich, genau wie in der Heimat.«[7] Damit ist, frühzeitig schon, die Vielspältigkeit des Exils bezeichnet. Gewiß, es gibt Parteiungen, Gruppierungen, Spaltungen, literarische, ästhetische, politische Richtungskämpfe, aber unter zweitausend deutschsprachigen Schriftstellern sind zumindest eintausendfünfhundert Individualisten, die trotz veränderter Umstände »jeder für sich« denken, schreiben, kämpfen, hoffen, verzweifeln, sich anpassen, sich widersetzen, sich aufgeben, sich behaupten, reifen oder zurückfallen.

Döblin warnt vor Kurzschlüssen. Viele deutsche Schriftsteller, so fürchtet er, enden beim »Kurzschluss in die Mystik«. Da gerade er »ein Mann mit seinem Widerspruch« war – seine Widersprüchlichkeit ist ein Kennzeichen seiner Bedeutung –, war er gegen Kurzschlüsse nicht gefeit. Besonders eifervoll wendet er sich gegen das Engagement in der Politik: »Es ist lächerlich und herausfordernd, wenn sich Theoretiker (und Autoren) hinstellen und zu sogenannten ›antifaschistischen‹ Werken animieren. Man soll uns in Ruhe arbeiten lassen. Wir sind die deutsche Literatur im Ausland und lassen uns über unsere Aufgaben von keinem Politiker belehren ... Unverantwortlich und abscheulich ist das Cliquenwesen der deutschen Parteien, das auch im Ausland in die literarische Kritik eingreift und sich freundliche, totzuschweigende und feindliche Autoren züchtet.«[8]

Im zweiten Teil seines Essays, dem er den – anfechtbaren – Titel »Revue der Auswanderer« gibt, nennt Döblin einige Repräsentanten der deutschsprachigen Exilliteratur. Die Lyrik ist vertreten durch Else Lasker-Schüler, die damals in Palästina lebte, Alfred Wolfenstein, gerade von Prag nach Paris übersiedelt, Paul Zech in Südamerika, Max Herrmann-Neiße in London, Johannes R. Becher in Moskau, Bertolt Brecht in Dänemark. Den nächsten Abschnitt überschreibt er: »Das fehlende Drama«. Dabei übersieht er, daß Brecht, Friedrich Wolf, Ernst Toller, Georg Kaiser, Ferdinand Bruckner, Julius Hay, Rudolf Leonhard, Carl Zuckmayer (dieser allerdings erst wieder nach 1938 in den USA) und einige Jüngere wie z. B. Theodor Fanta als Dramatiker produktiv blieben.

Als Vertreter der »Allerweltsform des Romans« nennt Döblin zuerst Jakob Wassermann (der als Reichsdeutscher schon längere Zeit vor seinem Tode 1934 in Österreich lebte); auf ihn folgen Heinrich und Thomas Mann, Stefan Zweig und Bruno Frank; unter der Überschrift »Pele-Mele« summiert er René Schickele, Leonhard Frank, Ernst Weiß, Arnold Zweig, Lion Feuchtwanger, Georg Hermann, Emil Ludwig und am Ende den Emigranten wider Willen Rudolf Borchard, einen jener vielen Juden, die lieber im Lande geblieben wären und sich – wie in Italien – mit dem neuen Regime arrangiert hätten, wenn der manische Antisemitismus Hitlers sie nicht gezwungen hätte auszuwandern.

Von Carl Sternheim wird erwähnt, daß er im Exil eine Autobiographie begonnen habe. Zu den jüngeren Autoren rechnet Döblin Joseph Roth, Hermann Kesten, Klaus Mann, Oskar Maria Graf, Anna Seghers, Gustav Regler, Bernard von Brentano, Irmgard Keun. In einer Nachbemerkung werden so unterschiedliche Schriftsteller wie Vicki Baum, Franz Werfel, der »derbe Zuckmayer«, der »elegante« Remarque und der »in die erste Reihe« gehörige Robert Musil zusammengefaßt.

Obwohl nur eine begrenzte Auswahl damals bekannter Schriftsteller der schöngeistigen Literatur mit Namen genannt wird, gerät auch Döblin schon beim ersten Versuch, Übersicht zu gewinnen, in die Verlegenheit der Aufzählung von heute zumeist Vergessenen oder in Schubfächern der Literaturgeschichte Abgelegten. Dabei wahrt Döblin im Jahre 1938 den Vorteil, die noch in Deutschland Verbliebenen wie – als hohes Beispiel – die Dichterin und spätere Nobelpreisträgerin Nelly Sachs außer Betracht lassen zu können. Ebenso kommen Wissenschaftler, die im Exil auch publizistisch hervortraten, wie Ernst Bloch, Georg Lukács, Walter Benjamin, nicht zuletzt Sigmund Freud und Albert Einstein oder der Friedensnobelpreisträger Ludwig Quidde in Döblins Namensregister nicht vor. Die auf ihn folgenden Bearbeiter des Stoffes hatten es vergleichsweise schwerer. Je mehr Übersicht sie gewannen, desto größer wurde die Zahl der entdeckten Autoren. Als Döblins anregender erster Versuch entstand, war noch nicht einmal Halbzeit im geschichtlichen Abschnitt von 1933 bis 1945, der das Exil ausgelöst, aber nicht beendet hat.

Von der Überfülle der Namen, die gerechterweise erwähnt werden müßten, ist Walter A. Berendsohn in seiner »Einführung in die deutsche Emigranten-Literatur« bedrängt. Die beiden Teile stehen unter dem Titel: »Die humanistische Front«. Diese Bezeichnung subsumiert den überwiegenden Teil der exilierten Schriftsteller: die ansehnliche Gruppe der Pazifisten, die zu den ersten und unnachsichtig Verfolgten gehörten; die sozialdemokratischen Exilanten und die Zugehörigen verschiedener sozialistischer Splitterparteien; die Mitglieder der Liga für Menschenrechte, die, wie man an den ersten Ausbürgerungslisten erkennen kann, den neuen Machthabern im Reich ebenfalls besonders verhaßt waren. Auch die kommunistischen Schriftsteller, zumindest soweit sie nicht hauptberuflich Funktionäre des Parteiapparats waren, kann man einbeziehen und natürlich die große Masse der parteilosen, ungebundenen bürgerlichen Schriftsteller, die als rassisch Verfolgte oder aus Gewissensgründen Deutschland verlassen mußten. Trotzdem trifft der Begriff »Humanistische Front« nicht für die Gesamtheit der exilierten Schriftsteller zu. Nur wenige werden Protest erheben, wenn man ihnen humane Gesinnung bescheinigt; doch waren unter den Vertriebenen auch Exponenten der äußersten Rechten, die sich mit dem siegreichen Hitlerflügel der NSDAP zerstritten hatten und deshalb verfolgt wurden. Man denke nur an die Schlächtereien der sogenannten »Röhm-Revolte«. Otto Straßer, der bis 1930 in der Hierarchie der NSDAP sehr hoch gestanden hatte, und Hermann Rauschning, einst Senatspräsident von Danzig und Hitlers Gesprächspartner, waren zweifellos honorige Männer, die wie unzählige andere geirrt haben mögen; ob sie selbst sich aber als Vertreter des Humanismus bezeichnet hätten, ist fraglich.

Auch konservative Katholiken wie der vormalige Reichskanzler Heinrich Brüning, der als Professor an der Harvard Universität zu den exilierten Wissenschaftlern gezählt werden darf, oder Ernst Rüdiger Fürst von Starhemberg, der in der Emigration als Autor hervortrat, dürften den Humanismus vorbehaltlos nicht bejaht haben, der mit der Aufklärung groß geworden war. Nicht zuletzt werden auch strenggläubige Juden im Bekenntnis zum Humanismus emanzipatorische und assimilatorische Tendenzen mißbilligt haben. Der Humanismus, der mit der Toleranz verschwistert ist, widerstreitet jedem Dogma. Federführende stalinistische Funktionäre, die kostenlos das »humanistische Erbe« als Wandschmuck für sich annektieren, aber Denker von Bucharin bis Ernst Bloch und Dichter von Pasternak bis Sartre als »Unpersonen« oder »Agenten des Imperialismus« abtaten, können unter dem Dach der »Humanistischen Front« nicht untergebracht werden; schon in den Notzeiten des Exils bekundeten sie ihre intolerante und inhumane Gesinnung, die sie prädestinierte, in der DDR an die Schalthebel der Macht zu gelangen, wo sie sich durch neue Bücherverbote und Unterdrückung der Gedanken- und Gewissensfreiheit qualifizierten.

Neben diesen unterschiedlichen, ja unvereinbaren Gruppierungen, die immerhin irgendeine Überzeugung ins Exil mitnahmen, trieb der nationalsozialistische Antisemitismus aber noch eine amorphe Masse von Schreibenden in die Fremde, denen der Humanismus so gleichgültig war wie der

Antihumanismus. Sie hatten aus dem Schreiben einen Beruf gemacht und wollten mit diesem Beruf Geld verdienen. Sie hätten auch Hitler und sein Regime akzeptiert, wenn es ihnen erlaubt worden wäre. Es ist nach Auschwitz schrecklich schwer, das auszusprechen; aber hat man – in diesem Fall! – den Vorteil, selbst Jude zu sein, und ist man kein Rassist mit umgekehrtem Vorzeichen, so kann man nicht davon absehen, daß es unter den exilierten – hier sagt man wohl richtiger: vertriebenen – deutschsprachigen jüdischen Autoren wendige Vielschreiber, anpassungsfähige Schmocke, geschäftstüchtige Opportunisten gab, die die jeweilige »Konjunktur« zu nützen verstanden, sei es verallgemeinernde Deutschenhetze, sei es in Westeuropa, später in den USA Antikommunismus oder in der Sowjetunion Antitrotzkismus und Antiimperialismus.

Allein durch die Aufzählung der in den ersten Jahren des Exils veröffentlichten Schriften in deutscher Sprache spiegelt Berendsohns Einführung die Vielspältigkeit dieser Literatur. Im ersten Teil nennt er – ohne vollständig sein zu können – rund 800 Titel, von denen nur neun außerhalb Europas erschienen. Das änderte sich nach 1939 wesentlich. Im zweiten Teil sind die Veröffentlichungen deutschsprachiger Exilschriftsteller nach Ländern aufgegliedert. Danach erschienen von 1939 bis 1946 in England 92, in der Schweiz 144, in der Sowjetunion 64, in den USA 108, in Palästina 75, in Argentinien 40, in Mexiko 24 und in Schweden 72 Bücher der Exilierten. Berendsohn betont zu Recht, daß »die Zusammenstellung der Büchertitel in ihren Gruppen eine recht beredte Sprache spricht. Die deutsche Emigrantenliteratur [er würde heute von Exilliteratur sprechen; A. K.] ist ein gut besetztes Orchester mit sehr vielen verschiedenartigen Instrumenten. Sie umspannt ein gewaltiges Stück Wirklichkeit, sie handelt von Vergangenheit, Gegenwart und Zukunft. Es wimmelt in ihr von Menschen aller Schichten und Stände und mannigfacher seelischer Art; sie ist sehr reich an Seelenkunde. Die Schriftsteller bemühen sich hingebend um unzählige Probleme.«

Wäre nach Kriegsende an den Universitäten und im Deutschunterricht der Schulen damit begonnen worden, dieses Phänomen der Fortexistenz der deutschsprachigen Literatur in den nicht von Hitler beherrschten Teilen der Welt aufzuarbeiten, um so den Abgrund zwischen 1933 und 1945 geistig zu überbrücken, man hätte zunächst nur auf Berendsohns »Humanistische Front« zurückgreifen können. In normaler Zeit des Schulbesuchs und der Studienjahre an Germanistischen Instituten und Pädagogischen Hochschulen wäre das zerklüftete Massiv der tausendfältigen literarischen Vollbringungen der nicht gleichgeschalteten deutschen Schriftsteller übersichtlich geworden; Höhen, Tiefen, Mittellagen der Lyrik, des Dramas, des Romans, der Erzählung, des Essays, kurzum die Schwerpunkte der deutschen Literaturgeschichte im zwanzigsten Jahrhundert wären erkennbar geworden. Jetzt – in den siebziger Jahren – bedeuten die Namens- und Titelkolonnen in Berendsohns Bänden den jüngeren deutschen Lesern wenig, und den Älteren ist die Erinnerung an die Zeit, in der diese Literatur entstand, zumeist unbehaglich. Das eben ist ja einer der Gründe, weshalb die Forschung auf diesem Gebiet ein Vierteljahrhundert lang brachgelegen hat und – von rudimentären und untauglichen Versuchen in der DDR abgesehen – an keiner deutschen Universität oder Hochschule eine Vorlesung über die Geschichte der deutschsprachigen Literatur im Exil erarbeitet worden ist.

Man wird beim Neubeginnen, das sich seit der Stockholmer Konferenz zu Fragen der deutschsprachigen Exilliteratur im September 1969 anbahnt, immer wieder auf Berendsohns grundlegenden Arbeiten aufbauen müssen – auch wenn sich aus der Distanz von mehr als drei Jahrzehnten ein differenzierteres Urteil ergibt.[9] Tatsächlich ist Berendsohns gliedernde Bestandsaufnahme noch nicht wieder erreicht worden. Die Hauptströmungen, die es unbeschadet der unzähligen Abseitigen und Einzelgänger innerhalb der Exilliteratur gab, sind von ihm vorgezeichnet. Vor allem die Hinwendung nach Deutschland, die weit stärker war als die Abwendung, wird deutlich. Im zweiten Teil, in dem alle Ereignisse geschichtlich bereits von den unnennbaren Greueln der Gasöfen überlagert sind, wird einerseits der innere Widerstand des deutschen Volkes gegen die »teuflische Schrekkensherrschaft« hervorgehoben, andererseits allerdings die deutsch-jüdische Symbiose als gescheitert betrachtet.

Mit der Ansicht, daß Preußen »das Unglück Deutschlands« und die »Gefahr Europas« sei, folgte Berendsohn dem allgemeinen Trend in den westlichen Demokratien, die sich, gemeinsam mit der Sowjetunion, die Zerschlagung dieses Staates als vordringliches Kriegsziel setzten. Man könnte einwenden, daß öffentliche Bücherverbrennungen, der Index librorum prohibitorum, Massenhysterie und Massenwahn, der »römische Gruß«, Fanatismus und andere Merkmale des Nationalsozialismus nicht in der protestantisch-preußischen Tradition begründet waren; und wenn auch preußische Generale (nicht selten mit Vorbehalten und Bedenken, die schließlich in der offenen Rebellion am 20. Juli 1944 gipfelten) Hitlers Kriege führten, so kamen die »Endlöser der Judenfrage« – wie Hitler selbst – zumeist aus anderen Ländern oder »Gauen« des »Großdeutschen Reiches«. Viele Anführungszeichen sind bei solchen Betrachtungen unvermeidlich. Jedenfalls war die Frage nach den wirklichen Quellen des Unheils, das über Deutschland und Europa hereingebrochen war, eine der Streitfragen auch unter den Exilanten. Nicht wenige, darunter die gebürtigen Bayern Bertolt Brecht und Lion Feuchtwanger, der Wahlbayer Heinrich Mann, der jahrzehntelang seinen Wohnsitz in München gehabt hatte, waren schon in den zwanziger Jahren, als München zur »Hauptstadt der Bewegung« wurde, in das damals wache, helle, aufnahmebereite Berlin übersiedelt. Andere wie der bedeutende Wirtschaftspublizist und demokratische Reichstagsabgeordnete Gustav Stolper und sogar der streitbare Pazifist und Vertreter Carl von Ossietzkys in der »Weltbühne«, Hellmut von Gerlach, suchten nach Hitlers Machtergreifung vorübergehend in Bayern Zuflucht, weil sie glaubten, die föderalistische bayerische Regierung werde dem totalen Herrschaftsanspruch Hitlers Widerstand leisten.

Es bezeichnet die Zerklüftung des Exils, daß Für und Wider auch in dieser Frage aus unvorhersehbaren Richtungen kamen. Joseph Roth zum Beispiel, der österreichische Legitimist, bei dem man eher antipreußische Affekte vermutet hätte, war seit der Mitte der zwanziger Jahre ein hellsichtiger Warner: »In München öffnen sich die Gräber der Weltgeschichte.« [10] Die Schulweisheit der Politiker jedoch führte zu der Schlußfolgerung: Unter Preußens Führung war Frankreich 1870/71 geschlagen worden; im Kaiserreich und im Ersten Weltkrieg war der preußische Militarismus prädominant gewesen – also war in Preußen auch die Quelle für den Zweiten Weltkrieg und die widermenschlichen Exzesse, die er zeitigte, zu suchen. Preußen mußte zerschlagen werden.

Berendsohn verzeichnet im ersten Teil seines Werkes einen Band, den die gute Demokratin und gute Preußin, die ehemalige Reichstagsabgeordnete Anna Siemsen 1937 in Paris unter dem Titel »Preußen, die Gefahr Europas« herausgab. Der Bayer Bertolt Brecht bezeichnete 1947, als er noch in den USA im Exil war, in dem bitteren satirischen Gedicht »Freiheit und Democracy« München als »Stadt der deutschen Grabsteinlegung«. [11] So unterschiedlich waren in nahezu allen Fragen die Meinungen der Exilschriftsteller. Das Verdienst, der erste gewesen zu sein, der die Vielspältigkeit der Exilliteratur derart sichtbar gemacht hat, ist Walter Berendsohn nicht zu bestreiten.

Hinter ihm blieben die nach dem Ende des Krieges in Deutschland unternommenen Versuche, eine Grundlage für die Erforschung der Exilliteratur zu schaffen, weit zurück. Die 1947 in großer Auflage von dem amerikanisch lizenzierten Ullstein-Kindler-Verlag verbreitete Zusammenstellung »Verboten und Verbrannt. Deutsche Literatur 12 Jahre unterdrückt«, eine Gemeinschaftsarbeit von Richard Drews und mir, ist tatsächlich nicht mehr als eine aus dem Gedächtnis aufgezählte Liste von etwa 750 Namen (das »innere Exil« einbegriffen); Kurzbiographien und Leseproben der bekanntesten Autoren füllen das Bändchen. [12] Die Gedichte und Prosastücke waren nur Notbehelf, da die einst verbrannten und verbotenen

Werke aus den deutschen Bibliotheken ausgemerzt und 1947 nur teilweise wieder zu beschaffen waren.

Ein Jahr später, 1948, erschien im SED-eigenen Dietz-Verlag die Studie von Franz Carl Weiskopf »Unter fremden Himmeln«.[13] Er hatte bereits im Jahre 1944 in New York mit der Arbeit an diesem »Abriß der deutschen Literatur im Exil« begonnen und sie, noch in den USA, 1947 beendet. Auch er konnte zu diesem frühen Zeitpunkt keine vollständige Übersicht geben, und die Distanz für kritische Wertung fehlte. Vorbildlich, wenn auch in Einzelheiten nicht immer stimmig, ist die Gliederung des riesigen Stoffs. Weiskopf unterteilt die Aufzählung in kurze Abschnitte wie: »Auf der Suche nach den Wurzeln des Hitlertums« – »Versenkung in die Geschichte« (wobei die Frage des »Historischen Romans« zur Sprache kommt) – »Das Exil als Thema« – »Jüdisches Schicksal« – »Der österreichische Stoff« – »Spanien« – »Leid und Widerstand unter der Nazi-Okkupation« – »Streitschriften« – »Scherz, Satire, Ironie« – Schauspiele – Kulturgeschichte – Philosophie – Literaturgeschichte – Erinnerungen – »Legenden und Mythen, Märchen und Mysterien« – »Die kleine Form« – »Bunte Welt« – »Fürs Kind und für die reifere Jugend« – »Die Lust zu fabulieren« – »Erbe und Experiment« – Übersetzungen aus fremdsprachigen Literaturen, wiederum unterteilt in anglo-amerikanische, russische, französische, spanische, schwedische, hebräische Dichtung. Ein weiterer Abschnitt behandelt die wichtigsten deutschsprachigen Exilzeitschriften und Verlage.

Daß in den einzelnen Abschnitten Nichtzusammengehöriges vermischt wird, ist bei so wenig Abstand verzeihlich. So folgt auf Hans Marchwitzas Bergarbeiterroman »Die Kumiaks« Rudolf Oldens »Hindenburg oder der Geist der preußischen Armee«, auf Anna Seghers antifaschistische Erzählung »Der Kopflohn« das Buch des vormaligen Chefredakteurs des Berliner Tageblatts, Theodor Wolff: »Der Krieg des Pontius Pilatus«, und in dem Abschnitt »Die Lust zu fabulieren« erscheint neben gängiger Unterhaltungsliteratur auch Thomas Manns »Doktor Faustus«. Verständlich ist ebenfalls, daß am häufigsten genannt wird, wer im Blickfeld des Betrachters stand, wobei sich dann allerdings Mißverhältnisse ergeben, wenn Robert Musil nur dreimal beiläufig erwähnt wird, Willi Bredel hingegen 16mal, Hermann Broch zweimal, Johannes R. Becher 16mal sehr ausführlich, Ludwig Marcuse einmal, Bodo Uhse neunmal. Neben den anerkannt großen Namen wie Thomas Mann, Heinrich Mann, Bertolt Brecht, Lion Feuchtwanger werden die wohlgelittenen Parteimitglieder bevorzugt, auch das »juste milieu« erhält seinen angemessenen Teil, vielleicht etwas mehr. Sogar frondierende ehemalige Nationalsozialisten wie Otto Straßer und Hermann Rauschning finden rechtens Platz in Weiskopfs Wertskala.

Hingegen fehlen alle abtrünnigen Kommunisten wie Arthur Koestler,

Gustav Regler, Karl August Wittfogel, auch schuldlose Stalin-Opfer wie Ernst Ottwalt oder Karl Schmückle und viele andere, die schon damals »Unpersonen« waren. Damit war in der DDR der Grundstein zu einer Entwicklung gelegt, die zu extremen Auswüchsen geführt hat und alle Übersichten über die deutschsprachige Exilliteratur, die seither in der DDR erschienen sind, als Quellen fragwürdig macht. Darauf werden wir mehrfach zurückkommen müssen, denn es ist ein Stigma – nicht das einzige – für das Phänomen, daß 30 Jahre nach dem Ende der Hitlerherrschaft in keinem der beiden Teile des zerspaltenen Deutschland eines der ehrenvollsten und fruchtbarsten Kapitel der deutschsprachigen Literaturgeschichte hinreichend beschrieben worden ist. Studenten der Germanistik in der DDR werden im Unklaren über die Bedeutung von Georg Lukács, Kafka, Ernst Bloch, Julius Hay, Ernst Fischer und schier zahllosen anderen gehalten, während die Germanisten in der Bundesrepublik immer noch Literaturgeschichten handhaben, in denen über das Gesamtwerk von Heinrich Mann geurteilt wird, jeder Satz darin sei »schief, krumm und blutstockig von vorn bis hinten«.

Die Hoffnung, daß die Vorstudien von Berendsohn, Weiskopf, Drews und mir zu Fundamenten für die zu erarbeitende Gesamtgeschichte der deutschsprachigen Exilliteratur werden könnten, schwanden seit der Teilung Deutschlands 1949 mehr und mehr. Wer für den »Westen« optiert hatte – zur Rede stehen, wohlgemerkt, nur die Exilanten, nicht die nachwachsende Schriftstellergeneration, die in der Bundesrepublik aufwuchs –, der wurde in den literaturgeschichtlichen Abhandlungen oder Übersichten der DDR abgewertet oder ausgelöscht; wer für den »Osten« optiert hatte, kam, von wenigen Ausnahmen wie Brecht abgesehen, in der Bundesrepublik kaum zur Geltung; er wurde erst dann beachtet, wenn er die DDR als Flüchtling verlassen hatte und man sich von seiner Erwähnung Propagandaeffekte im Kalten Krieg versprach. Jeder Versuch geistigen Brückenschlags wurde zumindest bis zur Mitte der sechziger Jahre von den Regimen beider Seiten diffamiert. Daß Thomas Mann 1949 anläßlich Goethes 200. Geburtstag nicht nur in Frankfurt am Main, sondern auch in Weimar sprach, hat man ihm im Westen – von anderen kaum glaublichen Injurien ganz zu schweigen – als »Verrat am Menschheitsgedanken« angelastet; und als Georg Lukács geistige Konsequenzen aus der von Chruschtschow verkündeten »Entstalinisierung« ziehen wollte, wurde er zum Buh-Mann für die Machthaber in der DDR und ihre Untertanen.

Die Manipulationen in der DDR

Tatsächlich geschah, was Orwell in seiner Vision von »1984« vorweggenommen hatte: Geschichte und Literaturgeschichte wurden in der DDR ständig umgeschrieben. Wer gestern ein zu verehrendes Leitbild gewesen war, der wurde von einem Tag zum anderen zu einem Verräter, Schurken, Agenten des Imperialismus, oder sein Name wurde ausgelöscht. In jedem Fall war es für Geschichtsschreiber wie für Literaturgeschichtsschreiber geboten, nur die jeweils gerade an der Macht befindlichen Generalsekretäre der herrschenden Partei und ihre Günstlinge lobend zu erwähnen. Es gibt ein probates Schema, sich abzusichern. Um welches politische, literarische, kulturpolitische Ereignis es sich handeln und welche Verdienste der einzelne sich erworben haben mochte, genannt und gerühmt wurden stets nur die, die den Machthabern, das heißt im gegebenen Fall seit Mai 1945: Ulbricht und dem von ihm geprägten Parteiapparat, genehm waren. Im Prinzip hat sich daran seit Honeckers Machtübernahme nichts geändert.

Alle Unerwünschten werden bei der Aufzählung der – zumeist maßlos aufgeblähten – Taten und Werke der Günstlinge unter »und andere« subsumiert. Diesen Behelf, den Anteil und die literarische Bedeutung nicht genehmer exilierter Schriftsteller zu übergehen, gibt es in einigen Variationen, z. B. in dem Buch von Klaus Jarmatz: »Literatur im Exil«, in der Form: »Zu den Mitarbeitern zählten unter anderen . . .«[14] Solche Reihen beginnen in neun von zehn Fällen mit Johannes R. Becher und werden mit einer Auswahl unter zwanzig bis dreißig parteiergebenen oder nach ihrem Tode von der Partei in Anspruch genommenen Schriftstellern fortgesetzt. In der »Chronologie« am Ende des Bandes von Jarmatz lesen wir: »Im Sommer 1933 gründen fortschrittliche deutsche Schriftsteller auf Initiative Alfred Kurellas, Rudolf Leonhards und Anna Seghers' den SDS [Schutzverband Deutscher Schriftsteller, A. K.] in Paris neu.« – »Zu ihren Mitarbeitern [der von Johannes R. Becher in Moskau redigierten Zeitschrift Internationale Literatur, A. K.] zählen unter anderen Becher, Biha, Bredel, Feuchtwanger, Ginkel, Graf, Grünberg, Hans Günther, Hotopp, Huppert, Kisch, Kläber, Kurella, Heinrich und Thomas Mann, Marchwitza, Renn, Frida Rubiner, Seghers, Turek, Scharrer, Weinert und Weiskopf.« – »Es erscheinen [1933] unter anderem: Johannes R. Becher: Deutscher Totentanz 1933 . . . Lion Feuchtwanger: Die Geschwister Oppenheim . . . Heinrich Mann: Der Haß . . . Adam Scharrer: Maulwürfe . . . Anna Seghers: Der Kopflohn . . .« – »Am 10. Mai [1934] wird in Paris auf Initiative Feuchtwangers, Heinrich Manns und Rollands die ›Deutsche Freiheitsbibliothek‹ gegründet.«[15] Da in einem späteren Kapitel ausführlich über Gründung, Begründer und ehrenamtliche Sekretäre sowohl des Schutzverbandes Deutscher Schriftsteller als auch der Deutschen Freiheitsbibliothek gehandelt wird, erübrigen sich an dieser Stelle Widerlegungen oder Ergänzungen.

Noch einige weitere Beispiele, nicht willkürlich gewählt, sondern typisch – was leicht zu überprüfen wäre: »Auf dem im August [1934] stattfindenden I. Unionskongreß der Sowjetschriftsteller in Moskau sprechen als Vertreter der deutschen Schriftsteller Becher, Bredel, Herzfelde, Plievier, Toller, Wolf«. – »Vom 21. bis 25. Juni [1935] tagt in Paris der erste internationale Schriftstellerkongreß [zur Verteidigung der Kultur, A. K.]. Von den deutschen Teilnehmern sprechen Becher, Brecht, Feuchtwanger, Heinrich Mann, Marchwitza, Seghers, Uhse, Weinert und illegal (als Mann mit der schwarzen Maske) Jan Petersen«. – »Der Schutzverband Deutscher Schriftsteller in Paris gibt eine illegale Schrift unter dem Titel ›Deutsch für Deutsche‹ heraus. Sie enthält Beiträge von Becher, Balk, Brecht, Bredel, Bruckner, Feuchtwanger, Graf, Kisch, Heinrich Mann, Marchwitza, Seghers, Toller, Uhse, Weinert, Weiskopf, Wolf und anderen«. – »Vom 4. bis 17. Juli [1937] findet in Valencia, Madrid, Barcelona und Paris der zweite Kongreß der Internationalen Schriftstellervereinigung zur Verteidigung der Kultur statt. Unter den Teilnehmern aus 28 Ländern waren die deutschen Schriftsteller Balk, Brecht, Bredel, Kisch, Heinrich Mann, Marchwitza, Renn, Seghers, Stern, Uhse, Weinert und andere«.[16] Da dieser Kongreß in den folgenden Zusammenhängen nur am Rande gestreift wird, sollen hier gleich einige Irrtümer richtiggestellt werden, die keine Manipulation zu sein brauchen: Brecht und Heinrich Mann nahmen an dem Kongreß nicht teil; hingegen der kurz zuvor als Brigadekommissar im Spanischen Bürgerkrieg schwer verwundete Gustav Regler, der, wenn überhaupt, nur als »Verräter« vorkommen darf.

Am Ende der »Chronologie« heißt es: »Sofort nach der Befreiung vom Faschismus kehren als erste Johannes R. Becher, Willi Bredel, Eduard Claudius, Fritz Erpenbeck, Stephan Hermlin, Adam Scharrer und Friedrich Wolf nach Deutschland zurück. In den Jahren 1946–1948 folgen Alexander Abusch, Bertolt Brecht, Hans Marchwitza, Jan Petersen, Ludwig Renn, Anna Seghers, Bodo Uhse, Erich Weinert, Max Zimmering und andere«.[17] Man erkennt die Methode. Sie ist für alle Bücher, die in der DDR über die deutschsprachige Exilliteratur oder den antifaschistischen Widerstand veröffentlicht worden sind, verbindlich. Das gleiche gilt für die Aufarbeitung der Geschichte und Literaturgeschichte bis zurück zum Einschnitt der sowjetischen Oktoberrevolution 1917 und der Begründung des Spartakusbundes in Deutschland. Ein dafür zeugniskräftiges Beispiel ist der Band »Aktionen – Bekenntnisse – Perspektiven«, in dem – wie in mehreren anderen gleichartigen Werken – der Anspruch erhoben wird,

»die Traditionen der deutschen sozialistischen Literatur zu erschließen«.[18] Um den rechten Begriff von der Parteilichkeit dieser Arbeit über die literarischen Kämpfe in der Weimarer Republik zu geben, sei erwähnt: Von 675 Seiten sind rund 200 Johannes R. Becher vorbehalten, Brecht wird zwanzigmal, Ernst Bloch zweimal beiläufig erwähnt; ein deutschsprachiger ungarischer Komintern-Funktionär namens Bela Illes wird auf rund 40 Seiten zu einer Zentralfigur der sozialistischen Literatur in den zwanziger Jahren aufgebauscht; der Name des durch seine Verlage, Zeitungen, Zeitschriften, Komitees und Aktionen tatsächlich bedeutenden Organisators und Propagandisten, Willi Münzenberg, der nach seiner Trennung von der Partei 1940 in Frankreich auf ungeklärte Weise umkam, vermutlich ermordet wurde,[19] kommt nur ein einziges Mal in einer Zuschrift vor. Ein Konformist, der in seiner Frühzeit ein formal miserables, stofflich zeitgemäßes Buch über die Kämpfe der Arbeiter an der Ruhr geschrieben hatte, wird fünfzehnmal hoch gelobt, während ein für die behandelte »proletarisch-revolutionäre« Literatur – und darüber hinaus – so bedeutender Schriftsteller wie Theodor Plievier nur einmal als Verfasser des Romans »Des Kaisers Kulis« genannt wird.

Der Eiertanz wird um so auffälliger, je mehr sich die Darstellung den Jahren der Bewährung in der Hitlerzeit nähert. Da wird dann vorzugsweise mit Devotion aus den stets einwandfreien Schriften von F. C. Weiskopf zitiert, dem folgerichtig auch fast doppelt soviel Erwähnungen und Text zustehen wie z. B. Anna Seghers, dreimal soviel wie Arnold Zweig, viermal soviel wie Kurt Tucholsky. Die qua »humanistisches Erbe« in Anspruch genommenen und plakatierten weltbekannten Schriftsteller wie Thomas und Heinrich Mann, auch Stefan Zweig, erhalten den als notwendig bemessenen Anteil. Es ist erlaubt, Schriftsteller, die später zu einem Modus vivendi mit dem nationalsozialistischen Regime kamen, ohne sonderliche Vorbehalte, ja sogar mit Lob, zu zitieren, während einer der führenden Theoretiker des Bundes proletarisch-revolutionärer Schriftsteller, der 1933 ins Konzentrationslager kam, Karl August Wittfogel, zwar unumgänglicherweise mehrfach genannt, am Ende jedoch als »Verräter an der Arbeiterklasse« abqualifiziert wird. Einzelheiten müssen ausgespart werden; die kuriosen Werturteile über bekannte Werke bürgerlicher Schriftsteller werden in absehbarer Zeit womöglich auch in der DDR eine Quelle der Erheiterung sein – ein einziges Beispiel für hundert andere: die Beurteilung von Alfred Döblins Roman »Berlin Alexanderplatz« als »mißglücktes Experiment«. Die Ursache dafür, so wurde begründet, lag »im weltanschaulichen Standort des Schriftstellers ..., der es nicht ermögliche, einen echten Arbeiter ... zu gestalten.«[20]

Auch wenn solche Art der Bewertung auf die Literaturen anderer Länder übergreift, ist die Parteikontrolle, wer zugelassen beziehungsweise in den Vordergrund geschoben wird, und wer nicht genannt werden darf, von wachsamer Genauigkeit. Als dafür typisches Beispiel sei der großformatige, 800 Seiten starke monumentale Prachtband genannt, der unter dem Titel »Literatur und Widerstand« von einem Kollektiv ergebener Bearbeiter für eine in der Bundesrepublik als Zweigstelle etablierte »Föderation der Widerstandskämpfer« zusammengestellt wurde.[21] Die Sammlung ist alphabetisch nach Ländern geordnet. Beschränken wir uns auf Staaten, deren Literatur deutschen Lesern vertraut ist. Für Frankreich kommt bei insgesamt elf Auserwählten als Vertreter der Widerstandskämpfer Louis Aragon, der allerdings nicht nur Parteipoet ist, viermal zu Wort; André Malraux, der doch wahrhaftig in Wort und Tat ein Symbol der »Résistance« war, fehlt, ebenso wie Jean Cassou und nicht wenige andere, die sich im Krieg und während der Besetzung hervorgetan haben. Für Spanien bringt es der Dichter Rafael Alberti, persönlich ein honoriger Mann, auf fünf verschiedene Beiträge, während Männer von der geistigen und literarischen Bedeutung Miguel de Unamunos oder Salvadore de Madariagas unerwähnt bleiben. Unter den Ungarn findet man Andor Gábor, einen verstorbenen, nicht bösartigen, aber stets linientreuen Parteipublizisten, mehrfach, erfährt jedoch nichts von der Existenz der Dichter und Widerstandskämpfer Julius Hay, Tibor Dery oder des Philosophen Georg Lukács. Für Deutschland dichtet – als einziger mehrfach – Johannes R. Becher, und als Alibis sind Thomas Mann, Heinrich Mann, Ernst Wiechert und Ricarda Huch zugelassen. Ludwig Renn, Anna Seghers, Erich Weinert dürfen dabeisein; ein Brief des verhafteten Parteiführers Ernst Thälmann aus dem Zuchthaus Bautzen ist gekürzt wiedergegeben; Bertolt Brecht und Arnold Zweig, Carl von Ossietzky und Ernst Niekisch, Walter Benjamin und Erich Mühsam kann man sich hinzudenken, was bei der notwendigen Auswahl unter Tausenden unvermeidlich ist, wenn nicht – wovon wir bei dieser Betrachtung ausgegangen sind – immer wieder die zwanzig oder dreißig genehmen Parteischriftsteller, aufgeputzt durch die Hinzuziehung der Namen einiger verstorbener Schriftsteller von internationalem Ruhm, an die Spitze gestellt würden.

Da uns die deutschsprachige Literatur beschäftigt, so ist auch die Auswahl aus der österreichischen Widerstandsliteratur von Interesse. Da sind mehrfach der fraglos bedeutende Lyriker Theodor Kramer sowie die erfolgreichen Schriftsteller Stefan Zweig und Franz Werfel vertreten, ebenso die Lyriker Erich Fried und Jura Soyfer; dieser wurde in Buchenwald »liquidiert«, während Stefan Zweig und Franz Werfel zwar Vertriebene und Opfer des Nationalsozialismus waren, jedoch für sich nie in Anspruch genommen haben, Widerstandskämpfer zu sein; Erich Fried, der mit 17

Jahren bei der Besetzung Österreichs nach England entkam, trat mit ersten Gedichten 1940 hervor. Wieso das in beiden Teilen Deutschlands vergessen gemachte, in den Jahren des Widerstandskampfes aber fast »klassische« Gedicht der Illegalen, das »Flüsterlied« des österreichischen Dichters Fritz Brügel, nicht statt eines Beitrages der mehrfach zu Wort gekommenen Fürsprecher österreichischer Literatur aufgenommen wurde, erklärt sich leicht, weil Brügel 1908 mit dem Kommunismus brach. Sind Joseph Roth und Robert Musil, zwei Schriftsteller von Weltruhm, nur vergessen worden? Ist der Dichter Emil Alphons Rheinhardt, der in Südfrankreich im Widerstand kämpfte und in Dachau endete, wegen seiner legitimistischen Überzeugungen für die Literaturgeschichtler der DDR zur »Unperson« geworden? Wurde Sigmund Freud, der kaum jemals Erwähnung findet, und dann nur mit kritischer Abwertung, nicht nach der Besetzung Österreichs ebenfalls ins Exil getrieben?

Die Fragen haben dem Anschein zuwider keinen polemischen Charakter, sondern einen forschenden: Es geht darum, inwieweit die relativ zahlreichen Veröffentlichungen in der DDR zur Geschichte und Vorgeschichte der deutschsprachigen Literatur im Exil oder im Widerstand Quellenwert haben. Sie haben ihn nur bedingt als Beitrag zur Grundlagenforschung; die Akzentsetzungen sind irreführend; Vervollständigungen sind in jedem Fall notwendig, auch dann, wenn ein Aufwand getrieben wird wie bei der Herausgabe der Werke von Johannes R. Becher, Bertolt Brecht, Friedrich Wolf oder Heinrich Mann. Wichtige Materialien, Briefe vor allem, aber auch nicht wegzuerklärende Stellen im Gesamtwerk, wo eine »Unperson« lobend bei Namen genannt oder einer der gegenwärtigen Machthaber getadelt wird, bleiben so lange verborgen, bis die Machtstruktur sich geändert hat – wie z. B. nach dem Tode Stalins, als die Geschichte und teilweise auch die Literaturgeschichte umgeschrieben werden mußten und viele »Unpersonen« postum »rehabilitiert«, ihre Bücher neu aufgelegt und in die Literaturgeschichte wieder einbezogen wurden.

Daß dieser Prozeß jedoch auch rückläufig sein kann, haben die Ereignisse nach der Niederschlagung des ungarischen Aufstands 1956 und in der Tschechoslowakei 1968 gelehrt. Die von dem Verächter der Intellektuellen und Literaten, Walter Ulbricht, einheitlich geprägte Führung der SED und somit des Staatsapparates der DDR hatte sich stets gegen die Liberalisierungstendenzen nicht nur im eigenen Machtbereich, sondern auch in den verbündeten Ländern des Ostblocks sowie in den kommunistischen Parteien Italiens, Frankreichs und anderer westlicher Länder gewehrt; die entgegengesetzten Entscheidungen wurden übernommen und konsequenter durchgehalten als etwa in Ungarn, wo einige Jahre nach dem mißglückten Aufstand seine geistigen Vorkämpfer wie Georg Lukács, Tibor Dery und

Julius Hay, der erst später seinen Wohnsitz in die Schweiz verlegte, unbehelligt weiterarbeiten konnten, während sie von der Literaturwissenschaft in der DDR noch jetzt als Abtrünnige totgeschwiegen oder – wie Lukács – beständig angegriffen werden.

Diese Zwangsbewirtschaftung des Geistes durch Unzuständige führt zur Abkehr, zum Widerstand, zur Flucht oder im Alter ertrotzten Auswanderung bedeutender Wissenschaftler und Schriftsteller, deren Namen daraufhin aus allen Neuausgaben literaturkundlicher Werke eliminiert werden. Konnte man z. B. im DDR-Schriftstellerlexikon von 1961 die Fotos von Ernst Fischer und Peter Huchel sehen, so sind diese damals noch in Anspruch genommenen Repräsentanten deutschsprachiger Literatur nun ausgemerzt; die Sekundärliteratur muß das nachvollziehen, wo immer diese Namen sich rühmlich fanden. Der Schrumpfungsprozeß ist noch nicht zum Stillstand gekommen. Die – auf politischem Gebiet – von vielen erhoffte und erwünschte Entspannung und friedliche Koexistenz zeitigt auf geistigem Gebiet in der DDR die Forderung nach noch strengerer, betonterer Abgrenzung: eine Erscheinung, die wir zur Kenntnis nehmen müssen, insoweit sie die Forschung zur deutschsprachigen Exilliteratur beeinflußt.

Eine öffentliche Kundgebung dieser manipulierten Literaturgeschichtsschreibung erfolgte vom 15. bis 18. August 1972 beim zweiten Internationalen Symposium zur Erforschung des deutschsprachigen Exils nach 1933 in Kopenhagen. Die dort von Vertretern der DDR gehaltenen Referate und Diskussionsbeiträge zeigten den gegenwärtigen Stand der Forschung unter den besonderen Bedingungen der Parteikontrolle. Den Nachweis der Rückständigkeit erbrachte unbeabsichtigt ein Delegationsmitglied. Man hatte schon vor längerer Zeit Anna Seghers zu einer Vorlesung aus ihren Werken eingeladen. Zum Bedauern wohl fast aller Teilnehmer des Symposiums hatte sie ihrer schlechten Gesundheit wegen abgesagt. Ein anderer präsentabler Schriftsteller aus der Generation, die im Exil gewesen war, fand sich nicht – oder ließ sich nicht finden. So entsandte man statt ihrer den damals 76jährigen vormaligen Verleger und späteren Professor für neue deutsche Literatur, Wieland Herzfelde, der sich als Begründer und Leiter des sozialistischen Malik-Verlages in Deutschland und nach 1933 im Ausland sowie als Herausgeber der Zeitschrift Neue Deutsche Blätter in Prag (1933–1935) Ansehen erworben hatte. Er diente als Galionsfigur für eine Mannschaft des an Parteihochschulen und Akademien ausgebildeten Nachwuchses. Da Herzfelde niemals wissenschaftlichen Ehrgeiz entwickelt hat, griff er bei dieser Gelegenheit auf den Text seiner Antrittsvorlesung am 2. November 1949 an der Universität Leipzig zurück. Es erwies sich, daß die fast 23 Jahre alte summarische Zusammenfassung ergiebiger war als die Vorträge der Parteischüler von heute. Jedenfalls kamen nach dem in Kopenhagen verteilten Text in dieser, wie in der Vorbemerkung gesagt wurde, vor der Begründung der Deutschen Demokratischen Republik gehaltenen Vorlesung auch die Namen von Ernst Bloch und Georg Lukács rühmlich vor, die von den Politavantageuren der Fachrichtung Germanistik oder Philosophie nur mit Schimpf genannt werden.

Es war aufschlußreich, daß als Wortführer dieser Mannschaft Klaus Jarmatz vom Institut für Gesellschaftswissenschaften hervortrat, Verfasser des bereits genannten approbierten Lehrbuchs »Literatur im Exil«, das demnach noch als richtungweisend galt. Die Methode, die Günstlinge des Parteiapparats herauszustreichen, Mißliebige aber entweder konsequent zu »Unpersonen« zu machen oder nur zu erwähnen, um ihnen Schimpf nachzurufen, sei deshalb an einigen weiteren Beispielen demonstriert. Ernst Bloch kommt ein einziges Mal vor als bürgerlicher Theoretiker, »der heute im Lager der westdeutschen Monopolherren und Imperialisten gelandet ist«.[22] Als verabscheuungswürdige Ausnahmen von der Regel allzeit getreuer Gefolgsleute werden zwei Autoren genannt: Der eine ist der Berliner Arbeiterschriftsteller Walter Schönstedt, Verfasser des ins Russische und Englische übersetzten Romans »Auf der Flucht erschossen« und bis 1935 Mitarbeiter an kommunistischen Zeitschriften; er wird abgetan mit der Bemerkung, daß er in den USA die »Lebensweise der Bourgeoisie annahm«.[23] Der andere ist Gustav Regler, der mit seinen Romanen »Wasser, Brot und Blaue Bohnen«, »Die Saat« (Roman aus den Bauernkriegen), dem Saar-Roman »Im Kreuzfeuer« sowie als Mitarbeiter des »Braunbuchs über Reichstagsbrand und Hitlerterror« und als Kriegskommissar der XII. Internationalen Brigade im republikanischen Spanien zu hohem Ansehen gekommen war, bevor er sich nach dem Hitler-Stalin-Pakt von der Kommunistischen Partei trennte; ihm wird von Jarmatz nachgesagt, daß er im französischen Internierungslager Le Vernet »seine Kameraden verriet.«[24]

Aber waren diese beiden Exilierten – Blochs Entscheidung liegt 25 Jahre später – etwa die einzigen, die sich mehr oder weniger spektakulär vom Diktat der damaligen KPD freimachten? Im Handumdrehen fallen einem zehn, zwölf, fünfzehn respektable Namen von Schriftstellern und Gelehrten ein, die sich schon vor 1945 lossagten, einige unauffällig und zurückhaltend; sie suchten vor allem ihre gedankliche und literarische Unabhängigkeit wiederzugewinnen. Andere sind im Verlauf eines langwierigen Entwicklungsprozesses zu engagierten Antikommunisten geworden. Es gibt auch solche, die aus Opportunität einen Frontwechsel vollzogen und ihre Erfahrungen als Parteiangestellte publizistisch ummünzten; wir lassen diese außer Betracht.

Man kann jedoch, wenn man über deutschsprachige Exilliteratur schreibt, einen so exponierten Vertreter wie Arthur Koestler nicht einfach totschweigen, ganz gleich, ob und wieweit man seinem Eiferertum folgt. Ebensowenig läßt sich Manès Sperber ausklammern, der im Exil den dreiteiligen Roman »Wie eine Träne im Ozean«[25] schrieb und vieldiskutierte Essaybände vorlegte. Er war bis 1937 Mitglied der Kommunistischen Partei und eng mit der deutschen Parteigruppe in Paris verbunden.

Andere, die halb oder ganz vergessen sind, wird man den Lesern in der Bundesrepublik der siebziger Jahre vorstellen müssen. Zu den Nennenswerten gehört Bernard von Brentano, der vor 1933 dem Bund proletarisch-revolutionärer Schriftsteller angehörte, Mitarbeiter der kommunistischen Literaturzeitschrift, Die Linkskurve, war, die Sowjetunion besucht hatte, mit den Essaybänden »Kapitalismus und schöne Literatur« und »Der Beginn der Barbarei in Deutschland« die Thesen der äußersten Linken in der Weimarer Republik vertrat und frühzeitig 1933 in die Schweiz exilierte. Er war mit Bertolt Brecht befreundet, mit dem er wiederholt verwechselt wurde, da auch er seine schriftlichen Mitteilungen oftmals mit B. B. zeichnete. In dem erwähnten Band »Aktionen – Bekenntnisse – Perspektiven« wird Brentano als Verteidiger der Sowjetunion, Bejaher der »proletarischen Kunst« und Unterzeichner von Protestresolutionen mehrfach genannt. Seine Veröffentlichungen im Exil, darunter der in der Schweiz und nach dem Krieg auch in Deutschland bekanntgewordene Roman »Theodor Chindler«, seine Schlegel-Biographie, Erzählungen, Essays werden dagegen von Jarmatz übergangen. In der DDR war das Gerücht verbreitet, das Wieland Herzfelde noch in seinem Vortrag in Kopenhagen kolportierte, Bernard von Brentano sei gemeinsam mit Ernst Glaeser 1938 aus der Schweiz nach Hitlerdeutschland zurückgekehrt. Tatsächlich ist Brentano jedoch bis 1949 in der Schweiz geblieben. Ernst Glaeser, der Verfasser des zu Ende der zwanziger Jahre berühmten Romans »Jahrgang 1902«, hatte vor 1933 eine ebenso radikale Haltung eingenommen wie Brentano. In der Moskauer Rundschau vom 23. November 1930 hatte er die Erklärung abgegeben, daß er »auf der Seite der Revolution« stehe, und im selben Jahr an der Konferenz proletarischer und revolutionärer Schriftsteller in Charkow teilgenommen. Für ihn trifft zwar zu, daß er 1938 nach Deutschland zurückkehrte; das Motiv für diesen Kurzschluß war jedoch nicht die Bejahung des Nationalsozialismus, sondern Heimweh. Als Redakteur einer Wehrmachts-Propagandazeitschrift mußte Glaeser dann allerdings den Preis entrichten.

Ähnlich wie Brentano, dem Aristokraten aus dem berühmten Geschlecht, dessen Vater hessischer Justizminister und dessen Bruder Außenminister unter Adenauer war, ergeht es in den literaturgeschichtlichen Arbeiten der DDR auch Kurt Kläber, dem gelernten Schlosser, der Partei ergebenen Arbeiterschriftsteller, Mitherausgeber der Linkskurve, dessen frühe Romane, vor allem »Passagiere der 3. Klasse«, auch formal hohen Ansprüchen genügten und sogar von Thomas Mann gerühmt wurden. Im Weimarer Deutschen Schriftstellerlexikon von 1961 ist er verzeichnet, wenn auch mit der kritischen Bemerkung, er sei »durch Spontaneitätsauffassungen in seiner literarischen Entwicklung zum sozialistischen Realismus gehemmt«. In »Aktionen–Bekenntnisse–Perspektiven« findet sein Name sich häufig, weil er im Herbst 1927 gemeinsam mit Johannes R. Becher die Proletarische Feuilleton-Korrespondenz begründet hatte, damals die erwünschten Erklärungen, Zuschriften, Unterschriften gab, als Delegierter des Bundes proletarisch-revolutionärer Schriftsteller 1929 die Sowjetunion besuchte und von dort die Anregung zum »proletarischen Massenroman in Deutschland« mitbrachte. In den ersten Jahren des Exils in der Schweiz arbeitete er an kommunistisch gelenkten Exilzeitschriften mit. Seine Abkehr vollzog sich lautlos. Nach dem Krieg wurde er Schweizer Staatsbürger. Er starb 1959. Seine Frau, die unter dem Namen Lisa Tetzner als Jugendbuchautorin bekannt wurde, teilte in jeder Beziehung sein Schicksal. Obwohl beide nicht zu »Unpersonen« gemacht worden sind, übergeht Jarmatz sie.

Mit dem Historiker Kurt Kersten, der sich ebenfalls vor 1933 an den Aktionen des Bundes proletarisch-revolutionärer Schriftsteller beteiligte, wird strenger verfahren, weil er im Exil zu den nahen Mitarbeitern des besonders verhaßten Willi Münzenberg gehörte und sich nach dessen Trennung von der Partei mit ihm solidarisierte. Obwohl der damals vielgerühmte Autor kritischer Biographien von »Fridericus Rex« (1922) und »Bismarck« (1930) und lobende Berichterstatter über Reisen in der Sowjetunion in den zwanziger Jahren in Deutschland und in den dreißiger Jahren im Exil in der Öffentlichkeit so hervortrat, daß er irrtümlicherweise zum engeren Kreis der kommunistischen politischen Führung gerechnet wurde, schweigt Jarmatz ihn konsequent in der Rubrik »und andere« tot.

Total ausgeschwärzt ist der Dichter Albin Stübs, obwohl eines seiner Bücher von Herzfeldes Malik-Verlag angenommen worden war, er an der von Herzfelde geleiteten Prager Zeitschrift Neue Deutsche Blätter und an den in Moskau erscheinenden deutschsprachigen Exilzeitschriften mitarbeitete. Seine Gedichtsammlung »Spanischer Tod« ist ein ergreifendes Requiem für die geschlagenen Republikaner.[26] Stübs lebt noch – in der Bundesrepublik, deshalb darf es ihn nie gegeben haben.

Karl August Wittfogel hat es in »Aktionen–Bekenntnisse–Perspektiven« noch gegeben, wenn auch unter dem Kennwort: »Verräter an der Arbeiterklasse«. Bei Jarmatz ist das führende Mitglied des Bundes proletarisch-revolutionärer Schriftsteller, der marxistische Theoretiker und mitreißende Redner auf kommunistischen Massenkundgebungen, der Mitarbeiter des

Zentralorgans der KPD, der Roten Fahne, und natürlich der Linkskurve, schließlich der mißhandelte KZ-Häftling nicht vorhanden. Wittfogel war bereits in den zwanziger Jahren ein profunder Kenner der chinesischen Sprache, Geschichte, Literatur. Nach seiner Freilassung aus dem Konzentrationslager exilierte er in die USA, wo er als Professor für chinesische Geschichte lebt, lehrt und forscht. Er trennte sich vollständig von der KPD und dem Marxismus und wurde nach dem Erscheinen seines Standardwerks: »Oriental Despotism«, von allen kommunistischen Parteien geächtet.[27]

Ebenso beharrlich totgeschwiegen wird der unter tragischen Umständen 1957 in den USA gestorbene und erst postum zu internationalem Ruhm gekommene Dr. med. Wilhelm Reich, Begründer einer eigenen Richtung innerhalb der Psychoanalyse. Er war bis 1933 ein tatkräftiges Mitglied der kommunistischen Parteizelle am Laubenheimer Platz in Berlin-Wilmersdorf (jetzt Barnay-Platz), wo außer ihm weitere »Unpersonen« wie Gustav Regler, Arthur Koestler, Werner von Trott zu Solz, der im inneren Widerstand, aber schon getrennt von der Partei, ausharrte, gemeinsam mit dem volkstümlichen Gebrauchslyriker Erich Weinert, dem Sänger revolutionärer Kampflieder Ernst Busch, dem Theaterkritiker Fritz Erpenbeck, der Schriftstellerin Hedda Zinner, dem Schauspielerehepaar Ruschin und nicht parteigebundenen linken Gegnern des Nationalsozialismus wie Ernst Bloch, Axel Eggebrecht, Peter Huchel, Friedrich Burschell im geistigen Abwehrkampf gegen die NSDAP ihr Bestes taten.

Die Namensliste ließe sich erweitern und bis in die Gegenwart hinein verlängern. Die in der Sowjetunion verschollenen Schriftsteller Ernst Ottwalt, Karl Schmückle, Herwarth Walden, Hans Günther, Heinz Neumann können zur Zeugenschaft nicht mehr aufgerufen werden. Margarete Buber-Neumann, Susanne Leonhard, Waltraud Nicolas, Erica Wallach haben in ihren Büchern dargestellt, wie es ihnen in den Gefängnissen und Lagern Stalins erging.[28] Zeugnis abgelegt haben Theodor Plievier, Wolfgang Leonhard und Leo Bauer, der bis zu seinem Tode 1972 ein enger Freund und Mitarbeiter Willy Brandts war.[29] Der deutschsprachige ungarische Dramatiker Julius Hay und der österreichische Essayist und marxistische Theoretiker Ernst Fischer haben in ihren Autobiographien ihr Überleben in der Sowjetunion und den Prozeß ihrer Loslösung von der Vormundschaft stalinistischer Doktrinäre beschrieben.[30]

Fast unversehens hat diese Klarstellung abermals einen Schwerpunkt der Studie tangiert: die Vielspältigkeit des Exils, die sogar bei einer zu Beginn des Exils so homogenen Gruppe wie den Mitgliedern der Kommunistischen Partei auffällt. Unter denen, die eigene Wege gingen, waren von Herkunft Arbeiter, Offiziere, Ärzte, adlige Söhne kaiserlicher Minister, vagabundierende Handwerker, jüdische Publizisten, aus katholischem Milieu stammende Kleinbürgersöhne, Söhne mittelständischer jüdischer Kaufleute, Träger eines der berühmtesten Namen deutschen Geistesadels; Philosophen, Historiker, Sinologen; Lyriker, Epiker, Dramatiker, Literaturkritiker; Norddeutsche, Österreicher, deutschsprachige Ungarn, in Serbien oder in Russisch-Polen Geborene; vor 1933 in Berlin lebende Kunstwissenschaftler, in Wien studierende Individualpsychologen aus der Schule Alfred Adlers.

So verschieden ihre Herkunft ist, so verschieden ist ihre Entwicklung nach der Trennung von der Partei. Der Berliner Arbeiter wird ein gutgestellter amerikanischer Bürger, der Ullstein-Korrespondent ungarischer Herkunft ein weitbekannter englischer Schriftsteller; der saarländische Katholik kehrt nach Jahrzehnten revolutionärer Aktivität zum Glauben seiner Kindheit zurück; der riesige blonde Norddeutsche erforscht als amerikanischer Professor Ostasien; der einstige Ruhrkumpel bleibt bis zu seinem Tode in der Schweiz ansässig; der Philosoph, der nach 16jährigem Exil in die DDR zurückgekehrt ist, muß im Alter von 77 Jahren abermals als Flüchtling in einem möblierten Zimmer neu beginnen; der in Ungarn gebürtige Dramatiker, der das Exil in der Sowjetunion überlebt hat, exiliert nach mehrjähriger Gefängnishaft in den sechziger Jahren erneut – wie viele unterschiedliche Entwicklungen trotz weltanschaulich und parteilich gleicher Ausgangsposition beim Beginn des Exils.

Dieses Spektrum, das in Übergängen und Schattierungen das Zeitbild anschaulich macht, wird in den Veröffentlichungen und Vorträgen des jetzt in Erscheinung tretenden Nachwuchses der Literatur- und Gesellschaftswissenschaft in der DDR auf ein Schwarzweißklischee reduziert. In den Schriften der jüngeren Parteihochschüler, die sich mit der deutschsprachigen Literatur im Exil seit 1933 befassen, geht es gespenstisch zu: Da tauchen unversehens Zeitschriften aus dem Nichts auf; niemand erfährt, wann und wo sie begründet wurden, wer sie redigiert hat, bis zum Auftreten des fleckenlosen Schwanenritters, an dem kein Fehl ist und der daher – bis auf weiteres – genannt werden darf. Da wird die dereinst weltbewegende Wirkung des »Braunbuchs über Reichstagsbrand und Hitlerterror«[31] als eine der fortzeugenden Taten des Kampfes im Exil in Anspruch genommen, aber der Name des Initiators und Organisators dieser Propagandaaktion, Willi Münzenberg, ist ausgelöscht – das ist, als wolle man Romeo und Julia aufführen unter der Bedingung, daß die Rolle Romeos unbesetzt bleiben muß.

Zu solchen Verfälschungen haben die seit 1957, nach der Niederschlagung des Aufstands in Ungarn, verschärften Repressionen in den Bereichen der Literatur und der Geisteswissenschaften geführt. Soweit die in diesem

Zeitabschnitt in der DDR lebenden oder seither aus ihr geflohenen Schriftsteller von der Zwangsbewirtschaftung betroffen sind, wird man in den sachbezogenen Büchern von Fritz Raddatz, Hans-Dietrich Sander und Konrad Franke unterschiedliche, einander ergänzende Auskünfte finden.[32] In einer Studie: »Vom Realismus zum Sozialistischen Realismus«, habe ich die Rückentwicklung im Gleichnis einer sich synchron mit der Festigung der Ulbricht-Herrschaft »perspektivisch verengende[n] Einbahnstraße mit abschüssigem Gefälle« gesehen. »Gegenverkehr ist verboten. Seitenwege sind blockiert. Überholen dürfen nur Fahrzeuge der Partei oder der Regierung, in denen die politischen Kontrollorgane, gegebenenfalls der Staatssicherheitsdienst, vom Vorrecht Gebrauch machen. Am Ende wird sich erweisen, daß es sich um eine Sackgasse handelt. Wer zurückgeblieben ist, hat die besten Chancen, im Rückwärtsgang wieder ins Freie zu gelangen.«[33] Das trifft in noch engerem und strengerem Begriff auf die Literatur- und Gesellschaftswissenschaft zu, die die deutschsprachige Literatur im Exil als Ganzes, einen Teilaspekt oder eine repräsentative Persönlichkeit zum Gegenstand der Forschung hat. Alle über dieses Gebiet bisher in der DDR erschienenen Arbeiten müssen berichtigt, ergänzt, umgeschrieben werden, wenn sie der Wirklichkeit nahekommen sollen.

Da Heinrich Mann in der DDR zu einer Symbolfigur des Exils geworden ist und bei jeder Gelegenheit als Zeuge aufgerufen wird, so fallen einem beständig Leitsätze des streitbaren Humanisten ein, der bei allen Widersprüchen – die ihn auszeichnen – stets auf der Pflicht des Schriftstellers beharrte, die eigene Meinung zu vertreten. Hunderte von Malen ist seit der Begründung der Deutschen Freiheitsbibliothek am 10. Mai 1934 in Paris sein Kredo: »Lieber gleichgeschaltet als ausgeschaltet, damit kann ein Bankier zur Not durchkommen, ein Schriftsteller nicht«, zitiert worden. »Tatsachen nicht anerkennen, Ergebnisse fälschen«, dies empfand er als Unmöglichkeit. Eben das aber ist die Pflichtübung der Exilliteratur-Forschung in der DDR, wenn sich die Tatsachen und Ergebnisse nicht auf das Soll reimen.

So mußte der Vortrag von Sigrid Bock (Akademie der Wissenschaften in Ostberlin) bei dem Symposium in Kopenhagen verunglücken. Ihr Thema war »Volksfront und Literatur«. Wie üblich rückte sie – wiederum unter Übergehung des Organisators der Gespräche zwischen Vertretern der deutschen Exilparteien, Willi Münzenberg – Walter Ulbricht und Heinrich Mann in den Mittelpunkt, obwohl es eine bekannte Tatsache ist, daß Heinrich Mann sich weigerte, den Volksfrontausschuß einzuberufen, wenn, so schrieb er am 25. Oktober 1937 an den sozialdemokratischen Exilpolitiker Max Braun, »U[lbricht] als Hauptvertreter oder auch nur als ein Vertreter seiner Partei dort erscheinen darf«.[34] Von dem bestürzenden

Eindruck dieses Vortrages hat Gabriele Tergit, die als Sekretärin des PEN-Zentrums Deutschsprachiger Autoren im Ausland an der Tagung teilnahm, einen anschaulichen Bericht gegeben: »Eine junge Frau, hinter der Mauer aufgewachsen, die neue Generation ... es war die völlige Leere, die byzantinische Versteinerung, keine Brücke mehr ... Professor Steffensen sagte nach ihrer Vorlesung: ›Ich glaube, wir machen eine Pause.‹ – Ja, keine Brücke mehr.«[35]

Tatsächlich ist für Forschung und Lehre in allen geisteswissenschaftlichen Disziplinen in der DDR der Aufstand in Ungarn im Herbst 1956 eine entscheidende Zäsur gewesen. Während Literatur und Kunst schon zu Beginn der fünfziger Jahre in Zwangsjacken gesteckt worden waren, hatten Forschung und Lehre noch relativ viel Spielraum. Man brauchte Lehrer, Ärzte, Physiker, Mathematiker, Diplomtechniker, Architekten. Wer konnte sie ausbilden, wenn nicht die alten Fachkräfte, die anfänglich zu 99 %, aber auch Mitte der fünfziger Jahre noch bis zu 90 %, bürgerlicher Herkunft waren. Gegen sie war mit Verordnungen wenig auszurichten. Sie verstanden das »Parteichinesisch« – wie sie ohne sonderliche Bosheit die sich häufenden Vorschriften und Anweisungen nannten – zumeist gar nicht und fuhren in redlicher Überzeugung fort, ihr Wissen und ihre Lehrmeinung zu vermitteln.

Die Drosselung des geistigen Lebens an den Hochschulen setzte mit jäher Gewalt und ohne jede weitere Rücksichtnahme auf die bürgerlichen Lehrkräfte ein, als die um ihre Machtpositionen besorgten Funktionäre den Einfluß der Intelligenz und vor allem der studierenden Jugend auf den Selbstbefreiungsversuch des ungarischen Volkes erkannten. Ulbricht schrieb am 30. Dezember 1956 in einem Leitartikel für das zentrale Parteiorgan Neues Deutschland: »Die ungarischen Ereignisse lehren auch, daß es katastrophale Folgen hat, wenn eine Arbeiterpartei zuläßt, daß Angehörige der Intelligenz, die unter bürgerlichem Einfluß stehen, ungehindert ihre Zersetzungstätigkeit fortführen können.« Von diesem Zeitpunkt an wurde jede Fragestellung, jeder Meinungsaustausch, der die Grenzen des Reglements überschritt, mit Zuchthausdrohung beantwortet, an Universitäten und Hochschulen nun noch unnachsichtiger als in anderen gesellschaftlichen Institutionen. Der Artikel Ulbrichts setzte den Schlußpunkt hinter die Ankündigungen der Spitzenfunktionäre der SED über die neuen Richtlinien des Zentralkomitees für die ideologische Arbeit an den Hochschulen. So hatte der Chefideologe der Partei, Kurt Hager, wie es in einem Bericht im Neuen Deutschland vom 18. Dezember 1956 hieß, »mit aller Eindeutigkeit« festgestellt, daß es »die Aufgabe unserer Universitäten und Hochschulen ist, wissenschaftlich gebildete Kader für unsere Arbeiter- und Bauernmacht und für den Aufbau des Sozialismus auszubilden, und daß nur diejenigen das Recht haben, bei uns zu studieren, die diese Aufgabe anerkennen und sich für sie einsetzen«. Unduldsamkeit gegen »kleinbürgerliche Prinzipienlosigkeit« wurde allen Dozenten und Studenten zur Pflicht gemacht.

Die Frage nach dem Spielraum, den Lehre und Forschung in den geisteswissenschaftlichen Fachrichtungen an den Hochschulen der DDR noch besaßen, hatte der Minister für Staatssicherheit, Ernst Wollweber, am 21. November 1956 im Neuen Deutschland beantwortet: »Es ist selbstverständlich, daß in der DDR keine sogenannte ›freie‹ Diskussion geduldet werden kann und darf«. Die Gleichschaltung der gesamten Studentenschaft zu einer grauen Kadermasse zukünftiger Funktionäre und die Ausschaltung von nicht unterwürfigen Professoren und Dozenten wurde von diesem Zeitpunkt an mit allen Gewaltmitteln der Partei und des Staatsapparates erzwungen. Die Verjagung Ernst Blochs aus dem philosophischen Institut der Universität Leipzig, die Einkerkerung seiner Assistenten und Doktoranden, die Verhaftung und Verurteilung Wolfgang Harichs zu zehn Jahren Zuchthaus – von denen er immerhin acht hat absitzen müssen – waren in diesem Zusammenhang bedingte Einschüchterungsmaßnahmen.

In den kursorischen Arbeitsberichten, die von der DDR-Delegation in Kopenhagen ausgelegt wurden, ist von den Veröffentlichungen und Forschungsergebnissen die Rede, die die Professoren Hans Kaufmann (Herausgeber der verdienstvollen zehnbändigen Heine-Ausgabe) und Inge Diersen (Thomas-Mann-Expertin) sowie Horst Haase erarbeiteten. Sie waren wie viele Nichtgenannte, die sich in der DDR auf literaturwissenschaftlichem Gebiet hervorgetan haben, seit Ende der vierziger Jahre bis zum Einschnitt 1956/57 Studenten, Doktoranden, Assistenten und Oberassistenten am Germanistischen Institut der Humboldt-Universität in Berlin gewesen. Diese begabten jungen Leute hatten noch etwas von den humanistischen Grundzügen im Marxismus mitbekommen, die sich bei den Heimkehrern, nicht nur den »Westemigranten«, und einigen Künstlern und Wissenschaftlern, die die Konzentrationslager oder Zuchthäuser überlebt hatten, nach 1945 behaupteten.

Das waren die Jahre, in denen Arnold Zweig, Friedrich Wolf, Erich Weinert noch zum Guten redeten, Brecht sich schützend vor Angegriffene oder schon Gefährdete stellte und mit den Inszenierungen seiner Stücke Wahrzeichen der Kunst setzte; die Jahre, da die berühmten Romanisten Victor Klemperer, der wunderbarerweise im Lande überlebt, und Werner Kraus, der das Zuchthaus der Nationalsozialisten überstanden hatte, in Berlin, Halle, Leipzig lehrten; da Hanns Eisler, Schönberg-Schüler, Brecht-Freund, einer der klügsten Männer unter den vielen klugen Männern des Exils, eine Musikklasse an der Akademie der Künste leitete;

Gustav Seitz und Fritz Cremer, der Schöpfer des Buchenwalddenkmals, Meisterklassen für Bildhauerei betreuten, Mart Stam, einstmals Bauhaus, und Selmar Nagic Architektur an der Kunsthochschule in Berlin-Weißensee lehrten, der Graphiker Max Schwimmer die Klasse für Illustration an der Kunsthochschule in Leipzig hatte, Ernst Blochs Philosophie einzuwirken begann, Hans Mayer als Germanist in Leipzig Aufmerksamkeit über die Grenzen der DDR hinaus fand; es war die Zeit, als Wolfgang Langhoff, einstmals »Moorsoldat«, Intendant des Deutschen Theaters war, Helene Weigel die »Mutter Courage« darstellte, Herbert Jhering das Niveau der Theaterkritik, Paul Rilla das der Literaturkritik mitbestimmten, Heinrich Kilger Bühnenbilder entwarf, Max Schröder als Cheflektor der gute Geist des Aufbau-Verlages war, Julius Hay zu den Proben seiner Stücke aus Budapest nach Berlin kam, Ernst Fischer aus Wien anreiste und in seinen Vorträgen oder Streitgesprächen mit dogmatischen Funktionären ästhetische Maßstäbe zurechtrückte; die Zeit, als noch einige alte Kampf- und Leidensgefährten von Karl Liebknecht und Rosa Luxemburg am Leben waren wie Professor Hermann Duncker, Lehrer von drei Generationen junger Marxisten, nicht zuletzt unter den Spitzenfunktionären Wilhelm Pieck, der ein Herz für die Literatur hatte und dem – was heute auch nur mit gebotenen Unterschlagungen der Korrespondenz mit »Unpersonen« zutage kommen darf – die Gründung des Heinrich-Mann-Archivs bei der deutschen Akademie der Künste und die Auffindung der Jugendbriefe Thomas Manns an seinen Bruder Heinrich zu danken sind.[36]

Die besonders für die Germanistik in der DDR sinnfälligste Wandlung war die Zurückziehung und Disqualifizierung der zahlreichen literaturhistorischen und literaturkritischen Arbeiten von Georg Lukács, die bis dahin die Funktion von Lehrbüchern gehabt hatten. Die Reaktion mag vielleicht deshalb so heftig gewesen sein, weil Lukács' Werk in den ersten zehn Nachkriegsjahren fast eine Monopolstellung in der Literaturwissenschaft eingenommen hatte. Mit der Berufung auf Lukács verband sich auch der Anspruch, das große kulturelle Erbe der »Deutschen Realisten des 19. Jahrhunderts« zum Maß zu setzen, was eine Absage an den »Sozialistischen Realismus« in gebrauchsfertiger Form war. Der Konflikt reicht bis zu den Auseinandersetzungen im Bund proletarisch-revolutionärer Schriftsteller Ende der zwanziger Jahre zurück, als Lukács die Forderung nach formaler Qualität verteidigte; er setzte sich im Exil in der »Expressionismus-Debatte« fort, in der Brecht, Anna Seghers, auch Ernst Bloch Gegenpositionen innehatten. Lukács, der damals gefährdet, zeitweilig verhaftet, in der Sowjetunion überlebte, gesteht im Vorwort zur Neuausgabe von »Geschichte und Klassenbewußtsein«, daß er einen »Partisanenkampf gegen offizielle und halboffizielle Theorien der Literatur« habe führen müssen.[37] Trotz der bedrohlichen Angriffe, die er auch in den ersten Nachkriegsjahren in seinem Heimatland durch den stalinistischen Dogmatiker Joszef Révai erfuhr, blieb sein Einfluß bis zum Ungarn-Aufstand, den er geistig mit vorbereitete, in der DDR erhalten. Nach dem Scheitern des Aufstands, der die SED-Funktionäre ebenso wie zwölf Jahre später der »Prager Frühling« mit Sorge erfüllt hatte, setzte der konzentrische Angriff auf Lukács ein. Er wurde zu einer negativen Symbolfigur gemacht. Obwohl er zwar aus der Partei ausgestoßen wurde, zum Unterschied von Tibor Dery und Julius Hay aber in Freiheit blieb, wurde er das Ziel aller Angriffe derer, die der »Tendenzpoesie« das Wort redeten, weil sie nach dem Konzept der Chefideologen der SED im Kampf gegen den »westdeutschen Imperialismus« eine wichtige Rolle spielte. Natürlich stimmten die »Tendenz-Poeten« oder Schriftsteller ein, die sich durch Lukács zurückgesetzt fühlten.

Im Jahre 1960 erschien eine Sammlung von Aufsätzen gegen ihn in Buchform: »Georg Lukács und der Revisionismus«.[38] Den ersten Beitrag in diesem Band bildet die Polemik, die der in Ungarn längst abgehalfterte Stalinist Joszef Révai 1950 gegen Lukács geführt hatte – ein Text, der heute vorsintflutlich erscheint. Am Schluß des Buches wird richtig vorausgesagt, »daß die Debatte um Lukács noch nicht beendet ist«. Die Streitschrift ist ein Zeitdokument. Sie zeigt die Übernahme der obsoleten Interpretationen des »Sozialistischen Realismus« durch den »Großinquisitor der Sowjetkunst«, Andrej Shdanow, in die siebziger Jahre unseres Jahrhunderts. Hier muß jedoch der Hinweis auf diese Sammlung von Anti-Lukács-Polemiken genügen; sie ergibt, aus welchen Quellen die gegenwärtige Literaturwissenschaft in der DDR gespeist ist.

Wie sich diese Zwänge im Bereich der Exilliteratur-Forschung auswirken, ist in unserem Zusammenhang die vordringliche Frage. Der Nachwuchs, mit dem wir es dabei zu tun haben, ist – soweit er zu Wort kommen darf – seit 1957 einseitig durch die Restalinisierung der Ideologie geprägt. Der Wortführer der ungeschlachten »Tendenzpoesie« – die Anführungszeichen sind auch in diesem Fall unerläßlich –, Kurt Barthel (Kuba), machte auf der 32. Tagung des Zentralkomitees der SED im Juli 1957 Georg Lukács zum »Buhmann« und »bezeichnete sich stolz als Verfolgten der Lukács-Schüler«, wobei er namentlich Hans Mayer und Alfred Kantorowicz nannte. In welchem Ausmaß Lukács der »Buhmann« für die geförderte Literaturwissenschaft der DDR geblieben ist (für die beamtete Philosophie und Gesellschaftswissenschaft desgleichen), beweist der mehrfach erwähnte Band von Jarmatz. Der Klappentext rühmt als »Hauptverdienst des Autors« seine »Auseinandersetzung mit den literaturtheoretischen Schriften von Georg Lukács«. Diese Auseinandersetzung beginnt nach der fälligen Reverenz vor Johannes R. Becher schon auf den ersten Seiten mit dem

Urteil: »Lukács zeichnet ein Miserebild der deutschen Literatur in der Zeit des antifaschistischen Widerstandskampfes, das seinem Miserebild von der deutschen Geschichte entspricht.«[39] Die Klischees der Abwertung von Lukács' Lebenswerk ziehen sich durch Jarmatz' Buch. Da ist die Rede von dem »Ende des Lukácsschen Realismusbegriffes und seinem massiven Angriff gegen den sozialistischen Realismus«;[40] er habe ein »falsches Geschichtsbild von unserer Epoche« und zeige eine »antileninistische Einschätzung des Imperialismus«; er negiere die »Rolle der revolutionären Arbeiterbewegung«,[41] verwische die »Hauptströmungen der deutschen Literaturentwicklung« und ignoriere »den Einfluß, den die revolutionäre Arbeiterklasse auf die Entwicklung der deutschen Nationalliteratur ausübte«[42]; er »versöhnte sich in entscheidenden Fragen mit der bürgerlichen Ideologie«, er gefährdete »die antifaschistische Einheit unter den Schriftstellern«, leugne die »führende Stellung der Arbeiterklasse im antiimperialistischen Kampf«, setze »die Funktion der marxistisch-leninistischen Partei« herab, halte Ausschau »nach einer dritten gesellschaftlichen Kraft«, mache eine »kleinbürgerlich-demokratische Oppositionsbewegung ... zur gesellschaftlichen Basis des ›zeitgenössischen Realismus‹«.[43]

Auch andere deutschsprachige Exilschriftsteller, soweit sie nicht zu den Unantastbaren oder zu den Totzuschweigenden gehören, erhalten schlechte Benotungen. Hermann Kestens Roman »Die Kinder von Gernika« verliere sich in »Abseitigkeit«, eine Erzählung von A. M. Frey gestalte »abnorme Seelenregungen einzelner Individuen, die zumeist als Außenseiter in der Gesellschaft leben«.[44] (Keinem aus dem Nachwuchs der Parteihochschulen würde es auffallen, daß alle exilierten Schriftsteller von der Goebbels-Propaganda als »Außenseiter der Gesellschaft« abgestempelt wurden – und es in gewissem Sinne als Heimatlose und als Gegner des in ihrem Herkunftslande herrschenden Regimes tatsächlich waren.)

Doch diese Zensuren sind vergleichsweise milde und beiläufig. Es zieht Jarmatz stets bald wieder zur Abrechnung mit dem Hauptfeind zurück. Wenn Lukács kritische Anmerkungen zu einem der schwächeren Romane des von ihm hochgeschätzten Lion Feuchtwanger macht, so wird ihm das nicht durchgelassen; er gehe »an dem Grundanliegen des Romans vorbei«.[45] Ganz ungerügt kommen auch Heinrich Mann und Arnold Zweig nicht davon. Heinrich Mann gewann »bis zum Schluß keine klare, wissenschaftlich bestimmte Einsicht in die Rolle der Volksmassen.«[46] In Arnold Zweigs Roman »Das Beil von Wandsbeck« steht der »Kampf der Antifaschisten nicht im Zentrum der Handlung«[47] – dennoch finden beide am Ende den rechten und wahren Weg, der sie über Lukács hinausführt. Zu den Opfern von Lukács gehört auch Thomas Mann; sein Menschenbild wird von dem Verderber – den Thomas Mann übrigens bis zu seinem

Lebensende ganz besonders hoch schätzte – »unzulässig und unhistorisch« eingeengt.[48] Wenn Jarmatz einerseits Thomas Mann gegen Lukács zu seinem Recht verhelfen will, so rückt er andererseits die ihm gemäßen Proportionen durch die Feststellung zurecht, daß Thomas Mann die fortschrittliche Humanismus-Konzeption nicht »so klar und eindeutig zu klären vermag wie Becher«.[49] Und flugs wendet er sich wieder dem dankbaren Thema der Verwerfung von Lukács zu, bevor er zum Nachweis kommt, daß sich »bei Becher eine echte Goethe-Nachfolge« finde, der Lukács trotz seines Lobes für Becher nicht gerecht werde.[50]

Über dieses mangelnde Verständnis für Bechers Größe und die Heimtücke, mit der Lukács jahrzehntelang seine konterrevolutionären Ansichten in »aesopischer Sprache« verbarg, unterrichten weitere zwanzig Seiten des Lehrbuchs. Die durchgängig praktizierte Manipulation, unliebsam gewordene Schriftsteller in der Rubrik »und andere« verschwinden zu lassen, wird dem Erzfeind Lukács unterstellt, der nicht stets alle Mitglieder des Bundes proletarisch-revolutionärer Schriftsteller aufzählte, sondern sich mitunter begnügte, eine Namensreihe mit »und andere« zu beenden. Ihm jedoch wird vorgeworfen, daß er »wider besseres Wissen« so verfahren sei.

Lukács bedarf keiner Verteidigung gegen Jarmatz. »Unfehlbar« wie alle diese subalternen Jasager, die ihn vorschriftsmäßig verketzern, war er nicht. In der Realismus-Diskussion, auch in seinen Auseinandersetzungen mit Brecht kann man anderer Meinung sein als er. Hier galt es, ein Exempel zu statuieren. An dem gehässigen Kampf gegen Lukács ermißt sich die Niveausenkung der Literatur- und Gesellschaftswissenschaft in der DDR seit 1957. Literarische Randerscheinungen – damit ist nicht Becher gemeint, der, aufs rechte Maß gebracht, in der Dichtung mitzählt – wurden in den Mittelpunkt gerückt.

Alexander Abusch, der es folgerichtig zum stellvertretenden Ministerpräsidenten der DDR brachte, eröffnete den Gegenangriff gegen alle Liberalisierungstendenzen im Gefolge des XX. Parteitages der KPdSU, auf dem Chruschtschow die Verbrechen Stalins enthüllt und damit zeitweilig auch Ulbricht zur Zurückhaltung gezwungen hatte. Nachdem die sowjetischen Panzer in Budapest eingerollt waren, wurde der Kampf gegen »Formalismus« und »Revisionismus« verstärkt wiederaufgenommen. Sogar Johannes R. Becher, der sich am Ende noch mit seiner Biographie: »Walter Ulbricht – Ein deutscher Arbeitersohn« salvierte (daher sein unverhältnismäßiger Nachruhm), mußte sich bezichtigen, den Kampf gegen Abweichler und Aufweicher nicht hart genug geführt zu haben. Danach gab es kein Halten mehr. Wer wie Willi Bredel auf dem vierten Deutschen Schriftstellerkongreß im Januar 1956 gegen die Dogmatiker Stellung genommen hatte, mußte sich nun gegen die »Diversanten, Agenten und Bravos der deutschen Reaktion« besonders stark machen. Ihm bereitete die Kampagne gegen Lukács besondere Genugtuung, da dieser seine frühen Romane in der Linkskurve kritisiert hatte.[51] Trotz seiner langen Parteimitgliedschaft, seiner Herkunft aus dem Arbeiterstande, den in Moskau verlebten Jahren des Exils, seiner Teilnahme am Spanischen Bürgerkrieg als Kommissar des Thälmann-Bataillons der XI. Internationalen Brigade und der betonten Unterwürfigkeit, die auf der Konferenz der Parteifraktion des Schriftstellerverbandes im Juli 1958 zu einer byzantinischen Verherrlichung Ulbrichts auswucherte, konnte Bredel bis zu seinem Tode am 27. Oktober 1964 niemals wieder den Einfluß gewinnen, den der verrohte Günstling Kuba mit seinen Beschimpfungen der streikenden Bauarbeiter am 17. Juni 1953 und später mit seinen Hetzreden nach der Niederschlagung des Aufstandes in Ungarn erworben hatte. Auch darin prägte sich die Zäsur aus, die im Spätherbst 1956 das Auf und Ab, das Für und Wider der ersten Nachkriegsperiode beendete.

Der Exkurs hat durch die Nachweise, die bei der Tagung in Kopenhagen im August 1972 von seiten der DDR-Delegierten erbracht wurden, an Umfang zugenommen. Es ging uns darum, Gewißheit zu erlangen, daß beim gegenwärtigen Stande auf die Forschungsergebnisse der Literatur- und Gesellschaftswissenschaftler der DDR kein Verlaß sein kann. Alle Veröffentlichungen zum Thema unterliegen dem Zwang, die Vorgänge von 1933 bis 1945 umzuwerten, gemäß der nach 1956 fixierten Rangordnung, die jenseits der Wirklichkeit des Exils angesiedelt ist.

Erste mißglückte Versuche in der Bundesrepublik

In der Bundesrepublik stand man den Exilierten und insbesondere der deutschsprachigen Exilliteratur mit Vorbehalten gegenüber, die lange Zeit nachwirkten. Eingangs ist von der für beide Seiten stellvertretenden Auseinandersetzung zwischen Frank Thieß als dem Wortführer der im Lande verbliebenen und Thomas Mann als dem Repräsentanten der exilierten Schriftsteller berichtet worden, die das Zueinanderfinden, die Heimkehr und Integrierung der Exilierten erschwerte. Der erste Nachholbedarf an Büchern, die bis 1945 im Lande verboten gewesen waren, wurde rasch gestillt. Wer auf sich hielt, las Thomas Manns Dr. Faustus, nahm teil an dem erstaunlichen Erfolg der Schauspiele Bertolt Brechts, erfreute sich an den Satiren und Erzählungen Kurt Tucholskys. Zuckmayer wurde akzeptiert, Franz Werfel, Joseph Roth, Lion Feuchtwanger, Heinrich Mann fanden nach und nach ebenfalls Beachtung; andere Namen, wie Arthur Koestler,

Hans Habe, mit Abstand Theodor Plievier, wurden von den Propagandazentralen des aufkommenden Kalten Krieges in Anspruch genommen.

Es hat pietätvolle Bemühungen gegeben, das Andenken ermordeter oder im Exil verstorbener deutscher Schriftsteller durch Herausgabe ihrer Briefe, Tagebücher, hinterlassenen literarischen Arbeiten zu ehren. Die Deutsche Akademie für Sprache und Dichtung in Darmstadt hat sich darin hervorgetan. In der Reihe ihrer Veröffentlichungen finden sich autobiographische Zeugnisse, Dichtungen, Aufsatzsammlungen von Werner Milch, Karl Wolfskehl, Alfred Mombert, Albrecht Schaeffer, Arno Nadel, Ludwig Strauß, Julius Bab, Gertrud Kantorowicz, Albert Ehrenstein, Gertrud Kolmar – die Mehrheit von ihnen nur in esoterischem Kreise bekannt und dennoch teilnehmend am geistigen Konzert vor 1933.

Einige verdienstvolle Sammlungen sind zu nennen. An erster Stelle die von Manfred Schlösser herausgegebene Anthologie »An den Wind geschrieben. Lyrik der Freiheit. Gedichte der Jahre 1933–1945«;[52] der von Egon Schwarz und Matthias Wegner herausgegebene Sammelband »Verbannung. Aufzeichnungen deutscher Schriftsteller im Exil«;[53] die Sammlung der Briefe von rund hundert Autoren an Hermann Kesten, der sie unter dem Titel »Deutsche Literatur im Exil« 1964 herausgab.[54] Die Beispiele zeigen, daß es in der Bundesrepublik erst in den sechziger Jahren zur Beschäftigung mit der Exilliteratur kam.

Ein vielzitierter Aufsatz von Hildegard Brenner: »Deutsche Literatur im Exil 1933–1947«, erschien zuerst 1965 im »Handbuch der deutschen Gegenwartsliteratur«.[55] Aber noch die zweite verbesserte und erweiterte Auflage von 1970 enthielt außer der Summierung von Namen und unzusammenhängenden, zeitlich durcheinandergewürfelten Buchtiteln gravierende Irrtümer. Heinrich Mann, Arnold Zweig, Alfred Kerr, Ernst Toller, Hermann Kesten und Friedrich Wolf waren nur besuchsweise in der bekanntgewordenen deutschen Künstlerkolonie Sanary (ein Küstenort zwischen Toulon und Marseille), wo hingegen außer Lion Feuchtwanger die in diesem Zusammenhang nicht genannten Schriftsteller Franz Werfel, Ludwig Marcuse, Franz Hessel jahrelang ihren festen Wohnsitz hatten. Von dem im Sommer 1933 in Paris begründeten Schutzverband Deutscher Schriftsteller wird behauptet: Thomas Mann, Oskar Maria Graf und Ferdinand Bruckner seien seine Vorsitzenden gewesen. Thomas Mann, damals in der Schweiz ansässig, gehörte dem Schutzverband nicht an; Oskar Maria Graf, damals in Brünn lebend, wurde später ebenso wie Ferdinand Bruckner zu einem der Vorsitzenden des 1938 in New York begründeten Schutzverbandes Deutsch-Amerikanischer Schriftsteller gewählt. Während bei der Aufzählung der Romane von Heinrich Mann an einer Stelle nur »die Jugend des Königs Henri Quatre« genannt wird, wächst sich das zweibändige Werk bei Hildegard Brenner an anderer Stelle zu einer »Trilogie« aus. Kläbers Vorname ist Kurt, nicht Julius. Bodo Uhses Bericht heißt »Die erste Schlacht«, nicht »Die letzte Schlacht«. Verblüffend ist, daß die New Yorker Zeitschrift Aufbau, die ja für jüdische Flüchtlinge aus Hitlerdeutschland begründet und von exilierten jüdischen Journalisten geleitet wurde, erst »zu Beginn des Krieges mit Deutschland politisch gebrochen« haben soll. Eine nicht minder große Überraschung ist die Behauptung, daß die meisten Exilschriftsteller dem Ruf, nach Deutschland heimzukehren, gefolgt seien. Bei alledem hat die kurze, 18seitige Übersicht den Vorteil, daß die Autorin nicht voreingenommen ist und die Exilierten nicht vom politischen Standpunkt des Jahres 1965 aus auf- oder abwertet.

Diese Fehlleistung, die Exilsituation der Jahre 1933–1945 mit dem Maßstab des Kalten Krieges zu messen und die Verhaltensweisen der deutschsprachigen Exilschriftsteller daraufhin zu überprüfen, wie sie sich damals zum Marxismus oder Kommunismus verhielten, ist Matthias Wegner in seinem Buch »Exil und Literatur. Deutsche Schriftsteller im Ausland 1933–1945« unterlaufen.[56] Da es das erste Buch zu diesem Thema in der Bundesrepublik war – die großangelegte Geschichte der deutschsprachigen Literatur im Exil von Hans-Albert Walter ist noch unvollständig – und gewiß in den Germanistischen Instituten der Universitäten zur Verfügung steht, so sind Richtigstellungen notwendig. Vorwegzunehmen ist, daß Matthias Wegner die Ressentiments gegen die »Emigranten«, wie die Vertriebenen verharmlosend genannt werden, durchaus nicht teilte; im Gegenteil, er hat in dem genannten Sammelband »Verbannung« ihnen und ihrem Schicksal gegenüber freundliche Anteilnahme gezeigt. Die rund 50 für dieses Buch ausgewählten Autoren – ich gehörte zu ihnen und war für das Interesse an der Exilliteratur erkenntlich – geben in nuce eine Anschauung von der Unterschiedlichkeit der Exilierten, und einige der fast 70 Beiträge widerlegen im voraus den Grundzug der Darstellung Wegners in »Exil und Literatur«: daß die deutschsprachige Literatur im Exil von 1933 bis 1945 wesentlich vom Kampf zwischen Marxisten und Antimarxisten – vergröbert: Kommunisten und Antikommunisten – beherrscht gewesen sei.

Für die Nachkriegsgeneration, deren Weltbild in beiden Teilen Deutschlands vom Ost-West-Konflikt geformt wurde, ist offenbar nicht leicht nachzuvollziehen, daß der Antagonismus zwischen Marxismus und Kapitalismus beziehungsweise Demokratie und Bolschewismus durch die Aggression des Nationalsozialismus zeitweilig außer Kraft gesetzt worden war. Hitler bedrohte beide, Ost und West, Demokratie und Bolschewismus, so lange, bis Ost und West, Demokratie und Bolschewismus ein Bündnis eingingen, um die Gefahr abzuwenden. Was die exilierten deutschsprachigen Schriftsteller betraf, so hatte die öffentliche Verbrennung ihrer Bücher nicht in Leningrad, Moskau, Kiew, Odessa stattgefunden, sondern in Berlin, München, Leipzig, Dresden, Frankfurt. Sie waren nicht vom Bolschewismus vertrieben worden, sondern vom Nationalsozialismus. Ihr Schicksal hing unmittelbar von den Entscheidungen Hitlers ab, nur mittelbar und auf längere Sicht von den Taten oder Untaten Stalins – die relativ kleine Gruppe, die in der Sowjetunion Zuflucht gesucht hatte, natürlich ausgenommen. Mit ihren Befürchtungen standen die Exilierten nicht allein. Die besten Geister gerade der westlichen Welt solidarisierten sich mit ihnen. Die vornehmsten Namen der zeitgenössischen Weltliteratur gerieten nach und nach auf die am Ende 12 000 Titel umfassenden Verbotslisten der Reichsschrifttumskammer. André Gide, André Malraux, Robert Musil, Alfred Döblin, Max Brod, Aldous Huxley, Karin Michaelis nahmen nicht am Internationalen Schriftstellerkongreß zur Verteidigung der Kultur 1935 in Paris teil, weil die Komintern sie bezahlt hätte, sondern weil der Zusammenschluß in der damaligen Situation eine Notwendigkeit war. Als es einige Jahre nach dem Ende des Krieges zur Konfrontation der Westmächte mit der Sowjetunion kam, wurde der Kongreß für die Freiheit der Kultur ins Leben gerufen. Es würde Matthias Wegner wohl kaum einfallen, zu behaupten, daß alle Teilnehmer an den Veranstaltungen dieser Organisation vom amerikanischen Geheimdienst (CIA) gekauft worden seien.

Über die Gründung und die jahrelange fruchtbare und geistig repräsentative Arbeit des Schutzverbandes Deutscher Schriftsteller im Exil heißt es bei Wegner lapidar: »Schon im Sommer 1933 hatten Mitglieder der Berliner Ortsgruppe des von Goebbels später aufgelösten Schutzverbandes Deutscher Schriftsteller in Paris eine Organisation gegründet, die unter dem gleichen Namen die Arbeit dieser Vereinigung fortführen, bzw. den erhöhten Anforderungen einer gegenseitigen Unterstützung unter den emigrierten Schriftstellern Rechnung tragen sollte. Diese Organisation geriet jedoch sehr bald unter den Einfluß der Komintern, was zur Folge hatte, daß sich unter der Führung von Konrad Heiden und Leopold Schwarzschild eine Gegen-Vereinigung konstituierte, der Bund Freie Presse und Literatur.«[57]

Diese Darstellung verkürzt und vereinfacht gröblich. Zudem irrt Wegner in allen wesentlichen Punkten. Der Schutzverband hatte keine karitativen Aufgaben – das war Sache der verschiedenen Hilfskomitees. Die in ihm und ehrenamtlich für ihn tätigen Schriftsteller, die damals der Kommunistischen Partei angehörten, Anna Seghers, Egon Erwin Kisch, Gustav Regler, Max Schröder, Manès Sperber, Arthur Koestler, Alfred Kantorowicz, waren keine Berufsfunktionäre, standen also nicht etwa im Solde der Komintern, sondern handelten gemäß ihrer eigenen Überzeugung. Diesen entscheidenden Unterschied übersieht Wegner auch an anderer Stelle; wir kommen anschließend darauf zu sprechen. Rudolf Leonhard, der den Vorsitz führte, war parteilos. Der zu Unrecht stets übersehene David Luschnat, aus christlicher Weltanschauung zum Pazifisten geworden, war anfänglich, bevor er nach Südfrankreich übersiedelte, etwa ein Jahr lang der geschäftsführende Sekretär des Verbandes. Leopold Schwarzschild und Konrad Heiden haben Ende 1936 nicht wegen der Tätigkeit des Verbandes, sondern wegen der mißratenen Volksfront-Unternehmungen auf rein politischer Ebene den praktisch kaum in Erscheinung getretenen Bund Freie Presse und Literatur ins Leben gerufen. Jedoch sprachen – oder lasen aus ihren Werken – noch 1937/38 so profilierte Nichtmarxisten, wenn nicht sogar Antimarxisten, wie Karl Otto Paetel, Hans A. Joachim, Manfred Georg, Paul Westheim, Alfred Döblin, Joseph Roth, Alfred Wolfenstein, Ludwig Marcuse, Hermann Kesten, Franz Werfel im Rahmen der Veranstaltungen des Schutzverbandes.

Matthias Wegner hätte sich in Beiträgen zu der Anthologie »Verbannung« über das Miteinander der exilierten Schriftsteller jenseits von Parteilinien unterrichten können. Da schreibt Klaus Mann: »Besonders während der ersten Jahre des Exils, von 1933 bis 1936, war dies Gefühl der Zusammengehörigkeit stark und echt. Ja, die verbannten Literaten bildeten wohl so etwas wie eine homogene Elite, eine wirkliche Gemeinschaft innerhalb der diffusen amorphen Gesamtemigration.«[58] An anderer Stelle hat Klaus Mann dieses Zusammengehörigkeitsgefühl engagierter deutschsprachiger Exilschriftsteller personifiziert. In »Der Wendepunkt« findet sich die anschauliche Schilderung: »Wir schreiben noch nicht 1939, sondern 1935 oder 1936; Schwarzschild hat mich noch nicht als Söldling des Kreml entlarvt, sondern sitzt heiter mit mir beim Déjeuner in einem guten ungarischen Restaurant, nicht weit von seinem Büro in der Rue du Faubourg St. Honoré; in Pariser Emigranten-Kreisen geht es noch relativ friedlich zu, die großen Spaltungen und Zerwürfnisse haben noch nicht begonnen. Georg Bernhard, der brave alte bonhomme – früherer Chefredakteur der braven alten ›Voß‹ [Vossische Zeitung; A. K.] –, redigiert noch die ›Pariser Tageszeitung‹, um die es bald einen ausgewachsenen Skandal und fetten Stunk geben wird. Willy Münzenberg ist noch Kommunist und hat soeben das sehr effektive ›Braunbuch‹ herausgebracht. Arthur Koestler ist noch Kommunist und noch nicht weltberühmt. Mein begabter Freund Gustav Regler (ich empfehle seinen Roman ›Der verlorene Sohn‹!) ist noch derartig kommunistisch, daß einem vor so viel militantem Glaubenseifer etwas ängstlich zumute wird. Die Kommunisten Anna Seghers, Johannes R. Becher, Theodor Plievier, Bodo Uhse, Alfred Kantorowicz treffen sich im Schutzverband Emigrierter Deutscher Schriftsteller mit Liberalen wie Hermann Kesten, Walter Hasenclever, Ernst Weiß, Fritz Walter, Walter Mehring, Klaus Mann oder gar mit romantischen Monarchisten wie Joseph Roth.«[59]

In dieser Skizze sind die Ende 1936 beginnenden Konflikte, Konversionen, Parteiaustritte auch im Kreise der Schriftsteller angedeutet. Bei Vereinigungen in anderen Ländern, in England, der Schweiz, der Tschechoslowakei, der Sowjetunion, später in den USA und Mexiko, machten andere lokale, gesellschaftliche, politische Bedingtheiten sich geltend. Die Polarisierung der Exilgruppen seit Beginn der Moskauer Prozesse 1936 war zudem keine Einbahnstraße. Als nach dem Überfall auf Pearl Harbour und der Kriegserklärung Hitler-Deutschlands an die USA das Bündnis zwischen England, den Vereinigten Staaten und der Sowjetunion sich auswirkte, fanden viele der deutschsprachigen Schriftsteller, die nach Amerika entkommen waren, sich dort neu zusammen. Einige zogen sich zurück, andere machten sich bemerkbar, manche resignierten, viele schöpften neue Hoffnungen, die oftmals zu neuen Enttäuschungen führten. Das Exil war kein Stammtisch. Es sei wiederholt: Beständige Fluktuationen – räumliche wie weltanschauliche – sind kennzeichnend für das Insgesamt der deutschsprachigen Exilschriftsteller.

In dem vielstimmigen und vielschichtigen Ensemble spielten die Auseinandersetzungen zwischen Kommunisten und Antikommunisten zeitweilig eine bedeutende, zu anderen Zeiten, besonders während der Kriegsjahre, eine eher untergeordnete Rolle. Die Flügelkämpfe zwischen engstirnigen kommunistischen Dogmatikern wie Alexander Abusch, Albert Norden, Alfred Kurella auf der einen, fanatischen Antikommunisten wie William S. Schlamm, Leopold Schwarzschild und später auch Arthur Koestler auf der anderen Seite blieben bis zum Sieg über Hitler-Deutschland Randerscheinungen – allerdings mit Zeitzündereffekt. Wer aber die nach zwei Jahrzehnten Kalten Krieges eingeprägten ideologischen Normen der Exilsituation der dreißiger Jahre unterlegt, der muß zu Fehleinschätzungen und Kurzschlüssen kommen. Weshalb Jarmatz' Buch »Literatur im Exil« als Quelle untauglich ist, wurde begründet. Daß Wegners Studie »Exil und Literatur« aus entgegengesetzten Gründen fragwürdig bleibt, muß noch belegt werden. Wiederum beschränken wir uns auf einige – zu vervielfachende – Beispiele für die Fehlkonzeption des gutgemeinten ersten Versuchs, nach zwanzigjähriger Brache in der Bundesrepublik einen Abriß der deutschsprachigen Exilliteratur zu erarbeiten.

Wegner behauptet: »Wenn auch die Mehrheit der emigrierten Schriftsteller ihrer politischen Konzeption nach ›linksgerichtet‹ war, so distanzierten sich die Kommunisten unter ihnen, wie etwa Kantorowicz, Bredel, Wolf, Herzfelde im Grunde immer von den übrigen ›linken‹ Emigranten.«[60] Ich muß zunächst um Verständnis dafür bitten, daß mein Name in solchen Zusammenhängen gelegentlich genannt wird. Da ich seit März 1933 im Exil tätig war, dem Vorstand des Schutzverbandes Deutscher Schriftsteller im Exil angehörte, die Deutsche Freiheitsbibliothek mitbegründete, an den Schriftstellerkongressen in Moskau (1934) und Paris (1935) teilnahm, im Spanienkrieg als Soldat und Offizier der Internationalen Brigaden kämpfte, im Lager Les Milles interniert war, alle Abenteuer des Entkommens nach Amerika bestand und von Juni 1941 bis zur Heimkehr nach Deutschland im Herbst 1946 in New York an Exilzeitschriften mitarbeitete, so ist mein Name in die Geschichte des Exils einverwoben, und während er im Osten seit 1957 ausgelöscht worden ist, findet er sich unvermeidlich in westlichen Publikationen über Exilliteratur, Spanienkrieg, Internierungslager usw. Mit den mich betreffenden Irrtümern habe ich mich in Büchern, Aufsätzen, Gesprächen auseinandergesetzt. Für diese Arbeit gilt, daß ich nie in eigener Sache spreche. Die folgende Richtigstellung ist daher keine persönliche Rechtfertigung.

Die unfundierte Konstruktion Wegners widerlegt sich von selbst. Die vier sehr unterschiedlichen Schriftsteller, die – nur so ist Wegners Vorbringen zu deuten – im Verborgenen konspiriert haben sollen: der Hamburger Arbeiterschriftsteller Willi Bredel, der im Rheinland geborene, vor 1933 in Stuttgart praktizierende Arzt und Dramatiker Friedrich Wolf, der in der Schweiz gebürtige Verleger Wieland Herzfelde und der Berliner Literat Alfred Kantorowicz, hatten außer ihrer damaligen Parteizugehörigkeit vor allem gemeinsam, daß sie mit ihrer Tätigkeit in den Jahren des Exils eine möglichst breite Öffentlichkeit zu erreichen suchten. Bredel wurde nicht lange nach seiner Entlassung aus dem Zuchthaus Fuhlsbüttel, wo er als politischer Häftling eingesessen hatte, Redakteur der Monatszeitschrift Das Wort in Moskau, nahm vom Sommer 1937 an als Kommissar des Thälmann-Bataillons am Bürgerkrieg in Spanien teil und war auch nach seiner Rückkehr in die Sowjetunion während des Krieges propagandistisch tätig; zum Bürostubenfunktionär war er vom Temperament her ungeeignet, und er hat es später in der DDR in der Funktionärshierarchie nie sehr weit gebracht.

Wolf hatte Ende der zwanziger bis Mitte der dreißiger Jahre seine breitesten internationalen Erfolge mit Schauspielen wie »Cyankali« (ein Propagandastück gegen den immer noch umstrittenen § 218, der Abtreibung unter Strafe stellt) und vor allem »Professor Mamlock«, auf den Bühnen vieler Länder und im Film – neuerdings als Fernsehfassung – tatsächlich ein Welterfolg, der ihn beständig ins Licht der Öffentlichkeit rückte. Er unternahm in diesen Jahren viele Reisen, hielt Ansprachen auf einem amerikanischen Schriftstellerkongreß, wovon Wegner an anderer Stelle erzürnt Notiz nimmt. Er war dann lange in dem harten Internierungslager Le Vernet in den Pyrenäen gefangen. Später hatte er in der DDR bittere Konflikte mit den Kulturfunktionären und wurde auf den rein repräsentativen Posten eines Botschafters in Warschau abgeschoben. Erst nach seinem Tode machte man Aufhebens von seinem Werk. Der gütige, hilfsbereite, mitleidende, rechtlich denkende Mann war das Gegenteil eines Funktionärs.

Auch Wieland Herzfelde, der in Prag 1933 seinen Malik-Verlag neu begründete und zugleich ebendort gemeinsam mit Anna Seghers und Oskar Maria Graf die Zeitschrift Neue Deutsche Blätter herausgab, später in New York den Aurora-Verlag ins Leben rief, hat immer in der Öffentlichkeitsarbeit gestanden und ist wie Bredel nur halbwegs zu Funktionärsehren gekommen. Mir selbst schließlich ließen meine verschiedenen ehrenamtlichen Tätigkeiten, dann die Teilnahme am Spanischen Bürgerkrieg und der Aufenthalt im Internierungslager, endlich in den USA die Anstellung beim Radiokonzern »Columbia Broadcasting System« leider selten genug Zeit für Zurückgezogenheit bei literarischer Arbeit.

Nun wären diese Feststellungen nicht der Rede wert, wenn sie nicht im Zusammenhang mit einem Übersehen ständen, das bis zum heutigen Tag dauert. Während Wegner nämlich den verantwortlich zeichnenden Herausgebern von Zeitschriften, den Verlagsleitern, literarischen Wortführern, Organisatoren von Verbänden unterstellt, sie hätten sich von ihren linken Kollegen distanziert, bemerkt er nicht, daß es anders geartete Exilierte waren, die »hinter den Kulissen« ihren Einfluß geltend machten, soweit das in westlichen Ländern möglich war. Später in der DDR standen sie im Licht und an den Schalthebeln der Macht: Alexander Abusch, der als stellvertretender Ministerpräsident über die Einhaltung der Parteilinie im Bereich von Kunst und Kultur wachte; Albert Norden, Mitglied des Polit-Büros der SED und Chef der Propaganda; Otto Winzer, bis zu seinem Tod Außenminister der DDR, der unter dem Namen Lorenz wie die beiden Vorgenannten ebenfalls in Paris amtete; Kurt Hager, der als Spitzenfunktionär für die Gleichrichtung der Ideologie an Universitäten, in Verbänden und Akademien verantwortlich ist; Klaus Gysi, bis vor kurzem Kulturminister; der unterdessen verstorbene Kurt Barthel, Mitglied des Zentralkomitees der SED, Generalsekretär des Schriftstellerverbandes, Fraktionssprecher der SED zu Fragen der Literatur in der Volkskammer, Einpeitscher des »Bitterfelder Weges« zum »Sozialistischen Realismus«. Diese hochdekorierten, preisgekrönten Paladine des Ulbricht-Regimes waren alle »Westemigranten«, auch durchaus publizistisch tätig in Frankreich, der Tschechoslowakei, England, Mexiko, sogar den USA. Auf sie trifft zu, daß sie eine Kaste bildeten, die sich von den übrigen »linken Emigranten« distanzierte. Ihr Kraftfeld war das Parteibüro. Auf internationalen Schriftstellerkongressen waren sie nicht vorzeigbar. So hat Wegner sie gar nicht bemerkt, sie, die er doch wohl eigentlich meinte, als er die Kategorie der sich absondernden Funktionäre mit Unzuständigen besetzte.

Heinrich Mann erhält von Wegner die bis zum Ende der sechziger Jahre in der Bundesrepublik üblichen schlechten Zensuren. Mehrfach wird ihm vorgehalten, daß er mit Klaus Mann, Lion Feuchtwanger, Arnold Zweig und anderen Schriftstellern gemeinsam 1937 einen Aufruf für die Schaffung einer deutschen Volksfront unterzeichnet habe. Noch gravierender erscheint es Wegner, daß Heinrich Mann sich zeitweilig sogar als – überparteilicher – Vorsitzender eines Volksfrontkomitees der deutschen Exilparteien zur Verfügung stellte. Nach mehrfachen Zurechtweisungen wird abschließend das Verdikt gefällt: »Seine politische Position vor 1933 und seine schon früh zutage tretende Sympathie für den Kommunismus lassen darauf schließen, daß diese Entwicklung so und nicht anders verlaufen mußte.«[61]

Gar so früh trat die Sympathie Heinrich Manns für den Kommunismus nun nicht zutage. Es mußte viel geschehen, Hitler an die Macht kommen und der Rückfall in die Barbarei durch öffentliche Bücherverbrennungen manifestiert werden, bevor Heinrich Mann zu einem Modus vivendi mit dem Kommunismus gelangte. Noch im April 1932 war er von Johannes R. Becher in einem Artikel in der Linkskurve: »Vom ›Untertan‹ zum Untertan«, als Lakai der Bourgeoisie angerüffelt worden,[62] weil er öffentlich gegen die Erschießung von 48 summarisch als »Staatsfeinde« bezeichneten Sowjetbürgern protestiert hatte; ein in französischer Sprache geführter Briefwechsel mit Maxim Gorki schloß sich daran an, in dem Heinrich Mann den Protest der deutschen Liga für Menschenrechte, den er unterschrieben hatte, fest und würdig begründete. In der in Moskau erscheinenden Zeitschrift Internationale Literatur wurde er 1933 von dem später in der Sowjetunion umgekommenen Hans Günther scharf gerügt, weil er in seiner Broschüre »Der Sinn dieser Emigration« die Rolle der Kommunistischen Partei Deutschlands verkannt habe.[63]

Heinrich Mann hat die Sowjetunion niemals besucht. Als er später 1943/44 im fernen Kalifornien bei der Arbeit an seinem autobiographisch durchwirkten Rückblick »Ein Zeitalter wird besichtigt« Fehlschlüsse über die Moskauer Prozesse in das Buch aufnahm,[64] teilten viele Amerikaner seine Meinung. In dem berühmt gewordenen, später verfilmten Bericht des amerikanischen Botschafters in Moskau, Joseph E. Davies, »Mission to Moscow« wurden die Prozesse nachdrücklich gerechtfertigt.[65] Die USA und Großbritannien waren die Verbündeten der Sowjetunion. Der unerwartet starke Widerstand gegen die Armeen Hitlers, die Frankreich in einigen Wochen überrannt hatten, verschaffte ihr damals Sympathie und

Bewunderung in Kreisen, die alles andere als kommunistenfreundlich waren. Für viele der exilierten deutschsprachigen Schriftsteller verbanden sich mit diesem Widerstand besonders nach der Kriegswende bei Stalingrad neue Hoffnungen. Daß diese Hoffnungen sich in der Nachkriegsentwicklung als trügerisch erwiesen, steht auf einem anderen Blatt.

Als Heinrich Mann sich trotz der vorangegangenen Verunglimpfungen zur Zusammenarbeit mit den Kommunisten bereit fand, zog er die Konsequenz aus Hitlers bedeutendsten innen- und außenpolitischen Erfolgen. Der Parteiräson unterwarf er sich nicht. Ebensowenig wollte er eine Volksfront, die Ulbricht unterstand. Briefe an Rudolf Breitscheid und Georg Bernhard bezeugen seine Überparteilichkeit in jener Zeit. Das ist keine Verteidigung Heinrich Manns, sondern die – leider – notwendige Klarstellung von Zusammenhängen, in denen Versuche, der Hitlergefahr durch die Einigung der deutschen Exilparteien zu begegnen, gerechtfertigt gewesen wären, wenn nicht eben die Ulbrichts diese Einigung hintertrieben hätten; auch die »Volksfront«, die wie ein Schreckgespenst beschworen wird, war angesichts der von den Nationalsozialisten etablierten »Volksgemeinschaft« nur ein Abwehrreflex, allerdings mißbraucht von hintergründigen Manipulierern, die sie für eigene Zwecke nützen wollten.

Da Heinrich Mann unter den engagierten deutschsprachigen Schriftstellern im Exil eine zentrale Figur war und deshalb nicht nur von Wegner, sondern auch von anderen Literaturgeschichtlern der Bundesrepublik (Hohoff, Holthusen, Edgar Lohner) unbesonnen auf den Kehrichthaufen gefegt und dem »Alleinvertretungsanspruch« der DDR überlassen wird, gilt es, noch weitere Mißverständnisse auszuräumen. Allzu oft hat man – wohlgefällig in der DDR, mit polemischer Spitze in der Bundesrepublik – auf seine Lobesworte für die Sowjetunion, an einigen Stellen in »Ein Zeitalter wird besichtigt« sogar über Stalin, hingewiesen.[66] Es sind nur kurze Abschnitte über ein Land, das Heinrich Mann nicht kennt, auf das er aber in diesem Zeitpunkt, nach Stalingrad, Hoffnung setzt. Was er im gleichen Buch weit ausführlicher über England und Frankreich geschrieben hat, wird nicht zur allgemeinen Kenntnis gegeben, auch nicht, was dort über Churchill zu lesen steht oder über den ehrenhaften deutschen Marineoffizier, Kapitän Langsdorff, oder über seinen Bruder Thomas, schon gar nicht – denn es paßt drüben und hüben nicht ins Bild, das man sich von ihm machen soll – das Kapitel »Nächte Bismarcks«, in dem er seine lebenslange Verehrung für den maßhaltenden Staatsmann in die Worte faßt: »Ich bin verpflichtet, darauf zu bestehen, dass Deutschland in seiner Gestaltung durch Otto von Bismarck eine konservative Wohltat dieses Erdteiles gewesen ist – von seiner Bedrohung endlos entfernt.«[67]

Widersprüche gewiß, Widersprüche, wie sie im Werk jedes bedeutenden

Schriftstellers nachzuweisen sind. Auch Irrtümer sind Heinrich Mann unterlaufen, wie jedem Denkenden in sich wandelnden Zeitläuften. Er war das Gegenteil eines Doktrinärs. Doch in den fast sechs Jahrzehnte währenden wechselnden Schaffensperioden und ganz besonders in den 17 Jahren des Exils blieb die Dominante seines Werkes: die Unabdingbarkeit der Freiheit des Geistes, formuliert in dem Leitsatz: »Literatur kann es nur geben, wo der Geist selbst eine Macht ist, anstatt daß er abdankt und sich beugt unter geistwidrige Gewalten.« Das gilt für 1933 wie für 1977.

Noch schlechtere Noten als Heinrich Mann erhält Lion Feuchtwanger, den Wegner unter Berufung auf Hans Mayer für einen überschätzten Schriftsteller hält. Nun genügt Feuchtwangers Romanwerk sicherlich nicht in allen Teilen den höchsten Maßstäben, und der Roman »Exil«, den Wegner der Thematik gerecht behandelt, gehört zu seinen schwächeren Arbeiten. Seine Unbeliebtheit in der Bundesrepublik hängt jedoch eher mit seinem stärksten – und vermutlich dauerhaftesten – Roman zusammen: »Erfolg«, in dem er vorahnend Ende der zwanziger Jahre den mörderischen Triumph der Bierhalle, die Rechtlosigkeit, den Sieg der Unmenschlichkeit gestaltet hat. Seine besonders in den angelsächsischen Ländern weitverbreiteten historischen Romane von »Jud Süß« bis zu »Waffen für Amerika« (später umbenannt in »Die Füchse im Weinberg«) ließe man vielleicht noch hingehen. Den Zeitroman »Erfolg«, der schildert, wie aus München die »Hauptstadt der Bewegung« wurde, hat man ihm nicht verziehen. Überdies wurde auch ihm die erst im Exil und durch das Exil bemerklich werdende Sympathie für die Sowjetunion verübelt. Er hat sich bei seinem Besuch in Moskau 1937 über die Natur der »Prozesse« täuschen lassen und war nach einem Gespräch von Stalin beeindruckt. Viel Grund zum Tadel also.

Wegner urteilt: »Feuchtwanger blieb auch nach dem Ende des Krieges in den Vereinigten Staaten. Er entschloß sich nicht einmal, in den östlichen Teil Deutschlands zurückzukehren, wo doch jenes politische System verwirklicht wurde, das er so uneingeschränkt bejaht hatte. Sein Moskau-Bericht zeugt sogar von einer so radikalen Verherrlichung des stalinistischen Rußland, daß dieses Buch nicht mehr in der DDR neu aufgelegt wurde.«[68] Abermals fragt man sich, aus welcher trüben Quelle Wegner diese Ungereimtheit geschöpft hat. In Wirklichkeit wurde Feuchtwangers Schrift »Moskau 1937« in der DDR nicht gedruckt und nicht einmal erwähnt, weil die dort herrschenden Stalinisten diesen Bericht als zu wenig devot, ja geradezu als respektlos Stalin gegenüber erachteten. Feuchtwanger hatte sein Gespräch mit Stalin wie eine Unterhaltung von gleich zu gleich aufgezeichnet und Stalin als normalen Menschen, nicht als unfehlbaren Halbgott dargestellt. Das hatte im Endstadium der Diktatur des personifizierten Personenkult-Monomanen – Feuchtwanger hatte gerade in dieser Hinsicht einige unbequeme Fragen vorgebracht – abträgliche Folgen für den selbstbewußten Fragesteller.

Im Frühjahr 1949 erschien in der Moskauer Literaturzeitschrift Nowyi Mir ein gehässiger Angriff gegen Feuchtwanger. Sein neuer Roman zeige schon im Titel: »Waffen für Amerika«, daß er sich dem amerikanischen Imperialismus verkauft habe. In der sowjetischen Besatzungszone war die Neuerscheinung unbekannt. Die für Kulturfragen zuständigen Herren der Militäradministration, General Tulpanow und Oberst Dymschitz, wünschten, daß eine Übersetzung des Angriffs in der von mir herausgegebenen Zeitschrift Ost und West gedruckt werde. Statt dessen bat ich Heinrich Mann brieflich um eine Besprechung des Romans. Umgehend kam seine Zustimmung: »Aufträge, die mir willkommen sind, erfülle ich gern schnell . . . Alles was mir möglich ist, mit Freuden.«[69] Der Aufsatz Heinrich Manns erschien im Juni 1949 unter dem Titel »Der Roman, Typ Feuchtwanger«, mehr als eine lobende Besprechung des umstrittenen Werks, das Feuchtwanger, um die Russen zu beschwichtigen und Mißverständnisse zu vermeiden, später in »Die Füchse im Weinberg« umtaufte. Die Gelegenheit, Feuchtwangers bevorstehenden 65. Geburtstag zu feiern, ergab sich nebenher.

Feuchtwanger war beunruhigt. In einem Brief, den ich nach der Rückkehr von der PEN-Tagung in Bielefeld im Juni 1949 vorfand, schrieb er: »Mitteilungen von Zweig und Brecht entnehme ich, daß ›Waffen für Amerika‹ im Osten mißverstanden wurde. Beide Freunde beschränken sich indes auf vage Andeutungen. Ich wäre Ihnen dankbar, wenn Sie mir Ausschnitte oder dergleichen schicken oder schicken lassen könnten, die mich aufklären, was eigentlich los ist.«[70] In meinen Notizen vom 16. Juni 1949 lese ich nach: »Wenn ich nur selber wüßte, was ›los ist‹. Hier hat sich nichts mehr gerührt . . . Zweig weiß nicht mehr als ich selber. Er meint, daß Heinrich Manns Artikel die Redereien Bechers, Feuchtwanger sei einer, der immer sein Mäntelchen nach dem Winde hänge, zum Verstummen bringen werde.«

Brecht, mit dem ich mehrfach über die Gründe für die schwer erklärlichen plötzlichen Feindseligkeiten der Moskauer Literaturgewaltigen gegen Feuchtwanger ratschlagte, vermutete, daß es sich dabei um eine Spätzündung des Ärgers über seinen doch so gutgemeinten Bericht von der Moskaureise 1937 und dem Gespräch mit Stalin handele. Feuchtwanger hatte in seiner nüchternen Art über das denkwürdige Interview mit Stalin geschrieben und sich selbstverständlich superlativischer Epitheta enthalten. Jedenfalls bekannte sich Brecht ohne Zögern sogleich zu dem Freund, dem er in seinen Anfängen manches verdankte und mit dem er nun drei Jahrzehnte verbunden war. Er gab mir, ohne daß ich bitten mußte, für Ost und West seinen »Gruß an Feuchtwanger«. Darin nennt er ihn einen seiner »wenigen Lehrmeister« und nimmt auf seine verschlagene Weise den stalinistischen Verleumdern den Wind aus den Segeln, dadurch, daß er eben das Schriftchen rühmt, in dem er die Quelle des Ärgernisses vermutet. Als ob es zwangsläufig wäre, greift er aus Feuchtwangers umfangreichem Werk gerade diese verschollene kleine Reportage über die Moskaureise heraus. In seinem Grußwort heißt es:

»Bei Disputen mit solchen, die seine Bücher nicht mochten, geriet ich häufig in Streitigkeiten, wenn ich den Rang, den ich seinen Büchern anwies, mit ihrer Gescheitheit begründete, und man ihre Gescheitheit zugab und gerade darum ihren Rang bestritt: Bei den Deutschen wird bekanntlich ein scharfer Unterschied zwischen dem Dichten und dem Denken gemacht. Auf diesen läppischen Unterschied lasse ich mich natürlich nicht ein, wenn ich berichte, daß mir etwa sein kleiner tazitäischer Bericht über seine Moskaureise immer als ein kleines Wunder erschienen ist – worunter ich eine besondere Leistung verstehe. Für einen Skeptiker wie ihn ist es schwer, zu loben; er ist geradezu gezwungen, seinen Stil zu ändern. Und wie selten ist es, daß der Kenner alter Kulturen eine neue zu erkennen weiß! Und es war allerhand Tapferkeit nötig – und nicht nur geistige –, eine Eigenschaft, die in unserer Literatur ebenfalls recht selten ist. Das Büchlein und daß er sich an der Herausgabe der antifaschistischen Zeitschrift ›Das Wort‹ beteiligte, brachte ihn zu Kriegsbeginn in die französischen Lager.«[71]

Die verschollene kleine Schrift, die der 1937 gängigen Selbsttäuschung nicht nur der meisten exilierten deutschen Intellektuellen, sondern vieler durch Bücherverbrennungen, Judenverfolgungen, nationalsozialistischen Terror verschreckter Schriftsteller und Wissenschaftler westlicher Länder Ausdruck gab, wird vorzugsweise von denen aufgespürt, die Feuchtwanger seiner – schwerlich marxistisch zu nennenden – linksliberalen Haltung wegen abwerten möchten. In diesem Fall traf vieles zusammen, Feuchtwangers Reportage von 1937 zu einem Brennspiegel des Widerstreits im Exil, im Nachkrieg 1949, als die Stalinisten ihn verdächtigten, und bis in unsere Tage hinein in der Bundesrepublik zu machen.

Ein Zufall ist die Mißachtung, die Feuchtwanger in der Bundesrepublik widerfährt, nicht. Umstritten war er – ebenso wie Heinrich Mann – schon frühzeitig. Der kleine, stille, versonnen scheinende Mann konnte sehr tapfer, sehr, sehr unbequem sein. An einer der autobiographischen Stellen über die Zeit der Haft in den Lagern Les Milles und Nîmes in Südfrankreich bekennt er: »Daß ich nicht das Talent habe, zur rechten Zeit den Mund zu halten, hat mir viele Gegner verschafft und mich in manche peinliche Situation gebracht.«[72] Es war sein Glück, daß er sich auf einer Vortragsreise in Amerika befand, als Hitler in Deutschland zur Macht kam. Er entging dem kaum Vorstellbaren, das die Nationalsozialisten ihm zugedacht hatten. Wie sehr sie gerade ihn haßten, geht aus der Tatsache hervor, daß sie seinen Roman »Jud Süß« zur Vorlage für ihren aufwendigen antisemitischen Film gleichen Titels nahmen. Natürlich stand er auch auf der ersten Ausbürgerungsliste.

Sein in den dreißiger Jahren internationaler Ruhm – er war ja nicht nur von Stalin, sondern auch vom englischen König, von Präsident Roosevelt und kurz vor Kriegsbeginn vom Präsidenten der französischen Republik, Albert Lebrun, zu Gesprächen empfangen worden – bewahrte ihn nicht vor dem Internierungslager. Wie im Blitzlicht wird nicht nur die Spannweite des Exils, sondern auch die geschichtliche Situation im kapitulationsbereiten Frankreich kenntlich, wenn daran erinnert wird, daß zur gleichen Zeit, als die bedrohten Flüchtlinge und engagierten antifaschistischen Widerstandskämpfer in den französischen Lagern drangsaliert wurden, die Illustrierte Paris Match vom 11. April 1940 den deutschen Großindustriellen Fritz Thyssen mit seiner Frau bei einem schwelgerischen Mahl im Luxushotel Crillon in Paris zeigte. In der Baseler Nationalzeitung wurde dieses Foto am 20. April glossiert: Von seinem Zerwürfnis mit Hitler, dessen Aufstieg er mitfinanziert hatte, erhole sich »der einstige Chef der deutschen Kriegsindustrie . . ., indem er heiteren spectacles beiwohnt und seiner Frau Parfums und elegante Dinge kauft«; er darf in »Luxusappartements schlemmen und den lieben Gott in Frankreich einen ihm besonders wohlgesinnten Mann sein lassen . . ., während gar manche Freunde Frankreichs in Sammellagern hinter Stacheldraht stecken . . . Welche Aufmunterung solch ein Bild für die Soldaten in den Gräben sein muß, kann man sich denken.« So das bürgerliche Schweizer Blatt. Das war die moralische Bereitschaft in Frankreich am Vorabend des deutschen Angriffs.

Auch die Exilierten in Frankreich, soweit sie nach erster Internierung bei Kriegsbeginn wieder freigekommen waren, sahen dergleichen Fotos, lasen übrigens natürlich auch die französische Presse, in der wenig vom Krieg gegen Hitler, aber viel von der Notwendigkeit eines Kreuzzuges gegen die Sowjetunion zu lesen stand. Zudem wirkte der Schock des Hitler-Stalin-Paktes bei den deutschsprachigen Exilschriftstellern, soweit sie nicht zur Kategorie der Berufsfunktionäre gehörten, besonders stark nach. Das erklärt vielleicht die Überreizung Leopold Schwarzschilds, der in seiner Zeitschrift Neues Tagebuch Feuchtwanger als »Laureatus unter den deutschen Sowjet-Agenten« denunzierte. Die Amerikaner teilten diese Ansicht damals nicht. Das amerikanische Generalkonsulat in Marseille bereitete die dramatische Entführung Feuchtwangers aus dem Zeltlager bei Nîmes umsichtig vor und sorgte für sein Entkommen über die Pyrenäengrenze. So sah die vielschichtige Wirklichkeit des Exils aus.

Gegen verständliche Bedenken soll um der notwendigen Einsicht in die Exilsituation willen auch klargemacht werden, daß Besuche westlicher Politiker oder Generale bei Stalin und ihre Berichte über den guten Eindruck, den er auf sie gemacht hatte, durchaus nicht so ungeheuerlich erschienen wie heute. Man wird den republikanischen Gegenkandidaten Präsident Roosevelts, Wendell L. Willkie, nicht als Sowjetagenten bezeichnen können, weil er nach seinem Besuch im Kreml 1942 schrieb: »Persönlich ist Stalin ein einfacher Mensch, ohne Ziererei oder Pose. Er sucht nicht durch Manieriertheit Eindruck zu machen. Sein Sinn für Humor ist auffallend, er lacht leicht bei einfachen Scherzen und Schlagfertigkeiten. Ich sprach mit ihm einmal über Sowjetschulen und Büchereien, die ich gesehen hatte, und wie gut sie mir schienen. Und ich setzte hinzu: ›Wenn Sie so fortfahren, Herr Stalin, das russische Volk zu erziehen, dann wird es das erste sein, daß Sie sich selbst aus Ihrer Stellung herauserziehen werden.‹ Er warf seinen Kopf zurück und lachte und lachte. Nichts von dem, was ich oder andere ihm während dieser langen zwei Abende sagten, schien ihn so belustigt zu haben.« Das ist, nach allem, was wir heute wissen, makaber. Ebenso getäuscht haben sich Roosevelts Botschafter Joseph E. Davies und Eisenhowers Stabschef General Bedell Smith, der in der Truman-Ära von Außenminister Marshall nach Moskau entsandt wurde. Daß auch Feuchtwanger sich täuschen ließ, ergab sich aus den Zeitumständen.

Jedenfalls ist nicht nur dieser Irrtum Feuchtwangers überliefernswert. Über die bleibende Bedeutung seines Werks kann man geteilter Meinung sein – die Voraussage ist zu wagen, daß der Roman »Erfolg« auch in der Bundesrepublik künftig nachdenklicher gelesen werden wird als in der Vergangenheit. Ich weiß mich in Übereinstimmung mit dem amerikanischen Neugermanisten Ulrich Weisstein, der in seinem Essay »Clio the Muse: an Analysis of Lion Feuchtwangers ›Erfolg‹« ironisch auf die Verdrängung des Werks in den gängigen Literaturgeschichten und Lexika der Bundesrepublik hinweist: »Like Morgenstern fabled Nasobem, which ›steht noch nicht im Meyer und auch im Brockhaus nicht‹, this important ›historical‹ novel [›Erfolg‹ – A. K.] is so patently ignored in the world of letters that no entry is devoted to it in Kindler's monumental Literatur-Lexikon. What is more, the standard histories of German literature either fail to mention the name of its worthy author or briefly refer to him in connection with Bertolt Brecht and Heinrich Mann.« In einer Anmerkung ergänzt er: »Soergel/Hohoff and Friedmann/Mann's compilation ›Deutsche Literatur im zwanzigsten Jahrhundert‹ offer pertinent examples of this neglect.«[73]

Unabhängig von der Beurteilung seiner Bedeutung als Schriftsteller war – und ist – Feuchtwanger einer der Kristallisationspunkte der Auseinandersetzungen während und nach der Exilzeit. Die Reibungsfläche, der anfechtbare Reisebericht »Moskau 1937«, hat mehrere Spätzündungen bewirkt, die angesehene Exilautoren zur Stellungnahme veranlaßten: Schwarzschilds Denunziation 1939, die Verleumdungen in Nowyi Mir 1949, Heinrich Manns und Bertolt Brechts entschiedene Bekenntnisse zu Feuchtwangers Person und Werk in der damals bereits absterbenden Zeitschrift Ost und West, Arnold Zweigs Besorgnis, Johannes R. Bechers üble Nachrede – und dann nach einer Pause von fast zwei Jahrzehnten bei der ersten dankenswerten neuen Bemühung, an die Eigentümlichkeit und die Zusammenhänge der deutschsprachigen Literatur im Exil zu erinnern, das fundamentale Mißverständnis, Feuchtwangers Bericht sei sogar für die SED zu stalinistisch gewesen. Diese Wirrnisse sind parabolisch für die Rezeption der Exilliteratur in beiden Teilen Deutschlands.

Wegners Buch ist durchwirkt von solchen Mißverständnissen. Als Beispiele für »Linksextremismus« oder besonders radikalen Kommunismus wählt er Exilschriftsteller, die alles andere als verhärtete marxistische Dogmatiker waren. Seltsamerweise fordert gerade der relativ unabhängige, nicht parteigebundene Historiker Kurt Kersten seinen Unmut heraus. Mehrfach macht er ihn zum Prototyp des unterwürfigen Parteisprechers. Wegner zufolge »können die Sätze des marxistischen Publizisten Kurt Kersten als charakteristisch für die Haltung der marxistischen Schriftsteller gegenüber dem Exil gelten – Kersten differenziert nämlich zwischen der ideologischen Aufgabe des Exils und der individuell-menschlichen, wobei er naturgemäß die erste Aufgabe für die entscheidende hält.«[74] Die inkriminierten Sätze Kerstens muten eher idealistisch als dogmatisch-marxistisch an: »Was man vom emigrierten Schriftsteller verlangt, ist nicht nur Besinnung auf sich selbst, nicht nur Anspannung seiner höchsten geistigen Kraft, schon gar nicht nur die Fähigkeit, sich über materielle Schwierigkeiten hinwegzusetzen, sondern vor allem auch moralische Kräfte zu entwickeln, Haltung zu bewahren, sich stets der Verantwortung bewußt zu sein, als Repräsentant des lebenden, des kommenden geistigen Deutschlands zu gelten.«[75]

Parteisprache war das nicht. Es klingen in der Berufung auf »moralische Kräfte«, der Forderung nach »Haltung«, Verantwortungsbewußtsein für ein kommendes Deutschland vielmehr Begriffe des preußischen Gutsbesitzersohnes und Offiziers im Ersten Weltkrieg an, wenn auch, trotz des EK I, kein Kriegsbegeisterter, sondern einer, der nach vier Kriegsjahren als Antimilitarist zurückkam, irgendwo auf der Linken seinen Platz suchte und seine Doktorarbeit über Voltaire schrieb. Er hätte in Deutschland bleiben können, ging aber 1934 freiwillig ins Exil, zuerst nach Zürich, dann nach Prag, 1937 nach Paris, wo er mit Münzenberg zusammenarbeitete und mit diesem gemeinsam sich endgültig von der Kommunistischen Partei abkehrte. Als er nach jahrelangem Zwangsaufenthalt auf der Insel Martinique 1946 in den USA eintraf, wo er 1962 starb, hatten nicht einmal die Hexenjäger der »unamerican Committees« von Rankin bis McCarthy etwas an seiner Existenz auszusetzen. Doch Wegner spricht von der »eindeutigen Unterwerfung unter die Ideologie einer Partei ... wie sie alle orthodoxen Marxisten forderten.«[76] Kersten aber war kein »orthodoxer Marxist«.

Wegner irrt auch in bezug auf Friedrich Wolf, dessen Ansprache auf dem Ersten amerikanischen Schriftstellerkongreß in New York 1935, »Schriftsteller und Politik«, er in die Anthologie »Verbannung« aufgenommen hat. Die Rede, die er für die »militanteste« unter den Erklärungen damals kommunistischer Schriftsteller hält, war ein gewiß leidenschaftlicher Protest gegen die Ermordung oder Einkerkerung deutscher Autoren und Schauspieler. Es ging zumeist um Kommunisten wie Willi Bredel, Wolfgang Langhoff,[77] Ludwig Renn und den zu Tode gemarterten Schauspieler Hans Otto, aber auch um Nichtkommunisten wie Carl von Ossietzky und Erich Mühsam, deren Schicksal bekannt ist. Gar so furchterregend war der von Wegner zitierte Satz Friedrich Wolfs nicht: Er protestierte als »ein deutscher Schriftsteller, der sieben Jahre lang an der deutschen und der internationalen Theaterfront für neuen Inhalt und neue Form im Drama kämpfte.«[78] Gewiß, es war damals viel von »Kampf«, von »Front«, sogar von »Marschieren« die Rede, Vokabeln, deren sich auch die Nationalsozialisten bedienten, die jedoch ihre Wurzeln nicht im Sozialismus und Kommunismus hatten, sondern schlechter Sprachgebrauch der Generation waren, die wie alle Genannten vom Ersten Weltkrieg mitgeprägt worden war – auch Friedrich Wolf hatte als Bataillonsarzt im Krieg gedient und war als Kriegsgegner aus dem Feld gekommen; dies war bei vielen, die als Antifaschisten hervortraten, der Ausgangspunkt ihrer Entwicklung. Zu den Radikalen oder Dogmatikern gehörte Wolf nicht; daß er kein aus dem Hintergrund manipulierender Funktionär war, wurde bereits gesagt und ist durch die Rede in New York erwiesen.

Den Marxisten oder damaligen Marxisten verübelt Wegner, daß sie aus der »Literatur eine ›Waffe‹ im politischen Kampf um die Aufhebung der Klassenunterschiede« machen wollten.[79] [»Klassenkampf« wäre in diesem Fall zutreffender; A. K.] Im Exil galt dieser Kampf – ohne Anführungszeichen! – dem Nationalsozialismus; der Klassenkampf wurde zurückgestellt. Es ist richtig, daß »in den Aufrufen und Artikeln der marxistischen Exil-Presse ... der Schriftsteller daher unaufhörlich zur politischen Aktivität ermahnt« wurde.[80] Hinzuzufügen wäre: nicht nur in der marxistischen Exilpresse, sondern auch in der als »linksliberal« eingestuften Zeitschrift

Die Sammlung und in Schwarzschilds dezidiert antimarxistisch eingestelltem Neuen Tagebuch. Daß Wegner sogar die vom vormaligen Chefredakteur der Vossischen Zeitung redigierte demokratische Pariser Tageszeitung und die in New York erscheinende deutsch-jüdische Wochenschrift Aufbau unter »marxistisch orientierte Zeitschriften« rubriziert, mag, wie Müssener annimmt, ein »Versehen« sein; denn wie absurd es ist, den Aufbau als »marxistisch orientiert« abzustempeln, ersieht sich leicht aus der 1972 erschienenen umfangreichen Sammlung ausgewählter Beiträge aus dieser 1934 für jüdische Flüchtlinge begründeten Zeitschrift, die zur vielleicht letzten Exklave geistiger deutsch-jüdischer Symbiose geworden ist.[81]

Das Erscheinen der Edition in der Bundesrepublik hat in diesem Fall den Nachweis des »Versehens« leicht gemacht. Im Inhaltsverzeichnis stehen neben vielen anderen glanzvollen Namen deutschsprachiger Exilierter: der jüdische Nobelpreisträger Albert Einstein und der »arische« Nobelpreisträger Thomas Mann, dessen Sprachrohr der Aufbau bei so wichtigen Dokumentationen wie dem offenen Brief an Walter von Molo im September 1945 war; die jüdische Nobelpreisträgerin Nelly Sachs und der »arische« Nobelpreisträger Albert Schweitzer; der protestantische Theologe Paul Tillich und die jüdische Philosophin Hannah Arendt; Carl Zuckmayer und Stefan Zweig, Franz Werfel und Fritz von Unruh, Alfred Polgar und Hermann Broch, Robert M. W. Kempner und Hermann Kesten – nach dem Ende des Krieges auch Deutsche, die ehrenhaft im Lande überlebt hatten, nur zwei Namen für viele andere: der erste Bundespräsident Theodor Heuss und der Philosoph Karl Jaspers.

Ebensowenig ist das in London während des Krieges erschienene Wochenblatt Die Zeitung als »marxistisch orientiert« zu bezeichnen. Die Leitung lag bei bürgerlichen Redakteuren der alten Frankfurter Zeitung und der Vossischen Zeitung, Johannes Lothar und Monty Jacobs (wem immer diese Namen noch etwas sagen); vorübergehend war – damals noch in seiner konservativen Periode – Sebastian Haffner einer der Redakteure. Zu den Mitarbeitern gehörten Bruno Frank, Richard Friedenthal, Kurt Hiller, Theodor Kramer, Peter de Mendelssohn, Hilde Spiel, Gabriele Tergit, Wenzel Jaksch, Friedrich Burschell. Im Frühjahr 1945 wurde »das Blatt von der Izvestija und von Radio Moskau heftig angegriffen«. Da Wegner vermerkt, daß Die Zeitung von der englischen Regierung unterstützt wurde, ist ihre Rubrizierung unter »marxistisch orientierte Zeitschriften« tatsächlich wohl ein technisches Versehen.

Die Bereinigung der Irrtümer erschien in dieser Ausführlichkeit geboten, weil sich im Schatten des Tabus, das die Erforschung der Exilliteratur in ihren Zusammenhängen und ihren Widersprüchen so lange Zeit verhinderte, im Unterbewußtsein ein Abwehrreflex gebildet hat, der dazu führte, daß das Exil – soweit nicht unpolitische Juden betroffen waren – mit Marxismus, Kommunismus, Bolschewismus, Linksextremismus, Vaterlandsverrat gleichgesetzt wurde.

An den genannten und den meisten anderen Exilzeitschriften arbeiteten auch Schriftsteller mit, die Marxisten und sogar Mitglieder der Kommunistischen Partei waren. Selbst Schwarzschilds Zeitschrift, Das Neue Tagebuch, veröffentlichte anfänglich Beiträge nicht nur von den später verdächtigten Feuchtwanger und Klaus Mann, sondern auch von Kurt Kersten, der bis 1938 als »Mitläufer« gelten konnte, und Egon Erwin Kisch, an dessen kommunistischer Parteizugehörigkeit es keinen Zweifel gab. Das eben unterschied die Exilsituation von den ganz anderen Gegebenheiten des Ost-West-Konflikts nach Kriegsende. Die Etikettierungen, die Wegner vornimmt, besagen wenig. »Marxist«, »Kommunist«, »orthodoxer Marxist«, »Mitglied der KP«, »marxistisch orientiert« – solche Einstufungen haben für die geistigen und literarischen Vollbringungen der exilierten deutschsprachigen Schriftsteller kein Gewicht. Kann man sich eine deutsche Literaturgeschichte des zwanzigsten Jahrhunderts vorstellen, die den während der Hitlerzeit im Lande verbliebenen Schriftstellern die Attribute »SA-Mann«, »SS-Mann«, »Mitglied der NSDAP«, »fanatischer Nationalsozialist«, »Mitglied der Reichsschrifttumskammer« anheftet?

Dergleichen Abstempelungen werden bei der komplexen Exilsituation zu Fallstricken. Über eine Veranstaltung der Deutschen Freiheitsbibliothek schreibt Wegner: »Alfred Kantorowicz, damals Mitglied der KP, begrüßte am 10. Mai 1935 zahlreiche, meist kommunistische Schriftsteller in Paris, die sich zum einjährigen Jubiläum der Deutschen Freiheitsbibliothek zusammengefunden hatten.«[82] Wie kommt er zu der Annahme, daß die zahlreichen versammelten Schriftsteller zumeist Kommunisten waren? Macht man den Versuch, die 1935 in Paris anwesenden deutschsprachigen Exilschriftsteller zusammenzurechnen, die der Kommunistischen Partei angehörten oder wie Rudolf Leonhard mit ihr verbunden waren, so wird man auf 25 bis höchstens 35 Personen kommen. Die Zahl schwankte; nach der Besetzung Österreichs und der Tschechoslowakei kam Zuzug, doch hatten sich in dieser späteren Zeit einige vormals der KP angehörende Schriftsteller wie Arthur Koestler, Walter Schönstedt und Manès Sperber bereits von der Partei gelöst. Zu keiner Zeit aber hätten die kommunistischen Schriftsteller in Paris einen Saal füllen können.

Das ist keine Frage der Quantität. Verkannt wird der Anlaß der Versammlung. Die unerhörte Tat öffentlicher Bücherverbrennunqen im Herzen Europas, die zur Begründung des Symbols des Freien Buches führte, rührte nicht nur – in diesem Fall ist es erlaubt zu sagen – nahezu alle exilierten deutschsprachigen Schriftsteller, sondern darüber hinaus einen

Großteil der Schriftsteller in allen Erdteilen und Millionen von Intellektuellen und Lesern in den zivilisierten Ländern mächtig an. Es war einer der Gedenktage, der die in anderen Bekenntnissen unterschiedlichsten Schriftsteller einte.

Zu bedenken wären eher die späteren Folgen dieser Kundgebungen. Trat man an den Jahrestagen der Autodafés für Gedanken- und Gewissensfreiheit, für die Freiheit der Literatur und Wissenschaft ein, so hatte man sich damit auch gegen künftige Bücherverbote und Gängelungen des geistigen Lebens engagiert. Nicht wenige Exilschriftsteller haben noch Jahrzehnte später die Konsequenzen aus diesem Engagement gezogen – unter abermaliger Preisgabe ihrer materiellen Existenz. Die Aufstände des Gewissens in Ungarn, in der Tschechoslowakei, Protesthaltungen und -handlungen in Polen, sich häufend in der Sowjetunion selbst, sind nichts anderes als solche Kundgebungen, die damals wie heute Respekt verdienen. Jeder deutsche Schriftsteller, der sich seit 1945 dem geistigen Zwang in der damaligen sowjetischen Besatzungszone, der späteren DDR, widersetzt hat, gehört hierher: von Theodor Plievier zu Manfred Bieler, von Carola Stern zu Gerhard Zwerenz, von Peter Jokostra zu Uwe Johnson, von Jörg B. Bilke zu Horst Bienek, von Martin Gregor-Dellin zu Hartmut Lange und Heinz Zöger, ein Dutzend Namen, absichtsvoll undifferenziert nacheinander genannt, Alte, Junge, Bekannte, Unbekannte, Erzähler, Lyriker, Dramatiker, Publizisten, Sozialisten, Demokraten, Liberale, entschiedene Antifaschisten und entschiedene Antikommunisten, stellvertretend für die Gesamtheit, die nur mit einer dreistelligen Zahl zu erfassen ist.[83]

Damit ist im Zusammenhang mit den notwendigen Korrekturen der Fehlschlüsse von Wegner manches vorweggenommen. Er ist bei der Arbeit an seinem Buch in der Mitte der sechziger Jahre dem »Zeitgeist« erlegen, der Zwischenpositionen und Außenseiterpositionen nicht gelten lassen wollte, sondern auch im Bereich der Literatur eine klare Entscheidung für oder wider verlangte, für oder wider den Kommunismus – das galt diesseits und jenseits der Trennlinie. Diese Einstellung verfehlte – diesseits und jenseits – die ganz anders gelagerten Voraussetzungen und Probleme der Literatur im Exil von 1933–1945, solange die Bedrohung durch den Nationalsozialismus vorrangig war. Deshalb gereichte es der Forschung zum Vorteil, daß sich neue Zentren für dieses Gebiet auch außerhalb der Grenzen beider Teile Deutschlands bildeten.

Erste Erfolge und Ergebnisse systematischer Forschung

Einige steckengebliebene Ansätze zur Belebung der Forschung hat es gegeben. Durchaus erwähnenswert ist die unvoreingenommene, gerecht differenzierende Studie von WM. K. Pfeiler, der seit 1926 in den USA lebte und bis 1963 als ordentlicher Professor für deutsche Sprache und Literatur an der Universität von Nebraska lehrte und forschte. Seine Begriffsbestimmung der deutschsprachigen Exilliteratur weist sie als Bestandteil der gesamten deutschsprachigen Literatur des Zeitalters aus. »Exilliteratur ist ein Teil der deutschen Literatur und ist vor allem eine formale Kategorie. Es ist Literatur, geschaffen von Autoren, die – freiwillig oder gezwungen – ihr Vaterland verließen und in deutscher Sprache weiterschrieben, wohin es sie auch verschlagen hatte. Natürlich reflektieren die im Exil entstandenen Werke die spezifischen Bedingungen dieser Existenz. Dennoch sind sie ein wesentlicher Bestandteil der deutschen Literatur insgesamt. Der Aufenthaltsort eines Schriftstellers ist und war niemals ein entscheidendes, wesentliches Kriterium für seine Zugehörigkeit zu einer bestimmten Literatur.«[84]

Dem ist zweifellos zuzustimmen, insoweit die exilierten Schriftsteller der deutschen Sprache treu blieben. Niemand würde in Frage stellen, daß die Exilierten Heine, Platen, Herwegh in die deutsche Literaturgeschichte gehören. Die Aussonderung der deutschsprachigen Exilschriftsteller im 20. Jahrhundert ist eine der Abnormitäten, die das Hitlerregime hinterlassen und das Stalinregime auf andere Art, durch den Unfug, nicht genehme Schriftsteller auch in den Literaturgeschichten zu »Unpersonen« zu machen, im Nachkrieg neu produziert hat. Selbst deutsch-jüdische Schriftsteller, die ihre endgültige Heimat in Israel gefunden haben, wie z. B. Else Lasker-Schüler, gehören mit ihren deutschsprachigen Werken in die deutsche Literaturgeschichte. Die nun in Gang gekommene Forschung wird ihnen diesen Platz wieder zuweisen, schon dadurch, daß sie sie kenntlich macht.

Pfeiler hat das frühzeitig erkannt. Nicht nur in diesem Sinne erscheint mir seine Studie vorbildlich. Sie ist in ihren Grundzügen ein (leider unausgeführter) Entwurf zu der umfassenden Darstellung der deutschsprachigen Literatur außerhalb des »Großdeutschen Reiches« – mit verknüpfenden Fäden zu solchen, die, wie Gertrud Kolmar, nicht rechtzeitig ihr Leben retten konnten und seit ihrem Abtransport in eines der Vernichtungslager verschollen sind. Zufälle haben oftmals über Tod und Leben entschieden; hätte sich nicht Selma Lagerlöf, wörtlich genommen, in letzter Minute so dringlich für Nelly Sachs eingesetzt, so hätte die spätere Nobelpreisträgerin das Schicksal von Gertrud Kolmar, Arno Nadel und noch ungezählten Deportierten geteilt.

Der erste Teil der rund 140 Seiten umfassenden Studie dient der Begriffsbestimmung der »Deutschen Literatur außerhalb des Dritten Reichs«: Diese Überschrift zeigt bereits den Umriß. Es ist zum Unterschied von Berendsohns Definition keine festgefügte »humanistische Front«, zu der manche der Exilierten sich selber nicht zählen würden und in der nicht wenige andere nichts zu suchen hätten, keine Gruppe, kein Kreis, sondern etwas ganz und gar Uneinheitliches: die Totalität der deutschsprachigen Schriftsteller, die sich, aus welchen Gründen auch immer, der Verfügungsgewalt der Nationalsozialisten entzogen hatten oder bei Gefahr für Leib und Leben zur Auswanderung gezwungen worden waren. Wie groß die Spannweite und die Vielschichtigkeit war, wird uns nachfolgend beschäftigen. Leitmotivisch sei Pfeilers Grundsatz zitiert: »Was haben Mörike und Heine, Schnitzler und Kafka, Albrecht Schaeffer und Döblin, Stefan George und Arno Holz, Thomas Mann und Hermann Stehr, Barlach und Zuckmayer – und zahllose andere gemeinsam, was es erlaubt, sie einer Literatur zuzuordnen? Die Sprache! Aber selbst hier: Wie unterschiedlich sind Stil und Diktion, Vorstellung, Perspektive und Wertungen, Gehalt und Gestalt. Warum soll man dann nicht von einer Exilliteratur sprechen? Sie existiert, auch ohne eine gemeinsame Grundlage.«[85]

Die These führt er weiter im zweiten Teil, den er »Der Exilschriftsteller und seine Funktion« überschreibt. Daß das Exil besondere Akzente mit sich bringt, wird berücksichtigt; aber besondere Akzente wurden für die deutsche Literatur zur Zeit der Hitlerherrschaft auch innerhalb des Landes gesetzt. Pfeiler erinnert daran, daß schon lange vor dem Massenexodus des deutschen Geistes nach 1933 in Deutschland ein besonderes Verhältnis zur Literatur bestand, gekennzeichnet durch die Unterscheidung von Dichter und Schriftsteller, wobei vom Dichter erwartet wurde, daß er sich im »Luftreich des Traums« aufhalte, nicht aber sich einmische in weltliche Geschäfte, soziale Konflikte; solche Schriftsteller galten nach den strengen Maßstäben der offiziellen deutschen Literaturwissenschaft – als Beispiel wird Paul Kluckhohn genannt – stets als »volksfremde Literaten«;[86] das betraf die Rebellen des »Sturm und Drang« vor nunmehr zweihundert Jahren ebenso wie das aufrührerische »Junge Deutschland« mit Heine an der Spitze vor gut einem fünfviertel Jahrhundert, ziemlich genau übrigens hundert Jahre vor den Bücherverbrennungen. Auf die Kontinuität der Exilierung deutscher Schriftsteller von Heinrich Heine bis Heinrich Mann versuchte der Schutzverband Deutscher Schriftsteller im Exil aufmerksam zu machen.

Eine stichwortartige Übersicht über die mannigfachen Aktivitäten der exilierten Schriftsteller läßt Pfeiler folgen. Unvermeidlich kehren dabei die Namen derjenigen wieder, die sich durch Arbeit in den Verbänden, durch

Aufrufe, durch die Teilnahme am Spanischen Bürgerkrieg, durch Ansprachen auf internationalen Kongressen der Öffentlichkeit kenntlich gemacht haben. Die Disproportion im Rahmen der Gesamtheit der über die ganze Welt verstreuten Exilschriftsteller entgeht Pfeiler nicht. Er selbst hält kritische Distanz zu der Forderung, daß Exil notwendigerweise politischen Kampf einschließe, und er mißbilligt den von Wieland Herzfelde in der Zeitschrift Neue Deutsche Blätter ausgesprochenen Tadel für die anfängliche Zurückhaltung von Schickele, Döblin, Stefan Zweig und Thomas Mann.[87] Daß für Schriftsteller neben oder über der »Forderung des Tages« die Formgebung ein entscheidendes Kriterium für den Rang und die Dauerhaftigkeit ihres Werkes bleibt, wird nicht bestritten.

Gerade das Formproblem ist geeignet, die Vielfältigkeit und Vielspältigkeit der deutschsprachigen Exilliteratur anschaulich zu machen. Im dritten und umfangreichsten Teil, den Pfeiler »The Concern of the Poets« überschreibt, fächert er an Beispielen sehr unterschiedlicher Dichter und Dichtungen die Spannweite der Ausdrucksform in der Lyrik der Exilierten auf. Ob man »concern« mit »Angelegenheit«, »Sache« oder »Anliegen« übersetzt, die wohlgewählten Zitate aus Gedichten von dreißig Autoren kennzeichnen die Hauptströmungen der zeitgenössischen Dichtung. Das Engagement war das Natürliche; aber wie will man den Dichter Becher mit dem Dichter Brecht vergleichen, und wie weit ist der formale Abstand von diesen zur unmittelbar aufrufenden Tendenzpoesie des im guten Begriff volkstümlichen Erich Weinert? Der Bogen wird geschlagen bis hin zu den Dichtern aus der Schule und der strengen Zucht Stefan Georges, die – wie Karl Wolfskehl und, anders bedingt, Alfred Mombert – auch im Exil, ja gerade im Exil, Elfenbeintürme um sich bauten, sich absonderten, nur nach innen schauten.

Dann die Dichter, die ihr besonderes jüdisches Schicksal in Worte faßten: von Else Lasker-Schüler zu Nelly Sachs; auch Franz Werfels Dichtung im Exil war davon beeinflußt. Die Heimatsehnsucht hat besonders eindringlich Max Herrmann-Neiße verdichtet; der Titel seines Gedichtbandes »Um uns die Fremde« ist zum geflügelten Wort geworden. In Ernst Waldingers Buch »Die kühlen Bauernstuben« wird die Rückblende auf Heimatliches im alten Österreich kenntlich, doch nicht nur Nostalgie – wie bei fast allen verbindet sich Klage mit Anklage zum Beispiel im Gedenken an einen »Freund im Konzentrationslager«.

Eines der Hauptmotive der Exillyrik ist die Entwurzelung. Der Dichter Paul Zech, dem 1918 der vornehmste deutsche Literaturpreis, der Kleist-Preis, verliehen wurde – einer der zu Unrecht Übersehenen –, klagt: »Jedwedem starb ein Stück von seinem Ich hinweg, als er das Land verließ.«[88] Berthold Viertel, als Regisseur noch in Erinnerung, als Dichter vergessen, nimmt Abschied: »Nun müssen wir von allem scheiden, was Kindheit uns und Wachstum war ...«[89] Walter Mehring, nicht nur Satiriker, ruft auf: »Werft Eure Herzen über alle Grenzen!«[90]

Der Name Hans Sahl ist im Gespräch geblieben, weil man Kulturberichte von ihm aus New York in einer großen Tageszeitung der Bundesrepublik liest; seine Dichtungen im Exil sind anläßlich seines 75. Geburtstages wiederentdeckt worden. An Iwan Heilbut haben nur die Nachrufe bei seinem Tode 1972 erinnert. Fritz Brügel und Albin Stübs sind zu »Unpersonen« gemacht worden. Rudolf Leonhard und Max Zimmering sind in der Bundesrepublik unbekannt geblieben, wiewohl die Erinnerung an sie gerechtfertigt ist. Paul Mayer, der dem Zufluchtsland Mexiko, »wo kein Büttel meine Träume stört«, in Versen gedankt hat, ist hüben wie drüben vergessen. Carl Zuckmayer hat als Dramatiker und mit seiner Autobiographie überlebt; Richard Friedenthal war in den sechziger Jahren mit Biographien erfolgreich. Alfred Kerrs Andenken lebt in Archiven weiter. Alfred Wolfenstein, Theodor Kramer, Hilde Marx, Hans Leifhelm, Jesse Thoor – wer erinnert sich ihrer noch? In Pfeilers Buch sind sie alle an ihrem Platz. Es ist nur ein Skizzenblatt, aber die Proportionen stimmen. Zur Ausführung kam es nicht mehr. Da sich in keinem Teil Deutschlands ein Verlag, eine Institution fand, die angemessene Studie ins Deutsche zu übertragen, zu veröffentlichen und den Autor zur Weiterarbeit zu ermutigen, resignierte Pfeiler. »Wären genügend Mittel vorhanden gewesen, um die Sammlung und Registrierung dieser Literatur des freien deutschen Geistes zu fördern, wie sie Kantorowicz, Pinthus und andere befürwortet hatten, dann gäbe es heute bessere Voraussetzungen, die Werke zu erschließen, die inzwischen ›vom Winde verweht‹ sind.«[91]

Vom endlichen Neubeginn der Forschung auf diesem Gebiet und von einigen grundlegenden Vollbringungen hat Pfeiler, der 1970 in den USA starb, noch Kenntnis erhalten, so von Manfred Schlössers Lyrik-Anthologie »An den Wind geschrieben«.[92] Der Band enthält bedachtsam ausgewählte Gedichte aus den Jahren 1933 bis 1945 von rund 170 Autoren, darunter rechtens nicht wenigen, die in den Lagern oder Gefängnissen Hitler-Deutschlands umgebracht wurden. Mit ihrer Lyrik sind vertreten: Dietrich Bonhoeffer, der protestantische Theologe und Dichter; der Münchener Albrecht Haushofer, dessen »Moabiter Sonette« (man fand sie bei dem Erschossenen) seinen Nachruhm sicherten; der in Böhmen geborene, in Auschwitz ermordete Diplomat und Lyriker Camill Hoffmann; die in Theresienstadt umgekommene Archäologin und dem George-Kreis zugehörige Dichterin Gertrud Kantorowicz; der bei einem Gestapo-Verhör 1938 zu Tode gekommene rheinländische Kesselschmied und Poet Gottfried Kapp, der weder Kommunist noch Sozialist war, aber sich von seiner jüdischen Frau nicht trennte und die Hand nicht zum Hitlergruß heben wollte; der evangelische Theologe und Schriftsteller Jochen Klepper, der 1942 in Berlin den Freitod wählte; die österreichische Offizierstochter Alma Johanna Koenig, die 1942 ins Konzentrationslager Minsk verschleppt wurde und seither verschollen ist; die bereits erwähnte jüdische Dichterin Gertrud Kolmar, die in einem Vernichtungslager endete; der Widerstandskämpfer Adam Kuckhoff, der 1943 in Plötzensee hingerichtet wurde; der Priester Max Josef Metzger (Bruder Paulus), der seine pazifistische Gesinnung im April 1944 im Zuchthaus Brandenburg mit dem Tod bezahlen mußte; der nach entsetzlichen Folterungen im Juli 1934 im Konzentrationslager Oranienburg aufgehängte Erich Mühsam; der in Zusammenhängen mit dem Opfergang vom 20. Juli 1944 im Gefängnis ermordete Oberstleutnant Ernst Munzinger; der Chordirektor der jüdischen Gemeinde in Berlin und angesehene Schriftsteller Arno Nadel, der seit dem Frühjahr 1943 irgendwo im Osten, wahrscheinlich in Auschwitz, verschollen ist; der Lektor des Georg-Müller-Verlags in München, Arthur Ernst Rutra, nach Lagerhaft in Dachau und Buchenwald 1942 nach Minsk verschleppt, seither verschollen; der Professor der Theologie Kaplan Roman Karl Scholz, der im Mai 1944 in Wien hingerichtet wurde; der Leiter der Jungen Bühne in Berlin, Moritz Seeler, der 1943 nach Theresienstadt deportiert wurde und seither verschollen ist; der bekannte preisgekrönte Lyriker Arthur Silbergleit, der 1943 in Auschwitz ermordet wurde; der Schriftsteller Eugen Gottlob Winkler, der im Oktober 1936 in München den Freitod wählte, um einer Verhaftung durch die Gestapo zu entgehen.

Das ist eine begrenzte Auswahl unter den Lyrikern, die dem Exil nicht zugerechnet wurden, weil sie in Deutschland oder den besetzten Gebieten umgebracht worden oder durch eigene Hand gestorben waren. Mit gleichem Recht sind in der Sammlung Gedichte von solchen veröffentlicht, die ehrenhaft im Lande überlebt haben, wie der Pfarrer Albrecht Goes; die ehrwürdige Ricarda Huch; Elisabeth Langgässer; der Lektor des S. Fischer-Verlags und Dichter Oskar Loerke, aus dessen Tagebüchern die aufschlußreichen Zeugnisse des »inneren Exils« zitiert worden sind; Alfons Paquet, der trotz des Verbots seiner Bücher und des Ausschlusses aus der Preußischen Akademie der Künste im Lande blieb, aber am 8. Februar 1944 während eines Luftangriffs in Frankfurt umkam; Reinhold Schneider, der unzweifelhaft im inneren Widerstand ausgewiesen ist; Ernst Wiechert, der trotz oder vielleicht eben wegen seiner konservativen Grundhaltung in das Lager Buchenwald gebracht wurde, das er nach Ende des Krieges in seinem Buch »Der Totenwald« darstellte. Diese Zusammenstellung beschränkt sich auf Verfasser von Gedichten, die Manfred Schlösser für die Anthologie

»An den Wind geschrieben« auswählte. Vollständigkeit war nicht angestrebt. Das Auswahlkriterium wird im Untertitel deutlich: »Lyrik der Freiheit«. In seiner Einführung schreibt Schlösser, daß darauf verzichtet wurde, »Autoren, die durch ihre Tätigkeit den Nachweis lieferten, nicht für das Menschenbild, sondern für eine Ideologie gekämpft zu haben, hier zu Wort kommen zu lassen. Da uns jedoch die künstlerische Bedeutung einiger bedeutsam genug erschien, wurden sie wenigstens in den bio-bibliographischen Teil aufgenommen«.[93] Das ist zum Beispiel bei Stephan Hermlin der Fall. Seine Bio-Bibliographie erscheint im Anhang, im Textteil ist er nicht vertreten. Welche Verunsicherung moralische Werturteile zur Folge haben, ergibt sich bei der Durchsicht der Namensliste, in der man verständlicherweise seinem dichterischen Rang gemäß den mit Preisen, Orden, Ehren und Würden überhäuften Parteidichter Johannes R. Becher findet, nicht jedoch den formal minderen, aber sehr volkstümlichen und herzensgütigen Erich Weinert; und liest man die aufgenommenen anspruchslosen Verse des Verlegers Wieland Herzfelde, so fragt man sich, warum ein Dichter und Nachdichter vom Rang Erich Arendts fehlt und ob es nur ein zufälliges Übersehen war, daß der Lyriker Albin Stübs nicht vertreten ist. Solche Fragen sollen das große Verdienst dieser Sammlung nicht schmälern, aber auf die Fragwürdigkeit von politischen Werturteilen im Bereich der Literatur hinweisen.

Eingangs ist auf das zentrale Hilfsmittel der Forschung, das Exil-Lexikon, hingewiesen worden. Die Anregung ging von dem damaligen Direktor der Deutschen Bibliothek in Frankfurt, Hanns W. Eppelsheimer, aus, der im Juni 1948 auf Einladung des stets hilfreichen Schweizer Verlegers Emil Oprecht in Zürich Gespräche mit deutschen Exilierten führte, ob und wie »die Wiedereingliederung der so gewalttätig ausgesprengten Teile in das literarische Leben und die Literaturgeschichte Deutschlands« ermöglicht werden könne.[94] Schon damals wurde der Plan gefaßt, ein Lexikon der exilierten deutschsprachigen Schriftsteller zu erarbeiten, eine Unternehmung, die bei der Zahl der über die ganze Erde verstreuten, teilweise verstorbenen oder nicht mehr zu ermittelnden Exilierten und ihrer Veröffentlichungen unabsehbare Schwierigkeiten mit sich brachte. Fast zugleich wurde unter Eppelsheimers Leitung in der Deutschen Bibliothek eine Sammlung der im Exil veröffentlichten Bücher und Schriften der deutschsprachigen Autoren angelegt, die von Werner Berthold zu einer eigenen Abteilung ausgebaut wurde und in der Bundesrepublik zur Zentrale der Forschung auf diesem Gebiet geworden ist.

Als kenntnisreicher und unermüdlicher Mitarbeiter beim Aufbau der Sammlung und der Ermittlung der Namen und Titel tat sich der im Exil in London lebende deutsche Schriftsteller Wilhelm Sternfeld hervor, der dann auch die Aufgabe übernahm, gemeinsam mit der Diplom-Bibliothekarin der Deutschen Bibliothek, Eva Tiedemann, das Lexikon zusammenzustellen und für die erweiterte Ausgabe von 1970 zu korrigieren und zu ergänzen. Ihnen sei es zu danken, so beschließt Eppelsheimer sein Vorwort zur ersten Ausgabe, »daß für die künftige Literaturgeschichte des Exils nun der Grund gelegt ist, auf dem weitergebaut werden kann«. Dem ist vorbehaltlos zuzustimmen, ebenso dem Grundsatz, »daß die Bedeutung der Exilliteratur keineswegs nur bei den paar großen Namen liegt« und »nie eine Einheit, viel eher ein genaues Mosaik aus allen deutschen Parteien und Weltanschauungen gewesen« ist;[95] hinzuzufügen bliebe: auch aus allen Altersgruppen und sozialen Schichten.

Veranschaulicht wurden diese Grundzüge durch die von Werner Berthold aus den Beständen der Deutschen Bibliothek zusammengestellte Ausstellung: »Exil-Literatur 1933–1945«. Der ebenfalls von Berthold und seiner Mitarbeiterin Christa Wilhelmi hergestellte Katalog ist eine weitere unumgängliche Quelle.[96] In den zehn Abteilungen, in die die Ausstellung und der Katalog gegliedert sind, sieht beziehungsweise liest man die Manifeste der nationalsozialistischen Führer Hitler, Göring, Goebbels, Ley, Rosenberg, Heß, Feder betreffs Vernichtung der Juden, Marxisten, Demokraten, Pazifisten und aller anderen Widersacher. Da wird schon vor der Machtergreifung vorausgesagt, wie man nach dem Siege mit ihnen zu verfahren gedenkt. Wer das nachliest, wird es schwer haben, zu behaupten, niemand konnte wissen, was wirklich vorging.

Besonders deutlich werden die antigeistige Komponente der Bewegung, der Hohn über die »sogenannte Geistigkeit« und der Haß gegen sie, mehr noch, wenn sie pazifistisch oder liberal bestimmt war, als wenn sie sich zum Marxismus bekannte. In der von Hitler herausgegebenen und dem Ideologen der »Bewegung«, Alfred Rosenberg, redigierten Parteizeitschrift Nationalsozialistische Monatshefte wurde im April 1933, also nach den Reichstagswahlen vom 5. März, die der NSDAP nur zusammen mit den Deutschnationalen eine knappe absolute Mehrheit gebracht hatten, nach der Ausschaltung der KPD, der Entmachtung der SPD und dem »Ermächtigungsgesetz«, unter dem Titel »Novemberverbrecher« mit den zerspellten Linksintellektuellen abgerechnet; bei Namen genannt wurden: »Fritz von Unruh, ehemaliger deutscher Gardeoffizier, jetziger Verhimmler Walther Rathenaus [der bereits 1922 ermordet worden war; A. K.], Prologdichter bei Verfassungsfeiern und besonderer Liebling der börsianischen ›Frankfurter Zeitung‹; ferner etwa die Gebrüder Thomas und Heinrich Mann, Ernst Toller, Erich Mühsam, Alfred Kerr und eine ganze Reihe anderer Größen der ›durchgeistigten‹ Demokratie«.[97]

Die Auslese reicht zurück bis zum Jahr 1927. Der Schriftleiter Rosenberg hatte sich das Vergnügen gemacht, in der Nummer des Triumphgeschreis sich selbst aus seinem bis dahin wenig beachteten Buch »Novemberköpfe« zu zitieren. Es ist sinnfällig, daß er einen Pazifisten an die erste Stelle der politischen Gegner setzt; interessant ist ebenfalls, daß schon 1927 Thomas und Heinrich Mann in einem Atemzug unter die Hauptfeinde eingereiht sind, danach erst folgen Toller, Mühsam, Kerr, und am Ende des Zitats wird Tucholsky der Kampf angesagt. Neben dem »Judentum«, das auf deutschem Boden vollständig ausgemerzt werden soll, sind es vor allem die nicht gleichzuschaltenden Schriftsteller, Künstler, die als »entartet« disqualifiziert werden, Geisteswissenschaftler, auf die der Kalendervers zielt:

Intellektueller

Hinweg mit diesem Wort, dem bösen,
Und seinem jüdisch-grellen Schein!
Nie kann ein Mann von deutschem Wesen
Ein Intellektueller sein.

In den Schaukästen der Ausstellung sah man den Text einer der »Kulturreden« Hitlers, die mit dem Satz begann: »Die Kunst ist eine erhabene und zum Fanatismus verpflichtende Mission.«

Die wenigen Belegstücke genügen zur Erklärung, warum, wie Thomas Mann in seinem Brief an den Dekan der Philosophischen Fakultät der Universität Bonn formulierte, Schriftsteller, Künstler, Geisteswissenschaftler unter solcher Herrschaft »nicht leben, nicht arbeiten können«, warum sie, Juden wie Nichtjuden, in einem Ausmaß, das keinen Vorgang in der abendländischen Geschichte hat, das Land ihrer Geburt und ihrer Sprache verließen. Die anderen Abteilungen der Ausstellung und des Katalogs machen dieses Ausmaß kenntlich, nicht in seiner Totalität, sondern durch repräsentative Beispiele der Persönlichkeiten, Werke, Zeitschriften, der politischen und weltanschaulichen Gruppierungen, literarischen Strömungen, wissenschaftlichen Fachbereiche; sie dokumentieren die Affären wie den Fall der Pariser Tageszeitung, den Meinungsstreit und die schöpferische Arbeit »jenseits des Tageskampfes«.

Eine Ergänzung dazu ist der von Desider Stern in Wien erarbeitete Katalog zur B'nai-B'rith-Buchausstellung der »Werke jüdischer Autoren deutscher Sprache«, die in Wien, Berlin, Frankfurt/Main und anderswo gezeigt wurde.[98] Das in der erweiterten dritten Auflage 455 Seiten umfassende, gleichfalls lexikalische Werk beschränkt sich dem Vorsatz gemäß auf deutschsprachige jüdische Autoren, bringt aber im Gegensatz zum »Exil-Lexikon« zahlreiche bio-bibliographische Angaben für Schriftsteller, die in Konzentrationslagern ermordet wurden oder in Großdeutschland den Freitod wählten. Auch jüdische Dichter und Schriftsteller deutscher Sprache, die schon vor der Machtergreifung Hitlers gestorben waren, deren

Bücher aber verboten wurden – z. B. Ludwig Börne, Heinrich Heine, Karl Marx, Franz Kafka, Arthur Schnitzler, der Philosoph Georg Simmel –, sind verzeichnet. Vollständigkeit konnte nicht erreicht werden; die Aufnahme verbot sich nicht selten bei Autoren, die in Israel ihre wahre Heimat gefunden hatten und an ihre deutschsprachige Vergangenheit nicht erinnert zu werden wünschten – eine Willenskundgebung, der Desider Stern sich verpflichtet fühlte.

In den sechziger Jahren entstand auch die fünfbändige Dokumentensammlung von Joseph Wulf über Literatur und Dichtung, Musik, Theater und Film, bildende Künste, Presse und Funk im Dritten Reich[99] – eine zusätzliche Quelle für die Exilforschung; denn viele der von den kulturpolitischen Maßnahmen der nationalsozialistischen Regierung betroffenen Künstler und Schriftsteller verließen Deutschland.

Der Durchbruch von den vorbelasteten Ansätzen in beiden Teilen Deutschlands zur internationalen Erforschung des vernachlässigten Gebietes der Geistesgeschichte unseres Jahrhunderts erfolgte dann auf dem Symposium vom 18. bis 21. September 1969 in Stockholm. Das Zustandekommen der Konferenz unter Teilnahme von Literaturwissenschaftlern, Historikern, Archivaren, Bibliothekaren aus vielen westeuropäischen Ländern und den USA war die Krönung des Lebenswerkes von Walter A. Berendsohn. Die Schirmherrschaft hatte der Germanist der Stockholmer Universität, Gustav Korlén, übernommen, der an seinem Institut die Forschung seit langem unterstützte. Nach Referaten und Diskussionen, die Aufschluß über den Stand der Arbeit in verschiedenen Ländern gaben, kam es zur Begründung der Stockholmer Koordinationsstelle zur Erforschung der deutschsprachigen Exilliteratur. Sie steht unter der Leitung von Helmut Müssener, einem noch jungen Deutschen, der in der Nachkriegszeit Mitarbeiter des Deutschen Instituts der Universität Stockholm wurde. Die Berichte, die die Koordinierungsstelle im Umfang von bis zu 120 Seiten etwa halbjährlich vorlegte, bieten eine annähernd vollständige Übersicht über alle Ereignisse (Ausstellungen, Vorträge, Gedenkveranstaltungen etc.), Veröffentlichungen, Arbeitsvorhaben und Personalien im Bereich der Forschung zur deutschsprachigen Exilliteratur. Rundschreiben der Koordinierungsstelle vervollständigen die Information.

Ein Modell für die Grundforschung war die im Herbst 1971 beendete fast 800 Seiten starke Arbeit von Helmut Müssener über »Die deutschsprachige Emigration in Schweden nach 1933. Ihre Geschichte und kulturelle Leistung«.[100] Müssener behandelt das Insgesamt der Flüchtlinge deutscher Sprache, die in Schweden Asyl gefunden hatten, ihre Probleme, Sorgen, unterschiedlichen politischen Einstellungen, die Berufs- und Altersgruppen, Fluchtgründe, die Haltung der schwedischen Behörden und karitativen Organisationen. Der umfangreichere Teil der Arbeit beschäftigt sich mit dem Schicksal und den Werken der deutschsprachigen Exilschriftsteller in Schweden, unter ihnen etwa 40, die noch nicht im Exil-Lexikon verzeichnet waren (Journalisten und Publizisten eingerechnet); aber nur wenig später, auf dem Zweiten Internationalen Symposium zur Erforschung des deutschsprachigen Exils nach 1933 vom 15. bis 18. August 1972 in Kopenhagen, teilte Müssener mit, daß er noch weitere, nicht unbedeutende Literaten, z. B. den Übersetzer des isländischen Nobelpreisträgers Halldor Laxness ins Deutsche, als Exilanten in Dänemark und Schweden ausfindig gemacht habe. »Alles das kommt jetzt allmählich erst als Resultat meiner Arbeit in Schweden ans Licht, und das heisst also, dass hier noch eine Menge von weiteren Arbeiten als Folgeerscheinung notwendig« wird.[101]

Von den deutschsprachigen Schriftstellern, die für die Dauer der nationalsozialistischen Herrschaft, teilweise darüber hinaus bis an ihr Lebensende, in Schweden Asyl fanden, sind einige berühmt. Kurt Tucholsky setzte schon im Dezember 1935 in Verzweiflung seinem Leben das Ende; sein Grab auf dem Friedhof bei Schloß Gripsholm ist eine vielbesuchte Gedenkstätte geworden. Nelly Sachs wurde durch die Verleihung des Nobelpreises für Literatur 1966 weltbekannt; sie starb 1970 in Stockholm. Walter A. Berendsohn hat seinen Wohnsitz in Stockholm beibehalten. In der Nachkriegszeit trat der seit 1939 in Schweden ansässige Dramatiker Peter Weiss mit seinen erfolgreichen Schauspielen in beiden Teilen Deutschlands hervor. Nach der Besetzung Norwegens flüchtete der Verleger und Schriftsteller Max Tau nach Schweden, der später mit dem Friedenspreis des deutschen Buchhandels ausgezeichnet wurde. Als Übersetzer machte sich Paul Baudisch einen Namen. Publizistisch waren der Friedensnobelpreisträger von 1972 und frühere Bundeskanzler Willy Brandt und der österreichische Bundeskanzler Bruno Kreisky tätig. Vorübergehend lebte der aus der freideutschen Jugendbewegung kommende, kreisbildende, im Widerstand und im Exil sehr aktive Karl Otto Paetel in Schweden; er wurde auf Betreiben der deutschen Botschaft 1936 ausgewiesen, fand später Zuflucht in den USA, wo er bis zu seinem Tode als freier Schriftsteller arbeitete.

In der Wissenschaft waren ausgezeichnet Lise Meitner, vormals Mitarbeiterin Otto Hahns bei der Entdeckung der Kernspaltung; sie wirkte am Forschungsinstitut für Kernspaltung in Stockholm, wo sie auch nach dem Ende des Krieges blieb. Der betont deutsch-konservative Hans-Joachim Schoeps, der aus rassischen Gründen gezwungen war, Deutschland zu verlassen, kehrte bald nach dem Kriege aus dem Asylland Schweden heim und lehrt als Professor für Religions- und Geistesgeschichte in Erlangen. Die Germanistin Käte Hamburger, seit 1934 im Asyl in Schweden, nahm

1956 einen Ruf an die Technische Hochschule Stuttgart an. Der Zeichner Thomas Theodor Heine, einer der ältesten und bekanntesten Mitarbeiter der satirischen Zeitschrift Simplizissimus und Mitglied der Preußischen Akademie der Künste, starb 1948 im Exil in Stockholm. Der Philosoph Ernst Cassirer lehrte von 1935 bis 1940 in Schweden, später in Princeton, USA, wo er 1945 starb.

Die Dirigenten Leo Blech und Fritz Busch dirigierten an der Königlichen Oper in Stockholm. Der frühere Berliner Stadtarzt Max Hodann, der auf republikanischer Seite am spanischen Bürgerkrieg teilgenommen hatte, veröffentlichte in Stockholm, wo er im Dezember 1946 starb, das Buch: »Sädant är Spanien« (So ist Spanien). Der Bildhauer Harald Isenstein, der bis zur Besetzung in Dänemark gelebt hatte, entkam nach Schweden, kehrte aber nach dem Ende des Krieges in seine zweite Heimat Dänemark zurück.

Der Richter Fritz Bauer, als Sozialdemokrat und Jude verfolgt, veröffentlichte während der Zeit des Exils in Schweden rechtswissenschaftliche Arbeiten; er starb 1968 als Generalstaatsanwalt in Frankfurt/Main. Peter Blachstein, als Sozialist politisch verfolgt, war in Schweden publizistisch tätig, kehrte in die Bundesrepublik zurück, war Bundestagsabgeordneter und Botschafter der Bundesrepublik in Belgrad. Der weitbekannte alte sozialdemokratische Gewerkschaftler Fritz Tarnow half nach dem Kriege anfänglich beim Wiederaufbau der Gewerkschaftsbewegung in den damaligen Westzonen Deutschlands. Müssener bezeichnet ihn als den »Grand Old Man der politischen Emigration in Schweden«. Herbert Wehner, der Fraktionsvorsitzende der SPD, trennte sich 1942 in Schweden von der KPD.

Der Gewerkschaftler Herbert Warnke, Mitglied der KPD, wurde nach der Rückkehr in die damalige sowjetische Besatzungszone Vorsitzender des Freien Deutschen Gewerkschaftsbundes und Sekretariatsmitglied des Zentralkomitees der SED. Wie er haben auch Paul Verner und Karl Mewis nach ihrer Rückkehr aus Schweden hohe Ämter im Parteiapparat der SED erhalten. Der Schauspieler Curt Trepte wurde in der DDR Oberspielleiter am Berliner Rundfunk und Theaterintendant. Seine Arbeit über »Deutsches Theater im Exil der Welt« wurde (in seiner Abwesenheit) auf dem Symposium in Kopenhagen 1972 als Beitrag zur Forschung verteilt – eine ergiebige Darstellung, aus der hervorgeht, daß nach bisherigen Ermittlungen 420 Exildramatiker 724 Theaterstücke, 108 Hörspiele und 398 Filmmanuskripte und Drehbücher geschrieben haben, von denen jedoch nur ein Bruchteil zur Ausführung kam. Die Zahl der bisher ermittelten Theaterkünstler deutscher Sprache in 41 Asylländern gibt Trepte mit »rund 2500« an – also auch in dieser künstlerischen Sparte ein Exodus, der alle bekannten

Vorgänge vielfach übertrifft.[102] Nach der Besetzung Österreichs, wohin er von Berlin hatte übersiedeln müssen, begründete der Berman-Fischer Verlag 1938 seinen Sitz in Stockholm, wo zunächst nur wenige Erfolgsbücher von Werfel, Remarque, Hemingway neu aufgelegt wurden. Vom Sommer 1945 an erschien auch die Hauszeitschrift des Verlages, die Neue Rundschau, wieder.

Das ist ein Querschnitt durch die Mannigfaltigkeit der politischen, geistigen, literarischen, künstlerischen Aktivitäten der deutschsprachigen Exilierten auf einem überschaubaren Gebiet. Vorbildlich ist das Bestreben, die Vielfalt vorbehaltlos und möglichst vollständig zu erfassen und zu gliedern nach Herkunft, Alter, Beruf, Zeitpunkt der Flucht, Fluchtgrund, Aufenthaltsdauer, Assimilierung oder Rückkehr ins Heimatland nach Kriegsende, politischem, religiösem, weltanschaulichem Kredo, Zugehörigkeit zu den großen Parteien (vor allem SPD und KPD) oder den Splittergruppen; Einzelgänger, Notgemeinschaften, Gegensätze, Gezänk, nicht zuletzt die Fluktuationen geistiger oder politischer Art, Entwicklungen, Stagnation, Resignation werden sine ira et studio registriert.

Bei der Grundforschung, wie Müssener sie beispielgebend eingeleitet hat, geht es darum, Übersicht über die Gesamtheit der deutschsprachigen exilierten Schriftsteller zu gewinnen und ihre Werke, soweit sie nicht durch die Umstände des Exils und des Krieges als endgültig verloren angesehen werden müssen, wieder zugänglich zu machen. Erst danach wird sich der relative Beitrag des einzelnen zur Geschichte der deutschsprachigen Literatur im Exil bewerten lassen. Mit 40 bis 50 berühmten Namen ist diese außerordentliche Geschichte nicht ausgefüllt. Aufblähung politisch verwertbarer, Ausschwärzung politisch mißliebiger Schriftsteller mag für Tag und Stunde der Agitation und Propaganda dienen, der geschichtlichen Wahrheit stehen diese Manipulationen im Wege.

Damit ist zugegeben, daß die Verdrängungen und Umwertungen den natürlichen geistesgeschichtlichen Prozeß der Reintegrierung zeitgenössischer deutscher Literatur nach dem Ende des Krieges ein Vierteljahrhundert lang wirkungsvoll gestört, die exilierten Schriftsteller weitgehend zu Randfiguren beim geistigen Wiederaufbau gemacht haben. Von einigen Ehrgeizlingen abgesehen, die sich den etablierten Mächten gefügig zeigten und deshalb an den Festtafeln der Nachkriegssieger Platz nehmen durften, haben die exilierten Schriftsteller fast ebensowenig Einfluß auf gesellschaftliche Entwicklungen und Entscheidungen gehabt wie vor 1945. Nur als geschichtliche Erscheinungen werden sie seit dem Ende der sechziger Jahre wieder ins Bewußtsein gerufen.

Daß dieser Prozeß weiterging, erwies das Zweite Internationale Symposium zur Erforschung des deutschsprachigen Exils nach 1933 in Kopenhagen vom 15. bis 18. August 1972. Da nahmen mehr als hundert Hochschullehrer, Mitarbeiter wissenschaftlicher Institute, Bibliothekare, Archivare aus beiden Teilen Deutschlands, aus Dänemark, Schweden, Norwegen, den USA, Frankreich, Holland, Italien, Israel, England, Österreich, der Schweiz teil. Welch erstaunlichen Umfang die Forschung in der Zwischenzeit erreicht hatte, ergab sich aus den Berichten über mehrere wissenschaftliche Konferenzen zum Thema in den USA. Eine den Kongreßmaterialien beigefügte Übersicht nennt 90 Professoren und Dozenten von mehr als 50 amerikanischen Universitäten und Colleges, die sich mit Einzelaspekten des Gebiets beschäftigen. Durch zahlreiche Dissertationen und Forschungsarbeiten, die Sammlung und Sichtung von Manuskripten, Briefen, Dokumenten sind viele geistige Schätze gehoben, geborgen, an ihren rechten Ort gestellt worden. Vorträge und Vorlesungen über die Exilschriftsteller haben sich vervielfacht. Ausstellungen und Gedenkfeiern sind zur Regel geworden. Zwölf amerikanische Professoren oder Institutsleiter berichteten in Kopenhagen über den Stand der Forschung.

Zahlenmäßig wurden sie nur übertroffen von Teilnehmern aus der Bundesrepublik, wo außer der Deutschen Bibliothek in Frankfurt, der Akademie der Künste in Westberlin, dem Bundesarchiv in Koblenz, dem Institut für Zeitgeschichte in München, dem Deutschen Literaturarchiv in Marbach, der Friedrich-Ebert-Stiftung in Bonn-Bad Godesberg, der Hamburger Arbeitsstelle für deutsche Exilliteratur, der Akademie für Sprache und Dichtung in Darmstadt, der Forschungsstelle für die Geschichte des Nationalsozialismus in Hamburg, der Akademie der Wissenschaften und Literatur in Mainz auch Arbeitsstätten für das Fachgebiet an den Universitäten von Frankfurt, Heidelberg, Kiel, Stuttgart, München, Mannheim und anderwärts etabliert worden sind. Hinzu kommt noch die ergebnisreiche private Sammel- und Forschungstätigkeit von Publizisten und Literaturhistorikern wie Jörg Bilke, Georg Heintz (Worms) und Hans-Albert Walter, die sich seit Jahren als Experten der Exilliteratur-Forschung ausgewiesen haben. Walter hat inzwischen die Leitung der Hamburger Arbeitsstelle für deutsche Exilliteratur übernommen. Von seiner auf zehn Bände angelegten Geschichte der deutschsprachigen Exilliteratur sind drei unterdessen erschienen und rechtfertigen die Erwartungen, die auf sie gesetzt wurden. [103]

Einer der Pioniere auf dem in der Bundesrepublik so lange vernachlässigten Gebiet, Werner Berthold von der Deutschen Bibliothek in Frankfurt, zog in Kopenhagen in einem Diskussionsbeitrag Bilanz: »Die zeitgeschichtliche Forschung sowie die Forschung auf dem Gebiet der modernen Literaturgeschichte wird das Exil auch bei schlechtestem Willen nicht mehr übersehen können. Wir, hier in der Funktion des Hilfswissenschaftlers, legen ihr unsere Arbeitsergebnisse unübersehbar in den Weg.« [104]

3. Die Vielspältigkeit der deutschsprachigen Exilliteratur

Nach dem derzeitigen Wissensstand verließen mindestens 2500 Frauen und Männer, die hauptberuflich oder (zum geringeren Teil) nebenberuflich schrieben, außerdem einige tausend Wissenschaftler, Dozenten, Professoren, Forscher den Machtbereich Hitlers. Das sind zunächst nur vierstellige Zahlen. Einer, der sich auf dem deutschen Literaturmarkt gut auskennt, meinte dazu naserümpfend, das besage gar nichts, in Kürschners Deutschem Literaturkalender könne man fünfmal so viele »Schriftsteller« (in Anführungszeichen!) nachzählen. Das ist, wenn es sich nur um die Quantität handelt, fraglos richtig. Die Zugehörigkeit zum Exil bürgt nicht für Qualität, ebensowenig wie Marktgängigkeit. Aber bevor man kritisch sondern, literaturgeschichtlich »erfassen« kann, muß man sie doch erst einmal beisammen haben, und diese Voraussetzung ist noch nicht annähernd erfüllt. Wer weiß, was nach dem neuen Aufbruch seit 1969 noch alles zu Tage gefördert werden wird, verschollene Namen, verloren geglaubte Manuskripte, zu Unrecht vergessene oder absichtsvoll vergessen gemachte Veröffentlichungen. Manch einer wird sich bei genauerem Studium seines Vermächtnisses als literaturgeschichtswürdig erweisen, die Werke einiger anderer werden möglicherweise um Jahrzehnte verspätet noch auf den Markt gelangen. Es vergeht erfreulicherweise jetzt kaum ein Monat ohne eine Neuentdeckung aus dem Bereich der Exilliteratur.

Altersgruppen

Bevor man zu sichten, zu gliedern, zu werten anfängt, bedenkt man, welche Altersgruppen das Exil umspannte. Einige Kontrastpaare sollen die Spannweite anschaulich machen: Karl Kautsky, der hochberühmte und vielbefeindete Sozialdemokrat, zeitweilig Sekretär von Friedrich Engels in London, Mitverfasser des Erfurter Programms der Sozialdemokratie (1891), Verfasser von Standardwerken des Marxismus, von den Kommunisten jedoch als Gegner des Bolschewismus verfemt, 1854 in Prag geboren, ging 1938 ins Exil nach Amsterdam und veröffentlichte vor seinem Tode im Oktober desselben Jahres noch Beiträge in Exilzeitschriften. Arno Reinfrank, ein in England lebender deutschsprachiger Lyriker, wurde 1934, also 80 Jahre nach Kautsky, in Mannheim geboren; er ist schon als Kind im Exil aufgewachsen, aber seiner Muttersprache bis heute treu geblieben.

Ludwig Quidde, der deutsche Friedensnobelpreisträger von 1927, wurde 1858 in Bremen geboren, mußte wie alle deutschen Pazifisten nach Hitlers Machtantritt ins Exil, um dem Schicksal des anderen deutschen Friedensnobelpreisträgers von 1935, Carl von Ossietzky, zu entgehen; Quidde, der im Exil für Schweizer Zeitungen (u. a. die Neue Zürcher Zeitung und die Basler Nachrichten) schrieb, starb 1941 in Genf. Erich Fried, als deutschsprachiger Lyriker in London lebend, hat mit seinen streitbaren Gedichten in der Bundesrepublik Anerkennung gefunden; seine Lyrikbände sind in angesehenen Verlagen erschienen. Er gehört zum Jahrgang 1921, war daher nach dem Krieg knapp alt genug für die »Gruppe 47«. Obwohl in Wien geboren und mit ständigem Wohnsitz in London, nimmt er am literarischen Leben in der Bundesrepublik teil.

Helene Stöcker, freiheitlich-demokratische Frauenrechtlerin und Pazifistin, Vorstandsmitglied der Deutschen Friedensgesellschaft, geboren 1869 in Elberfeld, mußte wie alle führenden Pazifisten gleich 1933 ins Exil, wo sie bis zu ihrem Tode in New York 1943 publizistisch tätig blieb. Sechzig Jahre jünger als sie war die 1929 in Frankfurt a. M. geborene Anne Frank, die als Jüdin mit ihren Eltern nach Holland floh, ein vierjähriges Kind damals, nach der Besetzung Hollands als Dreizehnjährige im Versteck ihr weltberühmt gewordenes »Tagebuch der Anne Frank«[1] zu schreiben begann, entdeckt und in das Todeslager Bergen-Belsen deportiert wurde, wo sie als Fünfzehnjährige umkam.

Begnügen wir uns mit einem weiteren Kontrastpaar: Sigmund Freud, geboren 1856 in Freiberg (Mähren), Vorstellung unnötig, mußte nach dem »Anschluß« Österreichs mit 82 Jahren ins Exil, wo er bei der Weiterarbeit am Lebenswerk 1939 in London starb. Die in Nachschlagewerken nicht erwähnte (aber wegen ihres Buches »Licht um Mitternacht« durchaus erwähnenswerte) Erica Wallach, 1922 als Tochter eines deutschen Arztes in Pommern geboren, verließ 1935 mit ihren Eltern aus politischen Gründen Deutschland, weil der Vater sich als Gegner der Nationalsozialisten weigerte, der NS-Ärzteschaft beizutreten. Als Vierzehnjährige war sie die jüngste Krankenschwester auf der republikanischen Seite im Spanischen Bürgerkrieg, entkam mit Hilfe des amerikanischen Ehepaares Noel und Herta Field, die als Quäker vielen Flüchtlingen beistanden, in die Schweiz, heiratete später in Westdeutschland den Amerikaner Wallach, wurde nach der rätselvollen Verhaftung der Fields durch die GPU (sowjetische Geheimpolizei) 1949 in den Ostsektor Berlins gelockt, der Spionage bezichtigt, nach langer Einzelhaft zum Tode verurteilt, dann zu 15 Jahren Zwangsarbeit »begnadigt«, von denen sie einige in dem sibirischen Lager Workuta, dem sowjetischen Gegenstück zu Dachau und Buchenwald, überlebte, bis sie 1955 »rehabilitiert«, das heißt in einem Revisionsverfahren als schuldlos freigesprochen und in den Westen entlassen wurde.

Man könnte hinzufügen, daß einige Persönlichkeiten der Zeitgeschichte mit Erica Wallachs Schicksal verknüpft sind: außer den Fields Wilhelm Zaisser, der unter dem Decknamen Gómez die XIII. Internationale Brigade in Spanien kommandierte und ihren Vater in Spanien vor ungerechten Anschuldigungen in Schutz nahm, aber als Staatssicherheitsminister in der DDR nichts mehr für sie tun konnte – er wurde im Machtkampf von Ulbricht ausgeschaltet, zur »Unperson« gemacht und starb vereinsamt und vergessen. Der Leidensgefährte Erica Wallachs war Leo Bauer, gemeinsam mit ihr angeklagt, zum Tode verurteilt, später begnadigt und nach fünfjähriger Haft entlassen, danach in der Bundesrepublik Mitarbeiter des SPD-Vorsitzenden Willy Brandt. Die Philosophin Jeanne Hersch, die in der Schweiz zeitweilig Erica Wallachs Lehrerin gewesen war, hat eine Einführung zu ihrem Buch geschrieben; sie charakterisiert es: »Erica Wallach ist keine Schriftstellerin. Um so ergreifender ist es, bei jeder Zeile zu spüren, daß das, was sie schreibt, Stil hat. Es ist gewiß kein ästhetischer Stil – es ist ein ethischer Stil . . . Erica Wallach ist ohne Haß durch ihre Hölle gegangen und ohne Haß aus ihr aufgestiegen.« Ganz am Ende ihres Erlebnisberichts faßt Erica Wallach zusammen: »Es ist die Geschichte einer alltäglichen Frau, die in einer nicht alltäglichen Welt lebte.«[2]

Von Freud, dem Weltberühmten, zu der 66 Jahre jüngeren Erica Wallach, deren Schicksal außer ihrem Familien- und Freundeskreis nur wenigen tausend Lesern bekannt geworden ist, zieht sich dennoch ein verbindender Faden: das Exil. Als eine der Jüngsten und Unbekanntesten – auch das Exil-Lexikon verzeichnet ihren Namen und ihr Buch nicht – war sie als Kontrastperson zu wählen.

Deutsche Sozialistinnen als Opfer des stalinistischen Terrors

So außerordentlich es ist, einmalig ist ihr Erlebnis nicht. Unter Millionen Namenloser gibt es mehrere deutsche Frauen, deren Bücher über ihre Erfahrungen in sowjetischen Gefängnissen und Zwangsarbeitslagern Erica Wallachs Bericht bis in Einzelheiten bestätigen. Am bekanntesten geworden ist Margarete Buber-Neumanns Anklage: »Als Gefangene bei Stalin und Hitler«.[3] Die Frau von Heinz Neumann, dem vormaligen einflußreichen Mitglied des Zentralkomitees der KPD und zeitweiligen Chefredakteur der Roten Fahne, der 1937 in der Sowjetunion verhaftet wurde und seither verschollen ist, wurde, wie unter Stalin üblich, gleichfalls festgenommen, von ihrem Mann getrennt und nach Jahren in sowjetischen Gefängnissen und Lagern, 1940, zur Zeit des Hitler-Stalin-Paktes, an die Gestapo ausgeliefert. Sie überlebte dann auch das Konzentrationslager Ravensbrück – eine weitere Nuance des Exilschicksals.

Auch das stupende Erlebnis von Margarete Buber-Neumann war nicht einzigartig. Eine Anzahl deutscher Frauen, die als überzeugte Kommunistinnen, zumeist mit ihren Männern, Asyl in der Sowjetunion gesucht hatten und seit 1936 unter widersinnigen Anschuldigungen zu langjährigen, teilweise lebenslänglichen Freiheitsstrafen verurteilt worden waren, wurden in der Zeit des Hitler-Stalin-Paktes an die Gestapo ausgeliefert und in deutsche Lager verbracht. Waltraud Nicolas, die Frau des mit ihr zusammen verhafteten Schriftstellers Ernst Ottwalt[4], blieb nach ihrer Überstellung 1941 in Deutschland frei und begegnete Frauen, die mit ihr in sowjetischen Gefängnissen, auf Transporten und in Lagern gewesen waren. Es gelang ihr sogar, bei ihren Bemühungen, mit Hilfe deutscher Amtsstellen ihren Mann aus einem sibirischen Arbeitslager freizubekommen, bis zum Stellvertreter des »Führers«, Rudolf Heß, vorzudringen. Der Krieg mit der Sowjetunion beendete zunächst die Hoffnungen auf baldige Befreiung ihres Mannes. Nach Kriegsende wandte sie sich an die aus Moskau heimgekehrten Kollegen und Freunde ihres Mannes, um Auskunft über seinen Verbleib zu erhalten. Der einflußreichste unter den Schriftstellern – sie nennt ihn Hans B., was leicht als Johannes R. Becher zu entschlüsseln ist – wehrte die Anfrage mit »Bestürzung« ab: »Man würde sich dabei nur die Finger verbrennen.« Andere, die sich gütiger und hilfreicher zeigten – die in diesem Zusammenhang genannte Li ist die Frau Erich Weinerts –, vermochten ebenfalls nichts in Erfahrung zu bringen. Doch dann ereignete es sich, daß zu Beginn des Nürnberger Prozesses gegen die führenden Nationalsozialisten der Hauptankläger der Sowjetunion, Generalleutnant R. Rudenko, Stellen aus Ottwalts antifaschistischem Buch »Deutschland erwache! Geschichte des Nationalsozialismus« zitierte, sich also auf den Mann berief, der in der Sowjetunion seit 1936 von Gefängnis zu Gefängnis, von Lager zu Lager geschleppt worden war. Waltraud Nicolas schrieb dem Ankläger sofort; er sollte erfahren, daß der Schriftsteller, auf dessen Zeugnis er sich berief, in seinem Lande zu Unrecht gefangengehalten wurde. Er, der das Unrecht anklagte, sollte helfen, daß Recht geschehe. Natürlich erhielt sie nie eine Antwort.

Die Paradoxie ist überliefernswert. Erst Jahre später wurde ihr durch Vermittlung des Roten Kreuzes Gewißheit: Ernst Ottwalt war am 24. August 1943 im Lager von Archangelsk am Eismeer umgekommen. Das Kapitel ihres Buches, das die endliche und endgültige Aufklärung beschreibt, hat die Überschrift »Wofür?«; als Motto hat sie einen Satz aus Ernst Ottwalts autobiographischem Roman »Ruhe und Ordnung« vorangestellt: »Wenn ich schon sterben soll, dann will ich wenigstens wissen, wofür.«[5] Die Frage durchzieht auch ihr anderes Buch, in dem sie ihre Verhaftung am Vorabend des Nationalfeiertages, des 7. November 1936, in Moskau, die paranoischen Bezichtigungen, die nun durch viele gleichartige Berichte bekanntgewordenen Methoden der Verhöre, die »Gehirnwäsche«, die Untersuchungshaft, die Transporte, die Zwangsarbeit in verschiedenen Lagern und die letzte zufällige Begegnung mit ihrem Mann während eines Transportes darstellt.[6]

Zu ihren Leidensgefährtinnen gehörte Susanne Leonhard, die geschiedene Frau des mehrfach erwähnten Schriftstellers Rudolf Leonhard. Die überzeugte Sozialistin war mit ihrem unmündigen Sohn Wolfgang in die Sowjetunion exiliert. Sie wurde auf Grund einer Denunziation im Oktober 1936 verhaftet und durchlitt gleichartige Stationen wie Waltraud Nicolas. Ihr Buch: »Gestohlenes Leben. Schicksal einer politischen Emigrantin in der Sowjetunion«[7], gehört zu den bekanntesten Zeugnissen der Passion deutscher Frauen in sowjetischen Lagern. Sie konnte erst nach dem Krieg zurückkehren und lebt nun in der Bundesrepublik.

Eine der Überlebenden war Zenzi Mühsam, die Witwe des Lyrikers und Pamphletisten Erich Mühsam. Nach seiner Ermordnung im Konzentrationslager Oranienburg 1934 hatte sie seine Tagebücher und große Teile seines literarischen Nachlasses in die Sowjetunion gerettet – man darf gerettet sagen, weil der Nachlaß tatsächlich im Moskauer Gorki-Institut bewahrt wurde und seit 1956 zunächst Fotokopien an die Deutsche Akademie der Künste in Ostberlin gelangten. Auch Zenzi Mühsam wurde in der Sowjetunion verhaftet und der Spionage bezichtigt. Erst nach Stalins Tod kehrte die Greisin aus den Kerkern der GPU, körperlich und geistig invalide, 1954 nach Deutschland zurück. Da die meisten ihrer Freunde in der DDR lebten und sich ihrer annahmen, blieb sie in Ostberlin, wo man ihr eine Kleinwohnung beschaffte und sie versorgte. Sie war zahlreichen seither »verschollenen« deutschen Frauen, unter ihnen der Schauspielerin Carola Neher (die Polly der »Dreigroschenoper«), in den Gefängnissen der GPU begegnet. Ihre Berichte gaben den in der DDR lebenden alten Freunden Erich Mühsams, soweit sie nicht in der Sowjetunion im Exil gewesen waren, die erste Anschauung von der kaum faßlichen Wirklichkeit sowjetischer Entsprechung zu den Konzentrationslagern.[8] Zenzi Mühsam starb fast achtzigjährig im März 1962 in der DDR.

Die unterschiedlichen Erlebnisse und Entwicklungen dieser zu Beginn des Exils homogenen Gruppe von Frauen sind bemerkenswert. Einige überlebten die Lager nicht; Brechts mehrfache Nachfragen und Interventionen für die ihm befreundete Schauspielerin Carola Neher blieben ergebnislos. Einige wurden von der GPU an die Gestapo überstellt; von diesen wurde eine Minderheit in das Frauenkonzentrationslager Ravensbrück eingeliefert, andere blieben bedingt in Freiheit. Daß Opfer des Stalinismus wie Margarete Buber-Neumann engagierte Antikommunistinnen wurden, ist kaum verwunderlich. Waltraud Nicolas empfand ihre Auslieferung wie eine Befreiung. Susanne Leonhard verurteilt auch jetzt noch den Antikommunismus. Selbst in dieser zahlenmäßig kleinen Gruppe der vom gleichen Schicksal betroffenen Frauen zeigt sich die Mannigfaltigkeit der Folgerungen. Das Stigma des Exils ist seine Vielspältigkeit.

Exilierte Aristokraten

Um die Spannweite mit einem anderen Beispiel zu verdeutlichen: Man kann im Insgesamt des deutschsprachigen Exils diesen vormals kommunistischen oder sozialistischen Frauen, die in der Sowjetunion zu Opfern des Stalin-Terrors wurden, eine Schar kaiserlicher und königlicher Hoheiten, Prinzen, Fürsten gegenüberstellen, die, so lesen wir in Joachim Radkaus informativer Studie über »Die deutsche Emigration in den USA«, den isolationistischen Senator Burton Wheeler im Oktober 1941, also vor dem Überfall der Japaner auf Pearl Harbor und der Kriegserklärung der Hitler-Regierung an die USA, zu seiner Polemik gegen die »royal refugees« veranlaßte: »Aber etwas, was mich ziemlich anwidert, ist, daß es da einen Haufen königlicher Refugees gibt, die nicht nur ihr Land verlassen und das Gold mit sich genommen haben, sondern die auch noch, hier angelangt, das Land auf und ab promenieren und uns auffordern, in den Krieg einzutreten. Sie sprechen von Demokratie und Rettung der Demokratie. Manche von ihnen denken an die Rettung ihrer Krone. Sie gaben ihrem eigenen Volk keine Demokratie, als sie dazu Gelegenheit hatten.«[9]

Der Angriff auf die königlichen Flüchtlinge kam dem Anschein entgegen nicht etwa von links her, sondern eher von konservativen Gegnern Roosevelts, die seine Politik mit welchen Argumenten auch immer bekämpften. Radkau kommentiert schlüssig: »Wheelers Worte klingen denn auch mehr nach einem Angriff auf die politische Emigration überhaupt, die in der Tat viel von ›Rettung der Demokratie‹ sprach. Wenn er dennoch nur von den ›royal refugees‹ sprach, so ist die Absicht unschwer zu erraten: er wollte die politisierenden Flüchtlinge – und mit ihnen die Interventionisten überhaupt – besonders undemokratisch und unamerikanisch erscheinen lassen.«[10]

Gar so viele »royal refugees« gab es in den USA nicht. Unter den deutschsprachigen Exilierten wäre nur Otto von Habsburg mit Familienangehörigen zu nennen. Aber Mitglieder der Aristokratie waren im deutschsprachigen Exil vertreten, konservative und militant antinationalsozialistische. Der Führer der faschistoiden österreichischen Heimwehren, Ernst Rüdiger Fürst von Starhemberg, als Autor eines Memoirenbuches[11] im Exil-Lexikon verzeichnet, hatte Zuflucht in Südamerika gesucht. Max Karl Prinz zu Hohenlohe-Langenburg, Mitarbeiter der Sammlung, frühzeitig ausgebürgert, wurde in Frankreich gefangen und am 12. Dezember 1942 hingerichtet. Hubertus Friedrich Prinz zu Löwenstein-Wertheim-Freudenberg, Verfasser vieler politischer Bücher, Mitarbeiter zahlreicher Zeitungen und Zeitschriften, nach der Heimkehr zeitweilig Bundestagsabgeordneter, jetzt freier Schriftsteller, begründete 1936 in den USA die American Guild for German Cultural Freedom, die Hunderte von Stipendien an exilierte Wissenschaftler, Schriftsteller und Künstler vergab, darunter so angesehene, aber in materieller Bedürftigkeit lebende wie Robert Musil, Alfred Döblin, Hermann Broch, Annette Kolb, Elisabeth Castonier, nicht zuletzt auch Brecht. Nach der Überrennung Frankreichs hat die »Guild« vielen im Wortsinne tödlich bedrohten deutschen Exilierten beim Entkommen geholfen – ohne Ansehen der Partei, Religion, Weltanschauung. Leopold Prinz zu Löwenstein-Wertheim-Freudenberg lebte als Schriftsteller und Übersetzer von Guardini, Mörike, Chamisso ins Englische seit 1933 in Großbritanien.

Der Präsident der Paneuropa-Union, Richard Graf Coudenhove-Kalergi, ein entschiedener Antikommunist, der die Sowjetunion – und aus anderen Gründen auch England – von der Vereinigung Europas ausschließen wollte, ging nach der Besetzung Österreichs ins Exil, zuerst in die Schweiz, später in die USA, weil Hitler jede friedliche Verwirklichung seiner Ideen unmöglich machte.

Der liberale Kunstmäzen Harry Graf Kessler verließ – mit dem Manuskript seines Buches über Walther Rathenau – Deutschland Anfang März 1933. In Paris stellte ihm der vormalige französische Botschafter in Berlin,

Pierre de Margerie, mit dem Ausdruck größter Verwunderung die Frage, »warum gerade ich in Deutschland bedroht sei, obwohl ich in den letzten Jahren mich politisch ganz zurückgehalten hätte? Er meinte, das sei ihm völlig unbegreiflich.«[12] Viele nichtjüdische parteilose Exilierte begegneten dieser Standardfrage. Zur gleichen Zeit hat Balder Olden, ehemaliger Offizier der kaiserlichen »Schutztruppe« in den afrikanischen Kolonien Deutschlands und Verfasser von Afrika-Romanen, die in konservativen Kreisen geschätzt wurden, diese Frage in seinem Artikel »Mir wäre nichts Besonderes passiert« beantwortet – ohne sonderlichen Widerhall in den demokratischen Gastländern, wo man sich nicht recht vorstellen konnte, daß angesehene Deutsche, die weder Juden noch Kommunisten waren, sich bedroht fühlten oder freiwillig das Exil wählten, weil sie unter dem Hitlerregime nicht leben wollten.

Pazifisten

Es ist bereits darauf hingewiesen worden, daß sich der erste Hauptstoß der nationalsozialistischen Machthaber unter dem Vorwand der Reichstagsbrandstiftung auch gegen Pazifisten, Menschenrechtler, linksliberale Mitarbeiter der Weltbühne Carl von Ossietzkys richtete, die nach bereits fertiggestellten Verzeichnissen schon in der Nacht des Reichstagsbrandes verhaftet wurden und in völlig unproportionaler Zahl auf den ersten Ausbürgerungslisten erschienen. Betroffen waren der unauffällige Alfred Falk, alles andere als ein Radikaler; der parteilose Friedrich Wilhelm Foerster, der zugleich ein Gegner des Marxismus war und trotz seiner Armut den ihm angebotenen Friedenspreis der DDR und finanzielle Unterstützung ablehnte. Hellmut von Gerlach, der Stellvertreter Carl von Ossietzkys, konnte mit Not gerade noch über die österreichische Grenze entkommen. Der Generalsekretär der Liga für Menschenrechte, Kurt Grossmann, floh rechtzeitig nach Prag, später in die USA; sein letztes Buch: »Emigration. Geschichte der Hitlerflüchtlinge 1933–1945«, ist zwar mehr Autobiographie als Geschichtswerk, gehört aber mit dieser Einschränkung zu den Quellenwerken.[13] Den Mathematiker Emil J. Gumbel hatte man zu seinem Glück schon vor 1933 von seinem Lehrstuhl in Heidelberg verjagt. Seine Schriften über die Fememorde in den Freikorps und der »Schwarzen Reichswehr« wären mit Gewißheit für ihn tödlich geworden, wenn man ihn gefangen hätte. Er lehrte an der Universität Lyon, später in New York, wo er hohes wissenschaftliches Ansehen genoß. Er starb dort 1966. Sein Anteil an den antifaschistischen Aktivitäten im Exil war bedeutend. In den fünfziger Jahren lehrte er mehrere Sommersemester als Gastprofessor in Westberlin.

Otto Lehmann-Rußbüldt stand an der Spitze der Liga für Menschenrechte. Er gehörte zu den in der Nacht des Reichstagsbrandes Verhafteten. Egon Erwin Kisch, der gleichfalls festgenommen und als tschechoslowakischer Staatsangehöriger nach zwei Wochen aus der Haft entlassen wurde, hat in seiner im Anhang zum »Braunbuch« veröffentlichten Reportage über die Erlebnisse im Berliner Gefängnis berichtet, wie es dem friedliebenden, damals sechzigjährigen Menschenrechtler erging. Durch seine »schlappe Haltung« erregte er den Zorn des neu ernannten Polizeipräsidenten von Berlin, Admiral von Levetzow, dem Pazifisten ein Greuel waren. Bei einer Inspektion des Gefängnisses befahl er: »Führen Sie den Lümmel sofort in Dunkelarrest und legen Sie ihm Eisen an, bis ihm die Schwarten krachen.«[14] Ungleich Carl von Ossietzky, Erich Mühsam und anderen wurde Lehmann-Rußbüldt nach seiner Entlassung nicht in ein Konzentrationslager verbracht, obwohl die Nennung seines Namens auf der ersten Ausbürgerungsliste beweist, daß man ihn zu den gefährlichsten Widersachern des Nationalsozialismus zählte. Walters Angabe, er sei »erst im Herbst 1933 über die Niederlande nach Großbritannien« geflohen, erscheint deshalb als fragwürdig,[15] denn dann hätte er sich zur Zeit seiner Ausbürgerung, am 23. August, noch in Deutschland befunden. Er muß zu diesem Zeitpunkt bereits im Ausland gewesen sein. Lehmann-Rußbüldt überlebte in England, warnte in zahlreichen Broschüren und Artikeln vor Hitlers Kriegsdrohung, kehrte nach dem Krieg in seine Heimatstadt Berlin (Westberlin) zurück, wo er 1964 in Vergessenheit starb.

Der Fall des parteilosen antimilitaristischen Berthold Salomon, genannt Berthold Jacob, Mitarbeiter der Weltbühne und im Exil zahlreicher anderer, auch französischer Zeitschriften und Zeitungen, hat seinerzeit, 1935, weltweites Aufsehen erregt. Er wurde durch den Gestapo-Agenten Hans Wesemann aus der Schweiz ins Reich verschleppt, aber nach energischer Intervention des Schweizer Bundesrats Monate später wieder in die Schweiz überstellt. Jacob hat über seine schrecklichen Erlebnisse im Columbia-Haus, der Gestapo-Zentrale in Berlin, in dem Buch »Warum schweigt die Welt?« berichtet, das weitere Beiträge von Georg Bernhard, Wolf Frank, Jack Iwo, A. Kantorowicz, Rudolf Leonhard, Paul Westheim und den Nachdruck von Carl von Ossietzkys berühmtem Artikel »Rechenschaft« enthält.[16] Jacob, der bereits seit 1932 in Straßburg gelebt hatte und von dort in die Schweiz gelockt worden war, kehrte nach Frankreich zurück, wurde nach Kriegsbeginn trotz (oder wegen?) seiner weltbekannt gewordenen Gegnerschaft gegen die Nationalsozialisten im Pyrenäenlager Le Vernet interniert. Nach dem Waffenstillstand glückte ihm 1941 die Flucht über Spanien nach Portugal. In Lissabon wurde er erkannt und abermals von der Gestapo nach Deutschland verschleppt, wo er 1944 den

Torturen erlag. Er hinterließ eine Ossietzky-Biographie und militärwissenschaftliche Schriften.

Pazifisten, die nicht schon auf der ersten Ausbürgerungsliste genannt waren, hatten das gleiche Schicksal zu erwarten. Ludwig Quidde ging mit 75 Jahren ins Exil in die Schweiz. Seine bereits 1894 veröffentlichte Schrift über den größenwahnsinnigen und tyrannischen römischen Kaiser, der unter dem Spitznamen »Caligula« (Soldatenstiefelchen) in die Geschichte einging – ein verschlüsseltes Portrait Kaiser Wilhelms II. –, hatte ihn berühmt und zugleich verhaßt gemacht. Der Weimarer Nationalversammlung hatte er als Abgeordneter der Demokratischen Partei angehört. Als Gründer und Herausgeber der Deutschen Zeitschrift für Geschichtswissenschaft und Mitglied der Bayerischen Akademie der Wissenschaften, nicht zuletzt als Vorsitzender der Deutschen Friedensgesellschaft, gehört er zu den Persönlichkeiten der Zeitgeschichte.

Ein aktives Mitglied der Deutschen Friedensgesellschaft war der mit dem einstigen Reichsjustizminister Gustav Radbruch eng befreundete Rechtshistoriker Hermann Kantorowicz, der sich, wie viele andere, im Ersten Weltkrieg vom Kriegsfreiwilligen zum Pazifisten gewandelt hatte. Als außerordentlicher Professor in Freiburg i. B. arbeitete er an pazifistischen Zeitschriften mit und sprach auf pazifistischen Versammlungen. Deutschvölkische Professoren und Studenten veranstalteten bereits 1921 an der Universität Freiburg Demonstrationen gegen ihn. Erst 1928 wurde er gegen Widerstände des Auswärtigen Amtes zum Ordinarius in Kiel berufen. Er gehörte zu den ersten 25 deutschen Professoren, die nach der Machtergreifung aus politischen Gründen fristlos entlassen wurden.[17] Zu seinem Glück verbrachte er das Wintersemester 1932/33 mit Quellenstudien über mittelalterliche Rechtsgeschichte in Florenz, so daß er bei der Machtergreifung und nach dem Reichstagsbrand dem Zugriff der SA, SS oder der gleichgeschalteten Polizei entging – ungleich seinem Bruder, dem Zahnkliniker Alfred Kantorowicz in Bonn, der im Konzentrationslager Börgermoor gedemütigt und mißhandelt wurde.[18] Hermann Kantorowicz fand Asyl in England. Er starb 1940 in Cambridge. In seinem nach Kriegsende in einer Schweizer Zeitschrift veröffentlichten Nachruf auf den Freund schrieb Gustav Radbruch, »auf sein Leben und Sterben passe der Spruch, den sich der große Papst Gregor IV. auf sein Grab hatte setzen lassen: ›Dilixi justitiam et odi iniquitatem – propterea morior in exilio‹. ›Ich habe die Gerechtigkeit geliebt und die Ungerechtigkeit gehaßt – deshalb sterbe ich im Exil‹.«[19] Sein »Gutachten zur Kriegsschuldfrage« konnte erst postum erscheinen. In seinem Geleitwort schreibt Gustav Heinemann im Rückblick auf die Weimarer Republik: »Für das kleine Häuflein entschieden republikanisch und demokratisch gesinnter Studenten war Kantorowicz, ebenso wie Radbruch, einer der Wegweiser durch eine wirre Zeit, eine der wenigen Stützen in einer nicht genügend fundierten Demokratie.«[20]

Kurt Hiller hatte 1926 eine Gruppe »revolutionärer Pazifisten« gegründet. Seine streitbare antimarxistische Haltung bewahrte ihn nicht vor Verhaftung durch die Nationalsozialisten und schweren Mißhandlungen im berüchtigten Columbia-Haus. Anschließend wurde er ins Konzentrationslager Oranienburg eingeliefert. Nach seiner Entlassung im April 1934 blieb er noch einige Monate in Deutschland, was man teils als Mutprobe, teils als vergebliche Hoffnung auf Liberalisierung der nationalsozialistischen Herrschaft verstehen kann.

Diesen Illusionen über die baldige Wiederherstellung der Rechtsstaatlichkeit und die Kurzlebigkeit der Hitlerdiktatur begegnet man in vielen Veröffentlichungen aus der damaligen Zeit. Der Verleger Bermann-Fischer riet Thomas Mann in einem Brief vom 17. Juli 1933 guten Glaubens, nach Deutschland zurückzukehren: »Das Risiko der Rückkehr scheint uns nicht sehr groß zu sein ... Aus der Emigrantenatmosphäre lassen sich die Dinge nicht richtig beurteilen ... Man steht allen diesen Dingen hier viel ruhiger gegenüber, als man es je im Ausland kann.«[21] Selbst der scharfsichtige Kurt Tucholsky, der das Unheil jahrelang vorher angekündigt hatte, war, was das Ausmaß und die Dauer des Terrors in Deutschland betraf, ahnungslos wie der letzte, als er am 4. März 1933 von Zürich aus seinem Freund Walter Hasenclever über die Verhaftung Carl von Ossietzkys schrieb: »Ich glaube keinesfalls, daß sie ihm etwas tun, er ist in der Haft eher sicherer als draußen ... Sonst aber kommt er nach zwei, drei Wochen, denke ich, heraus. (Wenn nicht Konzentrationslager gemacht werden!) Kurz: ich lebe in keinerlei Panik.«[22]

Diese Beispiele für die Unterschätzung des nationalsozialistischen Terrors und der nationalsozialistischen Gefahr lassen sich vertausendfachen. Weder im Lande noch im Ausland schätzte man das Kommende richtig ein. Wer vorausgesagt hätte, daß Frankreich in wenigen Wochen von den deutschen Armeen überrannt und zur Kapitulation gezwungen werden würde, den hätte man bis 1940 zumindest für schwachsinnig gehalten; und wer prophezeit hätte, daß man im zwanzigsten Jahrhundert im Herzen Europas Millionen von Menschen vergasen würde wie Wanzen, der wäre in eine Nervenheilanstalt eingeliefert worden. In der Tat findet sich eine solche Voraussage in der gesamten mir zugänglichen Exilliteratur nicht. Selbst als Auschwitz und Maidanek schon »in Betrieb genommen« waren, ahnten nicht einmal die Opfer, was ihnen dort bevorstand, wenn sie in die Transportzüge verfrachtet wurden. Zu übertreiben war unmöglich. Die deutsche Exilliteratur – es gereicht ihr zur Ehre – ist bei Darstellungen des Schreckens im nationalsozialistischen Deutschland ausnahmslos hinter der Wirklichkeit zurückgeblieben.

Es bleibt noch auf einige der unter sich zerspaltenen Kriegsgegner hinzuweisen. Helene Stöcker lehnte auch während des 2. Weltkriegs, den sie im Exil in den USA erlebte, die These von der Kollektivschuld des deutschen Volkes ab. Sie vertrat diese Überzeugung anläßlich einer Diskussion in der deutsch-jüdischen Zeitschrift Aufbau gegen Emil Ludwig, der damals die Kollektivschuld bejahte.[23]

Der Dichter Fritz von Unruh stand zwar nicht auf der ersten Ausbürgerungsliste, aber seine Werke wurden auf den ersten offiziellen Verbots- und Verbrennungslisten genannt. Der Zufall will, daß der Generalssohn 1885 am 10. Mai in Koblenz geboren wurde, dem Tag, an dem 1933 seine Friedensmanifeste ins Feuer flogen. Schon vor dem 1. Weltkrieg wurden seine Dramen »Offiziere« und »Prinz Louis Ferdinand« unter anderem auf den Reinhardt-Bühnen gespielt. Im Krieg, als Gardeoffizier und Adjutant kaiserlicher Prinzen, mit denen er im Kadettenkorps aufgezogen worden war, wandelte er sich zum Pazifisten. Seine vor der »Blutmühle« Verdun geschriebenen dramatischen Dichtungen »Opfergang« und »Ein Geschlecht« wurden zu Markierungen der expressionistischen Antikriegsliteratur und stellten ihn an die Seite von Ernst Toller, Walter Hasenclever, Rudolf Leonhard, Leonhard Frank, Andreas Latzko, René Schickele und vielen anderen Dramatikern, Erzählern, Lyrikern, die gleich ihm ins Exil gehen mußten. Er war bereits 1932 nach deutschvölkischen Demonstrationen gegen ihn und sein Werk ins Ausland gegangen. Die Internierungslager in Frankreich blieben ihm nicht erspart. Es glückte ihm, bereits 1940 nach den USA zu entkommen. Ebenso wie in Frankreich lebte er dort abgesondert. Gelegentlich machte er sich vernehmlich mit Beiträgen in der Wochenschrift Aufbau. Seine Polemik gegen die erfolgreichen Mitläufer des nationalsozialistischen Regimes erschwerten auch ihm nach seiner Rückkehr in die Bundesrepublik die Reintegrierung. Trotz Goethe-Preis und Bundesverdienstkreuz konnte er sich hier nicht behaupten, siedelte nach Frankreich und dann abermals in die USA über, wo er durch die Flutkatastrophe 1962 bei Boston seinen ganzen Besitz verlor. Danach lebte er bis zu seinem Tode 1970 in der rheinland-pfälzischen Kleinstadt Diez an der Lahn. Sein Frühwerk ist vergessen, sein Spätwerk nicht durchgedrungen.

Pazifismus motivierte wie bei von Unruh das Exil des erfolgreichen Erzählers Leonhard Frank. 1882 in Würzburg als Sohn eines Schreinergesellen geboren, Schlosser, Chauffeur, Klinikdiener, hat er sich über nicht ausgereifte Malstudien in München hinweg seinen Erfolg als Schriftsteller erhungert. Der Roman »Die Räuberbande« (1912) und die Erzählung »Die Ursache« – Darstellungen von Jugenderlebnissen – machten ihn bekannt. Ohne jede Parteibindung war er einer der wenigen Schriftsteller, die dem Kriegsrausch von 1914 widerstanden. Er floh in die Schweiz, wo er zum

Kreis der Kriegsgegner gehörte, die sich um die von René Schickele herausgegebene Zeitschrift Die weißen Blätter sammelten. Hervorragende Mitarbeiter dieser denkwürdigen avantgardistischen und kriegsgegnerischen Zeitschrift waren neben anderen: Gottfried Benn, Johannes R. Becher, Max Brod, Martin Buber, Annette Kolb, Robert Musil, Else Lasker-Schüler, Walter Hasenclever, Rudolf Leonhard, Franz Werfel, Carl Sternheim, Heinrich Mann, Alfred Kerr, die bis auf Benn, der 1933 Irrwege ging, und Edschmid, der den Unholden im Reich nie zu Diensten war, sämtlich während der Zeit der nationalsozialistischen Herrschaft das Exil wählten. Hermann Hesse, der der Zeitschrift und der Antikriegsbewegung im Ersten Weltkrieg ebenfalls nahegestanden hatte, war 1924 Schweizer Bürger geworden und lehnte es mehrfach entschieden ab, nach 1933 als deutscher Exilierter zu gelten – ohne es an Solidaritätsbekundungen fehlen zu lassen. Auch die zuständigen nationalsozialistischen Dienststellen betrachteten ihn als Ausländer und verboten die Verbreitung seiner Bücher in Deutschland nicht generell.

Fast unbekannt geblieben (obwohl erfreulicherweise im Exil-Lexikon verzeichnet) ist der in diese Reihe gehörende Pädagoge Hein Herbers, 1895 im Münsterland geboren, 1968 als naturalisierter Holländer in Bilthoven gestorben. Der Erste Weltkrieg machte ihn zum Pazifisten und Sprecher der Friedensbewegung. Nach Hitlers Machtantritt wurde er als Studienrat in Kassel fristlos und ohne Pension entlassen. Christliche Gesinnungsfreunde beriefen ihn 1934 an die Privatschule in Bilthoven, wo unter seinen Schülern auch die holländische Kronprinzessin war. Er überlebte die Besetzung. In seinem Buch »Friede durch Gewalt – Friede durch Recht. Der Friedensgedanke als Utopie und Möglichkeit« nennt er Tolstoi, Romain Rolland, Fridtjof Nansen, Friedrich Wilhelm Foerster und Anna Siemsen seine Lehrmeister.[24] Von Lessing übernimmt er leitmotivisch die Mahnung: »Gehe den einen unmerklichen Schritt, ewige Vorsehung! Nur laß mich dieser Unmerklichkeit wegen nicht an dir verzweifeln!« Es ist ein gütiger, zur Geduld mahnender Zuspruch: nicht mitzuhassen. Da Herbers keinen »gerechten Krieg« anerkennt, blieb er trotz Exil und humanistischem Bekenntnis für den Osten »unverwertbar«, und im Westen, wo wieder aufgerüstet wurde, war seine Mahnung unbequem.

Die Reihe der aus pazifistischen Beweggründen ins Exil gegangenen Schriftsteller ließe sich verlängern. Die Genannten sind stellvertretend für eine – in sich vielfach verzweigte – Kategorie von unnachsichtig Verfolgten. Da für den Nationalsozialismus Pazifismus gleich »Landesverrat« war, so hatten alle, die einer der Friedensbewegungen angehörten, mit entehrenden Strafen oder Mißhandlungen zu rechnen. Daß der Anteil der doch vergleichsweise kleinen Gruppierungen der Pazifisten unter den politischen

Exilanten so erheblich ist und daß sie auf den ersten Ausbürgerungslisten unproportional zahlreich vertreten sind, ist ein Kennzeichen für die ideologische Kriegsvorbereitung der Nationalsozialisten von der Stunde der Machtergreifung an.

Kommunisten und Sozialdemokraten

Eine andere Hauptgruppe von Verfolgten und Exilierten ist für das vorgesetzte Thema von besonderer Bedeutung: Es sind die Literaten. Auf der ersten Ausbürgerungsliste findet man die Namen von Heinrich Mann, Lion Feuchtwanger, Alfred Kerr, Ernst Toller, Leopold Schwarzschild, Kurt Tucholsky, keine Kommunisten oder organisierten Sozialisten also, mehr oder weniger linksbürgerlich orientierte Schriftsteller, von denen im Verlauf des Exils einige (H. Mann, Feuchtwanger) Verbündete der Kommunisten wurden, andere (Tucholsky, Schwarzschild) antikommunistische Einstellung zeigten, Toller und Kerr in unabhängiger antifaschistischer Position blieben.

Von den auf der ersten Liste genannten Kommunisten wurde Eugen Eppstein 1943 im Lager Lublin-Maidanek umgebracht; Ruth Fischer entwickelte sich zu einer führenden Antikommunistin; Friedrich Heckert starb in Moskau; Max Hölz ertrank unter ungeklärten Umständen in der Wolga; Peter Maslowski trennte sich von der KPD und kehrte nach dem Krieg in die Bundesrepublik zurück; Willi Münzenberg wurde aus der KPD ausgeschlossen und 1940 nach der Flucht aus einem Konzentrationslager in Frankreich erhängt aufgefunden; Heinz Neumann wurde in Stalins Lagern liquidiert; Wilhelm Pieck überlebte in der Sowjetunion und wurde 1949 Präsident der DDR, wo er 1960 starb. Es gehört zur Sache, daß von den Spitzenfunktionären der SED, soweit sie im Exil waren und sich dort publizistisch betätigten, vom alten Pieck abgesehen, keiner auf den ersten Ausbürgerungslisten figuriert. Sogar Ulbricht erschien den Nationalsozialisten so unwichtig, daß er erst 1937 ausgebürgert wurde; mag sein Biograph Johannes R. Becher diese Ausbürgerung auch noch so sehr rühmen,[25] sie erfolgte erst, als Hunderte andere der Ehre längst teilhaftig geworden waren.

Die Diskrepanz zwischen dem Renommee im Exil und der Bedeutung in der Nachkriegszeit zeigt sich in anderer Weise auch bei der Sozialdemokratischen Partei Deutschlands. In der unter dem Titel »Mit dem Gesicht nach Deutschland« veröffentlichten »Dokumentation über die sozialdemokratische Emigration«[26] – einem Standardwerk der deutschen Exilgeschichte – wird man auf den 758 großformatigen Seiten den Namen Willy Brandt vergeblich suchen, obwohl das Exil-Lexikon mehr als eine Seite für die fruchtbare publizistische Tätigkeit des späteren Bundeskanzlers benötigt. Von den auf der ersten Ausbürgerungsliste verzeichneten Sozialdemokraten wurde der fraglos bedeutende Rudolf Breitscheid gemeinsam mit dem (nicht auf der ersten Liste stehenden) früheren Reichsfinanzminister Hilferding von der Vichy-Regierung an die Gestapo ausgeliefert; dieser starb in einem Pariser Gefängnis, jener wurde in Buchenwald getötet, angeblich durch eine Fliegerbombe. Der vormalige Berliner Polizeipräsident Albert Grzesinski blieb nach dem Ende des Krieges in den USA, ebenso wie andere im Exil aktive und angesehene Sozialdemokraten, z. B. der frühere Reichstagsabgeordnete und Generalsekretär der Deutschen Friedensgesellschaft, Gerhart Seger, dem die Flucht aus dem Konzentrationslager gelungen war und dessen Buch »Oranienburg« 1934 als erster authentischer Erlebnisbericht aus den Konzentrationslagern in Deutschland weithin Aufsehen erregte und in viele Sprachen übersetzt wurde.[27] Heinrich Mann schrieb das Geleitwort. Sein Gruß an den Entkommenen, der seine antikommunistische Einstellung im Exil bekräftigte, ist ein weiteres Zeugnis für die Überparteilichkeit Heinrich Manns, die ihn bis in die Zeit der gescheiterten »Volksfront«-Versuche mit Liberalen, Pazifisten, Demokraten, Sozialdemokraten nicht weniger verband als mit Kommunisten.

Die Dokumentation »Mit dem Gesicht nach Deutschland« offenbart die freimütig ausgetragenen schwerwiegenden Differenzen zwischen verschiedenen Gruppierungen innerhalb der Sozialdemokratie. So schrieb der gemäßigte Rudolf Breitscheid in einem Brief vom 13. Oktober 1937 aus Frankreich an den im Prager Parteivorstand der Exil-SPD richtungweisenden Friedrich Stampfer: »Wir alle halten trotzdem grundsätzlich an dem Volksfrontgedanken fest und werden, ganz gleichgültig, wie sich das kommunistische Zentralkomitee stellt, mit den anderen gemeinsam weiterarbeiten. Dabei ist es für uns eine große Befriedigung, zu konstatieren, daß einige Kommunisten und darunter vor allem Münzenberg, der sich, solange er die KP vertrat, durch absolute Loyalität ausgezeichnet hat, die Methoden Walter [Ulbrichts] aufs schärfste verurteilen.«[28]

Eine weit schärfere Kritik an der Haltung Stampfers, der den Feind immer nur »links« sah, äußerte Hilferding in einem Schreiben vom 28. August 1936 aus Zürich. Da heißt es: »Das Erkennen und Aussprechen des Erkannten habe ich immer in meinem Leben als Funktion und Pflicht des Intellektuellen gerade in der Politik angesehen, als seine raison d'être, und immer habe ich mich bemüht, sie zu erfüllen, auch auf die Gefahr hin, einmal von den Rechtssozialisten, später gelegentlich auch von der USP ›gemaßregelt‹ zu werden ... Ihre Beurteilung der Außenpolitik erinnert mich lebhaft an die der Innenpolitik nach der Machtergreifung Hitlers. Ich denke an jene Rede im Parteiausschuß in der Lindenstraße im März 1933, wo Sie uns erzählten, wie froher Stimmung Sie seien: Sie lebten wieder in der Zeit ihrer Jugend am Brünner Volksfreund, als die konfiszierten Exemplare trotz Polizei verbreitet wurden etc.; wie damals würde die Partei bald wieder herrlicher als je erstehen. Es war ja schon nach dem Reichstagsbrand, nach den ersten Mißhandlungen im Konzentrationslager, die Sie nicht wahrhaben wollten. Sie täuschten sich nicht nur selbst über die Situation, sondern auch die anderen, und verhinderten, daß die kurze Zeit, die uns zur Verfügung stand, zur Schaffung eines illegalen Kaders ausgenützt wurde. Als Sie dann selbst draußen waren, galt Ihre Sorge der Verhinderung der Veröffentlichung über die illegalen deutschen Rüstungen, und Ihre etwas komische Aufregung über mich und Breitscheid, die Sie uns der Propaganda des Präventivkriegs beschuldigten, habe ich auch nicht vergessen. Genau so beurteilen Sie heute die Außenpolitik . . . Sie sehen also, wir beurteilen die Dinge grundverschieden. Aber ich darf immerhin für mich geltend machen, daß ich den Verlauf in den Kampf-Artikeln von 1934 vorausgesagt habe, falls nicht die Wiederaufrüstung Deutschlands, die eben die völlige Machtumwälzung bedeutet, die Sie ignorieren, verhindert wird . . . Jetzt ist alles zu spät. Frankreich ist eine Macht zweiten Ranges geworden, und die Haltung in einer Lebensfrage wie der spanischen zeigt, wie ohnmächtig es bereits in Westeuropa ist, geschweige denn weiter im Osten.«[29]

Auch über die Teilnahme am Bürgerkrieg in Spanien auf republikanischer Seite waren die Meinungen innerhalb des sozialdemokratischen Parteivorstandes geteilt. Stampfer, dessen Nachlaß die Grundlage der hier zitierten Dokumentation ist, erhielt zu dieser Frage eifervolle Briefe von Victor Schiff, dem langjährigen außenpolitischen Redakteur des Zentralorgans der SPD, Vorwärts, und Erich Kuttner, dem vormaligen Mitglied der SPD-Fraktion im preußischen Landtag, zwei Politikern, die in der Weimarer Zeit gewiß nicht dem linken Flügel der SPD angehört hatten, sich aber im Exil für das Zustandekommen der »Volksfront« einsetzten. Kuttner, der nicht nur als politischer Publizist, sondern auch als schöngeistiger Schriftsteller hervortrat,[30] schrieb am 4. Mai 1937 aus Valencia an Stampfer: »Hier in Spanien liegt der Brennpunkt aller antifaschistischen Kämpfe, auch des unsern. Aber Euch ist der alte Streit mit den Komm[unisten] so ins Blut gegangen, daß [Ihr] Eure Bedenken gegen die Einheitsfront, die hier Grundbedingung des Sieges ist, nicht loswerdet. Ich will aber nicht bitter werden. Ich erfülle hier aus eigener Initiative und auf eigene Faust, was ich als Pflicht der Partei betrachte . . . Wie viel mehr könnte ich wirken, wenn ich im Sinne meines erwähnten Schreibens an den P[artei] V[orstand] als Vertreter der Sopade [Exil-SPD] auftreten könnte. Bitte erwägen Sie meinen Antrag sehr genau. Ihr habt viel versäumt hier, aber es läßt sich auch noch manches gutmachen.« Kuttner verweist in diesem Brief auf die Teilnahme italienischer und österreichischer Sozialdemokraten am Kampf (Nenni; Julius Deutsch) und meint, daß ihn sein Engagement vielleicht sein »holländisches Asyl kosten« werde. Aber der Anlaß – »daß auch einer von uns dabei ist – scheint mir das Opfer wert zu sein«.[31] Bei seinem Besuch an der Südfront des republikanischen Spanien schrieb er für das hektographierte Blatt des vielnationalen Bataillons »Tschapaiew« der XIII. Internationalen Brigade vom »Erlebnis einer Fleisch und Blut gewordenen Volksfront aus 21 Nationen und allen antifaschistischen Parteien ... Was ihr in Spanien tut, wird mehr dazu helfen, als alle Reden. Das glaube ich und hoffe ich. Alle meine Freunde, die hier in Spanien kämpfen, denken ebenso«.[32] Er durfte in sein holländisches Asyl zurück – zu seinem Verhängnis. Nach der Besetzung des Landes wurde er von der Gestapo aufgespürt, nach Mauthausen deportiert und dort umgebracht.

Waren die »Linksabweichungen« von Breitscheid und Hilferding aus ihrer politischen Vergangenheit verständlich, die von Victor Schiff und Erich Kuttner durch die Umstände des Exils und die wachsende Bedrohlichkeit des Nationalsozialismus erklärlich, so ist die radikale Wandlung des vor 1933 auf der Rechten der SPD stehenden und von den Kommunisten als Erzfeind bekämpften sozialdemokratischen Schriftstellers und Chefredakteurs der Wochenzeitschrift Die Glocke, Robert Breuer, einer jener erstaunlichen, dennoch im Exil nicht seltenen Fälle von Gesinnungswechsel. Von der haßerfüllten Feindschaft zwischen der kommunistisch gelenkten Oppositionsgruppe im Schutzverband Deutscher Schriftsteller und dem in der Weimarer Zeit von Robert Breuer geführten rechten Flügel des Verbandes kann man sich kaum eine Vorstellung machen. In dem 1966 in Ostberlin herausgegebenen Band »Aktionen – Bekenntnisse – Perspektiven«, in dem – natürlich nach parteiischem Auswahlprinzip – die Zeugnisse dieses Kampfes in den Jahren 1931–1933 gesammelt sind, wird Breuer als »Parteigänger des Wilhelminischen Deutschlands und als Autor von Durchhalteartikeln« im Ersten Weltkrieg charakterisiert; 1919 habe er »Repressalien gegen Maler, Dichter und Schriftsteller gefordert« und nun, 1932, »zur Auslieferung des SDS [Schutzverband Deutscher Schriftsteller] an den Faschismus« beigetragen.[33] In der Linkskurve wurde er als »Sozialfaschist« bezeichnet, der in verschiedenen »reformistischen Kulturorganisationen ... eine schrankenlose Diktatur aufgerichtet« habe.[34] Anträge der »Breuer-Clique« wurden zu Fall gebracht, und als nach der gewaltsamen Absetzung der Preußischen Regierung durch Reichskanzler von Papen am 20. Juli 1932 auch der Sozialdemokrat Breuer vorübergehend verhaftet wurde, da protestierte die von den Kommunisten kontrollierte Berliner

Ortsgruppe des Schutzverbandes formaliter, aber bei der Aussprache darüber begrüßte Wieland Herzfelde nach einem Bericht der kommunistischen Welt am Abend am 30. Juli 1932 »lebhaft die Ausführungen Wolfradts, worin er Breuer als einen Quell des Faschismus bezeichnet [hatte] – eine Feststellung, die Herzfelde bereits vor mehr als zwölf Jahren machen zu können glaubte, als er nämlich auf Veranlassung Breuers verhaftet wurde. Nun wurde Breuer von den gleichen Kräften verhaftet, die er hervorgerufen habe. Zur politischen Kennzeichnung der Rolle Breuers erklärt[e] Herzfelde, daß sowohl Breuer wie Hitler für den Fortbestand des Kapitalismus eintreten und sich ebenfalls in der Bekämpfung der Kommunisten einig seien. Die Unterschiede seien lediglich eine Frage des Tempos«.[35]

Es gehört zu den Merkmalen der Exilsituation, daß dieser den kommunistischen Schriftstellern so tödlich verhaßte Sozialdemokrat zu einem der entschiedenen Befürworter der Einheitsfront mit den Kommunisten wurde. Sogar Breitscheid beschwerte sich darüber, daß gerade Breuer als einziger Sozialdemokrat den Protest gegen das »illoyale Verhalten« von Walter Ulbricht und Paul Merker im Volksfrontausschuß nicht unterschrieben habe. »Interessieren wird es Sie«, schrieb er an Stampfer, »daß von den bekannten Genossen in Paris nur ein einziger wider den Strom schwimmt und uns sozusagen in den Rücken fällt, und daß dieser einzige – Robert Breuer ist . . . An sich ist der Fall ja mehr belustigend, aber es ist selbstverständlich, daß die Clique Walter [Ulbricht] in ihrer Isolierung Breuer gegen uns ausspielt.«[36] Das Ende Breuers auf der französischen Antillen-Insel Martinique, wo er gemeinsam mit Kurt Kersten nach geglückter Flucht aus Frankreich 1940 interniert wurde und 1943 starb, ist gleichfalls für die Merkwürdigkeiten des Exils paradigmatisch.[37]

Die Reichskanzler Philipp Scheidemann, Joseph Wirth und Heinrich Brüning

Die Abstecher, die zu den ambivalenten Verhaltensweisen Robert Breuers führten, gingen von der ersten Ausbürgerungsliste aus, auf der auch der vormalige sozialdemokratische Reichskanzler Philipp Scheidemann stand, dessen historische Rolle bei der Ausrufung der Deutschen Republik am 9. November 1918 unvergessen ist. Für die Nationalsozialisten war er einer der »Novemberverbrecher«, die sie – zum Unterschied von Gustav Noske, der im Lande blieb und seine Höchstpension als Oberpräsident der Provinz Hannover erhielt – nicht tolerierten. Er lebte im Exil zurückgezogen, zuerst in der Tschechoslowakei, später in Dänemark, wo er im November

1939 starb. In der Sopade spielte er keine Rolle. Im Briefwechsel von Stampfer wird er nur ein einziges Mal erwähnt mit dem abfälligen Urteil: »Scheidemann zerschmiß mit seinen Reden gegen die Reichswehr das ganze Koalitionsporzellan.«[38]

Zwei andere vormalige deutsche Reichskanzler hielten sich im Exil ebenfalls von öffentlichen politischen Aktivitäten fern: Der eine war der Linkskatholik Joseph Wirth, der nach der Ermordung Walther Rathenaus im Juni 1922 im Reichstag ausgerufen hatte: »Der Feind steht rechts«, was ihm die Deutschnationalen und natürlich die Nationalsozialisten, die den Mord an »der gottverdammten Judensau« guthießen, nie vergaben. Wirth, der während des Krieges in Luzern lebte, war der Urheber eines Memorandums, das die 1943 begründete Vereinigung »Das Demokratische Deutschland« den Regierungen der USA und Großbritanniens zustellte. Mitunterzeichner des Schriftstückes waren der im Schweizer Exil lebende bayerische Sozialdemokrat Wilhelm Hoegner und der langjährige preußische Ministerpräsident Otto Braun. Sie lehnten die These von der Kollektivschuld des deutschen Volkes ab und machten Vorschläge, die »Deutsche Frage« auf europäischer Grundlage zu lösen.[39] Wilhelm Hoegner kehrte nach 1945 aus der Schweiz zurück und wurde Ministerpräsident von Bayern – einer der seltenen Fälle politischen Aufstiegs deutscher Exilierter. Otto Braun blieb bis an sein Lebensende (1955) in seinem Asylland. Joseph Wirth kehrte 1948 in seine Geburtsstadt Freiburg i. Br. heim, wo er, ohne politischen Einfluß in der Nachkriegszeit zu nehmen, 1956 starb.

Der konservative katholische Reichskanzler Brüning hatte Deutschland vor dem 30. Juni 1934 verlassen, als Hitler bei Gelegenheit der Niedermetzelung der SA-Führung auch den vormaligen Reichskanzler General von Schleicher und andere ihm politisch unbequeme Persönlichkeiten wie den früheren bayerischen Ministerpräsidenten von Kahr ermorden ließ, der sich bei seinem Putsch am 9. November 1923 nach anfänglichem Schwanken schließlich gegen ihn gewandt hatte. Wäre Brüning, der letzte parlamentarisch bestätigte Reichskanzler, der die Nationalsozialisten von der Regierung ferngehalten hatte, noch im Lande gewesen, er hätte ein weiteres Opfer der Rachsucht werden können. Er war jedoch zu diesem Zeitpunkt besuchsweise in den USA, und die Exzesse bewogen ihn, im Exil zu bleiben, ohne sich an den Kämpfen der Exilanten zu beteiligen. Joachim Radkau hat dargestellt, wie Brüning, der seit 1937 an der Universität Harvard lehrte, zur wichtigsten Bezugsperson der konservativen Kräfte unter den deutschen Exilierten wurde, ohne daß er selbst hervortrat. Mit ihm verbunden war der frühere deutschnationale Reichstagsabgeordnete Gottfried Reinhold Treviranus, der von 1930–1932 seinem Kabinett angehört hatte und ebenfalls 1934 ins Exil gegangen war.

In den USA lebte damals bereits der persönliche Referent des kaiserlichen Reichskanzlers von Bethmann Hollweg und Gesandte a. D. Kurt Riezler, der eine Professur an der New School for Social Research in New York hatte. Auch der vormals führende Nationalsozialist Otto Straßer, der zuerst im Exil in der Tschechoslowakei, dann in Frankreich und später in Kanada mit seiner Schwarzen Front sehr aktiv an der Propaganda gegen die Nationalsozialisten teilnahm, suchte – ohne Entgegenkommen zu finden – die Verbindung zu Brüning. »Sogar gegenüber den führenden Katholiken des Exils, die seine gegebene ›Partei‹ innerhalb der Emigration gewesen wären, hielt sich Brüning zurück. Zu Friedrich Muckermann, dem kämpferischen Jesuitenpater, der 1923–1933 in Münster die Zeitschrift ›Der Gral‹ herausgegeben hatte, bestanden Differenzen. Waldemar Gurian, der führende Katholik in der Wissenschaftler-Emigration, gab immer wieder seiner Enttäuschung über Brünings Schweigen Ausdruck.« [40]

Prominente Katholiken

In diesem Zusammenhang nennt Radkau auch den gläubigen Katholiken Hubertus Prinz zu Löwenstein-Wertheim-Freudenberg, der jedoch im Gegensatz zu Brüning eine öffentliche, durchaus vordergründige antinationalsozialistische Publizität im Alleingang entfaltete. Obwohl mit den Wittelsbachern und anderen süddeutschen Fürstenhäusern versippt, hatte er sich in jungen Jahren vor 1933 als militanter Organisator der linkskatholischen Jugend im republikanischen Reichsbanner exponiert. Im Exil war er sogleich mit Streitschriften gegen den Nationalsozialismus hervorgetreten, die ihm die Ausbürgerung auf einer der ersten Listen eintrugen. Trotz seiner Beziehungen zum hohen, ja höchsten Episkopat – er wurde von den Kardinälen Innitzer und Pacelli (nachmals Papst Pius XII!) zu Gesprächen empfangen –, stellte er sich ohne Zögern auf die Seite des republikanischen Spanien, hielt sich im Bürgerkrieg in Barcelona, Madrid und an den Kampffronten auf; seine in mehreren Sprachen veröffentlichte Broschüre »Als Katholik im republikanischen Spanien« fand viel Beachtung.[41]

Zuvor schon hatte er, wie erwähnt, während einer Vortragsreise in den USA 1936 die American Guild for German Cultural Freedom begründet, die mit Unterstützung durch Albert Einstein, Thomas Mann und einflußreiche Amerikaner Stipendien an exilierte deutschsprachige Wissenschaftler und Schriftsteller vergab und später vielen Deutschen zur Flucht aus den besetzten Gebieten verhalf. An den Rettungsaktionen waren auch andere Zusammenschlüsse beteiligt, z. B. das American Rescue Committee, die

Quäker, jüdische Hilfsorganisationen, die German Labor Delegation und zahlreiche andere Verbände;[42] den Anteil der »Guild« wird man anhand der Personalakten und der Dokumente der Unterstützten beurteilen können, die der Deutschen Bibliothek in Frankfurt übergeben wurden. Jedenfalls waren die materielle Hilfe und die Überlebenshilfe der von Prinz zu Löwenstein ins Leben gerufenen und von seinem Mitarbeiter Volkmar von Zühlsdorff organisatorisch betreuten »Guild« so eng mit der Geschichte der deutschsprachigen Literatur im Exil verknüpft, daß es hier eingeblendet werden sollte. Die Entwicklung in den späteren Kriegsjahren und im Nachkrieg hat die nationale Komponente in der Weltanschauung des Prinzen stärker ausgeprägt. Darüber kam es zum Zerwürfnis mit Thomas Mann und anderen Weggefährten der dreißiger Jahre. Daß die genormte politische Skala zwischen »rechts« und »links« auf ihn nicht anwendbar ist, hat Prinz zu Löwenstein in einem Brief bekräftigt.[43]

Weitere im Exil lebende prominente Katholiken wie Karl Spieker, der die Zeitschrift Das wahre Deutschland herausgegeben hatte, und der ehemalige Senatspräsident von Danzig, Hermann Rauschning, der Ende 1934 mit dem Nationalsozialismus brach, in die Schweiz ging und seit 1941 in den USA lebte, wurden von der Öffentlichkeit mit Brüning in Verbindung gebracht. Rauschning hatte mit seinem 1938 in Zürich erschienenen und bald in viele Sprachen übersetzten Buch »Die Revolution des Nihilismus« nicht nur einen breiten, sondern einen auch in die Tiefe gehenden Erfolg in den USA.[44] Seine Analyse des Nationalsozialismus nicht als Hort und Schutzschild des Konservativismus, sondern als prinzipienlose, alle überkommenen Werte zersetzende nihilistische Bewegung wurde in weiten Kreisen des Bürgertums, auch im Lager der Konservativen, als zutreffende Erklärung für das vielen unbegreifliche Phänomen anerkannt. Selbst seine 1938 völlig unglaubwürdigen Voraussagen trafen ein: Der Nationalsozialismus werde, wenn es ihm opportun erscheine, unbedenklich auch »ein Bündnis mit dem Kreml schließen« und mit hoher Wahrscheinlichkeit die »russische Karte« eines Tages ausspielen; »dem steht wieder nicht im Wege, daß er gleichwohl entschlossen ist, eines anderen Tages Rußland aufzuteilen und sich den Löwenanteil anzueignen«.

Die dem Buch immanente Verteidigung traditionell konservativer Werte gewann dem Autor Sympathie in maßgebenden politischen Kreisen der USA und bei einem nicht unbeträchtlichen Teil der deutschen Exilierten, anfänglich auch bei der in New York zusammengeschlossenen Gruppe der SPD, der German Labor Delegation, die 1939, wie einem Brief ihres Vertreters Staudinger an den damals noch in Paris lebenden Stampfer zu entnehmen ist, ein gemeinsames Auftreten mit Rauschning in einer Massenversammlung befürwortete.[45] Wenig später, im Juni 1939, stieß Rudolf

Katz, der Sekretär der German Labor Delegation, nach: »Eine öffentliche Versammlung mit Thomas Mann, Rauschning, Brüning und Stampfer würde zweifellos ein Riesenerfolg werden.«[46] Stampfer rückte jedoch Ende des Jahres in einem Brief an Katz von diesen Plänen ab. Er war voller Zuversicht, daß die von ihm geführte Gruppe des Parteivorstandes in Paris durch einen »großzügig geführten Propagandafeldzug« den erst wenige Monate alten Krieg – der sich damals noch im Stadium des »drôle de guerre«, des Scheinkrieges im Westen, befand – »wesentlich abkürzen könnte«. Selbstbewußt fügte er hinzu: »Wir denken auch nicht daran, mit Hinz und Kunz ›Nationalrat‹ zu spielen. Als Vertreter der alten sozialdemokratischen und gewerkschaftlichen Arbeiterbewegung sind wir – ich glaube, ich kann das ohne Übertreibung aussprechen – die einzige ernst zu nehmende politische Körperschaft der deutschen Emigration. Zu einem ›Nationalrat‹ fehlen die Partner. Wirth [der vormalige Reichskanzler Joseph Wirth, A. K.] ist ganz dem Alkohol verfallen, redet Unsinn und richtet großen Schaden an. Rauschning, den ich früher günstiger beurteilte, betätigt sich als Sensations-Schriftsteller niederer Art und verhökert seine persönlichen Erinnerungen an Hitler, wobei er Wahrheit und Dichtung stark durcheinandermischt.«[47] Das war auf europäischem Boden der letzte Versuch, Parteien, Gruppen, hervorragende Persönlichkeiten des deutschsprachigen Exils im Kampf gegen Hitler und für ein politisches Programm in der Zeit nach dem Sturz des Nationalsozialismus zu einigen.

Dieser letzte Versuch, der unter dem geistigen Patronat von Thomas Mann stand, darf nicht verwechselt werden mit den vorangegangenen Bestrebungen, unter dem Präsidium Heinrich Manns eine »Deutsche Volksfront« im Exil zuwege zu bringen; diese Unternehmung scheiterte Ende September 1938. Kurt R. Grossmann irrt, wenn er die fragliche »Volksfront«-Sitzung, an der neben einer Überzahl von kommunistischen Funktionären auch einige bürgerliche Politiker und Publizisten teilnahmen, ins Jahr 1939 verlegt.[48] Zur Zeit der von Thomas Mann angeregten Besprechung in Paris, war Grossmann bereits in den USA.

Der Streit um Thomas Mann

Thomas Mann war im Exil besonders stark umstritten. An ihm und seinem Werk entzündeten sich Bewunderung und Haß. Den einen galt er als der ehrwürdigste Vertreter des ausgetriebenen oder im Lande zum Schweigen gebrachten deutschen Geistes, den anderen als eitler und opportunistischer Macher von Bestsellern. Die Fluktuation der Meinungen brachte es mit sich, daß ein und derselbe Eiferer Ende der dreißiger Jahre in ihm ein

Vorbild sah, in der Mitte der vierziger Jahre aber einen Verderber. Der meinungsbildende sozialdemokratische Politiker Friedrich Stampfer rühmte Thomas Mann in einem Artikel im Neuen Vorwärts vom 11. September 1938 »als eine Erscheinung«, die aus der notwendigen Verschmelzung von Literatur und Politik »hell hervortritt«.[49] In dem als Sonderdruck bei Oprecht in Zürich veröffentlichten Vortrag »Vom zukünftigen Sieg der Demokratie« sah er eine nicht nur »literarische Leistung, er ist das Werk eines politischen Führers«. Thomas Mann, so fuhr er fort, »hat nach solchen Lorbeeren nicht gestrebt. Eher könnte man ihm eine allzustarke Distanzierung von der Politik vorwerfen als ein zu betriebsames Heranmachen. Wo andere laut und aufgeregt redeten, schwieg er, wenn er aber dann schließlich doch sprach, war es eine politische Tat«. Der Artikel endete: »Thomas Mann hat das Seine getan. Er hat sein Bestes gegeben. Das deutsche Volk wird ihm einmal noch dafür Dank wissen.«[50] Als später Parteinahme im beginnenden »Kalten Krieg« gefordert wurde, Thomas Mann sich jedoch nicht auf Antikommunismus festlegen ließ, schrieb Stampfer am 24. Mai 1947 in der Neuen Volkszeitung einen Schmähartikel gegen ihn mit dem Titel: »Thomas Mann, Humanitätsapostel a. D.«, und da heißt es: »Das deutsche Volk hat zu allem anderen noch Pech mit seinen Dichtern. Gerhart Hauptmann enttäuschte seine Verehrer, als er nach Hitlers Aufstieg zur Macht daheimblieb und schwieg. Heute erscheint uns jedoch dieses Verhalten geradezu von königlicher Würde, verglichen mit der politischen Betriebsamkeit, die Thomas Mann als emigrierter deutscher Dichter entwickelt.«[51]

Es ist – man muß sich eines starken Ausdrucks bedienen – phänomenal, wieviel Haß Thomas Mann auf sich gezogen hat, er mochte lassen oder tun, was er wollte. Dieser Haß schlug ihm nicht nur von völkischer, von antikommunistischer, sondern auch von prokommunistischer Seite entgegen. Zu den extremsten Beispielen gehören Brechts Notizen im »Arbeitsjournal«. Nach mehreren vorangegangenen grimmigen Spötteleien wie z. B.: ». . . für einen Augenblick erwog sogar ich, wie ›das deutsche Volk‹ sich rechtfertigen könnte, daß es nicht nur die Untaten des Hitlerregimes, sondern auch die Romane des Herrn Mann geduldet hat«,[52] kam es am 9. September 1943 zu der Eintragung: »Thomas Mann, höre ich von einem Ohrenzeugen, erzählt jetzt herum, ›diese Linken wie Brecht‹ führten Befehle von Moskau aus, wenn sie versuchten, ihn zu Erklärungen zu veranlassen, daß man einen Unterschied zwischen Hitler und Deutschland machen müsse. Das Reptil kann sich nicht vorstellen, daß man ohne Befehle von irgendwo etwas für Deutschland (und gegen Hitler) tun kann und daß man überhaupt ganz von sich aus, sagen wir aus Überzeugung, in Deutschland etwas anderes erblicken kann als ein zahlkräftiges Leserpublikum.

Bemerkenswert ist die Perfidie, mit der das Paar Mann – seine Frau ist sehr aktiv dabei – solche Verdächtigungen ausstreut, die, wie sie wissen, jedem großen Schaden tun können.«[53]

Die Anwürfe von dieser Seite sind ebenso ungerechtfertigt wie die zahlreicheren und noch schrilleren von der Gegenseite. Aus seinen Tagebüchern, Briefen, Reden, politischen Schriften und aus seinem schöpferischen Werk, besonders »Lotte in Weimar« und »Doktor Faustus«, erweist sich, daß Thomas Mann beständig den Unterschied zwischen Nationalsozialismus und Deutschtum hervorhob. In seiner Rede »Deutschland und die Deutschen«, die er am 29. Mai 1945 anläßlich der Feiern zu seinem 70. Geburtstag in Washington hielt, hat er die Verstrickung der Deutschen besonders eindringlich formuliert: »Das böse Deutschland, das ist das fehlgegangene gute, das gute im Unglück, in Schuld und Untergang.«[54] Er berief sich in seinem Brief an Walter von Molo, der die gereizten Erwiderungen des von Frank Thieß repräsentierten »inneren Exils« in Deutschland hervorrief, auf diese Rede als auf eine »Solidaritätserklärung« für Deutschland.

An Brecht hatte er bereits unter dem Datum des 10. Dezember 1943 geschrieben: »Ich habe in dem Vortrag [»The War and the Future« am 16. November 1943 in der Columbia University, New York; A. K.] zwar eingeräumt, daß eine gewisse Gesamthaftung für das Geschehene und das, was noch geschehen wird, nicht von der Hand zu weisen sei. Denn irgendwie sei der Mensch und sei ein Volk verantwortlich für das, was er ist und tut. Dann aber habe ich nicht nur genau all die Argumente gegen die Gleichstellung von Deutsch und Nazistisch angeführt, die Sie in Ihrem Brief gebrauchen, sondern ich habe erklärt, Weisheit in der Behandlung des geschlagenen Gegners sei allein schon geboten durch die schwere Mitschuld der Weltdemokratien an dem Aufkommen der fascistischen Diktatur ... Sogar über die blödsinnige Panik der bürgerlichen Welt vor dem Kommunismus habe ich mich lustig gemacht, nicht nur in New York, sondern zuvor schon in Washington in der offiziellen Library of Congress ... Alle Hoffnung beruhe auf einer echten und reinigenden deutschen Revolution, die von den Siegern nicht etwa zu verhindern, sondern zu begünstigen und zu fördern sei.«[55]

Tatsächlich waren Brecht und Thomas Mann weder in der Frage der Nachkriegsentwicklung in Deutschland noch in der Beurteilung des Antikommunismus grundsätzlich verschiedener Meinung. Natürlicherweise hätten sie sich als Verbündete nicht nur gegen den Nationalsozialismus, sondern später auch gegen den McCarthyismus betrachten können, der beide – Thomas Mann im hohen Alter – aus den USA vertrieb. Brecht war im Widerspruch zu der oben notierten Eintragung kein Nationalist. An mehreren Stellen im Arbeitsjournal hat er sich über Johannes R. Bechers »Deutschtümelei« lustig gemacht, z. B. am 10. November 1943: »Döblin bringt IL [Internationale Literatur, deren Chefredakteur Becher in Moskau war; A. K.] 1943, IV, mit einem Artikel Bechers DEUTSCHE LEHRE, der stinkt von Nationalismus. Wieder wird der Nationalismus der Hitler ganz naiv akzeptiert; Hitler hatte nur den falschen, Becher hat den richtigen . . . Ein entsetzlich opportunistischer Quark . . . Ich lese: ›Eine neue Gemeinsamkeit ist es, die sich bildet, damit Deutschlands Wille geschehe und er durch uns vollzogen werde, und ein Allerhöchstes ist es, das über solch einem Gemeinsamen waltet: der Genius eines ewigen Deutschlands.‹ Nachbar, euren Speikübel!«[56]

Widersprüche, Widersprüche! Sie werden nicht aufgehoben durch die Anmerkungen des dazu autorisierten – und natürlich gebundenen – DDR-Brechtologen Werner Hecht, der solche Stellen im Arbeitsjournal wegerklären will mit der Behauptung: »In einer anderen Zeit kam Brecht sowohl zu einer anderen Bewertung der nationalen Frage als auch zu einer anderen Bewertung Bechers.« Er verweist darauf, daß Brecht Bechers Lied »Deutschland« gewählt habe, um Jungen Pionieren, Mitgliedern der Jugendorganisation in der DDR, »die Schönheit von Gedichten zu erklären«, daß er einen respektvollen Glückwunsch zu Bechers 60. Geburtstag (1951) sandte und 1955 Bechers Schauspiel »Winterschlacht« vom Berliner Ensemble aufführen ließ.[57] Daran ist soviel richtig, daß Brecht sich um des Berliner Ensembles willen mit dem Kulturminister und einflußreichen Funktionär Becher arrangierte. Nationales Pathos aber war seine Sache nie. Über die »Winterschlacht« hat er sich in engerem Freundeskreis bei Hanns Eisler lustig gemacht. Zutreffend ist jedoch, daß er nicht nur Thomas Mann, sondern auch den Vansittartisten gegenüber als entschiedener Gegner eines »harten Friedens« für Deutschland auftrat. Diese Gruppe hieß so nach dem britischen Staatssekretär Lord Vansittart, der den deutschen Volkscharakter für die Weltkriege und die Verbrechen der Hitlerdiktatur verantwortlich machte. Thomas Mann kann ihr allerdings nicht zugerechnet werden; er nahm bis zum Kriegsende eine gemäßigte Haltung ein. Erst die Vorwürfe, die ihm nach dem Kriege aus Deutschland zukamen, verhärteten ihn. Brechts Glauben an die revolutionäre Kraft des deutschen Proletariats teilte er nicht.

Hingegen waren beide – ohne es zu wissen – geistig verbündet im Mißtrauen gegen den in ihrem Begriff restaurativen Einfluß des Vatikans unter Papst Pius XII. auf die Nachkriegsentwicklung. Bei Brecht heißt es unter dem Datum des 18. Oktober 1944 lakonisch: »Der Vatikan propagiert ein neues München, basiert auf Klerikofaschismus.«[58] Das Stichwort »München« war der Kode für das Trauma vieler exilierter Deutscher, das durch die Kapitulation der Westmächte vor Hitlers Forderung nach Auslieferung der Sudetengebiete und die faktische Zerschlagung der Tschechoslowakei im Vertrag von München am 29. September 1938 erzeugt worden war. Thomas Mann übrigens war ganz besonders ergriffen von diesem »Verrat der europäischen Demokratie«, wie er in seinem Essay »Dieser Friede« schrieb, einer der heftigsten Anklagen gegen die Politik des »Appeasements«: »Der Weg, den die ›Geschichte‹ eingeschlagen, war dermaßen schmutzig, er war ein solcher Äserweg der Lüge und Gemeinheit, daß kein Mensch sich der Weigerung zu schämen braucht, ihn mitzugehen. Wer weiß denn auch, ob er nicht noch durch solche Greuel führt, daß alle Rechtfertigung unser ist.«[59]

In Brechts 1947 gedichteter Ballade »Freiheit und Democracy«, die er der Zeitschrift Ost und West zum Erstdruck übersandte, findet sich das Motiv des Mißtrauens gegen die Politik des Vatikans und ebenso gegen München, nun als Wallfahrtsort der geschlagenen, aber unentwegten Nationalsozialisten, mehrfach wieder. In dem Gespensterzug der Kriegsverbrecher, die alle für sich »Freiheit und Democracy« verlangen, sind auch Abgesandte des Vatikans. Die Haken des Kreuzes hat man überklebt.

»Drunter schritt dafür ein Pater
abgesandt vom Heiligen Vater,
welcher tief beunruhigt
wie man weiß, nach Osten blickt.«

Der in 40 vierzeiligen Versen dargestellte Zug bewegt sich auf München zu:

»Und kam, berstend vor Gestank,
endlich an die Isarbank,
zu der Hauptstadt der Bewegung,
Stadt der deutschen Grabsteinlegung.«[60]

In anderen Eintragungen schreibt Brecht vom »Müncheneinverständnis (Überlassung des osteuropäischen Raums an die deutsche Bourgeoisie) durch die westlichen Demokratien«. Der »Münchenplan« habe die »Zweite Front« so lange verzögert, bis Gefahr bestand, »daß Deutschland von den Russen besetzt werden könnte«.[61]

Die gleiche Sorge vor einem vom »Kleriko-Faschismus« beherrschten Europa drückte Thomas Mann in zahlreichen vor Kriegsende geschriebenen Briefen aus. An die stets hilfreiche, aber politisch nicht mit ihm übereinstimmende Freundin Agnes E. Meyer schrieb er am 5. Januar 1943: »Die Hauptsorge ist heute schon der Friede. Churchill, das alte Schlachtroß, versteht davon nichts, will auch gar nichts davon verstehen, und bei F. D. R. [Roosevelt; A. K.] scheint mir eine starke Neigung zu bestehen, den Frieden mit Hilfe der Kirche und des süd-europäischen Faschismus zu machen

– womit World-war III wohl gesichert wäre.« Am 28. Januar bekräftigte er: »Es wird ein katholisch-faschistischer Friede sein. Mag sein, daß Europa nichts Besseres mehr verdient.«[62] Dem exilierten deutschen Philosophieprofessor Robert S. Hartmann gegenüber äußerte er am 7. April 1943: »Es wird wohl ein stark katholisch-fascistisch beeinflußter Friede sein.«[63] Wieder an Agnes Meyer schrieb er am 8. Mai 1943: »Claudels ehrlicher Haß auf alles Deutsche und seine Verachtung der protestantischen Kultur hat ihn eines Tages dahin geführt, Goethe einen Esel zu nennen – über einen Kritiker von so amüsanter Ungeniertheit wird man ja wohl auch noch die Wahrheit sagen dürfen: nämlich daß seine politischen Neigungen in der Richtung eines katholischen Fascismus liegen, also mit den Tendenzen übereinstimmen, die wahrscheinlich auf die Gestaltung des Friedens den stärksten Einfluß ausüben werden.«[64] Viereinhalb Jahre später, am 31. Oktober 1947, beglückwünschte er die Freundin zu ihrem »Kampf gegen die Beherrschung der Schule durch die Kirche« und gab dabei zu bedenken, daß vormals »die Jesuiten-Väter feine Pädagogen waren und wenigstens in Europa vorzügliche Schulen unterhielten (Feldkirch, Stella matutina), mit viel Musik und Theater – es wäre etwas für mich gewesen, wenn überhaupt irgendeine Schule etwas für mich gewesen wäre. Bei der ziemlich sinistren Rolle freilich, die heute in der großen Diskussion der Zeit die katholische Kirche spielt, ist ihr Einfluß auf die Erziehung gewiß nicht sehr wünschenswert.«[65]

Diese Einstellung hat ihn nicht gehindert, 1953, als er wieder in Europa lebte, Papst Pius XII. im Vatikan aufzusuchen und ein freundliches Gespräch mit ihm zu führen; er berichtet darüber in einem Brief vom 27. Mai 1953 an seinen Verleger Bermann-Fischer.[66] Das war die Zeit, da er die ärgsten Anfeindungen, die nervenzerreibenden Konflikte der Nachkriegszeit hinter sich hatte, Geborgenheit für den Rest seiner Tage suchte. Die erbitterten Auseinandersetzungen, die seinem Briefwechsel mit Walter von Molo schon im Sommer 1945 folgten, sollen als bekannt vorausgesetzt werden.[67] Wie sehr ihn die von vielen Seiten kommenden Angriffe »verletzten und deprimierten«, hat er in »Die Entstehung des Doktor Faustus« mehrfach eingestanden, ebenso in Briefen und Rundfunkansprachen über BBC. Das Pasquill von Hans Egon Holthusen »Die Welt ohne Transzendenz«[68] war eine schlechte Begleitmusik zu Thomas Manns erstem Besuch in Deutschland aus Anlaß der Gedenkfeiern zu Goethes 200. Geburtstag 1949. Einem Brief vom 1. Mai 1955 zufolge hat er die Schmähschrift nie gelesen; aber zehn Tage später, am 11. Mai 1955, schrieb er an Professor Robert Faesi, dessen Buch »Thomas Mann. Ein Meister der Erzählkunst« ihm Genugtuung gab, vom »Holthusenschen Schimpfen und Heruntersetzen. Ihre Stimme klingt ruhig und freundlich, durchaus gemessen dabei, wo die jenes Hassers sich kreischend überschlägt«.[69] Also muß ihn bis wenige Wochen vor seinem Tode tief gereizt und empört haben, was der im Nachkriegsdeutschland hochgeehrte und preisgekrönte damalige Präsident der Bayerischen Akademie der Künste zu seinem »Schmerzensbuch« zu sagen wußte, z. B.: »Eine Art Über-Essayismus ist am Werk, dessen Kombinationslust weder Grenzen noch Skrupel kennt, eine zwielichtige und raffinierte Kunst der Begriffsklitterung, Begriffsmontage und Begriffsverwirrung.« Auch der Vorwurf fehlt nicht, daß Thomas Mann »die Nichtübereinstimmung zwischen dem Geistigen und dem politischen Leben bei den Deutschen . . . kritisch und von außen betrachtet«.[70]

Das war nicht einladend für den Vertriebenen, aber es war dennoch etwas ganz Feines, ja Exquisites im Vergleich zu dem Artikel, der zu Thomas Manns 75. Geburtstag am 6. Juni 1950 in der Frankfurter Allgemeinen Zeitung erschien. Da wird dem Jubilar, den die Welt an diesem Tag als den bedeutendsten und geachtetsten Vertreter der deutschen Literatur ehrt, entgegengeschrien: »Der Clan Mann [darin sind der in Einsamkeit und Not im Exil verstorbene Heinrich Mann und Thomas Manns Sohn Klaus, der in Überdruß und Verzweiflung ein Jahr zuvor den Freitod gewählt hatte, einbeschlossen; A. K.] ist eine Giftzisterne geworden, und es tröstet nur, daß die Zahl derer, die aus ihr schöpfen, immer geringer wird . . . Er [Thomas Mann] rührt im Blutbrei der tuberkulösen Lunge mit demselben Eifer wie im gelben Matsch des syphilitischen Gehirns, und ganz besonders haben es ihm Inzeste angetan – sie verbürgen ihm, so scheint es, daß er auf der erwünschten Spitze der Aktualität balanciert . . . Der Giftlack, den er über seine Figuren spritzt, ist ihre eigentliche Wirklichkeit.« Das wurde nicht veröffentlicht zur Zeit, als Goebbels die Propagandarichtlinien bestimmte, und es stand nicht in irgendeinem völkischen Winkelblättchen, sondern, man muß es wiederholen, zum 75. Geburtstag Thomas Manns 1950 in der vornehmen Frankfurter Allgemeinen Zeitung.

Einmal sollte das Exil-Schicksal sich nicht im Gestrüpp der Widersprüche verlieren, sondern an dem doch wohl repräsentativsten Beispiel im Streiflicht durch die Zeit geführt werden. Die späten Ehrungen zu seinem 80. Geburtstag, den er nur um wenige Wochen überlebte, den Ehrendoktor der Friedrich-Schiller-Universität Jena und die Ehrenbürgerschaft seiner Vaterstadt Lübeck sowie die Begründung des Kuratoriums des Thomas-Mann-Archivs bei der Akademie der Wissenschaften in Ostberlin,[71] in dem Literaturwissenschaftler aus Ost und West paritätisch vertreten waren, nahm er mit höflicher Skepsis entgegen. In einem seiner letzten Briefe an den altvertrauten Hermann Hesse bekannte er am 10. Juni 1955: »Ich habe, innerlich müde und skeptisch, äußerlich so stramm und leutselig wie möglich, viel hinter mich gebracht: zuerst die Schiller-Fahrt und den Staatsbesuch in Lübeck, dann den

Geburtstagstumult hier.« Er gab seiner Freude Ausdruck, daß er nun bald – außer der Reihe – Schweizer sein werde, berichtete beiläufig von anderen Ehrungen aus Frankreich und fügte etwas ironisch hinzu: »Aber gesagt will sein, daß auch ein gemessenes Telegramm von dem deutschen Bundesminister des Inneren, Schröder, kam. Er muß die Erlaubnis dazu Adenauern in einer ernsten Unterredung abgerungen haben.«[72]

Im Exil erfolgreiche Autoren

So tumultuös ging es nicht bei allen Exilierten zu. Die meisten anderen waren weder für die Welt noch für Deutschland interessant genug. Niemand verübelte etwa Vicki Baum, die vorsorglich schon 1931 in die USA übersiedelt war, ihre außerordentlichen Roman- und Filmerfolge, zu denen Greta Garbo beitrug. Trivialliteratur? Natürlich war sie in dem alles umfassenden Ensemble vertreten, und Erfolgsbücher wie »Menschen im Hotel« schreibt nicht jeder. Man darf ihr glauben, wenn sie in ihrer Autobiographie »Es war alles ganz anders« bekennt: »Ich bin langsam im Denken, aber schnell im Schreiben. Mit den ›Menschen im Hotel‹ bin ich rund fünfundzwanzig Jahre schwanger gegangen; geschrieben habe ich das Buch aus berstender Fülle in sechs Wochen.«[73] Den Erfolg hat sie nicht abschütteln können, ebensowenig wie Erich Maria Remarque seinen in der Tat sensationellen Durchbruch mit »Im Westen nichts Neues«. Vicki Baum war weniger Anfechtungen ausgesetzt. Krieg und Politik waren nicht ihre Themen. Daß man den Roman »Stud. chem. Helene Willfüer« einmal für so gewagt hielt, daß die Ullstein-Redakteure ihn »mehrere Jahre auf Eis« legten, bevor er dann »ein Riesenerfolg« wurde, reichte nicht aus, sie zum Objekt der Haßpropaganda der Nationalsozialisten zu machen. Sie schreibt, daß ihr – »leider oder glücklicherweise« – jeder politische Sinn gefehlt habe. Aber sie hatte ein Gespür für das kommende Unheil: »Was sich in Deutschland vorbereitete, sah ich nach meinen sieben Monaten in den USA viel klarer als die gescheiten, gut informierten, erfahrenen politischen Köpfe bei Ullstein, der Hochburg des deutschen Liberalismus. Ihnen erschien es einfach unmöglich, daß Deutschland jemals wieder zu Militarismus und Autokratie zurückkehren könne. Hitler war für sie immer noch ein Unsinn babbelnder Clown . . . Man lachte über ihn.«[74] Sie, die Unpolitische, nahm diesen »Clown« rechtzeitig ernst und wanderte aus, bevor er an die Macht kam. Die Exilsituation hat sie in Hollywood nur am Rande wahrgenommen. In ihrer Autobiographie und ihren Erfolgsbüchern spielt sie keine Rolle.

Fast ebenso peripher hat Erich Maria Remarque die Schrecken des Dritten Reiches überdauert, obwohl er direkter betroffen war. Der Erfolg von »Im Westen nichts Neues« (Gesamtauflage über acht Millionen Exemplare) hatte ihn den Nationalsozialisten verhaßt gemacht. Sie reihten das Buch, das zwar nicht pazifistisch war, aber den Krieg nicht beschönigte, in ihre Rubrik »entstellende Kriegsliteratur« ein, beschimpften und bedrohten Remarque, veranstalteten vor ihrer Machtergreifung bei der Premiere des nach dem Buch gedrehten Films den berüchtigten Skandal durch Loslassen weißer Mäuse, verbrannten und verboten seine Bücher. Doch da war er zu seinem Glück bereits längst in der Schweiz. Nach eigener Angabe war er 1931 dorthin übersiedelt, um in Ruhe ein neues Buch zu schreiben. »Wenn mir damals einer gesagt hätte, die Nazis kämen an die Macht – ich hätte ihn für verrückt erklärt.« Radkau vermerkt, die Nationalsozialisten hätten »sogar versucht, sich mit Remarque (der kein Jude war) auszusöhnen«.[75] Rechtzeitig ging er in die USA. Der Erfolg blieb ihm bis zu seinem Tode treu, obwohl seine späteren Bücher wie »Arc de Triomphe« oder »Die Nacht in Lissabon« von Emigrantenschicksalen handeln; veröffentlicht und verfilmt wurden sie erst nach Kriegsende. Gastlich, großzügig und – wie von verschiedenen Seiten bezeugt wird – hilfsbereit war Remarque. Der »ungekrönte König« von Ascona, wie Ernst Erich Noth – ebenfalls ein Einzelgänger – ihn nennt, »hieß jeden an seinem Tisch willkommen ..., aber während alle lärmten und sogar lachten, trank der Zahler der Zeche nur still und stark vor sich hin, als sei er vorwegnehmend die Hauptfigur seines Romans ›Arc de Triomphe‹, der Emigrantenarzt Ravic.«[76]

Der Roman, dessen Requisiten verführerische Frauen der Halbwelt, Spielsäle und Unmengen hochprozentiger Alkoholika sind, vermittelt nun in der Tat, wie Noth sagt, »ein verteufelt schiefes Bild« vom Leben der Exilierten. Andere nahmen Remarque das übel. Der honorige, aber zuweilen überscharf und nicht stets ganz gerecht urteilende Franz Schoenberner, aus altangesehener preußischer Pastorenfamilie stammend, Offizier im Ersten Weltkrieg, parteiloser Demokrat, Chefredakteur der berühmten satirischen Wochenschrift Simplizissimus in München, Exilierter der ersten Stunde, Insasse des französischen Internierungslagers Les Milles, beurteilte das Abseitsstehen Remarques unnachsichtiger. Im zweiten Band seiner Erinnerungen schreibt er: »Nachdem Hitler zur Macht gekommen war, vermied Remarque es vorsichtig, sich irgendwie durch öffentliche Erklärungen oder Hilfsaktionen mit der erschöpften Armee wirklicher Anti-Nazikämpfer zu identifizieren, die trotz allen Niederlagen doch nie ganz geschlagen waren und immer, selbst im Exil, ihren Kampf fortzusetzen suchten ... Erst im Jahre 1946 veröffentlichte er einen höchst melodramatischen und schon für den Film vorbestimmten Roman über das Leben von Emigranten in Paris. Der Held seiner Geschichte war auch nicht etwa politischer Flüchtling, sondern ein heftig trinkender und, wenn man so sagen darf, heftig schlafender, romantischer Doktor, der eine rein private Rechnung mit einem ganz bestimmten Gestapobeamten, nämlich seinem persönlichen Folterer, zu begleichen hatte.«[77]

Aber hatte Remarque nicht recht, wenn er seinen Helden feststellen läßt: »Die Welt ist heute voll von Abenteurern wider Willen. In jedem Refugié-Hotel sitzen sie. Und jeder hat eine Geschichte, die für Alexandre Dumas und Victor Hugo eine Sensation gewesen wäre.«[78] Seine Schwester Elfriede Remark (so hieß die Familie; die auf den Antisemitismus spekulierende Behauptung, er heiße in Wirklichkeit Kramer, ist eine Erfindung der Goebbels-Propaganda) wurde von dem entsetzlichsten der nationalsozialistischen Richter, Roland Freisler, auf Grund des »Heimtücke-Paragraphen« (Verächtlichmachung von Führer und Volk) zum Tode verurteilt und hingerichtet. Ihn bürgerte man aus. Auch er hatte Paßschwierigkeiten. Wenn er, meistens schweigsam, in der oft berufenen Tafelrunde saß, mag er gedacht haben, was er seiner Heldin Joan in den Mund legte: »Wir haben viel zuwenig Oberflächlichkeit in unserem verdammten Leben gehabt! Krieg, Hunger und Umsturz haben wir genug gehabt, und Revolutionen und Inflationen – aber nie ein bißchen Sicherheit und Leichtigkeit und Ruhe und Zeit.«[79]

Seine Joan ist im äußeren Umriß Marlene Dietrich nachgezeichnet, mit der er nach seinem Entkommen in die USA befreundet war, kollegial befreundet. Es ist richtig, daß die Handlung nicht gerade typisch für Exilschicksale ist, dennoch kamen Schoenberners Verweise, Remarque habe »seine Eindrücke auf gelegentlichen ›Ausflügen in die Slums‹«, will sagen die Elendsquartiere der Exilierten, gesammelt, »während er selber als wohlhabender Reisender im Ritz oder einem anderen Luxushotel lebte«[80], zwar nicht aus dem Ressentiment des Verelendeten gegen den Erfolgreichen, aber aus einem bis zur Intoleranz gehenden preußisch-protestantischen Pflichtgefühl. Ich selbst habe frühzeitig im Exil das Leitwort formuliert: »Exil ist kein Schicksal, sondern eine Aufgabe«, und es später in den USA wiederholt: »Exile is no fate but a task«; alle meine damaligen Parteifreunde verurteilten den »Eskapismus« exilierter Schriftsteller als ein Ausweichen vor der Notwendigkeit des geistigen Kampfes gegen den Nationalsozialismus. Daß der entschiedene Antimarxist und engagierte Gegner des Kommunismus Schoenberner in dieser Frage fast noch unduldsamer war als Parteifunktionäre, ist ein Beispiel mehr für die zahllosen Überschneidungen der Meinungen, die sich aus der Exilsituation ergaben.

In der Tat empfand Schoenberner es als »geistigen Hochverrat«, sich als Schriftsteller dem Kampf gegen den Nationalsozialismus zu entziehen. Er ging darin so weit, Stefan Zweigs Freitod mit Fahnenflucht gleichzusetzen.

»Ich fühlte mich tief erschüttert«, schrieb er, »nicht nur, weil ich Zweig persönlich gekannt hatte, sondern vor allem, weil sein Selbstmord einen schweren Schlag für die Sache des Anti-Nazismus und für die Moral der politischen Flüchtlinge darstellte. Zweig war einer der sehr wenigen literarischen Emigranten von internationalem Ruf und weitreichendem Einfluß, er gehörte zu den kommandierenden Generälen einer kämpfenden Armee – einer schrecklich kleinen Armee. Hatte er wirklich das Recht, seine Kameraden mitten in einem verzweifelten Kampf zu verlassen? Waren wir nicht – jeder einzelne von uns – verpflichtet, zu leben und weiterzukämpfen, selbst wenn tödlich verwundet, solange die Schlacht noch nicht entschieden war?«[81]

Stefan Zweig war nicht bedroht, er litt keine materielle Not, als er, erfolgreich und hochgeehrt bis zur letzten Stunde, gemeinsam mit der anmutigen jungen Frau, die er bei Kriegsbeginn in England geheiratet hatte, 1942 in seiner Villa bei Buenos Aires den Tod suchte. Die Begründung findet sich an vielen Stellen seiner postum veröffentlichten Autobiographie »Die Welt von Gestern«.[82] Auch wer, wie er, jeder politischen Stellungnahme auswich, keiner Partei, keinem Dogma verpflichtet war, dennoch oder eben deswegen nirgendwo angefeindet wurde (vom Wahn der Nationalsozialisten abgesehen), fühlte sich in dieser Welt unbehaust. Wie für so viele andere war für ihn die Folge der Kapitulation der Westmächte vor Hitler in München der Abschied von der Welt von gestern. »Von der Zeit an, da wir erkannten, was in München wirklich geschehen war, sah ich paradoxerweise in England wenig Engländer mehr. Die Schuld lag an mir, denn ich wich ihnen oder vielmehr dem Gespräch mit ihnen aus, obwohl ich sie mehr bewundern mußte als je. Sie waren zu den Flüchtlingen, die jetzt in Scharen herüberkamen, großmütig, sie zeigten nobelstes Mitleid und hilfreiche Anteilnahme. Aber zwischen ihnen und uns wuchs innerlich eine Art Wand, ein Hüben und Drüben ... Wir hatten jeder das Bild eines erschlagenen Freundes, eines gefolterten Kameraden hinter der Pupille und darum härtere, schärfere, unerbittlichere Augen. Wir Geächteten, Gejagten, Entrechteten, wir wußten, daß kein Vorwand zu unsinnig, zu lügnerisch war, wenn es um Raub ging und Macht ... Wie seinerzeit in Österreich, war es mir auch in England bestimmt, mit zerfoltertem Herzen und in einer quälenden Scharfsichtigkeit das Unvermeidliche deutlicher vorauszusehen, nur daß ich hier als Fremder, als geduldeter Gast nicht warnen durfte.«[83]

Als dann der unvermeidlich gewordene Krieg kam, der für den »feindlichen Ausländer« sogar die Eheschließung erschwerte, da fühlte der Empfindsame: »Wieder war ich eine Stufe herabgefallen, seit einer Stunde nicht bloß der Fremde mehr in diesem Land, sondern ein ›enemy alien‹, ein feindlicher Ausländer, gewaltsam verbannt an einer Stelle, an der mein pochendes Herz nicht stand. Denn war eine absurdere Situation einem Menschen zu erdenken, der längst ausgestoßen war aus einem Deutschland, das ihn um seiner Rasse und Denkart willen als widerdeutsch gebrandmarkt, als nun in einem anderen Land auf Grund eines bürokratischen Dekrets einer Gemeinschaft zugezwungen zu werden, der er als Österreicher doch niemals zugehört? Mit einem Federstrich hatte der Sinn eines ganzen Lebens sich in Widersinn verwandelt.«[84]

Er blieb in der Fremde. Die Wende des Krieges erlebte er nicht mehr. Auch ist fraglich, ob die Hoffnung auf den Sieg über Hitler und die Möglichkeit der Heimkehr ihn aufgehalten hätten. Der »Osten« wie der »Westen« gönnen ihm seinen matt gewordenen Nachruhm. Von einer inquisitorischen Aburteilung seines Werkes durch »doktrinäre Einseitigkeit« und »marxistische Ideologie« kann nur sprechen, wer wie Klaus Matthias unwissend und im »Freund-Feind«-Klischee befangen ist.[85] Die Gesamtausgabe von Zweigs Werken in der Sowjetunion war von Maxim Gorki eingeleitet worden; die Freundschaft mit ihm betonte Zweig wiederholt. Er hielt im Sommer 1928 in Moskau die Gedenkrede zu Tolstois 100. Geburtstag. Obwohl er über seinen Aufenthalt in der Sowjetunion keineswegs schwärmerisch, sondern eher skeptisch berichtete, ist er – woran es immer liegen mag – nicht, wie z. B. André Gide, gehässig angegriffen, sondern im Deutschen Schriftsteller-Lexikon der DDR in einem relativ sehr ausführlichen Artikel als »bürgerlich-humanistischer und antifaschistischer Schriftsteller« gerühmt worden; seine Freundschaft mit Romain Rolland, seine Emigration in die Schweiz während des Ersten Weltkriegs, sein Antikriegsdrama »Jeremias« werden hervorgehoben; sein »Erasmus« wird ebenso wie »Castellio gegen Calvin« als ein individuell humanistischer Protest gegen den Faschismus gewürdigt und die »großartige ›Balzac‹-Monographie« bewundert. Einer der verhärtetsten Spitzenfunktionäre der SED, Ulbrichts Vertrauensmann Karl Mewis, ein unregenerierbarer Stalinist, schwärmt in seinem 1972 erschienen Buch: »Im Auftrag der Partei«, von der Erstaufführung von Stefan Zweigs »Flucht zu Gott« im März 1943 in Stockholm durch die von dem KP-Mitglied Curt Trepte in Schweden begründete deutschsprachige Freie Bühne.[86]

Mit Klischees ist weder der literarischen Bedeutung noch der politischen Einstufung der Exilschriftsteller auf die Spur zu kommen. Stefan Zweig, der jedem politischen Konflikt auszuweichen suchte, ist seines internationalen Erfolges wegen ein hervorragendes Beispiel dafür. Großbürgerlicher Herkunft, wohlhabend, verfeinert, individualistisch, von eher konservativen Umgangsformen, jedem Radikalismus abhold, ganz und gar ein Mann der »Welt von Gestern«, müßte er dem Klischee zufolge von kommunistischen Doktrinären verächtlich abgetan werden. Aber nein, gerade die nehmen ihn qua kulturellen Erbes in Anspruch. Kritisiert wurde er hingegen von dem antimarxistischen Liberalen Schoenberner, und auch Thomas Mann hat in seinem Brief an Friederike Zweig vom 15. September 1942 streng über den Freitod Stefan Zweigs geurteilt: »War er sich keiner Verpflichtung bewußt gegen die Hunderttausende, unter denen sein Name groß war und auf die seine Abdankung tief deprimierend wirken mußte? Gegen die vielen Schicksalsgenossen in aller Welt, denen das Brot des Exils ungleich härter ist, als es ihm, dem Gefeierten und materiell Sorgenlosen war? Betrachtete er sein Leben als reine Privatsache und sagte einfach: ›Ich leide zu sehr. Sehet ihr zu. Ich gehe‹? Durfte er dem Erzfeinde den Ruhm gönnen, daß wieder einmal einer von uns vor seiner ›gewaltigen Welterneuerung‹ die Segel gestrichen, Bankerott erklärt und sich umgebracht habe? Das war die vorauszusehende Auslegung dieser Tat und ihr Wert für den Feind. Er war Individualist genug, sich nicht darum zu kümmern.«[87]

Das hätten eifernde Funktionäre dem Toten nachrufen können, die es jedem verargen, der sich davonmacht. Doch wie gesagt, die eifernden Funktionäre machten ihn zum »Säulenheiligen«. Es ist also ungereimt, Hans-Albert Walter, der in einem Artikel den Eskapismus Zweigs kritisiert hat,[88] »doktrinärer Einseitigkeit und modischer marxistischer Ideologie« zu bezichtigen. Wäre Walter, dessen politische Einstellung ich nicht kenne, ein »doktrinärer marxistischer Ideologe«, so hätte er weisungsgemäß Zweig rühmen müssen. So verworren wird die Literaturgeschichtsschreibung, wenn sie der Zwangsvorstellung unterliegt, alles Geschehen im Exil, Leben, Denken, Werke, zu normieren: für oder gegen den Marxismus. Es mag hüben wie drüben – mit einander bedingenden entgegengesetzten Vorzeichen – vorteilhaft sein, die tausendfältige Wirklichkeit derart zu vereinfachen; aber in fast jedem Fall wird eine »terrible simplification« daraus. Da es das Leitmotiv dieses Versuchs ist, der tendenziösen Verzerrung der Exilsituation von beiden Seiten entgegenzutreten, wird die Gefahr der Wiederholung um der Einprägsamkeit willen hingenommen.

Thomas Mann, kein Doktrinär, kein Rechthaber, sondern mit seinem Widerspruch lebend, relativierte das strenge Urteil über Zweigs »Fahnenflucht« in späteren Jahren. Am 10. Todestag Stefan Zweigs, also 1952, nahm er den Vorwurf der »Desertion« zurück: »Seitdem habe ich anders und verstehender über seinen Abschied zu denken gelernt . . . und wie wenig es ihm zur Schande gereicht, daß er in der Welt voller Haßgeschrei, feindlicher Absperrung und brutalisierender Angst, die uns heute umgibt, nicht fortleben wollte und konnte.« In Selbsterklärung gesteht er: »Es gab Zeiten, wo sein radikaler, sein unbedingter Pazifismus mich gequält hat. Er schien bereit, die Herrschaft des Bösen zuzulassen, wenn nur das ihm über alles Verhaßte, der Krieg, dadurch vermieden wurde. Das Problem ist unlösbar.

Aber seitdem wir erfahren haben, wie auch ein guter Krieg nichts als Böses zeitigt, denke ich anders über seine Haltung von damals.«[89] Das war keine Parteinahme für eine der beiden Seiten im Kalten Krieg. Thomas Mann war und blieb bis zum Tode ein Westeuropäer. Aber als er die bitteren Worte vom Bösen, das der Krieg gezeitigt habe, niederschrieb, da hatte er mit 77 Jahren bereits die Entscheidung getroffen, Amerika zu verlassen. Der McCarthyismus ließ ihm keine andere Wahl. »Welcher Bessere, wo er auch sei, säße denn heute nicht zwischen den Stühlen.«[90]

Man kann das Für und Wider um Stefan Zweig nicht beenden, ohne seiner Noblesse und seiner steten Hilfsbereitschaft zu gedenken. Thomas Mann wies mit einer bezeichnenden Anekdote im Nachruf zum 10. Todestag darauf hin. Bereitwillig sagte er stets Unterstützung, Bürgschaft, Intervention, materielle Hilfe für die durch Hitlers Blitzsieg im Westen bedrohten Kollegen zu. Hermann Kesten, der sich bei dieser Rettungsaktion sehr verdient gemacht hat, sammelte die Briefe vieler aus Europa um Hilfe rufender und in Amerika Hilfe zum Entkommen leistender Schriftsteller, darunter auch die des jedem Ersuchen zusagenden Stefan Zweig, der einen Brief vom 9. Januar 1941, in dem es um die – leider mißlungene – Rettung des Dichters Alfred Wolfenstein ging, mit dem Stoßseufzer beendete: »Herzlichst Ihr vormals Schriftsteller, nun Expert in Visa etc.«[91] Wie oft er den unglücklichen Joseph Roth materiell unterstützte, der ihn wegen seiner Lauheit grob abkanzelte, geht nur teilweise, aber zur Genüge aus den Briefen Joseph Roths hervor.[92] Ganz so abseitig, wie man ihm nachsagt, war Stefan Zweig, zumindest was Solidarität mit den Schicksalsgefährten betrifft, nicht.

In die Kategorie der auch im Exil Erfolgreichen, die dem politischen Kampf auswichen und sich keiner Gruppe zugesellten, gehörte Franz Werfel, gleich Stefan Zweig Österreicher von Geburt, denn Prag gehörte nach 1890 noch 28 Jahre lang zur k. u. k. Monarchie; er wuchs deutschsprachig auf und lebte nach 1918 bis zum erzwungenen Exil 1938 in Berlin und Wien. Mit dem Expressionismus groß geworden, als Lyriker und Erzähler in den zwanziger und dreißiger Jahren berühmt, mit Gustav Mahlers Witwe, Alma, verheiratet, mit dem österreichischen Bundeskanzler Schuschnigg befreundet und mit dem Kleriko-Faschismus in Koexistenz lebend, wurde er im Exil nicht nur von der Linken angegriffen. Auch in seinem Fall machte sich der unnachsichtige Protestant Schoenberner zum Sprecher, um nicht zu sagen, zum Richter über die Anpassungsfähigkeit: »Franz Werfel, obwohl er gegen seinen Willen von der nazifizierten deutschen Dichterakademie wegen seiner jüdischen Abstammung ausgeschlossen worden war, fuhr in aller Gemütsruhe fort, seine Bücher mit Hilfe seines österreichischen Verlages weiter in Deutschland zu verbreiten, während er selbst bis 1938 in Wien lebte . . . bis schließlich Herr Hitler entschied, daß es Zeit sei, Österreich zu übernehmen.«[93]

Zwei Jahre lang, bis Hitler auch Frankreich übernahm, lebte das berühmte Ehepaar zumeist in einem turmartigen Gebäude in der Mitte des Ortes Sanary, jedoch kaum in Kontakt mit den anderen dort angesiedelten deutschsprachigen Exilschriftstellern. Als ihm 1940 die Flucht über die Pyrenäen gelang, legte er in dem Wallfahrtsort Lourdes das Gelübde ab, ein Buch über die Schutzheilige und Wundertäterin von Lourdes, Bernadette, zu schreiben, was ihm dann in Beverly Hills/Los Angeles wiederum zum Bestseller gedieh. »Das Lied der Bernadette« wurde sogleich nach seinem Erscheinen im Bermann-Fischer-Verlag in Stockholm ins Amerikanische, Französische, Spanische, Schwedische, sogar ins Isländische übersetzt, in großen Auflagen verbreitet und nach dem Krieg ohne Beanstandung auch in Deutschland. Der »Osten« lobte im Schriftsteller-Lexikon seine »religiös gefärbte humanistische Gesinnung«, seinen »künstlerischen Realismus«, bemängelte nachsichtig seinen »weltanschaulichen Irrationalismus«, nannte andererseits wiederum den Roman »Die vierzig Tage des Musa Dagh« volksverbunden. Dem »Westen« kam seine zunehmende Anlehnung an einen katholisch geprägten Mystizismus nicht ungelegen. Der spektakuläre Erfolg seines Stückes »Jacobowsky und der Oberst«, das die Tragödie der Flucht aus Frankreich durch komödiantische Züge publikumswirksam macht, zeigt, daß er fast jeden Stoff mit leichter Hand zu formen wußte.

Einmal jedoch schrie auch er auf, und zwar gerade da, wo es ihn nicht persönlich traf, und durchaus gegen seinen Vorteil: nämlich mit seiner 1937 geschriebenen Novelle »Die arge Legende vom gerissenen Galgenstrick«. Die Handlung spielt im Spanischen Bürgerkrieg nach der Einnahme von Malaga durch die Divisionen Mussolinis und die Franco-Truppen. Es ist die härteste Anklage gegen das Unrecht in der Welt, die wir vom »Weltfreund« Werfel kennen. Seine gleichnishafte Geschichte beginnt mit den Worten: »Daß es den Gerechten übel ergeht auf Erden und daß die Missetäter meist noch zu Lebzeiten ihren ›feinen Lohn‹ dahinhaben, diese unerfreuliche Wahrheit wird von der Bibel nicht verschwiegen.« Aber zuweilen scheint es, daß »die Gerechtigkeit der höheren Mächte« nicht nur unzuverlässiger, sondern sogar unmenschlicher sei. »Es geschehen ja Zeichen und Wunder, deutliche Zeichen und ausgesprochene Wunder, um die Missetäter zu retten und die Bösen durch raffinierte Parteinahme des Himmels ihrer Strafe zu entziehen.« Es ist die Geschichte eines rechtens zum Tode verurteilten mehrfachen Mörders und Schwerverbrechers, der nach dem Einmarsch der Franco-Truppen in Malaga, als Tausende von redlichen, am Kampf unbeteiligten Bürgern, Ärzten, Anwälten, Staatsbeamten, Professoren, Lehrern, Künstlern, Schriftstellern, verhaftet und ohne Urteil erschossen wurden, der Vollstreckung seines Urteils entging, weil der Galgenstrick, an dem er gehängt werden sollte, riß – nicht ohne Mithilfe eines artverwandten Fremdenlegionärs. Der neue Stadtkommandant, »ein jüngerer, gleichsam durch seinen Haß ausgemergelter Oberst«, läßt den wie durch höhere Fügung vom Galgen geretteten Raubmörder am Leben. »Krieg ist Krieg. Sterben soll der Feind, der rote Hund, der Volksverderber, der das Eigentum abschaffen und die besseren Leute, die Herren, vernichten will. Einzig und allein auf diesen weichmütigen Feind, diesen winselnden Gleichmacher, der nichts vom gefährlichen Leben versteht, einzig auf ihn hat sich aller Haß zu konzentrieren. Der Mann ist ein Mörder. Schön! Wer von uns . . . ist kein Mörder? Ohne Mord ist die alte Ordnung nicht wiederherzustellen.«[94]

Es gibt ungleich gewichtigere Arbeiten von Werfel. Von den während der Zeit des Dritten Reichs vollendeten Werken ist das literarisch bedeutendste der 800 Seiten starke Roman »Die vierzig Tage des Musa Dagh«, 1933 bei noch relativer Sicherheit in Wien geschrieben: eine gleichnishafte Erzählung von der Vertreibung und Ausrottung der Armenier durch die Türken während des Ersten Weltkriegs; einige tausend Überlebende leisten auf dem Berg Musa Dagh 40 Tage lang verzweifelten Widerstand gegen die Übermacht der gegen sie, die »Ungläubigen«, fanatisierten türkischen Soldaten – fast wie eine Vorwegnahme des Kampfes der Juden in den Katakomben des Warschauer Ghettos gegen die SS. Gewiß, ein gegen Völkermord und Fanatismus engagiertes Buch, jedoch verlagert in andere, außereuropäische Gegenden und in die Vergangenheit. »Die arge Legende vom gerissenen Galgenstrick«, in der ein Gewaltverbrecher nicht nur straffrei ausgeht, sondern folgerichtig auch zum brauchbarsten Gehilfen der Faschisten wird, ist direkt gezielt: Spanischer Bürgerkrieg 1937. Zu dieser Zeit lebte Werfel noch im Schutz des Kanzlers Schuschnigg, der ein Protegé Mussolinis war, dessen Divisionen Malaga erobert hatten – wiederum seltsame Widersprüche: Der von Natur aus Unpolitische, sogar Anpassungswillige wird zum Frondeur, hadert mit der Vorsehung, fordert seine Schutzherren heraus.

Es gehört zu den Phänomenen, die heute – und ganz besonders in der Bundesrepublik – schwer verständlich sind. Erklärungsversuche würden uns zu weit aus den Grenzen dieser Untersuchung hinausführen; ohnehin tangieren wir die Frage, wie der Bürgerkrieg in Spanien die deutschsprachige Exilliteratur beeinflußte, im Abschnitt über den Schutzverband Deutscher Schriftsteller im Exil. Ganz summarisch sei auf Frederick R. Bensons Feststellung verwiesen, daß die Ereignisse in Spanien von 1936 bis 1939 die Gefühle der Menschen stärker aufwühlten als die beiden Weltkriege.[95] Es bezeugt Werfels Empfindsamkeit, daß er sein Mitleiden mit den Mißhandelten und seine Empörung über das gewalttätige Unrecht aus sich herausschrie, wie in jener Zeit so viele andere, von denen man nach ihrem Herkommen eine so eindeutige Stellungnahme für die spanischen Republikaner und gegen die frondierenden Generale, die italienischen und deutschen Invasoren nicht erwartet hätte. Ein Beispiel für viele andere sind die Anklagen des französischen Royalisten und gläubigen Katholiken Georges Bernanos gegen den allzuoft vom Klerus gesegneten Terror der Faschisten auf der Insel Mallorca.

Das Exil als erfolglose Zwischenphase: Carl Zuckmayer

Eine bis in unsere Tage reichende Erfolgsgeschichte, die jedoch durch das Exil unterbrochen wurde, erzählt Carl Zuckmayer in seinen Erinnerungen: »Als wär's ein Stück von mir«.[96] Eben weil der von jung an erfolggewohnte Autor des »Fröhlichen Weinberg«, des »Hauptmann von Köpenick« und anderer wirklich volkstümlicher Schauspiele nach seiner Flucht aus Österreich, wo er bis zum »Anschluß« in seinem Landhaus in Henndorf vergleichsweise sorgenfrei gelebt hatte, in den USA als Dramatiker und Drehbuchautor nicht »ankam«, obwohl er Jahre zuvor nach Heinrich Manns Roman »Professor Unrat« das Manuskript und die Dialoge zu dem Welterfolg-Film »Der blaue Engel« geschrieben hatte, zog er sich auf eine Farm in Vermont zurück, die er mit seiner Frau selbst bewirtschaftete, »mit seiner Hände Arbeit und ganz auf sich selbst gestellt«.[97] Es war ein guter Entschluß, nicht unvereinbar mit seinem Wesen. Er war kein Stubenhocker, kein spintisierender Intellektueller. Vier Jahre Kommiß an der Westfront hatten den Jüngling körperlich durchtrainiert. Er war als Mann kräftig geblieben, wich Raufereien nicht aus, neigte auch als Schriftsteller mitunter zu Kraftmeierei. Seinen Durchbruch zum Erfolgsautor erreichte er mit dem in ländlichem Milieu handelnden Lustspiel »Der Fröhliche Weinberg«; der Völkische Beobachter schäumte, weil das Stück den Nationalsozialisten »etwas wegnahm, was sie gepachtet zu haben glaubten: deutsche Landschaft, deutsches Volkstum ohne ›Blut und Boden‹-Geschwätz«.[98] In seinem Haus im Salzburgischen hatte er Freude am ländlichen Leben gehabt; dort schon hatte ihn die berühmteste aller amerikanischen Korrespondentinnen, Dorothy Thompson, mehrfach besucht, und wenn sie, die auch ein Landhaus in Vermont besaß, gelegentlich Stippvisite auf der von ihm bewirtschafteten Farm machte, sagte sie immer: »Es riecht wie in Henndorf.«

Zuckmayer war im guten Begriff nicht nur naturverbunden, sondern auch volksverbunden, schon die Stoffwahl der meisten seiner erfolgreichen Stücke bezeugt das. Er war auch heimatverbunden. Er litt unter dem Exil. Hollywood, wo er von den Warner-Brothers-Filmstudios als Erfolgsautor einen Siebenjahresvertrag erhielt, Anfangsgehalt nach seiner Autobiographie 750 Dollar die Woche, erschien ihm wie eine Vorhölle, aus der er bei erster Gelegenheit entfloh. In New York konnten er und seine Frau sich nicht den Schnellbus leisten, der 10 Cents Fahrgeld kostete, machten Schulden beim Krämer, und Frau Zuckmayer trug die abgelegten Kleider Dorothy Thompsons. Obwohl sie fast jeden kannten, der in der Literatur oder im Theater einen großen Namen in den USA hatte, fühlten sie sich verloren und verlassen. Max Reinhardt z. B. oder Heinrich Mann ging es nicht anders. Sie »machten keine Kasse«, also waren sie abgehängt. Dennoch war es keine zu verallgemeinernde Erfahrung, wie Zuckmayer bestätigt. Andere haben in den USA reüssiert, auf ihrer Ebene oder auf höherer, sogar der höchsten Ebene, bedenkt man, daß ein deutscher Exilierter, der damals noch nicht zu studieren begonnen hatte, später Außenminister wurde. Von den Schriftstellern konnten nur wenige ihren Standard in den USA halten. Zuckmayers Lebensstil war seit dem sensationellen Erfolg des »Fröhlichen Weinberg« anspruchsvoll gewesen. Nun war er auf dem Tiefpunkt angelangt. »Hier, im Bereich der fremden Sprache und Mentalität, gab es nicht, wie einst in Berlin, die Chance des Durchbruchs, des plötzlichen Umschwungs nach oben. Es konnte nicht besser, es konnte nur schlechter werden. Es gab keine Illusionen mehr. Man mußte aufgeben, um nicht zu versinken. Man mußte aufgeben und ganz neu beginnen.«[99]

In dieser Phase waren die Unterschiede zwischen seinem Exil in der Fremde und der Situation seiner im Lande widerstehenden nächsten Jugendfreunde, Carlo Mierendorff und Theodor Haubach, psychologisch nahezu aufgehoben. Fast zur gleichen Zeit, da er in den USA hoffnungslos wurde, bereit, alles aufzugeben, schrieb unter dem Datum des 7. Dezember 1939 der eine des nach dem Ersten Weltkrieg unzertrennlichen Trios, Theodor Haubach – der schon das Konzentrationslager Börgermoor bestanden hatte, aber nach seiner Entlassung den Kampf gegen den Nationalsozialismus weiterführte und am Ende, im Januar 1945, hingerichtet wurde –, an seine Freundin Alma de L'Aigle: »Noch nie im Leben war ich versucht, von einem verpfuschten Leben zu sprechen – heute drängt sich mir der Gedanke auf: War alles, was ich wollte, was ich glaubte und in redlicher Überzeugung tat, falsch? . . . Keine Stimme antwortet mehr, wenn ich rufe.«[100] Carlo Mierendorff, an politischer Dynamik der Erste im Bunde, auch er wie die beiden anderen Offizier im Ersten Weltkrieg und mit hohen Kriegsauszeichnungen bedacht (er hatte sein EK I vom Kaiser persönlich verliehen erhalten), war bald nach der

»Machtergreifung« verhaftet und ins Konzentrationslager gebracht worden; nach seiner Freilassung blieb er im Widerstand aktiv, und wäre er nicht im Dezember 1943 durch einen Fliegerangriff in Leipzig, wo er Arbeit gefunden hatte, getötet worden, so hätte er gewiß das Schicksal Haubachs, Graf Moltkes und anderer Mitverschworener des Kreisauer Kreises geteilt. Haubach, der damals zwischenein in Freiheit war, hielt am 22. Februar 1944 auf dem Waldfriedhof in Darmstadt die Trauerrede,[101] Zuckmayer am 12. März 1944 in New York. Die Reden und die Schicksale wären austauschbar gewesen. Noch einmal sollte durch diese Anmerkung bei zeugniskräftiger Gelegenheit die Zusammengehörigkeit des äußeren und des inneren Exils in Erinnerung gerufen werden.

Die Trauerfeier für den Jugendfreund war eine der wenigen Gelegenheiten, zu denen Zuckmayer die Backwoods-Farm in Vermont verließ. Jahrelang lebte er dort, ohne zu schreiben, bis ihn eines Tages der Stoff, man kann sagen: überfiel, durch dessen Verarbeitung er den Anschluß wiederherstellte und in der Nachkriegszeit zu einem vielgespielten Autor wurde. Die Fabel des Stückes »Des Teufels General« hat er im Hinterwald von Vermont erfunden. Aber den Helden, General Ernst Udet, den seit dem Ersten Weltkrieg berühmten Kampfflieger, hat er, so dürfen wir ihm glauben, gut gekannt. Sie sind sich 1918 zuerst an der Westfront begegnet, als Zuckmayer dienstlich für einige Tage zum Jagdgeschwader Richthofen abkommandiert war, wo er sogleich mit dem »kleingewachsenen, quirligen, drahtigen, temperamentvollen und außerordentlich witzigen, sogar geistreichen Fliegerleutnant« Udet, der damals bereits den Pour le mérite trug, Freundschaft schloß.[102] Die kameradschaftliche Beziehung erhielt sich in der Nachkriegszeit. Es gibt Fotos, auf denen man den Erfolgsautor Zuckmayer und den damals als Kunstflieger berühmten Udet Seite an Seite sieht, z. B. auf dem Berliner Presseball am 29. Januar 1933 in der Ullstein-Loge, wo man nach Mitternacht von der Ernennung Hitlers zum Reichskanzler erfuhr. Udet hatte auf dem Ball demonstrativ seinen Pour le mérite abgebunden und in die Tasche gesteckt. Den Rest der Nacht verbrachten Zuckmayer, seine Frau und seine Mutter, die nach nationalsozialistischen Begriffen »Nichtarierin« war, bei Udet. Als sie sich zum letzten Mal trafen, 1936 – Zuckmayer hatte von Henndorf aus einen »leichtsinnigen Besuch in Berlin« gemacht –, da war Udet schon hoher Offizier der Luftwaffe, trug aber vorsichtshalber Zivil. Er riet dem Freund: »Schüttle den Staub dieses Landes von deinen Schuhen ... geh in die Welt und komm nie wieder. Hier gibt es keine Menschenwürde mehr. – Und Du? fragte ich. – Ich ... bin der Luftfahrt verfallen. Ich kann da nicht mehr raus.«[103]

Als die Nachricht von Udets tödlichem »Unfall« – ohne Angabe von

Einzelheiten – und seinem »Staatsbegräbnis« im November 1941 als Notiz in amerikanischen Zeitungen erschien, ahnte Zuckmayer sogleich, daß der geheimnisvolle »Unfall« in Wirklichkeit ein Freitod des Generalluftzeugmeisters gewesen sei, und er versuchte, die Hintergründe zu rekonstruieren. Der Stoff ließ ihn nicht mehr los. Als der Krieg zu Ende ging, war auch das Drama »Des Teufels General« beendet. Zuckmayer glaubte, daß es nie gespielt werden würde, weil »zu viele sympathische Deutsche, besonders Offiziere«, in der Handlung vorkämen. Aber eben das steigerte nicht lange nach Kriegsende, als die unhaltbare These von der Kollektivschuld der Deutschen überwunden war, die Wirksamkeit der Tragödie des Fliegergenerals, der dem Teufel widerwillig gedient und dafür den höchsten Preis gezahlt hatte. Erinnert man sich an Zuckmayers antimilitaristisches Lustspiel »Der Hauptmann von Köpenick« und kennt man seine Biographie, so weiß man, daß ihm die Neubelebung kriegerischen Geistes fernlag. Aber die Zeitumstände brachten es mit sich, daß nach Aktschlüssen in westdeutschen Schauspielhäusern besonders akzentuierter Beifall losbrach, wenn ein gutes Dutzend nebeneinander aufgereihter Helden der Luftwaffe in schmucken Uniformen sich verbeugte. Da gab es nichts zu verdrängen. Der Teufel wurde verdammt. Sein General richtete sich selbst als Ehrenmann. Die anderen taten nur ihre Pflicht, wie es sich gehörte. Die amerikanischen Besatzungsbehörden hatten deshalb anfänglich Bedenken; sie fürchteten »das Aufkommen einer Generals- und Offizierslegende«. Doch erwies es sich bei der deutschen Erstaufführung Ende November 1947 in Frankfurt – die Uraufführung hatte ein Jahr zuvor im Züricher Schauspielhaus stattgefunden –, daß auch ehemalige KZ-Häftlinge und Widerstandskämpfer beifällig zustimmten.

Der österreichische Dichter Alexander Lernet-Holenia, ein naher Freund Zuckmayers, hatte ihm nach Erhalt des Manuskripts aus Österreich, wo er als Offizier der Wehrmacht überlebt hatte, geschrieben: »Du bist nie fort gewesen.«[104] Aber am Ende bewahrheitete sich die Weissagung, die Lernet-Holenia in einem Gedicht vor der Besetzung Österreichs geformt hatte: »Immer, wenn einer fortgeht, ist er für immer fort.«[105] Auch Zuckmayer, der sich während der Jahre des Exils so unzweideutig mit dem »besseren Deutschland« identifiziert und fest an seine Wiederauferstehung geglaubt hatte – er hat dieser Überzeugung in seinem Nachruf auf den Jugendfreund Carlo Mierendorff Ausdruck gegeben –, mußte die Erfahrung hinnehmen: »Die Fahrt ins Exil ist ›the journey of no return‹. Wer sie antritt und von der Heimkehr träumt, ist verloren. Er mag wiederkehren – aber der Ort, den er dann findet, ist nicht mehr der gleiche, den er verlassen hat, und er ist selbst nicht mehr der gleiche, der fortgegangen ist. Er mag wiederkehren, zu Menschen, die er entbehren mußte, zu Stätten, die er liebte und nicht vergaß, in den Bereich der Sprache, die seine eigene ist. Aber er kehrt niemals heim.«[106]

Obwohl er amerikanischer Staatsbürger geworden war, auf seiner Farm in Vermont Wurzeln geschlagen hatte und als amerikanischer Kulturoffizier im Range eines Obersten (ohne Uniformzwang) in die alte Heimat gekommen war, betrachtete er sich nicht als zugehörig. »Aber auch in Deutschland waren wir nicht mehr wirklich zu Hause. Da war ein Schatten, den man nicht überschreiten konnte, auch der nicht, dem jede ›schreckliche Vereinfachung‹, jede Kollektivanklage fremd war: der Schatten eines grauenhaften Verbrechens, das auch bei anderen Völkern denkbar und möglich gewesen wäre – aber bei dem unseren war es geschehen, und gerade bei diesem, wie wir es liebten und weiterlieben, hätte es nicht geschehen dürfen. Ich gehörte nicht zu den ›Siegermächten‹, aber auch nicht zu den Besiegten. Jetzt, nach der Wiederkehr, war ich erst wirklich heimatlos geworden.«[107] Zuckmayer und seine Frau fanden ein Zuhause im schweizerischen Bergbauerndorf Saas-Fee, zurückgezogen, aber nicht weltflüchtig. Man sah und hörte beide vielerorten, in den seit ihrer Übersiedlung in ihr Traumhaus vergangenen fast 20 Jahren. Der Erfolg blieb Zuckmayer treu. Seine Autobiographie, aus der wir zitiert haben, wurde ein Bestseller. Hohe Orden, Ehren, Titel zeichneten ihn aus. Er lebte bis zu seinem Tod 1977 ohne Bitterkeit, unangefeindet – einer der sehr seltenen Fälle, daß die Lebensgeschichte eines deutschsprachigen exilierten Schriftstellers ein Happy-end nahm.

Landarbeit als Broterwerb: Elisabeth Castonier

Es gab auch weibliche Farmer – oder, um konkret zu sein, eine deutsche Schriftstellerin, die im Exil in England jahrelang als Landarbeiterin ihr täglich Brot verdiente: die jetzt mehr als achtzigjährige Elisabeth Castonier. In Dresden geboren, in Paris aufgewachsen, mit einem dänischen Bohemien in München verheiratet, war sie am Ende der Weimarer Zeit in literarischen Kreisen Berlins angesehen. Den Chefredakteur des Berliner Tageblatts, Theodor Wolff, kannte sie seit ihrer Kindheit in Paris, als er um die Jahrhundertwende dort Korrespondent dieser Zeitung gewesen war; Alfred Kerr war ihr väterlicher Freund, man sah sie oft im Romanischen Café im Kreis von Autoren und Lektoren des S. Fischer-Verlags. Ihr Roman »Angèle« erhielt noch 1932 einen Preis, und die von ihr dramatisierte Fassung des Stoffes wurde unter dem Titel »Sardinenfischer« in der Inszenierung von Heinz Hilpert mit Luise Rainer in der Hauptrolle drei Wochen nach der Machtergreifung, am 21. Februar 1933, in der Berliner

Volksbühne uraufgeführt. Sie war politisch nicht vorbelastet, »rassisch« als »Dreivierteларierin« und mit ihrem dänischen Paß tolerabel, konnte also ungefährdet noch eine Weile bleiben. Sie war eine couragierte und wohl auch etwas abenteuerlustige Frau und ging mit einer Freundin zu den weltnotorischen Bücherverbrennungen auf dem Berliner Opernplatz am 10. Mai 1933. In ihren Memoiren »Stürmisch bis heiter« und dem ebenfalls autobiographisch angelegten Band »Seltsames Muster«, in dem sie von ungewöhnlichen Begegnungen, Schicksalen, Erlebnissen erzählt, hat sie ihren Augenzeugenbericht von dem makabren Schauspiel gegeben, das den Beginn der Barbarei in Deutschland manifest machte.[108] Übrigens hat auch Erich Kästner der Verbrennung seiner eigenen Bücher zugesehen, bis er von einigen Nationalsozialisten identifiziert wurde und sich in Sicherheit bringen mußte.

Kurze Zeit darauf wurden Elisabeth Castoniers Bücher auf die Verbotslisten gesetzt. Sie exilierte nach Wien, wo sie sich als Mitarbeiterin verschiedener Zeitungen durchbrachte. Ein letztes Abenteuer in Deutschland bestand sie, als sie wagemutig im November 1935 nach München reiste, um die von Hitler arrangierte Gedächtniskundgebung zum 12. Jahrestag seines Putsches und Marsches zur Feldherrnhalle zu beobachten. Eine Reportage in dem Band »Seltsames Muster« gibt die Eindrücke wieder. Der nächste Abschnitt handelt von der Flucht nach der Besetzung Österreichs. Über Italien und Frankreich gelangte sie nach England, wo sie dann zehn Jahre lang auf der Mill Farm in Hampshire als Magd arbeitete, vornehmlich im Umgang mit Tieren, Pferden, Hunden, Katzen, Hühnern, Schwänen, einem Papagei, der Mittelpunkt des häuslichen Getriebes war. Alle diese Tiere hatten ihre Eigenarten, und die Geschichten, die Elisabeth Castonier in späteren Büchern von ihren – mitunter bösartigen – Lieblingen erzählt, haben mit Recht dazu beigetragen, daß sie nicht wie so viele andere exilierte Schriftsteller in Deutschland völlig vergessen wurde. In ihrer Naturverbundenheit (ohne aufdringlichen Schollengeruch) ist sie den Zuckmayers nicht unähnlich. Die Jahre der Landarbeit waren für sie als Schriftstellerin nicht vergeudet. Ihre Bücher über die Mill Farm und das als Taschenbuch weitverbreitete Bändchen »Ein Menschenleben mit Tieren« sind im hohen Begriff heitere Lektüre.[109]

Das Ende deutsch-jüdischer Symbiose

Getreu dem Vorsatz, in diesem sich auf einige Schwerpunkte beschränkenden, also unvermeidlicherweise fragmentarischen Versuch, die Vielspältigkeit und die Spannweite der deutschsprachigen Literatur im Exil an beispielhaften Vertretern nachzuweisen, kehrt sich der Blick von den Zentren

Paris, Prag, London, Zürich, Moskau, New York, Hollywood ab und wendet sich einem Dichter zu, der wie ein Eremit fernab in Neuseeland lebte und starb: Karl Wolfskehl. Er war einer der ältesten und engsten Freunde Stefan Georges; die Beziehung reichte zurück bis vor die Jahrhundertwende, die Zusammenarbeit ist dokumentiert seit der gemeinsamen Herausgabe der dreibändigen Anthologie »Deutsche Dichtung« (1901–1903). Wolfskehl, geboren 1869 in Darmstadt, war in Fühlen, Denken, Dichten ein Musterbild deutsch-jüdischer Symbiose. In seiner Dichtung und in seinen Briefen weist er oft nachdrücklich auf die tausendjährige Verflechtung seines Geschlechts mit der deutschen Geschichte und der »Verwurzelung« im rheinischen Gau hin, seit seine Vorfahren »unter Karl dem Großen von Lucca nach Mainz« kamen.[110] Als um so unwiderruflicher empfand er die Austreibung. In seiner »Absage an die Heimat«, die er in einem vervielfältigten Brief vom 13. September 1946 an die Freunde in Deutschland sandte, begründete er den Entschluß, auf der Insel im Pazifischen Ozean zu Ende zu leben: »Ich, der deutsche Dichter, den die Heimat verstiess.« Denen, die den Exilierten vorwarfen (und noch heute vorwerfen), »abtrünnig« geworden zu sein, in der »Fremde die Liebe zur Heimat« vergessen zu haben, entgegnete er: »Was mich aber angesichts einer solchen Feststellung beleidigt, ja anwidert, ich sag es offen heraus . . .: Diese Heimat hat, als ihr ein neues, in weitem Umfang willig aufgenommenes Gesetz erlassen war, den deutschen Dichter verbannt, zum Landfremden, ja zum Urfeind gemacht, sein Wirken schändlich zerbrochen, sein Wort verschüttet . . . Und zum zweiten: Wer wurde richtig und unausweichlich abtrünnig? Waren es nicht jene unter den Nächsten unserer Runde – die unbedenklich oder von Taumel erfasst zu dem übergingen, nein, überrannten der, Widersacher des Geistes, Verleiblicher der schwärzesten aller Dämonien, mit billigster, trivialster Verführung alles sich zutrieb, was geschwächt war, haltlos, ohne Gesicht! Sind diese, die ein Leben lang dem Meister [Stefan George; A. K.], dem sie dies Leben doch verdankten, schuldeten, und dem sie verbunden schienen, nicht die wirklich Abtrünnigen?«[111]

Manchmal erscheint der Polyhistor und Dichter wie ein Entrückter. In seinen Briefen kommen der Krieg und Weltereignisse nicht vor. Kein Wort über Frankreichs Zusammenbruch und Besetzung, nichts über die Entscheidungsschlachten im Osten, die Kapitulation Italiens, die Invasion der Alliierten und die Befreiung Westeuropas, die Aufteilung Deutschlands in Besatzungszonen. Er hat wirklich Abschied genommen, von Deutschland, von Europa, von der Welt von gestern. Aber es ist auch keine Verbindung herzustellen mit anderen, denen – wie Stefan Zweig – der »Abschied von der Welt von Gestern« ebenfalls ein bis zum

Freitod unerträgliches Schicksal war. Stefan Zweig ist nicht im Namensregister verzeichnet, auch nicht der Dichter des »Hiob«, Joseph Roth, obwohl Wolfskehl das Sinnbild des Geprüften oft auf das eigene Schicksal bezog und in eigener Dichtung: »Hiob oder die vier Spiegel«, geformt hat. Kaum einer von denen, die namhaft, geschweige denn erfolgreich waren, beschäftigte den Einsiedler, nicht Heinrich Mann, nicht Brecht, nicht Ernst Bloch, nicht Georg Lukács, nicht Nelly Sachs, nicht Albert Einstein, nicht Döblin, nicht Hermann Broch; beiläufig wird einige Male Thomas Mann erwähnt, je einmal Hermann Hesse, Sigmund Freud, Franz Werfel, Lion Feuchtwanger.

Er blieb bewußt und selbstbewußt im Elfenbeinturm der »reinen Dichtung«, so wie der »Meister«, Stefan George, sie vorgeprägt hatte. Der feierliche Duktus wird Heutigen vielleicht archaisch klingen, aber auch diese Selbstverwirklichung gab es im allumfassenden Ensemble des Exils. In einem Brief vom 17. Dezember 1940 an Emma von Faber du Faur formulierte er es: »Jede Verwirklichung hat ihr eignes Gesicht.« – Hans Wolffheim hat in seiner Studie »Von Dionysos zu Hiob. Karl Wolfskehls Spätwerk« diese Verwirklichung umrissen: »In seiner Schwabinger Zeit hat man ihn einen Dionysos genannt; in seinem Exil hat er sich als Hiob bezeichnet. Man darf diese Namen als Chiffren seiner Existenz nehmen, als die zwei Wesenheiten, unter denen er noch am ehesten zu fassen ist. Einer Generation, die auf unterkühlte Nüchternheit Anspruch erhebt, wird eine solche Doppeleinheit des Wesens vermutlich nur pathetisch erscheinen; allein sie weiß nichts mehr von jenen Tendenzen, wie sie im deutschen Kultur- und Sprachbereich bis zum Jahre 1933 noch lebendig waren.«[112] Die Dreieinigkeit: »Jüdisch, römisch, deutsch zugleich«, wird in den Dichtungen und den Briefen der Exiljahre immer erneut beschworen. Er lebte »am Rande der Welt«, von Ost und West, Nord und Süd, der für immer verlorenen Heimat, gleich weit entfernt, in einem einzigartigen Bezugssystem, dessen Mitte bis zuletzt das Werk des »Meisters« war. Im Zeitpunkt der äußersten Raserei des Zweiten Weltkriegs beschäftigte ihn in einem Brief vom 19. Oktober 1942 an Jugendfreunde, die in den USA Asyl gefunden hatten, ausschließlich die Neuigkeit, daß der Verleger Kurt Wolff in New York einen »Band George in geradezu meisterhafter Übertragung« publizieren will.

In seiner Dichtung klang das »Hiob«-Motiv nun öfter an:

»Weh Hiob weh! noch bist du nicht am letzten,
Am einsamst letzten Fels, noch grünt ein Rand
Von Heim und Gestern. Doch sie, die dich hetzten,
Jagen dich weiter an die Schwarze Wand . . .«[113]

Auch ihn rief nach dem Ende des Krieges niemand heim: keine Zone, kein Land, keine Stadt, weder der Geburtsort Darmstadt, noch die Schaffensstätte München, keine Akademie, keiner der neu entstehenden Verbände. Er wurde sehr bitter. In einem Brief vom 19. Januar 1947 an den in Basel lebenden Freund Edgar Salin wiederholte er, daß er von der Heimat verraten worden sei, daß kaum jemand ihm nachfrage und daß er wie verschollen lebe: »Ein verstossener Dichter schleicht nicht zurück, nicht die Hintertür ins Vaterhaus ist die dem Dichter gemässe Eingangspforte.« [114] Dem vormaligen Gefährten Emil Pretorius, dem berühmten Bühnenbildner, Graphiker und Kunstsammler, mit dem unter anderem auch Thomas Mann in Beziehung stand, der das »Dritte Reich« unbeschädigt überdauert hatte und nach dessen Ende als Präsident der Bayerischen Akademie der Künste hervortrat, antwortete er am 17. März 1947 grollend: »Du verstehst immer noch nicht, was ich Dir vorwerfe, immer noch nicht, weshalb ich Dich einen Verräter genannt habe an unsrer Freundschaft, an Dir somit wie an mir. Die ›Weltferne‹ (Dein Wort!) zwischen uns besteht wirklich ... Ich habe die Heimat verloren, darin ich, ich meine das Geschlecht, dem ich entstamme, seit Karl dem Grossen im gleichen Rhein-Main-Eck ansass ... Aber ich habe noch mehr Heimat verloren. Ich habe die Stätte verloren, wo ich gewirkt habe ein langes Menschenalter durch, die Stätte der Arbeit, der Freundschaft, der Liebe, des Überschwangs. Ich habe mir selber Welt werden müssen, Geistraum, Wiege des Wortes. Weisst Du, was all dies bedeutet in Ja und Nein? Dort völlig vergessen, hier völlig vereinsamt. Das ist mein Dasein.« [115]

Dann kamen – unausbleiblich – von deutscher Seite Angriffe gegen ihn. Ein Max Fischer, der bereits die in Jerusalem verstorbene Dichterin Else Lasker-Schüler als »armselige Caféhaus-Literatin« geschmäht hatte, warf Wolfskehl in der von deutschnational gesinnten Deutschamerikanern vorzugsweise gelesenen »New Yorker Staatszeitung« die Abkehr von Deutschland vor. An seinen Freund Siegfried Guggenheim in Flushing, USA, der ihm diese Schmähartikel zur Kenntnisnahme übersandt hatte, schrieb Wolfskehl am 19. September 1947: »Dank auch fürs Staatszeitungs-Gift. ›Ich schwärme für Schmähungen‹, beteuerte ich schon früh und voller Inbrunst. Von aussen muss man missdeutet werden. ›Und jeder Hund hebt wider dich das Bein‹ heisst's in einem gleichfalls zum Undruck verdammten Poem ... Lieber Guggy, ich sehe noch viel Schmähungen voraus, gedruckten, mein ich. Die Warte des Dichters war schon in Freiligraths Zeit Bonzen, Pfaffen und Parteieseln unbequem: wie sollte ich nicht den Abgestempelten missfallen.«[116]

Der Bruch war endgültig. Bald darauf, am 30. Juni 1948, starb Wolfskehl im Exil in Baywater, bitter und einsam. Seine Grabschrift hat er sich selbst geschrieben:

»Viel Liebe hat mein Leben aufgespeichert
Doch erst der Tod hat kränzend mich bereichert.
Wandel war ich, Wunsch und Minne.
Ob ich je zum Sein gerinne?«

Sein weibliches Gegenstück war die 1874 in Hamburg geborene Margarete Susman-von Bendemann, die bis 1933 als vornehme Verkörperin deutsch-jüdischer Symbiose galt und sich wie Wolfskehl – den sie kannte – während der ersten sechs Jahrzehnte ihres Lebens unbeirrbar als Deutsche empfand. In ihrer vom Leo Baeck Institut veröffentlichten Autobiographie »Ich habe viele Leben gelebt« schreibt sie über ihre Jugendzeit: »Wir waren Deutsche, sonst wäre nicht alles, was später kam, so furchtbar, so niederschmetternd gewesen. Wir sprachen die uns teure deutsche Sprache, im wahrsten Sinn die Muttersprache, in der wir alle Worte und Werte des Lebens empfangen hatten, und Sprache ist ja fast mehr als Blut. Wir kannten kein anderes Vaterland als das deutsche, und wir liebten es mit der Liebe zum Vaterland, die später so verhängnisvoll wurde.« [117]

Noch als sie mit 60 Jahren ins Exil ging, fühlte sie: »Als ich im Sommer 1933 meine eigentliche Heimat verließ, tat ich es vor allem als Deutsche, die dieses neue Deutschland nicht ertragen konnte. Das jüdische Schicksal war zu jener Zeit noch nicht in seiner ganzen Furchtbarkeit zu sehen.« [118] Dreißig Jahre später, nachdem das Grausigste längst durchlitten ist, so weit wie möglich verdrängt von den Beteiligten und nur eine Dunkelziffer für die Nachwachsenden, bedenkt die Greisin in ihrem Exil in Zürich: »Gewiß gibt es wieder Juden in Deutschland, aber es gibt kein deutsches Judentum mehr, wie auch nach der weit weniger schrecklichen spanischen Verfolgung nie mehr ein spanisches Judentum entstanden ist.« [119]

So versteht sich der Titel der Autobiographie: »Ich habe viele Leben gelebt«. Ein volles und reiches Leben hatte sie als Schülerin und Gefährtin bedeutender Künstler, Philosophen, Dichter, als eigenständige schöpferische Persönlichkeit und als Frau und Mutter bereits erlebt, als 1914 in Europa die Lichter erloschen. Die meisten der für sie lebenswichtigen Begegnungen und geistigen Anregungen gehen bis in die Zeit vor dem Ersten Weltkrieg zurück. Als Kunststudentin in Düsseldorf lernte sie noch vor der Jahrhundertwende ihren späteren Mann Eduard von Bendemann, den Sohn eines Admirals, kennen. In München wurde sie durch ihre kongeniale Freundin, die Archäologin und Philosophin Gertrud Kantorowicz, in den Kreis um Stefan George eingeführt, mit dessen Zugehörigen sie wie Karl Wolfskehl bis ans Lebensende in Verbindung stand. Die Ausstrahlung Stefan Georges, dessen elitäres Denken und Dichten während der zwanziger Jahre die künftige Führungsschicht in republikfeindlichem Sinn beeinflußt, sie sogar unwissentlich dem Nationalsozialismus zugeführt hatte, wirkte in der Zeit des »Dritten Reiches« auf besondere Weise weiter – nicht nur bei denen, die als Juden oder Nichtarier oder als Geistesaristokraten, dem Vorbild des »Meisters« folgend, ins Exil gingen, sondern auch bei seinen im Lande gebliebenen Anhängern, so bei den Stauffenbergs, die ihm von jung an ergeben waren und blieben. Man darf in diesem Zusammenhang wohl nicht von einem Kuriosum sprechen, aber es war eine der Seltsamkeiten, daß nach der Tat vom 20. Juli 1944 die Gestapo beziehungsweise Justizbeamte, die die Bibliotheken Klaus von Stauffenbergs und seiner Familienangehörigen durchforschten, in den esoterischen Dichtungen Stefan Georges Geheimanweisungen für das mißglückte Attentat zu entdecken glaubten.

Kurz nach der Jahrhundertwende lernte Margarete Susman-von Bendemann, wiederum durch Gertrud Kantorowicz, in Berlin den Philosophen Georg Simmel kennen, unter dessen mächtigem geistigen Einfluß sie Bergsons »Einführung in die Metaphysik« ins Deutsche übertrug. In Simmels Seminar schloß sie Bekanntschaft mit dem sechs Jahre jüngeren Ernst Bloch, der ihr sein 1921 zuerst erschienenes Buch »Thomas Münzer als Theologe der Revolution« zueignete. Man kann die Lebensstufen an den Titeln ihrer Bücher ablesen. Die erste Gedichtsammlung: »Mein Land« (1901); »Neue Gedichte« (1907); »Vom Wesen der modernen deutschen Lyrik« (1912); »Vom Sinn der Liebe« (1912); »Lieder von Tod und Erlösung« (1912); »Frauen der Romantik« (1929) – und dann 16 Jahre später: »Das Buch Hiob und das Schicksal des jüdischen Volkes«.[120] Der Vergleich mit den Dichtungen Wolfskehls, den sie im George-Kreis kennengelernt hatte, mit dem sie sich aber erst 1934 im Exil in der Schweiz näher anfreundete, bevor er sich in den entlegensten Teil der Erde zurückzog, drängte sich ihr auf: »Und sein leidenschaftlicher Kampf, der sich nun auch auf die Frage der Veröffentlichung bezog, galt dem Verhältnis zu Deutschland und George. Wolfskehl sprach selten von George, aber etwas vom Geist Georges lebte in allem, was er sagte . . . Er gab die Dichtung Georges nicht auf, er ist ihr bis in den Tod hinein treu geblieben, aber er wurde zugleich in die Welt seiner Väter zurückgerissen . . . Er wurde aus einem leidenschaftlichen Deutschen zu einem leidenschaftlichen Juden.«[121]

Sie durchlitt die gleiche Wandlung. Als man sie nach dem Krieg bat, einen Vortrag in Deutschland zu halten, erklärte sie, daß sie vor Deutschen nur über ein jüdisches Thema sprechen werde. Ein junger deutscher Pfarrer, der ihr Buch »Hiob« gelesen hatte, besuchte sie und schlug eben dies vor: Sie möge in Heidelberg über das jüdische Schicksal sprechen. Sie arbeitete trotz gewisser Bedenken den Vortrag »Die Hoffnung Israels« aus. Das Taxi stand schon vor der Tür. Sie drehte sich zum Abschied noch einmal nach ihrer Wirtin um, verfehlte dadurch die oberste Stufe und fiel kopfüber die steinerne Gartentreppe hinunter. Sie überlebte mit einer schweren Kopfwunde und Gehirnerschütterung und einer unheilbaren Verletzung des einen Fußes. Es dauerte zwei Jahre, bis sie – nach mehreren Rückfällen – wieder bewegungsfähig war. Zu einem Vortrag oder einer Vorlesung in Deutschland war sie nicht mehr in der Lage. Die Gedankenverbindung zur Lehre Freuds vom Unterbewußten liegt nahe.

Bis zuletzt zog sie, die fast erblindete Greisin, Menschen an. Sie erwähnt Paul Tillich, den protestantischen Religionsphilosophen, der eine so bedeutende und zentrale Rolle beim vergeblichen Versuch der Einigung der deutschen Exilierten in den USA spielte (Tillich-Komitee), nach Kriegsende Vorträge in Zürich hielt, aber dann endgültig in die USA zurückkehrte, wo er 1965 starb. Besonders nahe stand ihr die ein Vierteljahrhundert jüngere Dichterin Ilse Blumenthal-Weiss, die durch ihre Korrespondenz mit Rilke in den zwanziger Jahren ebenso bekannt geworden ist wie später durch ihre eigenen Dichtungen.[122] Margarete Susman, die sie bereits vor 1933 gekannt hatte und sie 1946/47 in Zürich wiedersah, schreibt von ihr, daß das jüdische Schicksal sie übermäßig hart getroffen habe. Sie wurde 1899 in Berlin geboren, war Sportlehrerin (Margarete Susman rühmt die Schönheit und Anmut der jungen Frau), heiratete 1920 Herbert Blumenthal, exilierte 1937 nach Holland. Ihr Mann wurde in Auschwitz vergast, ihr Sohn in Mauthausen ermordet. Sie selbst wurde in die Konzentrationslager von Westerborg im besetzten Holland, später nach Theresienstadt verschleppt. Sie lebt jetzt als eine der führenden Mitarbeiterinnen des Leo Baeck Instituts in New York.

Viel Jugend fand den Weg zu Margarete Susman, auch deutsche Jugend. Einen erwähnt sie mit Dankbarkeit: den 1934 in Darmstadt geborenen Manfred Schlösser, der sich wie nur wenige andere Deutsche durch die Herausgabe der mehrfach erwähnten Lyrik-Anthologie »An den Wind geschrieben« um die deutschsprachige Exilliteratur verdient gemacht hat. 1965, kurz vor ihrem Tode, hat er Margarete Susmans Sammelband »Vom Geheimnis der Freiheit« herausgegeben und eingeleitet. Es ist ihr geistiges Vermächtnis. Sie zeigt sich in diesem Längsschnitt, der ein halbes Jahrhundert von 1914 bis 1964 durchzieht, als Inkarnation der Gedankenfreiheit mit allen dem Begriff »Freiheit« innewohnenden aufklärerischen Grundzügen, also Gerechtigkeit, Friede und Toleranz. Daß es ein Gegenbild der »Freiheit« gibt, nämlich die Möglichkeit, Andersdenkende, Andersgläubige, Andersfarbige zu verfolgen und zu unterdrücken, ist eine Erfahrung, die in unserem Jahrhundert besonders kraß in Erscheinung trat. Schlösser hat in seinem Vorwort in Erinnerung gerufen, daß Goethe im Nachtrag zu den Noten zum »West-Östlichen Divan« von der Polarität des Freiheitsbegriffes gehandelt hat: »Steht die Gewalt bei einem, so ist die Menge unterwürfig, ist die Gewalt bei der Menge, so steht der Einzelne im Nachteil ... wie man denn niemals mehr von der Freiheit reden hört, als wenn eine Partei die andre unterjochen will.«[123]

In einer Zeit, da »Freiheit« zum Feldgeschrei, ja zum »Losungswort der Despotie selbst« werden konnte, hat Margarete Susman die Widersprüche in Werk und Leben aufgehoben. Sie bezeugt dem aristokratischen Geist Stefan Georges die gleiche Ehrerbietung wie dem revolutionären Impetus Rosa Luxemburgs, den Religionsphilosophen Spinoza und Buber, über die sich Aufsätze in der Sammlung finden, die gleiche Bewunderung wie dem freigläubigen Sozialisten Gustav Landauer oder dem streitbaren Pazifisten Moritz von Egidy. Setzt man starre Denkklischees außer Kraft, so findet man bei diesen scheinbar so verschiedenartigen Geistern Gemeinsamkeiten: Sie alle, die Bewahrer und die Erneuerer, die Zurückgewandten und die Zukunftsgläubigen, wollen die Erhöhung des Menschen, Versittlichung und Vergeistigung. Margarete Susman gehört zu ihnen.

Verlängert der in esoterischem Kreis so hochberühmte Dichter Paul Celan diese Reihe? Durch das Fragezeichen wird nicht die Berechtigung des Dichterruhms bezweifelt; es ist zu bedenken, ob die besonderen biographischen Daten und die Einzigartigkeit seiner Dichtung ihn überhaupt in irgendwelche Zusammenhänge bringen. Unter den Einzelgängern ist er der Alleingänger. Jeder Vergleich hinkt, auch der scheinbar naheliegende mit Kafka, dessen Prosa ebenso zur Interpretation, zur Deutung herausfordert wie Celans Lyrik. Beim Begriff Lyrik ist schon wieder ein Fragezeichen angebracht: Kann man Celans Chiffren als Lyrik bezeichnen? An der Dechiffrierung haben sich viele versucht; hier war ein Gegenstand, an dem die Germanistischen Seminare in der Bundesrepublik sich traditionsgetreu ausleben konnten: Textinterpretation, sogar Wortinterpretation. In dem von Dietlind Meinecke herausgegebenen und eingeführten Band »Über Paul Celan«[124] haben sich rund 30 angesehene Germanisten, Literaturkritiker, Philosophen um die Deutung der Wortreihen bemüht, in denen das Lebensgefühl des Verfolgten sich preisgibt: »Artistik des Verstummens«, sagt der eine, an der »Grenze zum Schweigen« ein anderer. »Dauermieter im Unsagbaren«, urteilt eine der Koryphäen der geistigen Restauration in der Bundesrepublik, der auch unter Hitler beheimatet war und manches Vorurteil aus der Zeit der Reichsschrifttumskammer in die Zeit des Wirtschaftswunders siegreich hinübergerettet hat. Vormalige Exilierte denken, wenn von Verstummen die Rede ist, eher an Brechts Bemerkung über Karl Kraus: »Dem, der gewürgt wird, bleibt das Wort im Halse stecken ...«

Der Dichter der »Todesfuge«, Paul Celan, ist als Paul Anczel 1920 ganz am Rande des deutschen Sprachraums in der rumänischen, bis zum Ende des Ersten Weltkriegs zu Österreich gehörenden Stadt Czernowitz geboren. Wie fast alle der Oberschicht entstammenden Juden wuchs er im Elternhaus deutschsprachig auf, und seine heimliche Hauptstadt blieb Wien, obwohl er seit 1948 in Paris lebte, arbeitete (als Sprachlehrer) und eine Französin heiratete. Seine Jugendeindrücke, die Zeit im Ghetto unter deutscher Besetzung, die Deportation der Eltern in Vernichtungslager, seine geglückte Flucht, die Greuel des Krieges prägten ihn und begleiteten ihn bis zu seinem Freitod in der Seine Ende April 1970. Der Ausspruch, daß man nach Auschwitz keine deutschen Gedichte mehr schreiben könne, ist irrig. Aber wer so dicht an Auschwitz herangeriet wie Celan, muß sich wohl anderer Sprachmittel bedienen, um diese Nähe zu artikulieren. Das ostjüdisch-chassidische Element ist wie selbstverständlich einverwoben in seine dunklen, rätselvollen Dichtungen. Einer seiner Lobredner, Rainer Gruenter, nennt ihn »Meister der Dunkelheit«.[125]

Einen seiner Bände betitelt Celan »Sprachgitter«; näher noch kommt man einem Grundzug seiner Formung durch den Begriff »Atemkristall«, mit dem er einen Gedichtzyklus (mit Radierungen seiner Frau Gisèle Celan-Lestrange) einführte. Ja, kristallisierte Empfindung. Christoph Perels interpretiert: »Erst da, wo die Sprache ihm nicht mehr ins Wort fällt, entsteht die Hoffnung, das Schweigen selbst könnte antworten ... Der ganze Chiffrenbereich ›Atem‹ deutet auf diesen ungeheuerlichen Versuch ... Atem, das ist lebendiges Schweigen, im Atem verbirgt sich die Disposition zum Sprechen, der vorgeburtliche Bereich einer reinen, unverdorbenen Sprache. Der Lyriker sucht im Atemstrom den ›Atemkristall‹, Reinheit und Form des von der Sprache abgelösten absoluten Gedichts.«[126]

In einigen Atemströmen ist Auschwitz erkenntlich kristallisiert. Die »Todesfuge« läßt nur eine Deutung zu:

»Er ruft spielt süßer den Tod der Tod ist ein Meister aus Deutschland
er ruft streicht dunkler die Geigen dann steigt ihr als Rauch in die Luft
dann habt ihr ein Grab in den Wolken da liegt man nicht eng.«

Dieser »Er« hat kein Gesicht und keinen Namen, aber wenn er an die goldhaarige Margarete nach Deutschland geschrieben hat, tritt er vor das Haus:

». . . er pfeift seine Rüden herbei
er pfeift seine Juden hervor läßt schaufeln ein Grab in der Erde
er befiehlt uns spielt auf nun zum Tanz.«

An Ehrungen hat es nicht gemangelt. 1957 Ehrengabe des Kulturkreises im Bundesverband der deutschen Industrie; 1958 Literaturpreis der Freien Hansestadt Bremen; 1960 der Georg-Büchner-Preis der Deutschen Akademie für Sprache und Dichtung – die Lobrednerin war die ehrwürdige

Marie-Luise Kaschnitz; 1964 Literaturpreis des Landes Nordrhein-Westfalen. Jede Neuerscheinung wurde von den angesehensten Literaturkritikern achtungsvoll besprochen, gedeutet, gelobt, empfohlen: Helmuth de Haas, Erhard Kästner, Horst Bienek, Walter Jens, Beda Allemann, Werner Weber, dem Freund Milo Dor, Ingeborg Bachmann, Günter Blöcker, Hans Magnus Enzensberger, Claire Goll, Peter Jokostra, Hans Mayer, Peter Rühmkorf. Margarete Susman und Peter Szondi bekundeten ihre Freundschaft. Hundert andere kamen hinzu, nicht nur Bewunderer, auch die gegen Vertriebene und Opfer des Nationalsozialismus Voreingenommenen mischten sich ein, und eine vorgebliche Plagiats-Affäre machte Lärm. Aus der deutschen Nachkriegsliteratur ist der Autor Celan nicht mehr zu eliminieren. Die Wurzeln seiner Dichtung aber liegen in den Schreckensjahren vor und während des Zweiten Weltkriegs.

In seiner Ansprache bei der Preisverleihung in Bremen hat er diese Wurzeln bloßgelegt: die Landschaft, in der er aufwuchs. »Es ist die Landschaft, in der ein nicht unbeträchtlicher Teil jener chassidischen Geschichten zu Hause war, die Martin Buber uns allen auf deutsch wiedererzählt hat. Es war . . . eine Gegend, in der Menschen und Bücher lebten.«[127] Aus dieser Landschaft wurde, so formuliert es Siegbert Prawer in seinem umfang- und inhaltreichen Essay, »die Alptraumwelt der Ghettos und Konzentrationslager«, aus der mit dem nackten Leben nur die Erinnerung zu retten war – und die Sprache. Celan erklärt sich: »Sie, die Sprache, blieb unverloren, ja, trotz allem. Aber sie mußte nun hindurchgehen durch ihre eigenen Antwortlosigkeiten, hindurchgehen durch furchtbares Verstummen, hindurchgehen durch die tausend Finsternisse todbringender Rede. Sie ging hindurch und gab keine Worte her für das, was geschah: aber sie ging durch dieses Geschehen. Ging hindurch und durfte wieder zutage treten, ›angereichert‹ von all dem. In dieser Sprache habe ich nun, in jenen Jahren und in den Jahren nachher, Gedichte zu schreiben versucht: um zu sprechen, um mich zu orientieren, um zu erkunden, wo ich mich befand und wohin es mit mir wollte, um Wirklichkeit zu entwerfen.«[128]

Ist damit alles erklärt? Die Dunkelheit beschworen, der neue Tag angebrochen? Der 1955 erschienene Band »Von Schwelle zu Schwelle« nimmt die Hoffnung zurück, zumindest: dünnt sie aus:

»Nun aber schrumpft der Ort, wo du stehst:
Wohin jetzt, Schattenentblößter, wohin?
Steige. Taste empor.
Dünner wirst Du, unkenntlicher, feiner!
Feiner: ein Faden,
an der er herabwill, der Stern:
um unten zu schwimmen, unten,

wo er sich schimmern sieht: in der Dünung
wandernder Worte.«

Er fühlte sich zuletzt vernachlässigt. Das ist nur subjektiv zu erklären, denn die Studien über ihn verminderten sich nicht. Über die Vieldeutigkeit wie über die Symbolträchtigkeit seiner Lyrik wurde gearbeitet, gerätselt. Man untersuchte seine Beziehung zu Hölderlin, wo »verdächtige« Übereinstimmungen gefunden wurden, mögliche Einflüsse Jean Pauls, fiktive Gespräche mit Nelly Sachs. Doktorarbeiten wurden geschrieben, Bücher über ihn erschienen, sein Ruhm wuchs. Der ihm befreundete, auch landsmannschaftlich nahestehende Schriftsteller Milo Dor schrieb in seinem bitteren Nachruf: »Er war aber nicht bereit, in Deutschland zu leben, obwohl sich dort manches geändert hatte, sondern zog es vor, in einer Art freiwilligen Exils zu leben . . . Das Exil hat nur so lange einen Sinn, solange man auf Heimkehr hoffen kann. Wohin sollte aber ein in Czernowitz geborener, in deutscher Sprache schreibender Lyriker heimkehren? Hätte er gleich nach seiner Ankunft in Paris angefangen, französisch zu schreiben, wäre er sicherlich bald, gleich Ionesco, zu einem der Mandarine geworden, die das Kulturleben der französischen Metropole bestimmen. Was hatte aber ein Dichter dort zu suchen, der beharrlich fortfuhr, in deutscher Sprache zu schreiben?« [129]

Nach einem kurzen Besuch Celans in Wien, 1959, wollte Dor in »einer Art lokalpatriotischer Euphorie« ihm dort zu einer Wohnung und zu einer bescheidenen Stellung verhelfen. »Aber dann«, erinnert er sich, »wurde mir schmerzlich bewußt, daß ich selbst in einem luftleeren Raum lebte, in dem ich nicht imstande war, für irgend jemand etwas zu tun. Alles, was ich unternehmen konnte, war, dreizehn Gedichte von ihm in meiner Anthologie ›Die Verbannten‹ abzudrucken. Im Vorwort zu dieser Anthologie schrieb ich über unsere Ohnmacht in einer Umgebung, in der mittelmäßige Dilettanten und Gschaftlhuber tonangebend sind.« [130]

Celan hat Wien nicht wiedergesehen. Die Spätzündung beim Überlebenden, der in Worte zu fassen versuchte, was ihm auferlegt gewesen war, und dem wohl am Ende diese Worte nicht ausreichend erschienen, erfolgte ein Vierteljahrhundert nach Kriegsschluß. Der Tote in der Seine ist ein weiterer – nicht der letzte – Zeuge für die Vergeblichkeit des Versuchs, nach dem Ende des faschistischen Wahns die deutsch-jüdische Symbiose zu erneuern. Der Nationalsozialismus hat diese Entwicklung nicht unterbrochen; er hat sie beendet. Es gibt keine Wiederanknüpfung mehr. Wer das 1945 noch nicht wahrhaben wollte, hatte die geschichtliche Lektion spätestens 1970 begriffen – von Händlern, Spekulanten, Marktschreiern, Literaturbörsianern, die ebensogut hier wie anderswo ihre Geschäfte machen können, abzusehen. Karl Wolfskehl, Margarete Susman und Paul Celan, drei Juden, denen es um keine Partei, keine Ideologie, kein religiöses Bekenntnis, sondern um die Reinhaltung der deutschen Sprache und des deutschen Geisteslebens ging, sind als Modelle für dieses Endstadium ein wenig ausführlicher behandelt worden als viele andere literarisch gleichbedeutende Exilierte.

Zu den Vertriebenen, die sich bis zum schockähnlichen Erwachen zur Wirklichkeit noch nach Anbruch des »Dritten Reiches« für eingesessene Deutsche hielten und ihre Gefährdung nicht zur Kenntnis nahmen, gehörte z. B. Alfred Mombert. Obwohl aus der Preußischen Akademie der Künste ausgestoßen und in freundschaftlichen Briefen seines Verlegers Anton Kippenberg taktvoll darauf hingewiesen, daß es für ihn als Juden keine Publikationsmöglichkeit gab, blieb er unbeirrt in seiner Heidelberger Wohnung, an neuen Dichtungen arbeitend, bis er ohne Vorwarnung plötzlich im Oktober 1940 von der Gestapo glücklicherweise nicht nach dem Osten, sondern nach dem berüchtigten Internierungslager Gurs in den französischen Pyrenäen verfrachtet wurde. Schweizer Freunden, Hermann Hesse unter ihnen, gelang es nach vielen Bemühungen, ihm und seiner greisen Schwester im Oktober 1941 die Einreise in die Schweiz zu ermöglichen, wo er einige Monate später, im April 1942, starb. Auch er hatte in seinen schwierigen Dichtungen einst verkündet: »Dann singt mein ewiges, mein deutsches Herz in diesem Buche.«[131] An Rudolf G. Binding, der sich öffentlich zu den ersten Untaten des Hitlerregimes bekannt hatte, aber kein Antisemit war und seinen jüdischen Freunden persönlich die Treue hielt (man muß immer differenzieren), schrieb Mombert am 27. Mai 1933, also nach den Bücherverbrennungen und Verbotslisten »undeutscher« Literatur: »Ich hielt es für ganz selbstverständlich, daß Sie auf dem gefährdeten Posten ausharren ... Befürchten Sie nicht, diese Kinder-Affäre [wahrscheinlich sind die Autodafés gemeint; A. K.] könnte etwa gar meine dichterische Objektivität beeinträchtigen. Ich lebe seit langem in einer geistigen Region, die dem Einbruch der Dämmerung und Dämonen unzugänglich bleibt.«[132]

Noch 1939 teilte er dem Verleger Salman Schocken in Jerusalem mit: »Die Ereignisse der letzten Zeit haben mich unmittelbar nicht erfaßt; ich bin bis jetzt ganz intakt geblieben. Wie die Verhältnisse liegen, beabsichtige ich, zumal in meinem Alter, zunächst die Entwicklung weiterhin abzuwarten ... auch aus geistigen Gründen und im Hinblick und in Verantwortung dessen, was in künftigen Zeiten man darüber zu sagen und festzustellen haben wird. Denn dies wird geschehen!«[133] Erst als er im Schlamm von Gurs zur Wirklichkeit erwachte, fragte er in einem Brief vom 30. Oktober 1940 den Schweizer Freund Hans Reinhard, der den Hauptanteil an seiner Rettung und Versorgung getragen hat: »Ob Ähnliches je einem deutschen

Dichter passiert ist? – Eine spätere Rückkehr nach Deutschland ist wohl ausgeschlossen nach dem, was sich ereignet hat.«[134]

Die Dichtungen aus der »Baracken-Winter-Finsternis« des Lagers Gurs sind wortreicher, emphatischer als die Celans, doch gleichfalls schwer deutbar, ein Gewimmel von Gleichnissen, Endzeit-Gesichte. Else Lasker-Schüler dichtete kurz vor ihrem Tod in Jerusalem, wo sie, die »Unbrauchbare«, in bitterer Not lebte:

»Ich weiß, daß ich bald sterben muß.
Es leuchten doch alle Bäume
Nach lang ersehntem Julikuß –

Fahl werden meine Träume –
Nie dichtete ich einen trüberen Schluß
In den Büchern meiner Reime . . .«[135]

Wäre die Dichterin der »Wupper«, wäre sie, die Zugehörige des literarischen Lebens in Deutschland, je wieder heimgekehrt? Hätte irgendwer sie gerufen? In ihrem Fall wäre der Ruf gewiß nicht von der anderen Seite gekommen; die Mystikerin, Symbolistin, die sie war, hätte sich niemals in der »Aufbau-Lyrik« bewähren können. Sollen wir fragen, wie es Richard Beer-Hofmann ergangen wäre, den sein Tod in New York 1945 jeder Entscheidung enthob. Wird »Schlaflied für Mirjam« noch gesungen – es sei denn irgendwann einmal auf einer jüdischen oder »deutsch-jüdischen« Gedenkfeier?

Der fast schon legendäre Rabbiner Leo Baeck, der bei seiner Gemeinde in Deutschland, an der Spitze der Reichsvertretung deutscher Juden ausharrte, bis die Nationalsozialisten ihn 1943 ins Ghetto von Theresienstadt verbrachten, wo er sein Hauptwerk »Dieses Volk. Jüdische Existenz« zu schreiben begann, hat nach seiner Befreiung erklärt: »Für uns Juden aus Deutschland ist eine Geschichtsepoche zu Ende gegangen. Eine solche geht zu Ende, wenn immer eine Hoffnung, ein Glaube, eine Zuversicht endgültig zu Grabe getragen werden muß. Unser Glaube war es, daß deutscher und jüdischer Geist auf deutschem Boden sich treffen und durch ihre Vermählung zum Segen werden können. Dies war eine Illusion – die Epoche der Juden in Deutschland ist ein für alle Mal vorbei.«[136]

Das waren Erkenntnisse, die sehr spät reiften, oftmals erst in der Nachkriegszeit. Die überwiegende Mehrheit der Juden in Deutschland machte sich keinen Begriff davon, was in dem alten Kulturland, als dessen Bürger sie sich fühlten, auf sie zukam. Selbst nach der »Kristallnacht« am 9. November 1938, als die Synagogen brannten und die Judenverfolgungen Ausrottungscharakter annahmen, blieben Hunderttausende noch so lange »zu Hause«, bis sie gewaltsam in die Vernichtungslager abtransportiert wurden. Die jüdischen Intellektuellen, Wissenschaftler, Forscher, Hochschullehrer, Schriftsteller, Rechtsanwälte, Redakteure, Staats- und Regierungsbeamte, natürlich Politiker aller Schattierungen waren in der Überzahl rechtzeitiger ins Exil gegangen, weil man sie in Deutschland brotlos gemacht hatte, ganz gleich welcher Überzeugung sie waren. Aber auch politisch Engagierte übersahen von draußen weder das Ausmaß noch die Prozedur der Extermination des Judentums auf deutschem Boden oder in den von deutschen Armeen besetzten Gebieten. Im Exil hatten nur wenige das Bewußtsein davon, daß Unwiderrufliches geschehen war; daß es vielleicht in einigen Fällen eine Rückkehr, aber keine »Heimkehr« mehr gab. Gerufen, wir wiederholen es, wurde im Westen niemand. Einige gaben anfänglich in Uniformen oder als zivile Berater der Besatzungsmächte Gastrollen, behielten jedoch vorsorglich die Staatsangehörigkeit ihrer Exilländer. Ob Döblin, ob Ludwig Marcuse – wir beschränken uns in diesem Zusammenhang auf Juden –, die Reintegrierung mißlang zumeist; das Seltsame ist, daß die Verständigung um so schwieriger wurde, je mehr Zeit verging. Da die weltnotorische Misere des Exildaseins im Dunkel gehalten wurde, während alle Scheinwerfer sich auf die Verbrechen im kommunistischen Machtbereich richteten, fanden selbst so führende Antikommunisten wie etwa Arthur Koestler fast ausschließlich mit Büchern, Schriften, Reden dieser Art Beachtung; seine Spanienbücher und seine Berichte über das französische Internierungslager Le Vernet sind nicht gefragt. Er blieb englischer Staatsbürger, wohnhaft in London.

Der Generalsekretär des Zentralrats der Juden in Deutschland, Hendrik G. van Dam, zog in der Einleitung zum Katalog der Buchausstellung des B'nai B'rith das Fazit der wohlgemeinten, aber von beiden Seiten her verkrampften Versuche, wieder ins Gespräch zu kommen. »In der Nachkriegsperiode«, sagt er, »wird viel von einem deutsch-jüdischen Dialog gesprochen. Der Jüdische Weltkongreß machte das zum Thema einer 1966 nach Brüssel einberufenen Konferenz. Manche bestreiten, daß ein derartiger Dialog jemals stattgefunden hat, und daher könne auch von Wiederaufnahme keine Rede sein. Immer hätte es nur einen Monolog der Juden, ein Liebeswerben um das Deutsche gegeben, einen Schrei in der Wüste.«[137] Der israelische, aus Deutschland stammende Professor Gershom Scholem nannte es »ein melancholisches Unterfangen, über das Verhältnis der Juden und Deutschen in den letzten zweihundert Jahren zu sprechen«.[138] Anerkannt wurde der gute Wille zur Wiedergutmachung, der sich mehr in materieller Leistung als in geistiger Bemühung kenntlich mache. Die B'nai B'rith Buchausstellung war einer der ersten Versuche nach dem Krieg, den Anteil der Juden am geistigen Leben in Deutschland bis 1933 und weiterhin im Exil in Erinnerung zu rufen. Daß man es – wie gesagt, von beiden Seiten mit gutem Willen – für nötig hielt, der deutschsprachigen Literatur jüdischer beziehungsweise »nichtarischer« Schriftsteller einen besonderen, will sagen: von der übrigen deutschsprachigen Literatur abgesonderten Rahmen zu geben, ist ein unwiderlegliches Indiz für eine Entwicklung, die mehr Kennzeichen des Abschiednehmens als der Wiederbegegnung trägt.

In Wien, von wo die B'nai-B'rith-Ausstellung 1967 ihren Ausgang nahm, sprach dem dort zusammengestellten besonderen Katalog zufolge der Botschafter des Staates Israel, Michael Simon, von einem Abschied »des jüdischen Volkes von der deutschen Sprache«. Er machte geltend, daß ein Zweig seiner Familie »schon vor über siebenhundert Jahren im deutschen Sprachraum ansässig nachgewiesen werden konnte«. Doch er bezweifelte, daß dieses ab und zu von Gewalttätigkeiten unterbrochene Nebeneinanderleben jemals zum unbefangenen Miteinander oder gar zur »Symbiose im echten Sinne des Wortes« gediehen sei. Der Oberrabbiner Akiba Eisenberg, der ebenfalls im einführenden Teil des Katalogs zu Wort kommt, gibt zu, daß es vor Hitlers Machtergreifung eine »Einheit zwischen deutscher Sprache und jüdischem Geist« gegeben habe, und beruft als Zeugen dafür Marx, Freud, Einstein und Husserl, die »durch ihre deutschsprachigen Werke das Antlitz des Zeitalters entscheidend« mitgeprägt hätten. »Deutsches Geisteserbe und Geisteserbe des ›Volkes des Buches‹ waren wie verschmolzen und mehrten den Schatz der gesamten Menschheit.«

Also doch Symbiose seit der Zeit der Aufklärung, der Freundschaft zwischen Lessing und Moses Mendelssohn und der von norddeutsch-protestantischer Toleranz begünstigten »Emanzipation« des Judentums, wie immer man zu ihr stehen möge. Dem hat die Gegenaufklärung, die mit Hitler siegte und sehr weitgehend auch die Nachkriegsentwicklung im kontinentalen Westeuropa beeinflußte, ein Ende gesetzt. Auch Rabbiner Eisenberg glaubte, daß es ein unwiderrufliches Ende sei. Die Ausstellung erschien ihm »wie ein Schwanengesang«. In der »Abschiedsvorstellung«, wie Botschafter Simon sie nannte, wurden noch einmal auswahlweise die Bücher der deutsch schreibenden jüdischen Dichter, Philosophen, Historiker, Soziologen, Theologen, Erzähler, Kritiker gezeigt, die im 19. und 20. Jahrhundert das geistige Leben unermeßlich bereichert haben, von Heine angefangen nahezu alle Verbannte, Ermordete (schon vor Hitler, wie Rathenau, Gustav Landauer), in den Freitod Getriebene, in Vernichtungslagern Umgekommene.

Einstellungen zu Deutschland

Eine wahrheitsgetreue Geschichte der deutschsprachigen Literatur im Exil muß zeigen, daß verallgemeinernde antideutsche Ressentiments unter den jüdischen Schriftstellern erstaunlich selten waren. Sie kamen, wie bei Wolfskehl oder Mombert, eher von konservativer Seite, von Juden, die sich so völlig eins und einig mit deutscher Tradition gefühlt hatten, daß bei ihnen die Enttäuschung über die Machtergreifung des widergeistigen Pöbels im Lande ihrer Väter und Urväter zu einem besonders weiten Pendelausschlag führte. Gewinnt man Übersicht über die repräsentativen Exilzeitschriften, die Veranstaltungen der verschiedenen Schriftstellerverbände, Kulturbünde, Vereine, so wird man gerade bei jüdischen Autoren eine Hinwendung zu ihrem einstigen Vaterland finden, Verteidigung des »besseren Deutschlands« gegen die herrschenden Gewalttäter. Der etwas anmaßende Buchtitel: »In unserem Lager ist Deutschland«, gab diesem Zugehörigkeitsgefühl Ausdruck.

Alfred Kerr, der den Nationalsozialisten verhaßte führende Theaterkritiker, streitbare Freigeist, Gegner aller behördlichen, staatlichen, polizeilichen Eingriffe im Bereich der Literatur, der frühzeitig ausgebürgert wurde, antwortete darauf mit den Versen: »Deutschland – kein winselndes Abschiedsweh. / Liebe dich doch wie eh und je. / Bin aus dir, nicht von dir verbannt . . .« Ernst Toller, der Mißhandelte, machte einen deutschen Widerstandskämpfer, der Züge des früheren U-Boot-Kapitäns und nachmaligen Pastors Niemöller trägt, zum Helden seines Schauspiels »Pastor Hall«. Der Dichter Alfred Wolfenstein klagte: »Getrennt von allen, die uns nahe waren.« Über des »Nichtariers« Zuckmayer Verbundenheit mit dem nicht zum Nationalsozialismus übergelaufenen Deutschland ist das Notwendige gesagt worden. Arnold Zweig schrieb, auf dem Mount Carmel im damaligen Palästina ansässig, in seinem Roman »Erziehung vor Verdun« das Hohelied des ehrenhaften, todesmutigen und für Gerechtigkeit einstehenden preußischen Offiziers.

Unter den österreichischen Schriftstellern jüdischer Abstammung gab es, insoweit sie an Rückkehr dachten, die Konfrontation zwischen den Großdeutschen, das heißt denen, die den friedlichen Zusammenschluß zwischen Deutschland und Österreich anstrebten – eine Tradition, die vor allem von der österreichischen Sozialdemokratie gepflegt worden war –, und denen, die auf der Unabhängigkeit Österreichs bestanden; ihr eindrucksvollster Sprecher und Gestalter war Joseph Roth. Friedrich Torberg, Hilde Spiel, Berthold Viertel gingen nach Wien zurück; der Wiener Dramatiker Ferdinand Bruckner (u. a. Autor des Dramas »Die Rassen«) siedelte sich 1950 in Westberlin an. Viele hatten sich wie Max Brod oder Martin Buber endgültig in Israel beheimatet. Die Mehrheit der Überlebenden blieb in den Exilländern, in den USA, in England oder in der Schweiz, so Hermann Broch, Erich von Kahler, Elias Canetti, Anna Freud, Robert Neumann. Robert Musil, einer der namhaftesten der exilierten Schriftsteller, der 1942 in materieller Not in Genf starb, oder Ernst Fischer, der undogmatische marxistische Theoretiker, der in Moskau gegen die deutsche Parteiführung trotz der Denunziation durch Ulbricht die These von der Eigenständigkeit Österreichs verfocht, sind als »Arier« in den gegenwärtig behandelten Zusammenhängen nicht zeugnisfähig. Will man – vereinfachend – die vor dem Ersten Weltkrieg in Prag, Böhmen und Mähren aufgewachsenen jüdischen Schriftsteller, die nach 1918 die tschechoslowakische Staatsangehörigkeit erhielten, unter die geborenen Österreicher subsumieren, so kehrte Egon Erwin Kisch nach Prag zurück; der international bekannt gewordene Romancier und Literaturkritiker Franz Carl Weiskopf, der Lyriker Louis Fürnberg wählten die DDR; der vormalige Herausgeber der Literarischen Welt in Berlin, Willy Haas, der die Exiljahre als Filmautor in Indien verbracht hatte, ließ sich in Hamburg nieder, Heinrich Fischer, dem die Gesamtausgabe der Werke von Karl Kraus zu danken ist, lebt in München.

Die Beispiele wären zu multiplizieren; bei den Rückkehrern allerdings nur mit niedrigen einstelligen Zahlen. Daß die Quote der Heimkehrer so gering sein würde, war im Exil, wo noch nach Jahren viele der deutschsprachigen Schriftsteller zuweilen im Wortsinne auf gepackten Koffern saßen und ihre ungedruckten Manuskripte für »den Tag« bereithielten, nicht vorhersehbar. Zwar ist zu bedenken, daß die entsetzlichsten Greuel an den Millionen Juden erst bei Kriegsende bekannt wurden, aber was zuvor ins Ausland drang, hätte ausreichen sollen, die große Mehrheit der »Nichtarier« zu verschrecken. Doch klammerten sich gerade viele jüdische Schriftsteller an den Traum vom »besseren Deutschland«, das unbeschadet, ja sogar belehrt aus diesem »Zwischenfall« der Hitlerdiktatur hervorgehen und die Vertriebenen liebevoll heimrufen würde – übrigens ein ganz natürlicher Vorgang nach dem Sturz einer Diktatur. Die Probe aufs Exempel war der Streit zwischen Verfechtern und Gegnern der These Lord Vansittarts, der die Deutschen für unregenerierbar kriegerisch und aggressiv hielt. Der jüdische Verleger Victor Gollancz, der übrigens viel für die Exilierten getan hat, machte sich zum Sprecher beziehungsweise Publizisten der Gegenposition. Er wurde unterstützt von jüdischen exilierten Schriftstellern, unter denen sich der angesehene liberale Journalist Heinrich Fraenkel mit der Veröffentlichung einiger gegen den Vansittartismus gerichteten Bücher hervortat.[139]

Es ist sinnfällig, daß Fraenkel, der im Exil den Tag der Heimkehr in sein

Vaterland Deutschland kaum erwarten konnte, nach langen Informationsreisen in allen vier Besatzungszonen 1950 den Entschluß faßte, Engländer zu werden. In seinem als »Rechenschaftsbericht« bezeichneten Buch »Lebewohl, Deutschland« hat er diesen Prozeß vom schwärmerischen Apologeten jenes guten Deutschlands, das in seinen »Exilträumen« lebte, zum skeptischen, wenngleich nicht feindlichen Beobachter der restaurativen Komponente im Nachkriegsdeutschland dargestellt. Er habe, schreibt er in einer Vorbemerkung, »in den Exiljahren zwischen 1933 und 1945 eine sehr viel innigere Beziehung zu Deutschland« gehabt als je zuvor.[140]

Es gehört zu den Denkwürdigkeiten Exilierter, daß er als Internierter in einem englischen Lager im Sommer 1940 nach der Überrennung Frankreichs und der Beneluxstaaten, also zur Zeit der tödlichen Bedrohung des nach der Evakuierung der englischen Armee bei Dünkirchen völlig unzureichend bewaffneten Landes, von dem Verleger Gollancz den Auftrag für das Buch bekam, das dann unter dem Titel »Help us Germans to beat the Nazis« erschien, also implizite ein Plädoyer für Deutschland, zugleich Kritik an der Politik Chamberlains enthielt, der die Nationalsozialisten gestärkt und den Widerstand gegen sie in Deutschland durch seine Kapitulation vor Hitler im Pakt von München geschwächt habe. Das britische Innenministerium erteilte Fraenkel die Erlaubnis, dieses Buch zu schreiben; der Lagerkommandant wurde angewiesen, ihm die technischen Voraussetzungen (Schreibmaschine, Papier, Quellenmaterial) zur Verfügung zu stellen. Es folgten mehrere Bücher und Broschüren mit scharf zugespitzten Polemiken gegen Vansittart und dessen amerikanisches Gegenstück Morgenthau, gegen alle, die keinen Unterschied zwischen Deutschen und Nationalsozialisten machten. Auf diese schlichte Formel, daß man zwischen Parteigängern der NSDAP und Deutschen unterscheiden müsse, lief Fraenkels publizistische Aktivität hinaus – wenn man will eine Vereinfachung des Problems, vor dem die Welt angesichts des fanatischen Kampfes der Deutschen stand, die zumindest bis zur Wende des Krieges 1943 überwiegend zu ihrem »Führer« hielten.

Fraenkel neigte, ohne der Partei anzugehören, der SPD zu, wich aber Gesprächen, sogar zeitweiligem Zusammengehen mit Kommunisten nicht aus, ließ sich jedoch von ihnen niemals als bürgerliches Aushängeschild mißbrauchen. Seine Überzeugungskraft, die ihn in der englischen Öffentlichkeit zum Sprecher für das bessere Deutschland machte, kam aus seiner Unabhängigkeit. Er wandte sich konsequent gegen die Annexion der deutschen Ostgebiete bis zur Oder-Neiße-Grenze und überwarf sich deswegen in London mit der kommunistischen Exilgruppe. Er war andererseits nach dem Kriege bei seinen vielen Reisen als Pressekorrespondent englischer Blätter für Verständigung der Besatzungsmächte untereinander und sehr besorgt über die Entwicklung, die zum »Kalten Kriege« führte.

Fraenkel hielt während der Nachkriegsjahre zum notleidenden Deutschland, veranlaßte in England Sammlungen von Babywäsche, obwohl, wie sich am Tag nach der Währungsreform herausstellte, genügend Vorräte der wichtigsten Mangelwaren von vorausschauenden Händlern auf Lager gehortet worden waren, ein im Kräftespiel der freien Marktwirtschaft unvermeidlicher, nicht mit moralischen Maßstäben zu messender Vorgang. Die ihm angebotene britische Staatsbürgerschaft hatte er abgelehnt, weil er als Deutscher nach Deutschland und in seine Heimatstadt Berlin zurückkehren wollte. Als sich aber nach Begründung der Bundesrepublik neue Intoleranz politischen Gegnern gegenüber zeigte, die Spaltung sich vertiefte, jeder Versuch zur Versöhnung, zum Ausgleich beargwöhnt wurde, machte er diese Entscheidung rückgängig und ließ sich in England einbürgern. Es ist einer jener beispielhaften Fälle, daß die Entfremdung von der vormaligen Heimat für deutsche Schriftsteller jüdischer (oftmals aber auch »arischer«) Abkunft sich erst in der Nachkriegszeit vollzog.

Wie in England kam es auch in den USA zum Widerstreit zwischen den am Schicksal Deutschlands Anteil nehmenden exilierten Schriftstellern – und selbstverständlich: Politikern –, als gegen Kriegsende zur Frage stand, wie viele Deutsche allzu willig dem »Führer« in seine blutigen Abenteuer gefolgt seien. Natürlich gab es unter den Amerikanern manche, die an die Unverbesserlichkeit des deutschen Volkes und an die Gleichsetzung von deutsch und nationalsozialistisch glaubten, demzufolge einen »harten Frieden« und die völlige Entmachtung Deutschlands forderten. Schon vor dem vielberufenen Morgenthau-Plan, in dem eine weitgehende Entindustrialisierung Deutschlands befürwortet wurde, hatte der Unterstaatssekretär Sumner Welles in seinem Buch »Time for Decision« die Aufteilung in mindestens drei Teile sowie die Abtretung Ostpreußens an Polen gefordert. Im Kreis der Exilierten gab der damals weitbekannte und in den USA angesehene Biograph Emil Ludwig mit einer von der New York Times am 6. Juli 1942 zunächst auszugsweise veröffentlichten Rede über die Kriegsziele der Alliierten das Stichwort zu erbitterten Polemiken.

Emil Ludwig war ein gewandter und vielseitiger Schreiber, dem man vorhielt, ursprünglich ein Verehrer des »preußischen Fritzengeistes« gewesen zu sein – so Friedrich Stampfer in seiner mehrfach zitierten Dokumentation. Ludwig lebte seit 1906 in der Schweiz und war seit Jahrzehnten Schweizer Staatsbürger, also im strengen Sinne kein Exilierter. In konservativen und nationalen Kreisen Deutschlands hatte er sich in den zwanziger Jahren durch seine Studie über Wilhelm II. verhaßt gemacht, die viel gelesen wurde. Jedoch hatte er 1932 freundliche Gespräche mit Mussolini geführt und sie in einem Buch zusammengefaßt, das den italienischen Diktator in günstigem Licht erscheinen ließ. In den USA kam 1938 seine Roosevelt-Biographie heraus, und er war anfänglich in Kreisen der Exilierten, wenn auch nicht bei konservativen Historikern, recht angesehen. Auch die sozialdemokratische Neue Volks-Zeitung hofierte ihn, bis man in ihm einen gefährlichen Vansittartisten entdeckt zu haben glaubte.

Wer die in der New York Times verkürzte und dadurch verschärfte Rede gelesen hatte, mußte Ludwig für einen wütenden Deutschenfeind halten. Die Reaktionen waren heftig. Ein falscher Zungenschlag des hochgeachteten protestantischen Theologen Paul Tillich, der im Council for a Democratic Germany alle demokratischen Kräfte zu verbinden suchte, vergrößerte die Erregung noch. Er rief »alle anständigen deutschen Juden in Amerika« auf, sich »von Ludwig entschlossen und sichtbar zu distanzieren«.[141] Die Formulierung »anständige Juden« war natürlich ungeschickt gewählt; auch andere, bei ihm ganz ungewohnte und gerade von ihm nicht beabsichtigte deutschnationale Töne klangen in seiner erregten Polemik an.

Der Chefredakteur der liberalen jüdischen Wochenschrift Aufbau, Manfred Georg, regte an, die Diskussion in ihren Spalten weiterzuführen. Er gab mir viel Raum für »Richtigstellungen und Ergänzungen zu Emil Ludwigs Anti-Deutschland-Rede«. In einer Zuschrift unter diesem Titel vom 7. August 1942 verwahrte ich mich dagegen, daß Ludwig das ganze deutsche Volk mit Hitler identifiziere, obwohl bei der letzten wirklich freien Wahl in Deutschland, im November 1932, die Nationalsozialisten nur ein Drittel der Stimmen erhalten hatten und selbst bei den Terrorwahlen nach dem Reichstagsbrand, fünf Wochen nach der Machtübernahme Hitlers, am 5. März 1933 nur 44 % der Stimmen für seine Partei abgegeben worden waren. In den ersten Jahren der Hitlerdiktatur seien 225 000 deutsche Männer und Frauen wegen politisch oppositioneller Handlungen zu insgesamt 600 000 Jahren Gefängnis und Zuchthaus verurteilt worden – ungerechnet die ohne Richterspruch in Konzentrationslager verbrachten Widerstandskämpfer. Bis Ende 1938 seien zumindest 12 000 Männer und Frauen ermordet oder hingerichtet worden. Der Faschismus sei, wie Ludwig ja aus seinen Gesprächen mit Mussolini wisse, keine deutsche Erfindung, und der Franco-Terror werde betroffenen Spaniern nicht weniger abscheulich vorkommen als der Hitler-Terror den betroffenen Deutschen. Die vorgeschlagene Entsendung von Besatzungstruppen sei eine sehr zweischneidige Notlösung, deren Erfolg davon abhänge, ob die Besatzungsoffiziere sich nicht – wie bei der Ruhrbesetzung nach dem Ersten Weltkrieg – viel besser mit ihresgleichen, nämlich Industriellen, Großgrundbesitzern, Adligen, verständigen würden als mit der hungernden Bevölkerung. Kurzum: die Lösung des Problems Faschismus sei keine Deutschland allein betreffende Frage.[142]

Man wird diese nun mehr als 30 Jahre zurückliegenden Polemiken angesichts der seither vollzogenen Tatsachen reichlich naiv und gutgläubig finden; doch so war – unabhängig von Parteibindungen – die Reaktion der Mehrheit jüdischer Exilierter, die zu diesem Zeitpunkt noch über die Zukunft Deutschlands nachdachten; und es war bezeichnenderweise die jüdische Zeitschrift Aufbau, die solchen Stimmen Raum gab. Schon eine Woche vor der Veröffentlichung meines Beitrags hatte der Aufbau einen scharfen Angriff der Philosophin Hannah Arendt gegen Emil Ludwig gebracht. Die einstige Schülerin und Doktorandin Karl Jaspers', die in den fünfziger Jahren durch ihr monumentales Werk über »Elemente und Ursprünge totaler Herrschaft« in Deutschland rühmlich bekannt wurde,[143] schrieb damals: Emil Ludwig, »der im vorigen Weltkrieg die alldeutsche Couleur des damaligen deutschen Imperialismus trug . . . versucht es mit einer neuen Grossmacht, indem er das amerikanische Volk zu einem bisher Gott sei Dank inexistenten Imperialismus ermuntert . . . Und da man doch so gerne dabei ist, wenn Ueberlegenheit die Herrschaft antritt, so sieht sich unser Schriftsteller bereits mit den zukünftigen Siegern als Lehrer der überlegenen Moral durchs Brandenburger Tor ziehen.«

Eine so kluge Frau wie Hannah Arendt hielt 1942 das, was man nicht lange danach etwas vage als »Umerziehung« formulierte, für eine deutschfeindliche Fehlleistung Ludwigs. Rund zwei Jahrzehnte später erschien, aus dem Amerikanischen übersetzt, ihr Buch »Eichmann in Jerusalem. Ein Bericht von der Banalität des Bösen«.[144] Im Unterschied zu ihren vorangegangenen Werken war dieses Buch heftig umstritten, nicht nur in Deutschland, sondern auch im Kreise von Exilierten und Israelis. Zu den schärfsten Kritikern gehörte Golo Mann, aber auch Martin Buber, Ernst Simon, Eva Reichmann nahmen kritisch Stellung. Es ging dabei nicht nur um die Frage des Antisemitismus in Deutschland, sondern auch um das Verhalten der Juden in den Vernichtungslagern – Probleme, die von dem hier zu behandelnden Thema zu weit abführen würden. Hannah Arendt war unterdessen verschiedentlich in Deutschland zu Besuch gewesen, hatte 1958 auf dem Internationalen Kulturkritikerkongreß in München über »Kultur und Politik« gesprochen, sich auch sonst umgetan, ihren verehrten Lehrer Karl Jaspers, der in die Schweiz übersiedelt war, und andere frühere Freunde oder Bekannte wiedergesehen und dann, 1961, als amerikanische Korrespondentin für die Zeitschrift The New Yorker am Prozeß gegen den berüchtigten Judenmörder Adolf Eichmann teilgenommen, der nach Israel entführt worden war. Aus den gesammelten und redigierten Berichten entstand das Buch.

Darin schreibt dieselbe Frau, die sich 1942 schroff gegen jede verallgemeinernde Deutschfeindlichkeit gewandt und den Gedanken an eine

»Umerziehung« des deutschen Volkes für abwegig gehalten hatte: »Was Eichmanns Entstellungen der Realität so grauenhaft macht, sind die grauenhaften Dinge, um die es sich handelte [es geht im Grundzug um Eichmanns Verteidigung, er habe nur als Befehlsempfänger seine Pflicht getan und so viele Juden wie nur möglich zu retten versucht; A. K.] – im Prinzip unterscheiden sie sich aber nur unwesentlich von Auffassungen, die man im Nach-Hitler-Deutschland hören kann. Man braucht sich z. B. nur daran zu erinnern, daß 1961, im Jahr der Bundestagswahlen, der damalige Verteidigungsminister Franz Josef Strauß einen – allem Anschein nach recht erfolgreichen – Angriff gegen Willy Brandt, der in der Hitlerzeit nach Norwegen emigriert war, in Form folgender rhetorischer Frage lancierte: ›Was haben Sie zwölf Jahre lang draußen gemacht? Wir wissen, was wir drinnen gemacht haben.‹ Soviel ich weiß, hat niemand dem Minister damals entgegengehalten, daß es mittlerweile doch wohl aktenkundig geworden ist, was Deutsche in Deutschland in jenen zwölf Jahren getan haben. Die gleiche Ahnungslosigkeit findet sich in einer Bemerkung, die ein angesehener deutscher Literaturkritiker, der wahrscheinlich niemals Mitglied der NSDAP gewesen ist, vor einiger Zeit ganz en passant in einer Buchkritik gemacht hat – er erwähnte da, daß der Autor einer Studie über die Literatur im Dritten Reich ›haargenau [den] Slang jener Literaten [gebrauche], die uns beim Einbruch der Barbarei ausnahmslos im Stich ließen‹. Der besprochene Autor war natürlich ein Jude, der niemanden ›im Stich gelassen‹ hatte, sondern vertrieben worden war; im Stich gelassen hatten ihn vermutlich seine nichtjüdischen Freunde.«[145]

Das ist ein starkes und charakteristisches Zeugnis für Wandlungen in der Beurteilung der Schuldfrage, die sich in den Nachkriegsjahren bei jüdischen – und nichtjüdischen – Exilierten deutscher Herkunft vollzogen haben. In nicht wenigen Fällen begann das endgültige Exil erst in den fünfziger Jahren mit der Einsicht, daß Hitler so »undeutsch« nicht gewesen sei, wie die Überzahl der vertriebenen Schriftsteller, auch der jüdischen, bis zum Kriegsende geglaubt hatte. Welche Fehler, Irrtümer oder Gewaltakte der Besatzungsmächte und welche weltpolitischen Konstellationen auch mitschuldig sein mögen, es hat bei den Enthüllungen der nationalsozialistischen Verbrechen niemals einen wirklich spontanen Volkszorn gegeben, äußerstenfalls eine dumpfe Abwehr: Damit habe man nichts zu tun, oder: Man habe ja nur Befehle ausgeführt – und dazu, von oben verordnet und den Gegebenheiten entsprechend, »Ablaßgelder« gezahlt, einige Milliarden, die den vor 1933 materiell Vermögenden einen Teil, vielleicht sogar einen Großteil ihres nachweisbaren Besitzes restituierten, den fast ausnahmslos unvermögenden Schriftstellern zu Renten reichten, mit denen kein nationalsozialistischer Richter sich begnügen würde.

Es dauerte eine ganze Weile, bis der gute Wille – man darf durchaus von Heimatliebe sprechen – bei den meisten jüdischen Exilierten aufgebraucht war. Auch die Dickfelligen begriffen allmählich, daß man ihre Rückkehr gar nicht wünschte, daß die Zeit über sie hinweggegangen war. Einige wenige waren publizistisch oder propagandistisch verwertbar, auch von diesen zogen es nahezu alle vor, ihre ausländische Staatsangehörigkeit zu wahren und ihren Wohnsitz im Ausland zu behalten. Die Nachwuchsgeneration – z. B. Erich Fried und Arno Reinfrank, Peter Weiss und Wolfgang Hildesheimer – dichtet und schreibt deutsch in England, Schweden, der Schweiz. In der Bundesrepublik selbst gibt es ein halbes Dutzend nun auch schon angejahrter deutschnationaler Juden, die sich mit dem Nationalsozialismus arrangiert hätten, wäre dies möglich gewesen, ein paar betriebsame Literaturmakler und einige wenige »Köpfe« aus der Vor-Hitler-Zeit, die es aus diesem oder jenem Grunde hierher verschlagen hat: den bis ins hohe Alter noch schöpferisch fruchtbaren Philosophen Ernst Bloch, den Politologen Ossip K. Flechtheim, die Dichterin Hilde Domin – auch diese Aufzählung bleibt wie jede in dieser Studie unvollständig.

In den siebziger Jahren wird man bei der Aufzählung der wieder in Deutschland lebenden Schriftsteller jüdischer Abkunft noch eine zweistellige Zahl errechnen. In den späten achtziger Jahren wird man sich aller Voraussicht nach auf eine einstellige Zahl beschränken müssen. In den neunziger Jahren wird sich die »Endlösung« vollzogen haben. Die deutsche Literatur wird bestehen. Sie hat nach 1945 Werke von Weltgeltung hervorgebracht; der Nobelpreis für Literatur ist 1972 dem deutschen Schriftsteller Heinrich Böll verliehen worden, worüber sich die seit 1933 ins Exil gegangenen überlebenden Schriftsteller wahrscheinlich mehr gefreut haben als die Herren, die sich in der Reichsschrifttumskammer zu Hause fühlten. Wer könnte daran zweifeln, daß auch künftig bedeutende Werke der Literatur und der Geisteswissenschaft von deutschen Dichtern und Denkern geschaffen werden. Nur Juden werden nicht mehr in deutscher Sprache schreiben. Da ist in der Tat eine Epoche zu Ende gegangen. Das wird nicht einmal auffallen. Nur wer sich mit der Vergangenheit beschäftigt, wird daran denken müssen. In diesem Buch, das von einigen Aspekten der deutschsprachigen Literatur im Exil von 1933 bis zur Gegenwart handelt, kommen wir nicht an der Feststellung vorbei, daß das deutsch-jüdische Miteinander oder Nebeneinander, so wie es rund 150 Jahre lang, zeitweilig fruchtbar für beide Seiten, sich entwickelt hatte, nach dem Ende der Schreckensherrschaft nicht neu belebt werden konnte. Für die Geschichte der deutschen Literatur im zwanzigsten Jahrhundert ist diese Erkenntnis von größter Bedeutung.

4. Der Schutzverband Deutscher Schriftsteller im Exil

Die Vielspältigkeit der Anschauungen und Schicksale, oftmals geradezu Vereinzelung der exilierten Schriftsteller ist in repräsentativen Beispielen deutlich geworden. Viele, häufig weit entfernte Länder boten den Vertriebenen Zuflucht. Die nächstliegenden waren die Tschechoslowakei, Österreich, die Schweiz, Frankreich, Belgien, Holland. Ein gültiger deutscher Paß genügte zur legalen (oder notfalls illegalen) Einreise und zumindest befristeten Aufenthaltserlaubnis. Nach Polen gingen der Sprachschwierigkeiten wegen anfänglich nur wenige deutsche Schriftsteller. Die Einreise in die Sowjetunion war von einer offiziellen Einladung abhängig; sie wurde nur einer begrenzten Anzahl kommunistischer oder dem Kommunismus nahestehender Schriftsteller zuteil. In England erhielten zunächst nur relativ wenige Deutsche eine Aufenthaltserlaubnis; sie konnten dann bis zum Ausbruch des Krieges fast ausnahmslos frei von Schikanen der Bürokratie dort leben. Die skandinavischen Staaten boten ebenfalls bis zu Kriegsbeginn störungsfreie Zuflucht für eine, auf die drei Länder verteilt, nicht übermäßige Zahl Exilierter. Durch Vermittlung der Notgemeinschaft Deutscher Wissenschaftler im Ausland, um die sich Professor Philipp Schwartz (jetzt State Hospital Warren, Pennsylvania, USA) besonders verdient gemacht hat, wurden viele Wissenschaftler, Mediziner, Philologen, Geologen, Verkehrsexperten (z. B. Ernst Reuter), Musikerzieher (u. a. Paul Hindemith) vom

Präsidenten der Türkischen Republik, Mustafa Kemal »Atatürk«, berufen.

Die Mehrheit der exilierten deutschen Schriftsteller suchte anfänglich Zuflucht in dem klassischen Asylland Frankreich, als patrie humaine, Ursprungsland der neuzeitlichen Demokratie und der Freiheit betrachtet, als »das zweite Geburtsland des Europäers«, wie der »Westler« Heinrich Mann einen Abschnitt seines Erinnerungsbuches betitelt hat.[1] Einige deutsche Schriftsteller lebten bereits seit der Mitte der zwanziger Jahre dort, weil ihnen Paris besser gefiel oder das Klima in Südfrankreich bekömmlicher war. Zu Exilierten wurden sie, falls sie Juden oder Linksintellektuelle waren, erst seit der Machtergreifung. Einer von ihnen war der in der Bundesrepublik fast völlig vergessene, in der DDR lange Zeit unterschätzte Dichter, Erzähler, Dramatiker, Essayist und Literaturkritiker Rudolf Leonhard, ein homme de lettres im besten Begriff, der seinem Freund Walter Hasenclever 1927 nach Frankreich gefolgt war und 1933 Quartiermacher für viele flüchtende deutsche Schriftsteller wurde. Es wird Zeit, seine Verdienste zu rühmen. Man kann sich kaum einen gütigeren, selbstloseren Helfer für Freunde – und nicht nur Freunde – in der Not vorstellen. Wenn von der Sammlung der exilierten deutschen Schriftsteller in Paris und der Begründung des Schutzverbandes Deutscher Schriftsteller im Exil die Rede ist, muß man ihn wohl an erster Stelle nennen.

Er gehörte damals keiner Partei an und hatte an den politischen Kämpfen in den Schriftstellerverbänden der Weimarer Republik persönlich wenig Anteil genommen. Ohnehin war er vorurteilsfrei, oftmals zu seinem Schaden. Seit seinen ersten expressionistischen Gedichten (1913/14) zählte man ihn zu den parteilosen Linken. Der Weltkrieg, in dem er sich zunächst als Freiwilliger meldete, machte ihn bald zum entschiedenen Kriegsgegner; sein Drama »Die Vorhölle« ist ein Musterbeispiel der expressionistischen Antikriegsdichtung. Mit einem anderen Schauspiel, das auf Vorschlag Georg Kaisers »Segel am Horizont« genannt wurde, hatte er an der Berliner Volksbühne nachhaltigen Erfolg. Der Regisseur war Erwin Piscator. Erst zwanzig Jahre später kam Leonhard wieder auf einer Berliner Bühne zu Wort mit seiner Tragödie »Geiseln« in der Inszenierung von Karl Heinz Martin.

Sein vielseitiges, sehr umfangreiches Werk, zu dem auch die ersten Hörspieldichtungen für den Funk zu zählen sind, kann in diesem Gedränge nicht behandelt werden. Sein Freund Maximilian Scheer hat nach seinem Tode eine schmale Auswahl seiner Erzählungen und später im Auftrag der Ostberliner Akademie der Künste eine vierbändige Ausgabe ausgewählter Werke herausgegeben.[2] Zu Lebzeiten ist Leonhard, der 1950 schwer krank von Paris nach Ostberlin übersiedelte, kein Preis, kein Titel, keine öffentliche Ehrung zuteil geworden. Johannes R. Becher, der den gütigen Mann haßte und verachtete, verhinderte sogar seine Wahl in den PEN-Club.[3] Mein Nachruf auf ihn hatte die Überschrift: »Wir sind ihm viel schuldig geblieben«.[4] Von seiner unterschätzten literarischen Bedeutung abzusehen: sein zeitgeschichtliches Verdienst ist die außerordentliche und erfolgreiche Aktivität, die er zugunsten der nach Paris geflüchteten deutschen Schriftsteller entfaltete, wobei ihm zugute kam, daß er in Kreisen der französischen Literaten wohlbekannt und geachtet war. Er war ein verläßlicher Bürge für seine in Not geratenen Kollegen, die nach überstürzter Flucht völlig mittellos die Hilfe rasch ins Leben gerufener französischer Komitees in Anspruch nehmen mußten. Ihm gelang sogar die Begründung einer kurzlebigen deutschsprachigen Zeitschrift: Aktion, in der wichtige literarische und kulturpolitische Arbeiten der Exilierten veröffentlicht wurden. Nicht zuletzt setzte er sich für das Zustandekommen der Vereinigung ein, die sich bald darauf den Namen Schutzverband Deutscher Schriftsteller gab und deren erster Vorsitzender er wurde.

Wiedergründung in Paris

Der Schutzverband Deutscher Schriftsteller wurde nach dem Schock der öffentlichen Bücherverbrennungen am 10. Mai 1933 im Sommer 1933 offiziell begründet, trat aber erst im September 1933 mit einem deutsch-französischen Freundschaftsabend öffentlich hervor. Zahlreiche Vorgespräche und Diskussionen hatten stattgefunden, bevor es zur Gründung kam. Der Verband war keine der Tarnorganisationen Willi Münzenbergs, der 1933 von Paris aus durch das »Braunbuch über Reichstagsbrand und Hitlerterror«, den sogenannten »Gegenprozeß« in London und zahlreiche andere Unternehmungen die Weltmeinung über die Hintergründe des Reichstagsbrandes aufzuklären suchte, die Bildung von Spanien-Hilfskomitees anregte und schließlich die Organisierung der mißratenen Versuche in Angriff nahm, die Vertreter der deutschen Parteien im Exil zu einer Volksfront-Gruppierung zusammenzufassen. Münzenberg, dessen besondere Stärke es war, bedeutende Intellektuelle für seine Absichten zu gewinnen, hielt sich bis zu seinem entschiedenen Bruch mit der Kommunistischen Partei und der Komintern als hoher Parteifunktionär im Rahmen der ihm zugewiesenen politischen Aufgaben, wobei er zum Unterschied von anderen deutschen Spitzenfunktionären die Rolle der bürgerlichen Wissenschaftler, Künstler, Schriftsteller, auch Juristen hoch einschätzte. Unternehmungen wie der Schutzverband Deutscher Schriftsteller oder wenig später die Deutsche Freiheitsbibliothek lagen am Rande seines Einflußbereichs. Materiell hat er den Schutzverband nicht unterstützt. Aber indirekt ermöglichte er einigen Gründungsmitgliedern wie Gustav Regler, Max Schröder und mir dieses Engagement durch Honorare für die Mitarbeit am »Braunbuch«, die zwar dem Welterfolg dieses Werkes kaum angemessen waren, aber bei unserer dürftigen Lebenshaltung zumindest für ein halbes Jahr ausreichten.

Zu den selbstlosen Helfern gehörte der 1895 in Insterburg, Ostpreußen, geborene David Luschnat, ein Lyriker aus christlichem Hause, kein Kommunist oder Sozialist, ebenfalls einer, der sich im Lande hätte arrangieren können, wenn sein Gewissen ihn nicht zu freiwilligem Exil veranlaßt hätte, was ihm niemals recht gedankt wurde. Seinen brieflichen Angaben zufolge war er von Mai 1933 bis Mai 1934 ehrenamtlicher Sekretär des Schutzverbandes.[5] Er nennt aus dem – nach so langer Zeit nicht stets zuverlässigen – Gedächtnis als Mitglieder des Vorstandes Rudolf Leonhard, Emil Gumbel, Gustav Regler, Ludwig Marcuse, Anna Seghers, Heinz Pol, Max Schröder. Folgen wir seinen Erinnerungen,[6] so hat er bereits im Sommer 1933, vielleicht auch später, aber im offiziellen Register des Schutzverbandes nicht verzeichnet, einige literarische Veranstaltungen organisiert, so bei den Quäkern in der Rue Guy de la Brosse und bei Raymond Duncan in der Rue de Seine, wo der sanftmütige, gewaltlose Anarchist Anselm Rüst aus Luschnats Roman las. Luschnat war es auch, der den wohlhabenden André Gide bewog, zeitweilig für zwölf mittellose deutsche Kollegen das Mittagessen im Cercle François Villon zu bezahlen. Für sich selbst nahm er die Vergünstigung nicht in Anspruch. Die Mitteilung ist hier wiedergegeben, weil sie typisch für die materielle Existenz der Exilierten ist; Hunderten solcher Initiativen ist das Überleben der Flüchtlinge zu danken. Neben anderen taten sich Clara Malraux und Dagny Björnson-Sautreau[7] durch ihre Fürsorge für die oftmals hungernden Exilschriftsteller besonders hervor.

Einige Verwechslungen, die sich in den sonst hilfreichen Erinnerungen von Luschnat finden, sind wahrscheinlich darauf zurückzuführen, daß er bereits vor 1933 Schriftführer der Ortsgruppe Berlin des alten Schutzverbandes Deutscher Schriftsteller war. Dort wird er dem angesehenen Publizisten Heinz Pol oft begegnet sein, nicht aber in den Anfangszeiten des Exils in Paris. Pol exilierte zuerst nach Prag, wo er ständiger Mitarbeiter der Neuen Weltbühne und anderer linksgerichteter deutschsprachiger Zeitschriften und Zeitungen war, zeitweilig auch Chefredakteur der Zeitschrift Der Simplicus, bis er 1940 in die USA entkam; bis zu seinem Tode, 1973, schrieb er für liberale Organe in New York politische Analysen.

Stichwort in diesen Zusammenhängen ist die Ortsgruppe Berlin des Schutzverbandes Deutscher Schriftsteller. Besonders in den späten Jahren der Weimarer Republik wurden in ihm erbitterte Kontroversen zwischen der kommunistischen Parteigruppe mitsamt ihren temporären Verbündeten auf der einen Seite – zu denen damals auch Luschnat, Pol, der Arzt und Schriftsteller Max Hodann, Erich Mühsam, Erich Kästner, Kurt Hiller, Walther Karsch, von Fall zu Fall Alfred Kerr, Axel Eggebrecht, Kurt Kersten, Werner Hegemann, Karl Otten, Alfred Wolfenstein, Hans Arno Joachim, Walter Mehring, George Grosz, Alfred Döblin und andere, wenn nicht entschieden linke, so doch antifaschistische demokratische Schriftsteller gehörten – und konservativen, nationalen, aber auch bürgerlich-demokratischen und sozialdemokratischen Schriftstellern auf der anderen Seite ausgetragen. Das mehrfach erwähnte, als Quelle nur bedingt brauchbare, weil einseitig parteiische, von der Deutschen Akademie der Künste in Ostberlin herausgegebene Buch »Aktionen – Bekenntnisse – Perspektiven« enthält Material zu diesem Komplex.

Zuweilen ist die Ansicht geäußert worden, der Schutzverband im Exil sei eine Art Nachfolgeorganisation der Opposition in der Berliner Ortsgruppe gewesen. Die naheliegende Meinung ist irrig. Der Pariser Verband war personell und in seinem Charakter von der Berliner Gruppierung verschieden. Von den aktivsten, geistig und literarisch angesehenen Mitgliedern der Opposition, die zumeist mit den Mitgliedern des Bundes proletarisch-revolutionärer Schriftsteller identisch waren, hatte Erich Baron im nationalsozialistischen Gefängnis Selbstmord begangen; Johannes R. Becher war nach kurzem Aufenthalt in Prag, Zürich, Paris in die Sowjetunion exiliert und erst später während des Internationalen Schriftstellerkongresses 1935 zeitweilig wieder in Paris. Brecht, der sich am Verbandsleben kaum beteiligt hatte, kam aus seiner Zuflucht in Dänemark nur selten nach Paris. Bernard von Brentano, der vor 1933 einer der eifrigsten Propagandisten gewesen war, zog sich im Exil in der Schweiz von jeder politischen Tätigkeit zurück und brach die Beziehungen zu seinen vormaligen Freunden und Kampfgefährten ab. Friedrich Burschell, der – am Rande – der Opposition zugerechnet wurde, fand nach kurzen Aufenthalten in Frankreich und Spanien Asyl in der Tschechoslowakei, später in England.

Erich Franzen, aktives Mitglied der Opposition, verließ Deutschland 1936 und lehrte an amerikanischen Universitäten. Bruno Frei, von Geburt Österreicher, aber langjähriges Mitglied der KPD und Chefredakteur der von Willi Münzenberg begründeten Zeitung Berlin am Morgen, entkam nach Prag, wo er wieder unter der Ägide Münzenbergs die Zeitschrift Gegenangriff redigierte.[8] Andor Gábor, der als ungarischer Exilierter im Berlin der zwanziger Jahre eine zentrale, damals eher doktrinäre Rolle in den Schriftstellerverbänden gespielt hatte (er wandelte sich später), und seine Gefährtin Olga Halpern, die in der Organisation unentbehrlich gewesen war, gingen 1933 nach Moskau. Ernst Glaeser, damals als Autor des

Romans »Jahrgang 1902« im Zenit seines Ruhms und seiner Linksradikalität, wandte sich wie Brentano in der Schweiz von seiner linken Vergangenheit ab und kehrte, wie erwähnt, 1938 ins Reich heim. George Grosz, der in Berlin auch an literarischen Kämpfen teilgenommen hatte, war schon vor Hitlers Machtübernahme nach New York exiliert, wo er sich abseits hielt. Karl Grünberg, ein (literarisch minderer) Veteran der proletarisch-revolutionären Literatur, überlebte nach zeitweiliger Haft im Lande. Der Verleger und Schriftsteller Wieland Herzfelde übersiedelte nach Prag, später via London nach New York.

Der in diesen Zusammenhängen oft genannte alte Publizist Arthur Holitscher rettete sich über Wien und Budapest in die Schweiz, wo er 1941 starb. Der damalige Redakteur der Weltbühne und spätere Lizenzträger des Berliner Tagesspiegels Walther Karsch blieb wie Kästner und Bernhard Kellermann im Lande. Egon Erwin Kisch nahm, wenn er zwischen seinen Weltreisen und dem Aufenthalt im republikanischen Spanien in Paris war, an den Veranstaltungen des Schutzverbandes teil. Kurt Kläber und seine Frau Lisa Tetzner zogen sich in der Schweiz aus dem politischen Leben zurück. Hans Marchwitza, dem in der DDR überhöhte Ehrungen zuteil wurden, lebte erst in der Schweiz, nahm dann am Kampf in Spanien als Offizier im Tschapaiew-Bataillon teil, wurde in Frankreich interniert, entkam 1941 in die USA. Er starb 1965 in Potsdam.

Der marxistische Theoretiker des Bundes proletarisch-revolutionärer Schriftsteller und somit auch der Opposition in der Berliner Ortsgruppe des Schutzverbandes war Georg Lukács, der für drei Jahrzehnte in der kommunistischen deutschen Literaturkritik richtungweisend blieb, bis er nach dem Ungarn-Aufstand 1956 zum bevorzugten Ziel der Diskriminierung durch stalinistische Doktrinäre wurde. Er überlebte die Hitlerzeit im Moskauer Exil, doch machte sein geistiger Einfluß sich auch in den Diskussionen im Pariser Schutzverband geltend. Erich Mühsam und der aus bürgerlichem Haus stammende revolutionäre Schriftsteller Klaus Neukrantz, Verfasser des seinerzeit viel beachteten Romans »Barrikaden am Wedding«, wurden von den Nationalsozialisten umgebracht. Carl von Ossietzkys Schicksal ist weltbekannt; in diesen Zusammenhang gehört er, weil seine letzte öffentliche Ansprache am 17. Februar 1933 im Kreise des Schutzverbandes in Berlin stattfand und sein Appell zur Einigkeit aller Antifaschisten für viele der exilierten Schriftsteller zu einem Vermächtnis wurde. Die Berufung darauf war alles andere als parteipolitische Manipulation; der Schutzverband Deutscher Schriftsteller im Exil machte mit den parteilosen Märtyrern Mühsam und Ossietzky keine Parteipropaganda.

Fügen wir die Namen der übrigen bekannten und aktiven Mitglieder der Berliner Opposition im alten Schutzverband, die der Pariser Organisation nicht angehörten, hinzu. Daß Ernst Ottwalt, der Versammlungen der Opposition geleitet hatte und in jenen Jahren als einer der überzeugendsten der vom Bürgertum zum Sozialismus konvertierten Erzähler hervorgetreten war, in einem der Stalinschen Lager am Eismeer zugrunde ging, wurde vorweggenommen. Der Berliner Arbeiterschriftsteller Jan Petersen, dem bis zu seinem Tod 1969 wenig Kredit gegeben wurde, weil er auch nach 1945 gegen Zensur, Bücherverbote, literarischen und politischen Personenkult ankämpfte, leitete im Lande den Widerstand der antifaschistischen Schriftsteller; er war der anonyme Inlandredakteur der in Prag erscheinenden Zeitschrift Neue Deutsche Blätter und der »Mann mit der Maske«, der auf dem Pariser Internationalen Schriftstellerkongreß 1935 die Grüße der widerstehenden Schriftsteller in Deutschland überbrachte. Natürlich wurde Petersen identifiziert, konnte nicht mehr ins Reich zurück, durfte aber auch nicht in Frankreich bleiben. Aus der Schweiz ausgewiesen, fand er Asyl in England.

Theodor Plievier stand vor der Machtergreifung durch seine Romane »Des Kaisers Kuli« und »Der Kaiser ging, die Generäle blieben« auf dem ersten Höhepunkt seines internationalen Ruhms.[9] Er entkam über Prag und Zürich nach Paris, wo er sich jedoch nicht lange aufhielt. 1934 folgte er einer Einladung in die Sowjetunion, über die verschiedene Versionen umlaufen, am wahrscheinlichsten ist, daß er am Ersten Kongreß der Sowjetschriftsteller teilnahm. Der parteilose, aber als Autor von den Kommunisten anerkannte Plievier, dessen deutscher Reisepaß abgelaufen war, konnte die Sowjetunion nicht mehr verlassen.[10] Erst nach Kriegsende kehrte er, als Autor des dokumentarischen Romans »Stalingrad« von der sowjetischen Besatzungsmacht hofiert, nach Deutschland zurück. Seine Übersiedlung in den Westen gerade zur Zeit des Ersten Deutschen Schriftstellerkongresses in Berlin, im Herbst 1947, auf dem er als einer der Hauptredner sprechen sollte, erregte ganz außerordentliches Aufsehen. Obwohl er sich entschieden weigerte, »sich in den gerade beginnenden antibolschewistischen Propagandafeldzug einspannen zu lassen«, und hervorhob: »Nicht auf Gegensätzen, sondern allein auf gemeinsamen Interessen beruht der Friede der Welt, und nicht Gegensätze und politische Differenzen unter den Nationen, sondern vorhandene Einstimmigkeit bieten die Gewähr auch für ein werdendes neues Deutschland«,[11] wurde er in den Organen der DDR so gehässig angegriffen und verleumdet wie keiner der anderen deutschen Schriftsteller, die sich – ganz gleich ob Parteimitglieder oder Sympathisanten – vor ihm von der KPD bzw. SED getrennt hatten.

Es ist nicht nur ein Schnörkel, es ist vielmehr eine paradigmatische Erscheinung im geteilten Deutschland, daß der Autor von »Stalingrad«

nicht nur vom Osten als käuflicher Verräter geschmäht wurde, sondern daß Angriffe gegen ihn auch in der Bundesrepublik laut wurden; sie kamen nicht zuletzt von hohen Offizieren der jungen Bundeswehr, sogar von ihrem Generalinspekteur, der scharf rügte, daß Plievier die Fortsetzung des Kampfes »in aussichtsloser Lage bis zum Letzten« in seinem Buch verurteilt hatte, und der, wie landesüblich, Plievier bezichtigte, Kommunist gewesen zu sein und den Roman »in sowjetischem Auftrag« geschrieben zu haben.[12] Plievier hatte lange zuvor betont, daß er »Stalingrad« »nicht in russischem Auftrag, sondern als deutscher Schriftsteller, als deutsche Angelegenheit und als Ausdruck deutschen Schicksals geschrieben habe«.[13] Später kam er auf die nicht verstummenden Anwürfe zurück: »Ich bin der Meinung, daß in Europa und auch in Deutschland unter dem Zustand der Besatzung die Möglichkeit für selbständiges Denken geblieben sein muß; und wenn es auch schwer sein sollte, so ist es besser und selbständiger und auch zukünftiger gerichtet, zwischen allen Stühlen zu sitzen, als einen bequemen Platz einzunehmen, der nur unter Preisgabe selbständigen und unabhängigen Denkens und Schaffens zu erhalten wäre.«[14] Auch Plievier zog sich am Ende seines Lebens in die Schweiz zurück, wo er im März 1955 starb.

Ludwig Renn, der seit seiner Konversion zum Kommunismus und besonders nach dem großen Erfolg seines Romans »Krieg« im Bund proletarisch-revolutionärer Schriftsteller und in der Opposition des Schutzverbands eine ihm auferlegte führende Rolle gespielt hatte, war in der Nacht des Reichstagsbrandes verhaftet und wegen angeblicher Vorbereitung zum Hochverrat zu zweieinhalb Jahren Gefängnis verurteilt worden; er entkam danach in die Schweiz und kämpfte von 1936 bis zur Niederlage der Republikaner auf deren Seite in hohen militärischen Funktionen im Spanischen Bürgerkrieg, konnte also im Pariser Schutzverband erst spät hervortreten. Während des Weltkriegs lebte er in Mexiko.

Der einer sektiererischen linken Gruppe angehörende Bauernschriftsteller Adam Scharrer, der durch seinen Roman »Vaterlandslose Gesellen« bekannt geworden war und vor 1933 zuletzt zum engeren Kreis des Bundes proletarisch-revolutionärer Schriftsteller gehört hatte, überlebte in der Sowjetunion, ganz auf seine literarische Arbeit zurückgezogen (der Bauernroman »Maulwürfe« hat Bestand); er starb bald nach der Heimkehr im März 1948 in Mecklenburg. Alexander Graf Stenbock Fermor, vor 1933 eifervoll sozialistisch engagiert und in der Pressekommission des Schutzverbandes tätig, konnte sich nach einer Zeit der »Schutzhaft« 1933 zurückgezogen im Land behaupten. Erich Weinert, war nur anfänglich in Paris, übersiedelte dann nach Moskau, von wo er 1937 ins republikanische Spanien ging; im Zweiten Weltkrieg wurde er in der Sowjetunion Präsident des aus gefangenen deutschen Offizieren gebildeten Nationalkomitees Freies Deutschland. Schwer erkrankt lebte er nach dem Krieg noch bis 1953 in Berlin.

Franz Carl Weiskopf, der dem innersten Kreis des Bundes proletarisch-revolutionärer Schriftsteller und natürlich ebenfalls der Opposition im Schutzverband angehörte, ging als gebürtiger Prager in die Tschechoslowakei und war vor seiner Übersiedlung nach New York 1938 nur vorübergehend in Paris. Nach Kriegsende war er Botschaftsrat der Tschechoslowakei in Washington, später Botschafter in China, danach wieder freier Schriftsteller in der DDR, wo er 1955 starb. Karl August Wittfogel wurde, obwohl ihn sein Freund Friedrich Hielscher, der Verfasser des Werkes »Das Reich«, zeitweilig verborgen hielt, gefangen und ins Konzentrationslager eingeliefert, kam aber durch Intervention einflußreicher englischer Wissenschaftler 1934 frei und ging über England in die USA.

Friedrich Wolf, als Arzt und Schriftsteller die Zentralfigur im Kampf gegen den § 218, fand Asyl in der Sowjetunion, von wo aus er in den dreißiger Jahren mehrfach Vortragsreisen in die USA und die skandinavischen Länder unternahm. In Frankreich hielt er sich seit Ende 1938 auf, zu spät, um noch am Kampf in Spanien teilzunehmen. Bei Kriegsbeginn wurde er im Lager Le Vernet interniert. Seine Tragödien »Professor Mamlock« und »Florisdorf« machten ihn während der Jahre des Exils zum meistgespielten deutschen Bühnenautor in der Welt. Der Dichter Paul Zech, parteiloses Mitglied der Opposition im Schutzverband, überlebte unter bedrückenden materiellen Umständen in Argentinien, wo er 1946 starb. Arnold Zweig, der als linksbürgerlicher Schriftsteller der Opposition nahestand, fand Zuflucht in Palästina.

Der Schutzverband Deutscher Schriftsteller in Paris hatte demnach rein personell eine andere Zusammensetzung als die starke Oppositionsgruppe des Berliner Schutzverbands. Zumindest drei Viertel der Opposition hatten in anderen Ländern Zuflucht gefunden oder waren im Reich geblieben: verhaftet, bedroht, getarnt, angepaßt. Es war bedenklich, den alten Namen im Ausland zu etablieren. Der Beweggrund war die Überzeugung vieler exilierter Schriftsteller, daß sie die deutsche Literatur repräsentierten – zumindest seit den öffentlichen Bücherverbrennungen und den Verbotslisten im Reich, die die Literatur denaturierten. Es gab dennoch sachliche Meinungsverschiedenheiten wegen der Gefahr der Verwechslung, jedoch überwog bald das Selbstbewußtsein, das Thomas Mann später in die Worte faßte: »Wo ich bin, ist die deutsche Kultur«, und das sich allgemeiner kundtat in der Formel »In unserem Lager ist Deutschland«. Übrigens löste Goebbels das Problem bald, indem er den alten Schutzverband Deutscher Schriftsteller in Reichsverband Deutscher Schriftsteller umbenennen ließ und ihn zwei Jahre später in die Reichsschrifttumskammer einbezog. Die Veranstaltungschronik des Pariser Schutzverbands verzeichnet für den 1. Juni 1934 einen Diskussionsabend: »Der Reichsverband Deutscher Schriftsteller und wir«. Ein Referent ist nicht angegeben. Protokolle der regelmäßigen Vortrags- oder Diskussionsabende des Schutzverbands in Paris existieren nicht.

Veranstaltungen und Redner

Nicht nur die Zusammensetzung des Verbandes war, wie sich aus dem Vorhergegangenen ergibt, sehr verschieden von der Opposition in der Berliner Organisation, sondern es fielen in den ersten Jahren des Exils auch die politischen Kontroversen weitgehend fort, die den Verband in Deutschland zerspalten hatten. Bei den von September 1933 bis November 1938 verzeichneten rund hundert Veranstaltungen des Schutzverbandes in Paris sprachen (in chronologischer Reihenfolge): Professor Emil J. Gumbel; der Kommunist Alfred Kurella, der damals als »Generalsekretär des Internationalen Komitees zum Kampf gegen Faschismus und Krieg« in Paris ansässig war, aber bald darauf nach Moskau übersiedelte, wo er bis 1954 blieb, bevor er als gefürchteter Dogmatiker aus der Schule Stalins in die DDR zurückkehrte; Ludwig Marcuse, unabhängiger liberaler Schriftsteller, später in den USA Professor für Philosophie und deutsche Literatur; Egon Erwin Kisch; Anna Seghers; Gustav Regler; David Luschnat; Alfred Apfel, einer der Verteidiger Carl von Ossietzkys in dem »Landesverrats«-Prozeß vor dem Reichsgericht in Leipzig; Alfred Kerr; Alfred Kantorowicz; Ernst Leonhard, ein bürgerlicher Literat, der in den ersten Jahren des Exils eifrig im Schutzverband mitarbeitete, dessen Name sich jedoch in keinem der Nachschlagewerke findet – vermutlich ist er im Exil gestorben; Kurt Stern, kommunistischer Publizist und Redakteur, der jetzt in der DDR lebt; Maximilian Scheer, parteiloser Gefolgsmann der Kommunisten, Publizist, von 1947 bis 1949 Chefredakteur der Zeitschrift Ost und West in Ostberlin, seitdem am Rundfunk und als Reporter tätig; Bodo Uhse, vom Hitlerjugendführer zum Kommunisten konvertiert, Spanienkämpfer, später im Exil in Mexiko, erfolgreicher Erzähler, Nationalpreisträger, 1963 in der DDR verstorben.

Es folgten dann: der Anhänger Max Stirners, Anselm Rüst, der vor 1933 die Zeitschrift Der Einzige herausgegeben hatte und im Exil mit dem Band »Deutsche und Arier« hervortrat;[15] er starb, im besetzten Frankreich verborgen, im November 1943; ferner Augustin Souchy, der mit der spanischen anarchistischen Bewegung verbunden war und während des Bürgerkrieges in den Reihen der Anarcho-Syndikalisten kämpfte, für die Freiheit und Toleranz unabdingbare Forderungen sind;[16] er lebt jetzt in München; weiter Theodor Balk, deutschsprachiger jugoslawischer Kommunist, Arzt und Schriftsteller, vor 1933 im Exil in Berlin, im Spanienkrieg Chefarzt der französischen XIV. Internationalen Brigade, später im Exil in Mexiko. Nach der Heimkehr in sein Geburtsland stellte er sich – seinem menschenfreundlichen Wesen ganz unangemessen – beim Konflikt zwischen Stalin und Tito auf die Seite der stalinistischen Parteien, mußte abermals exilieren und starb vor wenigen Jahren in der Tschechoslowakei, die sein letztes Asylland war.

Weitere Redner waren: Klaus Mann; Manès Sperber; Hellmut von Gerlach, der im August 1935 in Paris starb; Hans Erich Kaminski, der ein Buch über Bakunin 1938 in französischer Sprache veröffentlichte und später nach Argentinien weiterwanderte; Paul Friedländer; Wolfgang Langhoff; Karl Billinger, recte Paul W. Massing, ebenfalls Insasse eines deutschen Konzentrationslagers, später Professor für Soziologie in den USA – ohne spektakulären Bruch, aber ohne irgendwelche weitere Beziehung zur kommunistischen Partei; der unpolitische Kunstkritiker und Kunsthistoriker Paul Westheim; Georg Bernhard; Günther Stern, unabhängiger Erzähler und Essayist, der unter dem Pseudonym Günther Anders in den USA und nach dem Krieg in beiden Teilen Deutschlands zahlreiche Artikel, Tagebücher, philosophische Studien, Gespräche mit Brecht und vieldiskutierte Bücher veröffentlichte; der geborene Breslauer lebt in Wien.

Die Reihe der Vortragenden setzten fort: Wieland Herzfelde, gastweise aus Prag in Paris; Robert Musil, der zum Internationalen Schriftstellerkongreß aus Österreich nach Paris gekommen war; Max Brod, aus gleichem Anlaß aus Palästina in Paris; Ernst Bloch; der Historiker Wolfgang J. Hallgarten; Johannes R. Becher, vorübergehend aus Moskau in Paris zur Vorbereitung des Internationalen Schriftstellerkongresses; der Soziologe Gottfried Salomon von der Universität Frankfurt, der im Exil in Paris an der Sorbonne lehrte, später in die USA entkam und nach dem Krieg wieder nach Frankfurt zurückkehrte; Fritz Schiff, Publizist, Korrespondent sozialdemokratischer Zeitungen; Arthur Koestler; die jungen Dramatiker Theodor Fanta, der für sein Schauspiel »Die Kinder des unbekannten Soldaten« den vom Schutzverband verliehenen Heinrich-Heine-Preis erhielt, den Krieg überlebte und französischer Staatsbürger wurde, sowie Eugen Mewes, der bald an Unterernährung und Tuberkulose starb; Heinrich Mann; Iwan Heilbut, Lyriker, Erzähler, Publizist, Mitarbeiter an Leopold Schwarzschilds Neuem Tagebuch, später in den USA bei der Zeitschrift Aufbau, seit 1950 wieder in Deutschland, 1972 in Bonn verstorben.

Nach ihm kam die deutschsprachige Ungarin Elisabeth Karr zu Wort, deren Roman »Alles ist umgekehrt« mit dem Heine-Preis des Schutzverbandes 1938 ausgezeichnet wurde; sie kehrte 1945 nach Ungarn zurück. Über E. Schultz, der dem Verzeichnis zufolge an dem Abend junger Erzähler teilnahm, vermag ich trotz Nachforschens keine Angaben zu machen. Ein weiterer Beteiligter, Henryk Keisch, Kommunist oder den Kommunisten nahestehend, überlebte in der Résistance in Frankreich; seit 1946 ist er Publizist, Kritiker, Übersetzer in Ostberlin und Nationalpreisträger.

Weiter sprachen in den Veranstaltungen des Schutzverbandes: Hans Marchwitza, bereits genannt als Mitglied des Bundes proletarisch-revolutionärer Schriftsteller; Karl Obermann, Historiker, später in die USA entkommen, heute Professor für deutsche Geschichte an der Humboldt-Universität in Ostberlin, Nationalpreisträger, Mitglied der SED; Bruno Frei, Publizist, Verfasser des Buches über das Pyrenäenlager Le Vernet, nach Mexiko weitergeflohen, nach dem Krieg längere Zeit Korrespondent in China für kommunistische Zeitungen und Zeitschriften; er lebt jetzt in Wien und hat sich in seiner Autobiographie »Der Papiersäbel« wegen des Einmarsches der Truppen des Warschauer Paktes in die Tschechoslowakei vorsichtig von der Partei distanziert; Carl Misch, demokratischer Publizist, Redakteur der Vossischen Zeitung, später Professor der Geschichte in den USA, wo er 1965 starb.

Zu den bedeutenden Rednern gehörte auch Professor Fritz Lieb, protestantischer Theologe aus Basel, Kollege und Mitstreiter von Karl Barth, ein ehrwürdiger, sehr zu Unrecht fast schon vergessener Seelsorger und Denker, der geistiger Mittler zwischen Ost und West sein wollte.[17] Er hatte von 1930 bis 1933 an der Universität Bonn gelehrt, war von den Nationalsozialisten bald nach der Machtergreifung ausgewiesen worden, hatte sich zunächst in Clamart bei Paris niedergelassen, von wo aus er paläontologische Forschungen betrieb, war 1937 in seine Heimatstadt Basel zurückgekehrt, um – wie Karl Barth – die in Bonn untersagte Lehrtätigkeit fortzusetzen und mit publizistischen Mitteln wie als Redner die Schweiz vor faschistischen Einflüssen zu warnen. Wo und wie er konnte, unterstützte er den Widerstand der Bekennenden Kirche. Seine damals vielzitierten streitbaren Artikel in Schweizer Zeitungen – vor allem in der Baseler Nationalzeitung und in der von ihm selbst begründeten und mitgeleiteten Schweizer Zeitung am Sonntag mit dem Untertitel: »Demokratie im Angriff« –, aber auch Streitschriften größeren Umfangs wie »Christ und Antichrist im Dritten Reich«,[18] Beiträge in der deutschsprachigen Exilpresse über »Niemöllers Weg ins Gefängnis« oder »Die Bekenntniskirche unter dem braunen Terror«, Veröffentlichungen in englischen protestantischen Kirchenblättern, Vorträge in Prag zur Zeit der Bedrohung der Tschechoslowakei 1938 zeigten: Fritz Lieb war einer der leidenschaftlichsten Vorkämpfer gegen den in seinem Begriff widerchristlichen Nationalsozialismus.

In der weiteren Aufzählung der Vortragenden folgen: Alfred Döblin; Max Schröder; Erwin Piscator; H. Mühlestein, ein Schweizer Schriftsteller; Ernst Erich Noth, der damals noch junge vormalige Mitarbeiter der Frankfurter Zeitung, der mit seinen französisch geschriebenen Büchern und Beiträgen für konservative Zeitschriften zu Ansehen gekommen war.[19] Der »Einzelgänger«, wie auch der Titel eines seiner erfolgreichen Romane lautete, lehrte nach der Flucht aus Frankreich an der Universität von Oklahoma vergleichende Literaturwissenschaft, kehrte 1963 nach Frankreich an die Universität von Aix en Provence zurück und hat seit Anfang der siebziger Jahre eine Gastprofessur in Frankfurt a. M. inne. Es schlossen sich an: Siegfried Marck, Professor der Philosophie, rechter Sozialdemokrat, später in den USA, wo er 1957 starb, dem Kreis der extrem antikommunistischen Neuen Volkszeitung zugehörig; Maria Leitner, in Ungarn geborene deutschsprachige Schriftstellerin, Kommunistin, als Mitglied der belgischen Widerstandsbewegung verschollen.

Erwähnenswert ist auch das Schicksal von Hans Jacob, Berliner aus großbürgerlichem Hause, in der Literatur bekannt geworden vor allem als Übersetzer von Molière bis Pirandello und Huysmans, Biograph Rimbauds, in der Welt der Politik als Dolmetscher des Auswärtigen Amtes unter Stresemann: eine Mischung aus Bohemien und Weltmann, rechtens auch Chevalier de la Légion d'Honneur, denn er hat sich nicht nur um die französische Literatur verdient gemacht, sondern war auch Sprecher beim Radio Straßburg, das die nationalsozialistische Propaganda zu kontern versuchte. Seine im Wortsinn weltweiten Beziehungen haben ihn vor materieller Not, aber nach der Überrennung Frankreichs nicht vor Gefahren geschützt; auch er stand auf den Auslieferungslisten der Gestapo, obwohl er ein gänzlich unpolitischer Mann war, wie er in seinen lesenswerten, wenn auch in Daten, Namen, Zitaten mehrfach irrigen oder ungenauen Memoiren wiederholt betont.[20] Seine Erinnerungen zeigen ihn, wie so viele Exilierte, auf der Suche nach der 1933 endgültig verlorenen Heimat. Frankreich, wohin er nach Umwegen über Mexiko, Hollywood, New York geriet, machte es den vertriebenen Deutschen schwer, sich zu beheimaten, selbst wenn sie wie Jacob Französisch sprachen und schrieben wie dort Geborene. »Die Atmosphäre war uns feindlich, zum mindesten aber nicht günstig«, schreibt er. Die Arbeit an Georg Bernhards Pariser Tageblatt blieb ein Intermezzo; der bekannte Dolmetscher war noch bis Kriegsbeginn bei Organisationen wie der Internationalen Handelskammer gefragt. Er brauchte mit seinen Beziehungen und Sprachkenntnissen nach gelungener Flucht auch in den USA nicht »ganz unten« wieder anzufangen.

Er wurde bald ein geachteter Kommentator einer New Yorker Radiostation. Nach Kriegsende übernahm er die Stelle des Chefdolmetschers und seit 1948 eine Funktion im Sekretariat der UNESCO in Paris, wo er 1961 starb.

Weiter sind zu nennen: Robert Breuer, den die Opposition im alten Schutzverband in Berlin verteufelt hatte; H. W. Katz, der für seinen Roman »Die Fischmanns« den Heine-Preis des Schutzverbandes 1937 erhielt, während des Krieges in der französischen Armee diente, hoch dekoriert wurde und 1941 nach den USA entkam; Lion Feuchtwanger; Karl Otto Paetel, der von der nationalen Jugendbewegung herkam, vor 1933 eine eigene national-revolutionäre Gruppe in Deutschland gebildet hatte, die wie alle bündischen Jugendgruppen von den Nationalsozialisten unterdrückt wurde. Er konnte sich, gefährdet, bis 1935 im Lande halten, floh in die Tschechoslowakei, von dort nach Schweden, danach vorübergehend nach Frankreich, dann endgültig in die USA, wo er publizistisch tätig war. Nach dem Kriege besuchte er Westdeutschland, konnte sich aber nicht wieder beheimaten. Durch »Rundbriefe für Freunde«, die in unregelmäßigen Abständen unter dem Titel »Gesprächsfetzen« aus New York versandt wurden, versuchte er bis in die späten sechziger Jahre, Verbindung zu den alten Kameraden zu halten. Außer zahlreichen broschierten Kampfschriften während der Zeit des »Dritten Reiches« und Artikeln in der Exilpresse hat er das als Quelle für die Motive der vielen Bünde, Gruppen, politischen Sekten in den zwanziger Jahren wichtige Buch »Versuchung oder Chance?« veröffentlicht;[21] von seinen weiteren Quellenschriften ist besonders »Die Presse des deutschen Exils«[22] hervorzuheben.

Der nächste Redner, Hans Arno Joachim, Freiburger Germanist, Literaturkritiker, Hörspielautor für den Sender Basel – sein Hörspiel: »Die Stimme Victor Hugos« wurde mit einem Nachwort von Heinrich Mann in der Schriftenreihe der Phoenix Bücher veröffentlicht[23] –, überlebte die Zeit der Gewaltherrschaft nicht. Der unpolitische, geistig eher konservative Gelehrte fiel bei der Besetzung Südfrankreichs in die Hände der Nationalsozialisten, wurde 1944 in eines der Vernichtungslager abtransportiert und ist seitdem verschollen.[24] Die nächsten Vorträge hielten: Bertolt Brecht; Heinrich Mann; Otto Piehl, der im Exil in Dänemark eng mit Walter Hammer zusammenarbeitete, später vorübergehend in Paris war, nach dem Krieg bald nach Deutschland zurückkehrte und jetzt in Hamburg lebt; Johannes Schmidt, das ist Radvanyi, Sozialwissenschaftler, Gatte von Anna Seghers, später im Exil in Mexiko, nach der Rückkehr Professor an der Humboldt-Universität in Ostberlin; Walter Berendsohn; Alwin Kronacher, vor 1933 Direktor des Frankfurter Schauspielhauses, später in den USA, wo er 1951 in Berkeley (Hollywood) starb; als Schriftsteller trat er mit einer von Albert Einstein eingeleiteten Biographie Fritz von Unruhs hervor.

Außergewöhnlich war das Schicksal von Maria Osten, das ist Maria Greshöner, einer damals noch jungen deutschen Publizistin, Gefährtin von Michail Kolzow, dem einflußreichen Korrespondenten der sowjetischen Parteizeitung Prawda, der besonders uns deutschen Schriftstellern wohlwollte und uns oftmals gegen die Parteibürokratie in Schutz nahm. Beide, Kolzow und Maria Osten, sind in Hemingways berühmtem Roman »Wem die Stunde schlägt« mit Achtung und Freundschaft portraitiert worden, Kolzow unter dem Decknamen Karkow, Maria als seine Geliebte, anmutig, gut aussehend und tapfer. Beide sind wenige Jahre später in Stalins Kerkern für immer verschollen. Kolzow wurde nach dem XX. Parteitag der KPdSU, 1956, »rehabilitiert«. Sein Spanienbuch »Die rote Schlacht« wurde – zensiert – 1960 in der DDR veröffentlicht.[25] Maria Greshöner wird ebenso wie Ottwalt, Günther, Schmückle, Herwarth Walden und andere in der Sowjetunion verschollene deutsche Schriftsteller kaum erwähnt; sie hatte zu viele »Unpersonen« zu Freunden; einer ihrer letzten Aufsätze war eine freundliche Besprechung des von mir in Madrid herausgegebenen Buches über das Bataillon Tschapaiew.[26]

Im Jahre 1938 kamen noch folgende deutschsprachigen Schriftsteller im Schutzverband zu Wort: Hans Siemsen, parteiloser Erzähler, Essayist, Mitarbeiter von Exilzeitschriften, er hatte vor 1933 ein kritisches, aber nicht feindseliges Buch über Eindrücke von einer Reise in der Sowjetunion geschrieben, war erfolgreich mit: »Die Geschichte eines Hitlerjungen«, entkam in die USA und kehrte 1948 nach Deutschland zurück; Joseph Roth; Ludwig Hardt, vormals berühmter Rezitator; Hertha Pauli, die eine in viele Sprachen übersetzte Biographie Alfred Nobels und ein ebenso weit verbreitetes Buch, »Ein Lied vom Himmel«, schrieb,[27] sie lebt seit 1940 in den USA; Manfred Georg, vor 1933 bekannter Ullstein-Redakteur, anfänglich in der Tschechoslowakei, Mitarbeiter vieler Exilzeitschriften, Herausgeber und Chefredakteur der heute noch bestehenden New Yorker Zeitschrift Aufbau, 1965 gestorben; Hermann Budzislawski, vor 1933 linker Sozialdemokrat, aktiv in der Opposition des Berliner Schutzverbandes Deutscher Schriftsteller, seit 1933 im Exil in Prag, seit 1934 Chefredakteur der Neuen Weltbühne, die bis dahin in Wien unter Leitung von Willi, später William S. Schlamm erschienen war. Obwohl er zweifellos kommunistisch beeinflußt war, kann Budzislawski, der mit dem Blatt 1938 nach Paris übersiedelte, nicht Parteimitglied gewesen sein, weil er im Leitartikel der letzten Nummer am 31. 8. 1939 unter der Überschrift »Die europäische Tragödie« passioniert Kritik am Hitler-Stalin-Pakt und an der Person Stalins übte. Nach den USA entkommen, wurde er dort Berater der einflußreichen Journalistin Dorothy Thompson, die aber nach Kriegsende von ihm abrückte. Seit seiner Rückkehr in die DDR ist er, zum Professor für Zeitungswissenschaft an der Universität Leipzig ernannt, fügsames Mitglied der SED.

Den Einladungen des Schutzverbandes folgten ferner: Willi Bredel; Alfred Wolfenstein; Friedrich Wolf; Arnold Zweig; Hermann Kesten; Recha Rothschild, Kommunistin, von Beruf Übersetzerin, im Exil nicht sonderlich hervorgetreten; Leonhard Frank, als Kriegsgegner im Exil, später in den USA, 1950 nach München zurückgekehrt, wo er 1961 starb; F. C. Weiskopf; Franz Werfel.

Wir haben jeden der Vortragenden nur einmal genannt. Es sprachen aber mehrfach (wiederum chronologisch geordnet): E. J. Gumbel; Ludwig Marcuse; Egon Erwin Kisch; Anna Seghers; Gustav Regler; Alfred Kerr; Klaus Mann; Manès Sperber; Rudolf Leonhard; Bodo Uhse; Wolfgang Hallgarten; Erich Weinert; Arthur Koestler; Alfred Döblin; Joseph Roth; Lion Feuchtwanger; Hans Marchwitza.

Das sind die in der Fünfjahreschronik der Veranstaltungen verzeichneten deutschsprachigen Referenten. Die zahlreichen Kollegen, die in Diskussionen zu Wort kamen, sind aus der Erinnerung, die vier Jahrzehnte zurückreichen muß, nicht mehr zu bestimmen. Einige der auf der Liste als Redner genannten Exilierten sind übergangen worden, weil sie in keinem Nachschlagewerk zu finden sind und der Verfasser sich ihrer nicht zu entsinnen vermag.

Hingegen müssen nun noch die französischen, spanischen und anderen nicht deutschsprachigen Schriftsteller genannt werden, die – teilweise mehrfach – Vorträge in ihrer Muttersprache, mitunter auch in deutscher Sprache bei den Veranstaltungen, besonders den größeren Kundgebungen des Verbandes hielten. Es waren der Chronologie gemäß: Henri Barbusse, als Verfasser des Anti-Kriegsromans »Le Feu« damals weltbekannt, Kommunist, von Stalinisten kritisiert; Paul Nizan, Essayist, Philosoph, Teilnehmer am Internationalen Schriftstellerkongreß in Paris 1935, dem Kommunismus damals nahestehend; Andrée Viollis, linksbürgerliche Schriftstellerin; mehrmals André Malraux; Edmond Fleg, bürgerlicher Schriftsteller; H. R. Lenormand, bürgerlicher Dramatiker; Armand Charpentier, Übersetzer; Louis Aragon; Ilja Ehrenburg, russischer Schriftsteller, damals Pariser Korrespondent der Zeitung Iswestija, seine Romane und Memoiren sind in beiden Teilen Deutschlands bekannt; Jean Richard Bloch, linksbürgerlicher, damals den Kommunisten nahestehender Schriftsteller; René Lalou, damals ebenfalls ein bekannter Schriftsteller; Augustin Hamon; Henri Jeanson, Publizist; Paul Vaillant-Couturier, führendes Mitglied der französischen KP, Publizist, für kulturpolitische Fragen zuständig; Elie

Faure, Mitarbeiter linker und liberaler Zeitschriften; Jean Guéhenno, angesehener Erzähler und Essayist; Jean Cassou, bedeutender Lyriker, Erzähler, Kunsthistoriker, während der Besetzung im Widerstand, später Direktor des Musée d'Art Moderne in Paris, damals ein hilfreicher Freund der deutschsprachigen Exilierten, Sympathisant der extremen Linken bis zum Zusammenbruch der nationalsozialistischen Herrschaft, nach dem Krieg ähnlich wie Malraux auf Distanz zur Sowjetunion und zu den Kommunisten, ohne jedoch seine früheren Freunde und Gefährten zu verleugnen; Eugène Dabit; Professor Henri Lichtenberger, damals das Haupt der französischen Germanistik, ein Gelehrter von liberal-konservativer Geisteshaltung, Verbindungsmann zur Sorbonne und zum Collège de France; Edmond Vermeil, sein Nachfolger, der im Nachkrieg die Verbindung zur deutschen Germanistik, soweit sie nicht betont nationalsozialistisch gewesen war, wieder knüpfte; Max Aub, parteiloser republikanischer spanischer Schriftsteller; Pablo Neruda, chilenischer Dichter, später Nobelpreisträger; Tristan Tzara, einer der Begründer des Dadaismus, unabhängiger Linker; Alvarez del Vayo, damals spanischer Außenminister, politischer Publizist, später im Exil in den USA; Luis Araquistain, republikanischer spanischer Botschafter in Paris; Luc Durtain, bürgerlicher französischer Schriftsteller, José Bergamin, spanischer republikanischer Schriftsteller; Wang Hei King, Präsident der chinesischen Féderation in Frankreich; Benjamin Crémieux, Schriftsteller und Vorsitzender prozionistischer jüdischer Verbände in Frankreich.

Während des Internationalen Schriftstellerkongresses in Paris 1935 nahmen als Gäste an den Veranstaltungen des Schutzverbandes auch teil: der greise dänische Schriftsteller Martin Andersen-Nexö; die zu Unrecht vergessene dänische Erzählerin Karin Michaelis. Bei anderer Gelegenheit ergaben sich Zusammenkünfte mit dem damals weltberühmten amerikanischen Romancier Theodore Dreiser, Langston Hughes, dem norwegischen Dichter Nordahl Grieg, der im Krieg in seinem Heimatland getötet wurde, und wohl auch noch einigen anderen, die in der Liste der Gratulanten zum fünfjährigen Bestehen des Schutzverbands verzeichnet stehen, wie Erika Mann, Robert Neumann, Oskar Kokoschka, der nicht nur als Maler, sondern auch als expressionistischer Dichter und Dramatiker berühmt war und zeitweilig dem Freien Deutschen Kulturbund in England präsidierte. Obwohl ich anfänglich mit Rudolf Leonhard und David Luschnat ehrenamtlich die organisatorischen Arbeiten des Verbandes leitete, kann ich für die Zeit vom Herbst 1936 bis zum Frühjahr 1938 nicht aus eigenem Erleben berichten, weil ich damals in Spanien war. Ich muß mich deshalb auf den Veranstaltungskalender im Sonderheft zum Jubiläum des Schutzverbandes Deutscher Schriftsteller verlassen, das im November 1938 erschien.

Die im Herbst 1933 monatlichen, von 1934 bis 1938 wöchentlichen Veranstaltungen unterteilten sich in Vortrags-, Vorlesungs- und Diskussionsabende, die regelmäßig im Souterrain des kleinen Café Méphisto am Boulevard St. Germain stattfanden; besondere Einladungen waren dazu nicht notwendig, die exilierten deutschsprachigen Schriftsteller kannten Ort und Zeit, das vorgesehene Thema sprach sich herum. Die Zahl der Besucher schwankte zwischen fünfzig und hundert. Eintrittsgeld wurde nicht verlangt. Auch dem Verband entstanden keine Kosten, der Besitzer begnügte sich mit der Gewißheit, daß an diesen Abenden so viele Menschen Kaffee, Tee, Bier oder Eis bestellten. Hinter der Eingangstür stand nur unausweichlich der parteilose junge Kollege Mewes mit seiner Sammelbüchse. Wer konnte, warf einen Franc hinein, besser situierte Kollegen gaben zwei bis fünf Francs, willkommene französische Gäste wie z. B. André Malraux oder Professor Vermeil sowie Damen und Herren in ihrer Begleitung schoben zuweilen Geldscheine hinein.

Nach ein bis zwei Jahren hatte sich ein Betrag angesammelt, der es möglich machte, eine Zeitschrift zu drucken und auf verschiedenen illegalen Wegen oder als Tarnschrift an einige hundert der im Dritten Reich verbliebenen Schriftsteller zu senden, weniger an insgeheim links gerichtete oppositionelle Kollegen, die dadurch nur gefährdet gewesen wären, als an konservative Mitglieder der Reichsschrifttumskammer, die verständigt werden sollten, daß die deutsche Literatur im Ausland fortbestand und angesehene Verbündete wie Romain Rolland und viele andere hatte. Die Propagandawirkung war gering, aber nicht völlig bedeutungslos, weil manche der Empfänger interessiert waren, zu lesen, was Thomas Mann, Romain Rolland, Bert Brecht, Heinrich Mann, Stefan Zweig, Franz Werfel in dem sonderbaren Blättchen schrieben.

Größere Spenden für die Herstellung und Versendung der auf Dünndruckpapier im Umfang von ein bis zwei Bogen (16 bis 32 Seiten) hergestellten Schriften gingen bei den öffentlichen Kundgebungen ein, die in unregelmäßigen Abständen zumeist aus besonderen Anlässen in einem etwa 250 Personen fassenden Saal des gepflegten Gebäudes der Société d'Encouragement pour l'Industrie Nationale am Place St. Germain de Près stattfanden, um die Ecke der nach dem Kriege modisch gewordenen Cafés Deux Magots und Du Flore. Bei diesen öffentlichen Kundgebungen des Verbandes mußte eine bescheidene Eintrittssumme bezahlt werden, um die Kosten für die Miete des Saals und die Versendung hektographierter Einladungen an französische Intellektuelle zu decken, doch kamen dann beim Spendenaufruf für die Unterstützung von Angehörigen in Deutschland gefangener Schriftsteller Beträge bis tausend Francs zusammen. Es versteht sich, daß keiner der mit organisatorischen Aufgaben betrauten Mitarbeiter des Verbandes oder die Mitwirkenden bei den Veranstaltungen irgendeine Vergütung beanspruchten. Der eifrige Sammler Eugen Mewes starb im Herbst 1937 an einer durch Hunger und Kälte verursachten Lungenentzündung. Bei einem am 25. Oktober 1937 veranstalteten Eugen-Mewes-Gedächtnisabend des Schutzverbandes wurde an seine Selbstlosigkeit erinnert.

David Luschnat konnte sich aus materiellen Gründen nicht in Paris halten und ging 1934 in die Schweiz mit der Hoffnung, dort in seiner Muttersprache veröffentlichen zu können. Da er mittellos war, wurde er bald ausgewiesen. Joseph Roth intervenierte in einem Brief an den hilfreichen Schweizer Literaten Carl Seelig vergeblich für Luschnat. In dem Schreiben vom 19. November 1934 heißt es: »Der deutsche Schriftsteller David Luschnat, kein Kommunist, nicht einmal ein Jude, ein ganz harmloser Mann mit einigen seltsamen Ideen, ist aus der Schweiz ausgewiesen. Er hat keinen ›Namen‹, kein Geld, er kann nicht einmal die Reise zur Grenze bezahlen. ... Spätestens am 4. XII. muß er das Land verlassen. Und er stirbt mit seiner Frau schon seit Hitler vor Hunger«.[28] Es ist Luschnats auch in den kommenden Jahren und Jahrzehnten nicht viel besser ergangen. Wieder in Frankreich, mußte er wie alle Deutschen in ein Internierungslager, überlebte den Krieg im Untergrund, kehrte 1958 in die Bundesrepublik zurück, fand nirgendwo Anschluß; er und seine Frau wurden, wie er in einem Brief schrieb, »so schauerlich isoliert«, daß sie in die Einsamkeit des Exils in Südfrankreich zurückkehrten, krank und bitter – ein sehr typisches Exilschicksal.[29] Bei dem Zweiten Internationalen Symposium zur Erforschung der deutschsprachigen Exilliteratur in Kopenhagen waren Luschnats als Ehrengäste geladen.

Das war ein Vorgriff, nicht zusammenhanglos jedoch – das Schicksal des Exilierten im Jahre 1933 bestimmte in nicht wenigen Fällen, wenn er überleben konnte, schon sein Nachkriegsschicksal voraus. Es gab keine Wiederkehr. Das war 1933 für zumindest neun Zehntel der exilierten Schriftsteller nicht vorstellbar. Die Veranstaltungen des Schutzverbandes zeigten die Hinwendung zu Deutschland; die Diskussionen der ersten Jahre des Exils nährten sich von der Überzeugung baldiger Heimkehr – eine der verbreitetsten Illusionen über alle Partei- und Weltanschauungsschranken hinweg.

Die erste Veranstaltung stand unter dem Zeichen deutsch-französischer Freundschaft. Genannt werden nur Henri Barbusse und Paul Nizan. Die Chronik teilt nicht mit, wer von deutscher Seite an diesem Abend gesprochen hat. Die Texte der Vorträge und Lesungen an den regelmäßigen Abenden des Schutzverbandes haben sich nur erhalten, wenn sie später in die Bücher der Autoren aufgenommen wurden. Von den oftmals lebhaften, aber kaum jemals in Zänkereien entartenden Aussprachen beziehungsweise kritischen Anmerkungen zu vorgelesenen Texten gibt es keine Überlieferung. Einige Vorträge sind von Exilzeitschriften nachgedruckt worden, also durch die Sammlung und Bereitstellung der wichtigsten Publikationen seit einigen Jahren wieder zugänglich. Es gab Gedenkabende für die in Hitlerdeutschland ermordeten, gefangenen oder im Exil verstorbenen Kollegen (z. B. Erich Mühsam, Ludwig Renn, Kurt Tucholsky). Es gab Autorenlesungen, bei denen Anna Seghers, Theodor Plievier, Gustav Regler, Alfred Kerr, Rudolf Leonhard, Bodo Uhse, Erich Weinert, Arthur Koestler, Theodor Fanta, Eugen Mewes, Iwan Heilbut, Klaus Mann, Walter Mehring, Wolfgang Hallgarten, Ernst Erich Noth, Maria Leitner, H. W. Katz, Bert Brecht, Maximilian Scheer, Lion Feuchtwanger, Willi Bredel, Alfred Wolfenstein, Hans Marchwitza, Friedrich Wolf aus den Manuskripten ihrer in Arbeit befindlichen Romane, Erzählungen, Schauspiele, Gedichtbände, Geschichtswerke vortrugen und sie zur Diskussion stellten.

Es gab Diskussionsabende über die Themen: »Wie stehen wir zu Deutschland« (Redner: E. J. Gumbel, A. Kurella, Ludwig Marcuse); »Theoretische und praktische Fragen der Reportage« (E. E. Kisch); »Das 3. Reich im Spiegel der Emigrationsliteratur« (Ernst Leonhard, Kurt Stern); »Fallada und Reger. Der Gesellschaftsroman auf dem Wege zum Faschismus« (Maximilian Scheer und Bodo Uhse); »Dostojewski oder die politische Literatur« (Manès Sperber); »Oskar Maria Graf, Klaus Mann und ihre Werke« (eingeleitet von Bodo Uhse); »Kriegsgefahr und Emigration« (Hellmut von Gerlach, Paul Friedländer, Hans Erich Kaminski); »Literatur, die den Krieg vorbereitet« (A. Kantorowicz). Paul Westheim sprach über J. Heartfield, Gustav Regler über Bodo Uhses Roman »Söldner und Soldat«; drei Diskussionsabende waren dem Internationalen Schriftstellerkongreß gewidmet; einmal standen Interpretationen der Reden von Aldous Huxley, E. M. Forster, Robert Musil und Max Brod auf dem Programm. Es folgten Diskussionen über Maxim Gorkis Aufsatz: »Über die Kultur«; »Gottfried Keller als politischer Schriftsteller«; »Dichtung und sozialistische Gegenstände« (Ernst Bloch); »Das Problem des Oberbaus und des Unterbaus« (Wolfgang Hallgarten); »Freiheit und Freiheiten« (Gottfried Salomon); »Kunst als kollektiver Gebrauchsgegenstand« (Carl Einstein); »Über den historischen Roman« (Gustav Regler); »Warum das Christentum siegte« (Fritz Schiff); »Kultur in Nürnberg« (Paul Westheim); »Rosenbergs Kultur-Nihilismus« (Fritz Lieb); »Nazikultur und Freie deutsche Kultur« (Johannes Schmidt); »Antifaschistische Kinderbücher« (Edmund Schlesinger); »Neuerscheinungen der Emigrationsliteratur« (Alfred Döblin); Brechts »99 Prozent«, später umbenannt in »Furcht und Elend des dritten Reiches«; »Kultur in Mitteleuropa« (H. Budzislawski); »Der historische Stoff als Waffe im Kampf um die deutsche Freiheit« (Lion Feuchtwanger, Hermann Kesten, Kurt Kersten, Gustav Regler, Recha Rothschild).

Die öffentlichen Kundgebungen galten zumeist herausragenden Ereignissen. Zu erinnern ist an die Kundgebung für Carl von Ossietzky, Ludwig Renn und Erich Mühsam (Sprecher: Gustav Regler, A. Apfel, E. E. Kisch); die Einweihung der Bibliothek der verbrannten Bücher (Deutsche Freiheitsbibliothek) am Boulevard Arago (Sprecher die Franzosen Fleg und Lenormand, die Exilierten Kerr, Kisch, Kantorowicz); die Gedächtnisfeier für den ermordeten Erich Mühsam (Weinert, Kisch, Seghers, Rüst, Souchy); eine Saarkundgebung während des Abstimmungskampfes über den Status quo oder den Anschluß ans Reich (Theodor Balk); die Veranstaltung zum ersten Jahrestag der Eröffnung der Deutschen Freiheitsbibliothek (René Lalou, Georg Bernhard, Rudolf Leonhard, A. Kantorowicz); die Feier des 50. Geburtstages von E. E. Kisch (Jean Richard Bloch, Augustin Hamon, Henri Jeanson, Paul Vaillant-Couturier, André Malraux, Gustav Regler, P. Friedländer, Rudolf Leonhard, Erich Weinert, Wieland Herzfelde); eine Victor-Hugo-Feier (Elie Faure, Jean Guéhenno, F. Friedmann); die Henri-Barbusse-Gedenkfeier (Johannes R. Becher); eine Carl-von-Ossietzky-Kundgebung (Vorlesung aus seinen Schriften); zwei Spanienkundgebungen mit dem verwundet aus Spanien nach Paris zurückgekehrten Gustav Regler und Arthur Koestler nach seiner Freilassung aus den Kerkern der von den Franco-Truppen und italienischen Divisionen überrannten südspanischen Gebiete;[30] die Kundgebung für Österreich (Joseph Roth, K. Boskowitz, Ludwig Renn, Bruno Frei); die Ossietzky-Kundgebung am 5. Jahrestag der Bücherverbrennungen (André Wurmser, Joseph Roth, Manfred Georg, E. E. Kisch, Bruno Frei); eine deutsch-französische Goethefeier (Edmond Vermeil und Ludwig Marcuse); eine deutsch-französisch-spanische Kundgebung für die freie deutsche Literatur (Louis Aragon, José Bergamin, Willi Bredel, Lion Feuchtwanger, Benjamin Crémieux, Jean Cassou, Jean Paulhan, Leonhard Frank, F. C. Weiskopf, Franz Werfel).

Hinzuzufügen bleiben Gedenkfeiern für verstorbene Kollegen wie Eugen Mewes oder Ödön von Horváth, den Hertha Pauli, Joseph Roth, Rudolf Leonhard, Paul Friedländer, Manfred Georg und Armand Pierhal betrauerten. Die Übergabe der Heine-Preise wurde zu einer intimen Feier mit Ansprachen von Kisch, Hans Siemsen, Lesungen der Preisträger Elisabeth Carr, H. W. Katz, Henryk Keisch. Zugehörig war die Ausstellung »Freie Deutsche Kunst« und die im Rahmen des Schutzverbandes stattfindenden Uraufführungen von Brechts Drama »Die Gewehre der Frau Carrar« sowie einiger Szenen aus dem Zyklus »99 Prozent« (so steht die Folge im Veranstaltungskalender). Die Verbindung zur Deutschen Freiheitsbibliothek war von selbst gegeben, desgleichen die Teilnahme der Mitglieder des Schutzverbandes am Internationalen Schriftstellerkongreß zur Verteidigung der Kultur und an anderen kulturellen oder kulturpolitischen Veranstaltungen. Das geistige Leben der exilierten Schriftsteller war in jenen Jahren reich. Die im Veranstaltungskalender genannten Namen wären zu ergänzen durch die von Kollegen, die, besuchsweise aus England, Holland, der Schweiz, der Tschechoslowakei kommend, an den Diskussionen und Kundgebungen teilnahmen.

Grüße zum fünfjährigen Bestehen 1938

Ein Zeugnis für die Verbundenheit mit den nicht in Paris lebenden Exilgefährten ist das von Max Schröder redigierte Sonderheft zum Jubiläum des Schutzverbandes Deutscher Schriftsteller im Exil vom November 1938. Dafür schrieb Thomas Mann aus der Schweiz sein überzeitlich gültiges, im Nachkrieg immer wieder in Erinnerung gerufenes Bekenntnis: »Freiheit und Geist sind ein und dasselbe«, worin es heißt: »Reglementierter, kommandierter, terrorisierter Geist ist keinen Schuß Pulver wert, er lockt keinen Hund vom Ofen und ist ein Unding, um das niemand sich kümmern mag, weil er kein Vertrauen erweckt und die Uninteressantheit selber ist. Wer möchte ein Buch lesen, von dem er im voraus weiß, daß der Verfasser darin nicht seine eigenen Gedanken ausdrückt, nicht frei seinem Genius folgt, sondern gezwungen ist, sich einer die Aufsicht führenden Ideologie anzupassen, ihr nach dem Munde zu reden und sich in Verneigungen vor ihr zu erschöpfen? Welchen Sinn hätte eine solche Lektüre? Freiheit und Geist sind ja ein und dasselbe. Freier Geist ist ein Pleonasmus und unfreier Geist ein Widerspruch im Beiwort. Und wenn ich ›Geist‹ sage, so meine ich natürlich auch die Kunst, die ja eine besondere, sinnenfrohe Äußerungsform des Geistes ist; ich meine auch die Dichtung. Die Dichtung muß frei sein. Sie mag sich dann binden, wie sie will – aber ihre erste, ihre primäre Voraussetzung und Lebensbedingung ist die Freiheit. Darum ist es gut und notwendig, daß es außerhalb der Grenzen totalisierter Politik eine deutsche Dichtung gibt.«

Die Gegenwärtigkeit der Zuschrift bezeugt die Fortdauer des Weltbürgerkrieges. Aus Villeneuve in der Schweiz, wo er seit dem Ersten Weltkrieg lebte, versicherte Romain Rolland seine exilierten deutschen Kollegen einmal mehr seiner Verbundenheit: »Wo Ihr seid, ist das alte Deutschland, das wir lieben und ehren, sind seine edelsten und reinsten Überlieferungen, sein freier Geist, sein hohes Bewußtsein, seine tiefe Menschlichkeit, die königliche Welt seiner über die Horizonte hinausweisenden Gedanken. Eure Götter des Geistes, Goethe, Lessing, Kant und Beethoven, sind mit Euch. Und Ihr tragt in Euch das Deutschland der Zukunft, all die Hoffnungen, die auch die unseren sind.«

Stefan Zweig wünschte dem »Schutzverband der Schutzlosen« in herzlicher Verbundenheit alles Gute. Er erhoffte »eine erhöhte Solidarität, eine innigere Kameradschaft.« Seine Zuschrift endete: »Ihre Vereinigung ist eines der letzten Bänder, die uns äußerlich zusammenhalten; verwandeln wir es darum in ein innerliches! Bleiben wir treu zusammen in der Verbundenheit gleicher Pflicht und gleicher Gesinnung.«

Franz Werfel schrieb: »Der SDS [Schutzverband Deutscher Schriftsteller] ... war und ist jetzt mehr denn je der Mittelpunkt solch männlichen Zusammenhaltes, weit über die Grenze einer Standes- und Interessenvertretung hinaus. Seine Wirksamkeit und sein Gedeihen wird immer ein Maßstab für die Lebenskraft und die Zukunftshoffnung der deutschen Literatur im Exil sein. Wenn wir ihm zu seinem Ehrentage Glück wünschen, beglückwünschen wir uns selbst.«

Alfred Kerr sandte eines seiner satirischen Gedichte gegen den Nationalsozialismus. Anna Seghers riet den Daheimgebliebenen, in deren Hände diese Schrift gelangen sollte, zur Lektüre der deutschen Klassiker. »Sie enthalten allen Stoff, der genügt für siebenhundert Scheiterhaufen.« Joseph Roth bekannte sich zu seinen deutschen Schicksalsgefährten: »Ich begrüße aus kameradschaftlichem Herzen die Existenz des Schutzverbandes Deutscher Schriftsteller ... Er hat sich in der schwersten Zeit unseres Exils als die einzige repräsentative Stelle der Widerstandskraft gegen das Böse erwiesen.«

Robert Breuer erinnerte an den Unterschied zwischen dem »SDS einst und heute«: »In der Verbannung haben die deutschen Schriftsteller gelernt, was die Gemeinschaft bedeutet, sie haben erkannt, daß es bei aller Mannigfaltigkeit der Meinungen und der Gefühle ein einigendes Gesetz gibt: die Front der Freiheit im Kampf des verlorengegangenen, aber neu zu gestaltenden deutschen Volkes.«

Albert Ehrenstein, als expressionistischer Lyriker berühmt, sandte das »Kerkerlied« (nach dem Chinesischen des Han Yü). Gustav Reglers Zuschrift erinnerte an die Gemeinschaft im Spanienkrieg: Während einer Kampfpause hatte »General Hans« (Hans Kahle, der mit einem Beitrag über seinen Stabschef Ludwig Renn ebenfalls im Jubiläumsheft vertreten ist) einige in Madrid anwesende Kollegen ins Rasthaus der Division eingeladen, denn der Oberkommandierende, General Miaja, hatte ihm ein paar Flaschen guten Pfälzer geschickt. Bodo Uhse, Kommissar von Hans, hatte Rapport über einen erfolgreichen Handstreich an der Front erstattet. Hans

Marchwitza las ein Gedicht vor. »Plötzlich sagte jemand: ›Wißt ihr eigentlich, daß heute Montag ist?‹ Kanto [so wurde ich von den Freunden genannt; A. K.] sah mich an; wir saßen in den bequemsten Stühlen, da wir beide noch nicht ganz wieder auf den Beinen waren von den Wirkungen, die die Nazigranaten auf unsere verschiedenen Gebeine ausgeübt hatten. Kanto lachte: ›Das heißt also, daß dies ein SDS-Abend ist.‹ – ›Jawohl‹, sagte Kisch, ›jetzt sitzen sie in der rue de Rennes [Irrtum: Boulevard St. Germain; A. K.] mit Leonhard am Präsidium‹. Maria Osten vergaß auch die anderen nicht. Man lachte, aber es war die Freundschaft in diesem Lachen. Die Freundschaft für alle, die mithalfen, daß dieses Foyer des Geistes bewahrt blieb all denen, die nie die Hoffnung auf ein freies Deutschland aufgeben werden.«

Else Lasker-Schüler, damals in Jerusalem, sandte Gedichte, die Marcel Brion und Heinrich Mann gewidmet waren. Australische Schriftsteller übermittelten die auch uns betreffende Grußadresse an den berühmten »Seewolf« des Ersten Weltkrieges, Graf Felix von Luckner, der sich als Gegner des Nationalsozialismus bekannte, »in the name of the true Germany, which will ultimately sweep away the gang who misgovern the Third Reich«. Der norwegische Schriftsteller Odd Eidem, der einen der ersten Versuche unternahm, die deutschsprachige Exilliteratur systematisch zu erfassen,[31] spottete über den Rassenwahn der Nationalsozialisten und versicherte, daß »gerade bei den Blondesten von allen blonden Ariern, bei dem nordischen Menschen, die deutschen Germanenanbeter nur mit Verachtung, Hohn und Lachen empfangen werden!« Er bekräftigte: »Ich glaube, es ist keine Übertreibung, wenn ich sage, daß mindestens 99 % des intellektuellen Nordens hinter denselben Fahnen kämpfen wie die landflüchtige Dichtung Deutschlands.« Vielleicht ist dazu jedoch die Anmerkung geboten, daß zur Überraschung vieler einer der größten nordischen Dichter, Knut Hamsun, offen mit dem Nationalsozialismus sympathisierte und nicht nur Hitlers Gegner, sondern auch seine ehrwürdigsten Opfer wie Carl von Ossietzky verächtlich machte.[32]

Erich Kuttner bekannte sich in seinem Schreiben abermals zur Gemeinschaft derer, die gegen »Gleichschaltung und Gewissenszwang«, für »Aufrichtigkeit und Überzeugung . . . Freiheit und Menschenrechte« kämpften – mit der Schreibmaschine oder dem Maschinengewehr: Er hatte sich lange bei den Internationalen Brigaden im kämpfenden Spanien aufgehalten. Der alte Arthur Holitscher, der fast ein halbes Jahrhundert lang als Kritiker, Reporter das Zeitgeschehen begleitet hatte, ein »ethischer« Sozialist, parteiloser Linker, schrieb aus der Schweiz: »Daß der Kataklysmus vermieden werden kann, daran glauben nur, das verkünden nur Jene, die an dem Fortdauern, wenn auch nur für kurze Zeit, ihrer Vollmachten, ihrer mehr oder minder wahrhaftigen Ideologien Interesse haben. Es ist zu spät: ›noch ist es Zeit‹ zu sagen.«

Der Dichter und Regisseur Berthold Viertel schrieb aus London, daß der Schutzverband Deutscher Schriftsteller in den 30 Jahren seines Bestehens niemals eine größere Bedeutung hatte als in den Jahren des Exils: »Er vertritt nicht nur die beruflichen Interessen der deutschen Schriftsteller, die außerhalb des Dritten Reiches leben und wirken, er verkörpert Idee und Gesinnung des deutschen Schrifttums, das sich dem Dritten Reich nicht beugt und ihm kämpfend und schaffend widersteht.«

Max Herrmann-Neiße, einer von denen, die weder rassisch noch politisch belastet waren, als sie frühzeitig das Exil wählten, sandte aus London die »Rechtfertigung eines Emigranten«. Sie beginnt mit den Versen:

»Ihr werft mir vor, zuviel zurückzudenken,
die alten Zeiten niemals zu verwinden,
mich fruchtlos ins Gewesene zu versenken
und keinen Weg zur Gegenwart zu finden,
was einst ich liebte, heimlich noch zu lieben . . .«

Rudolf Leonhard, für den – wie für Heinrich Mann und andere Deutsche – Frankreich die zweite Heimat war, gab in seiner Zuschrift dieser Verbundenheit Ausdruck. Auf ihn folgten die französischen Freunde Jean Cassou, Victor Margueritte, Edmond Vermeil, Renaud de Jouvenel, Louis Aragon, Tristan Tzara, Francis Jourdain. Aus den USA und Mexiko kamen Grüße von Alfons Goldschmidt, dessen Buch »Whither Israel« Albert Einstein eingeleitet hatte, und dem vormaligen preußischen Justizminister Kurt Rosenfeld. Oskar Maria Graf, damals bereits aus der Tschechoslowakei nach New York übersiedelt und zum Präsidenten des Schutzverbandes deutsch-amerikanischer Schriftsteller gewählt, legte erneut ein Bekenntnis zur deutschen Sprache ab: »Von der Meisterhaftigkeit, von der Gewalt und Erfülltheit unserer Sprache wird es abhängen, inwieweit wir den Völkern und unserem eigenen Volk verständlich machen können, was Hitler zu zerstören begonnen hat, was verlorengehen kann, wenn wir es nicht erhalten. Erst spätere Geschlechter werden das vielleicht in vollem Umfang begreifen.«

Karl August Wittfogel, der bald darauf wegen der Moskauer Prozesse und des Hitler-Stalin-Pakts zum passionierten Antikommunisten wurde, identifizierte sich in seinem aus den USA gesandten Beitrag noch völlig mit dem Kampf und den Kämpfern gegen den Faschismus im alten wie im neuen Pariser Schutzverband. Er erinnerte an die letzte Veranstaltung des alten Schutzverbandes in Berlin im Februar 1933, bei der Carl von Ossietzky, Erich Mühsam, Ludwig Marcuse und er selber »öffentlich gegen die kommende Hitlerbarbarei unsere Stimmen in Deutschland erhoben.«

Auch Wilhelm Pieck sandte einen Gruß. Die kurze Adresse enthält keine Parteiphrasen und macht nicht den Eindruck einer Pflichtübung. Es ist aufschlußreich, daß sich sonst niemand von denen, die später die Kulturpolitik in der DDR dirigierten, mit einem Beitrag in der Festschrift findet, Johannes R. Becher mit dem Gedicht »Der Bittere« ausgenommen.

Klaus Mann dachte an die Verantwortung der exilierten Schriftsteller nicht nur in der Gegenwart von 1938, dem Jahr der größten politischen Triumphe Hitlers, sondern auch für die Zukunft, die ihm selbst dann nicht mehr lebenswert erschien. »Unser Ehrgeiz sei, daß künftige Geschlechter von uns sagen sollen: Als es ums Ganze ging, und alles darauf ankam – da haben auch sie, die deutschen Schriftsteller im Exil, ihre Pflicht getan.«

Englische Kollegen, darunter so namhafte wie Sylvia Townsend-Warner, John Strachey, Rose Macauley sandten ermutigende Botschaften. Viele andere Zuschriften, Grußworte, Kundgebungen von Kollegen, die erst während der Drucklegung des ohnehin überfüllten Heftes eintrafen, konnten nicht veröffentlicht werden. Eine Notiz nennt unter ihnen den greisen Georg Hermann, Lion Feuchtwanger, Max Lingner, Ernst Weiß, Robert Neumann, Erwin Piscator, Andor Gábor, Julius Hay, Ernst Bloch, Hanns Eisler, Hermann Kesten, Oskar Kokoschka, Georg Lukács, Erika Mann, Hans Siemsen, E. E. Noth, Theodor Plievier, Ludwig Renn, Adam Scharrer, Maximilian Scheer, Walter Schönstedt, Max Schröder (der meiner Erinnerung nach das ungezeichnete Geleitwort geschrieben hatte), den Maler Eugen Spiro, Ernst Toller, Alfred Wolfenstein, Johannes Wüsten, der 1943 in einem nationalsozialistischen Zuchthaus umkam; von den französischen Freunden Pierre Abraham, Jean Richard Bloch, Luc Durtain, Jean Paulhan; von den Spaniern Rafael Alberti, José Bergamin; ferner die Belgier Frans Masereel und Nico Rost, später Insasse von Dachau; den Tschechen Paul Nezval; die Skandinavier Martin Andersen-Nexö, Karin Michaelis, Nordahl Grieg; die Amerikaner Theodore Dreiser, Langston Hughes.

In dieser summarischen Aufzählung wird heutigen Lesern mancher Name nichtssagend sein. Zur Zeit des Schutzverbandes Deutscher Schriftsteller in Paris hatte jeder seine Bedeutung; in den Literaturgeschichten ihrer Länder stehen die Nichtdeutschen alle verzeichnet, und wenn die deutschsprachigen Schriftsteller, die hier genannt sind, in den Nachkriegsliteraturgeschichten der beiden deutschen Staaten teilweise nicht vorkommen, so ist, wie gesagt, in der Bundesrepublik das allgemeine Desinteresse an der Exilliteratur, in der DDR parteiliche Zwangsregulierung die Ursache. Das reiche geistige Leben, das sich im Schutzverband entfaltete – die Auseinandersetzungen in literarischen und kulturpolitischen Fragen einbeschlossen

– ist einer der Aktivposten des Exils. Die Kontinuität des literarischen Lebens wurde gewahrt.

Einzelgänger ohne Kontakte zum Schutzverband

Diese Feststellung bezieht natürlich auch alle in Frankreich lebenden deutschsprachigen Schriftsteller ein, die an den Veranstaltungen des Schutzverbandes nicht teilnahmen. Viele Schriftsteller mieden öffentliche Auftritte, Teilnahme an Kundgebungen, geschweige denn Gruppenleben. Einzelgänger sind gerade in der Literatur keine Seltenheit. Um nur einige zu nennen, deren Teilnahme eine Bereicherung für den Schutzverband gewesen wäre: Walter Benjamin, der nun neuentdeckte scharfsinnige Denker, Gesprächspartner Brechts; oder Siegfried Kracauer, berühmt als ständiger Mitarbeiter der Frankfurter Zeitung und Verfasser der grundlegenden Studie über »Die Angestellten« als soziologische Schicht; oder der Romancier Ernst Weiß, der Lyriker und Feuilletonist Hans Sahl und wie viele andere, die jedenfalls zeitweilig in Paris oder der Umgebung wohnten. Manche wollten vermeiden, durch öffentliches Hervortreten ihre noch in Deutschland lebenden Angehörigen zu belasten. Andere mieden Zusammenkünfte. Einige werden aus politischen Gründen den alles in allem links von der Mitte stehenden Verband ungern besucht haben. Wieder andere machten sich nicht kenntlich. Es gab auch solche, die im Exil endgültig verstummten – so ist z. B. von Carl Sternheim, der schon vor 1933 im Ausland lebte, seit 1933 nichts Neues mehr erschienen; er starb in geistiger Umnachtung 1942 in Brüssel.

An dieser Stelle ist nachzutragen, daß eine Anzahl nicht unbedeutender Schriftsteller deutscher Sprache, die im Ausland lebten oder ins Ausland gingen, trotz ihrer Ablehnung des nationalsozialistischen Regimes einen Modus vivendi mit ihm fanden, der es ihnen ohne direkte geistige und politische Konzessionen ermöglichte, den Status von Exilierten zu umgehen. Hermann Hesse hatte es trotz seines urkundlichen Antifaschismus am leichtesten, sich dem Zugriff zu entziehen, weil er, wie erwähnt, schon vor dem Ersten Weltkrieg in die Schweiz übergesiedelt und als Kriegsgegner dort wohnhaft geblieben war. Als Schweizer Staatsbürger gehörte er zu den im Reich nicht geförderten, aber geduldeten Schriftstellern. Zusendungen irgendwelcher Institutionen in Deutschland, die selbst von ihm einen »Arier-Nachweis« forderten, konnte er mit der Feststellung beantworten: »Ich bin Schweizer, bin auch Mitglied des Schweizer Schriftstellervereins, und wir haben von Ihren Behörden die Zusicherung unbehelligter Mitarbeit erhalten.«[33]

Ein anderer deutscher Schriftsteller, dem es gelang, außerhalb des Dritten Reiches zu leben, ohne geächtet zu werden, war der Erzähler Stefan Andres, der sich mit seiner Familie in dem süditalienischen Städtchen Positano am Golf von Salerno ansiedelte und seine stark vom Katholizismus geprägten Romane und Novellen in Deutschland veröffentlichen konnte. Der Hamburger Dramatiker, Erzähler, Musiktheoretiker und berühmte Orgelbauer Hans Henny Jahnn, der schon im Ersten Weltkrieg nach Norwegen exiliert war, zog sich 1933 nach Bornholm zurück. Seine Werke wurden verboten, er galt als »entarteter« Schriftsteller, aber auch nach der Besetzung Dänemarks ließ man ihn auf Bornholm, wo er als Bauer und Pferdezüchter lebte, ungeschoren. Der Lektor und Novellist Max Krell verließ Berlin, konnte sich aber selbst während des Krieges, zuletzt unter deutscher Besetzung, in Florenz durchbringen. Der Kritiker der Frankfurter Zeitung, Bernhard Diebold, war gebürtiger Schweizer und ging nach Anbruch der Hitlerherrschaft ohne Aufsehen zu erregen, in sein Vaterland zurück. Der junge Erzähler Herbert Schlüter, der zum Freundeskreis von Klaus Mann gehörte, verließ Deutschland 1933 und gelangte nach Stationen in Frankreich, Spanien, Jugoslawien 1938 nach Italien, wo er während des Krieges von der deutschen Wehrmacht als Dolmetscher eingezogen wurde. Er kehrte später nach Deutschland zurück.

Zu einer fast legendären Figur ist für Eingeweihte ein weiterer Einzelgänger geworden: Armin T. Wegner, damals, 1933, ein nicht berühmter, aber angesehener Lyriker, Erzähler, Reiseschriftsteller, ein bürgerlicher Mann, Dr. jur., weder literarisch noch politisch noch rassisch im Feindbild der NSDAP. Der trat nun plötzlich hervor mit einer ganz unerhörten Tat. Er schrieb am 11. April 1933 (Ostermontag) einen Brief an Hitler, in dem er den Kanzler beschwor, den Judenverfolgungen, die eine Schmach für Deutschland seien, Einhalt zu gebieten. Es heißt in diesem Brief: »Herr Reichskanzler, es geht nicht um das Schicksal unserer jüdischen Brüder allein, es geht um das Schicksal Deutschlands! Im Namen des Volkes, für das zu sprechen ich nicht weniger das Recht habe als die Pflicht, wie jeder, der aus seinem Blut hervorging, als ein Deutscher, dem die Gabe der Rede nicht geschenkt wurde, um sich durch Schweigen zum Mitschuldigen zu machen, wenn sein Herz sich vor Entrüstung zusammenzieht, wende ich mich an Sie: Gebieten Sie diesem Treiben Einhalt! Das Judentum hat die babylonische Gefangenschaft, die Knechtschaft in Ägypten, die spanischen Ketzergerichte, die Drangsal der Kreuzzüge und sechzehnhundert Judenverfolgungen in Rußland überdauert. Mit jener Zähigkeit, die dieses Volk alt werden ließ, werden die Juden auch diese Gefahr überstehen – die Schmach und das Unglück aber, die Deutschland dadurch zuteil wurden, werden für lange Zeit nicht vergessen sein. Denn wen muß einmal der

Schlag treffen, den man jetzt gegen die Juden führt, wen anders als uns selbst?«[34]

Natürlich wurde der tollkühne Wahrsager von den Gewalthabern verhaftet, mißhandelt, ins Konzentrationslager verschleppt. Nach seiner Freilassung zog er sich ebenfalls in das italienische Felsennest Positano am Golf von Salerno zurück. Als Hitlers Truppen Italien besetzten, übersahen sie den schweigsam gewordenen Mann. Er galt auch bei seinen Gefährten im Exil als tot. Daß er, mit seiner zweiten Frau nach Rom übergesiedelt, noch lebte, sprach sich in einer breiteren Öffentlichkeit erst herum, als Emanuel bin Gorion in Davar, der größten Zeitung Israels, am 26. Mai 1950 an seine Opfertat erinnerte.[35] Es folgten einige bescheidene Ehrungen, ein Preis seiner Geburtsstadt Elberfeld-Wuppertal, das Bundesverdienstkreuz, die Einladung als Ehrengast zum Symposium der Forschung über deutschsprachige Exilliteratur in Stockholm 1969. Aber sein Werk und Wirken vor 1933 blieben vergessen, und er selbst fügte später nicht mehr viel hinzu. Erst als sein 90. Geburtstag im Oktober 1976 herannahte, brachte der Peter-Hammer-Verlag, der mit Beihilfe einer Stiftung schon 1974 eine Sammlung der Prosa-Lyrik und Dokumente Wegners veröffentlicht hatte, einen Band ausgewählter Werke unter dem Titel »Odyssee der Seele« heraus. Auch ist dem ehrwürdigen Mann eine kleine Festschrift mit Beiträgen seiner Freunde überreicht worden.

Einige berühmte deutsche Schriftsteller, die bereits im Exil lebten, hielten auf Drängen ihrer noch in Deutschland verbliebenen Verleger mit öffentlicher Kritik an der Gewaltherrschaft, sogar an den Bücherverbrennungen, anfänglich zurück in der Hoffnung, es werde ihnen dadurch möglich sein, den Kontakt mit ihren Lesern zu wahren. Am bekanntesten geworden sind die Erklärungen, mit denen sich Thomas Mann, Alfred Döblin, René Schickele und Jakob Wassermann gegen die von Klaus Mann in Amsterdam herausgegebene Zeitschrift Die Sammlung abgrenzen wollten. Mitarbeit an dieser Zeitschrift hätte das Veröffentlichungsverbot in Deutschland zur Folge gehabt. Viele Exilierte nahmen es übel, daß die genannten Schriftsteller, aber auch die Österreicher Stefan Zweig und Robert Musil sich derart erpressen ließen. Dabei waren wohl materielle Gründe nicht in erster Linie ausschlaggebend. Thomas Mann, der sich über den Gewissenskonflikt, vor den er gestellt war, Rechenschaft gab, betonte mehrfach, daß ihm vor allem daran gelegen sei, die Verbindung zu seinen deutschen Lesern im Lande zu wahren. In einem der Briefe, die dieses Thema behandeln, schrieb er am 31. Oktober 1936 – also kurz vor dem definitiven Bruch mit Hitlerdeutschland – an seinen Verleger Bermann-Fischer: ». . . so wünsche ich doch im Grunde immer, daß meine Bücher nach Deutschland gelangen, wünsche es nicht nur aus materiellen

Gründen. Auf den Augenblick, wo es nicht mehr geht, müssen wir gefaßt sein.«[36]

Mit der Gewissenhaftigkeit, die ihn in Zweifelsfällen zur Selbsterklärung drängte – wie man seit den »Betrachtungen eines Unpolitischen« weiß –, legte er am 25. Oktober 1933 in einem langen Brief an die Wiener Arbeiter-Zeitung, in der er wegen seines Rückzuges angegriffen worden war, die Motive dar, die seiner Konzession zugrunde lagen. »Sicher ist, daß meiner Natur die rein positive und produktive Art, dem höheren Deutschland zu dienen, in diesem Augenblick näher liegt als die polemische, und damit hängt mein dringlicher Wunsch zusammen, mich, solange es möglich ist, von meinem innerdeutschen Publikum nicht trennen zu lassen. Das ist ein ideelles Interesse, das, wie leicht zu erweisen wäre, mit grobem Opportunismus nicht das geringste zu tun hat. Es handelt sich tatsächlich und nachweislich nicht um den ›Markt‹, wie eine unfreundlich derbe Psychologie es gern ausdrückt, sondern um geistige und künstlerische Wirkungsmöglichkeit.«[37]

Die Geschichte hat erwiesen, daß jede Nachgiebigkeit gegenüber den Nationalsozialisten verlorene Mühe war; sie ließen sich nicht befrieden, nur totale geistige wie politische Unterwerfung tat ihnen Genüge. Ein Schriftsteller von der noblen geistigen Haltung Thomas Manns war ihnen ein Greuel. Als sie ihn dann am 2. Dezember 1936 »ausbürgerten«, war es für ihn eher eine Erleichterung. »Für mein Teil ist die Klärung der Situation mir [lieb]«, schrieb er am 5. Dezember an seinen Verleger.[38] Die Befreiung von jeglicher Verpflichtung diesem Regime gegenüber tut sich in der Antwort auf die Aberkennung der Ehrendoktorwürde der Universität Bonn, Neujahr 1937, kund. In diesem unverlierbaren zeitgeschichtlichen und geistesgeschichtlichen Dokument kam Thomas Mann noch einmal auf seinen Vorsatz zurück, den Kontakt zu seinen innerdeutschen Lesern aufrechtzuerhalten, selbst um den Preis des Stillschweigens über die Verbrechen des Regimes, das Deutschland beherrschte. Aber dieser Vorsatz war für ihn auf längere Zeit undurchführbar. »Ich hätte nicht leben, nicht arbeiten können, ich wäre erstickt, ohne dann und wann zwischenein, wie alte Völker sagten, ›mein Herz zu waschen‹, ohne von Zeit zu Zeit meinem unergründlichen Abscheu vor dem, was zu Hause in elenden Worten und elenderen Taten geschah, unverhohlenen Ausdruck zu geben.«[39]

Der damit bis zu seinem folgerichtigen Ende ausgetragene innere Konflikt spiegelt auch die Entwicklung der anderen Autoren wider, die in der Hoffnung, weiter in Deutschland veröffentlichen zu können, ihre Mitarbeit an Klaus Manns Zeitschrift Die Sammlung abgesagt hatten. Daß in Hitlers Reich jüdische Schriftsteller wie Döblin, Wassermann und Stefan Zweig keine Chance mehr haben würden, lag auf der Hand.

Aber auch René Schickele und Robert Musil vollzogen den endgültigen Bruch.

Die Ausbürgerung Thomas Manns, die Aberkennung der Ehrendoktorwürde und sein offener Brief an den Dekan der Philosophischen Fakultät der Universität Bonn hatten zu Beginn des Jahres 1936 ein Vorspiel gehabt, das über den Einzelfall hinaus zur Klärung der Exilsituation beitrug. Der streitbare Herausgeber der Zeitschrift Das neue Tagebuch, Leopold Schwarzschild, hatte den Verleger Bermann-Fischer, der als einziger »Nichtarier« noch einen großen Verlag in Deutschland leiten durfte, als »Schutzjuden des nationalsozialistischen Verlagsbuchhandels« heftig angegriffen. Daß Bermann die Erlaubnis erhielt, mit den Beständen des S. Fischer Verlages ins Ausland zu übersiedeln, schrieb Schwarzschild geheimen Vereinbarungen mit dem Reichspropagandaministerium zu; ja er unterstellte ihm, »der stillen Teilhaberschaft des Berliner Propagandaministeriums dringend verdächtig« zu sein.[40] Gegen diese maßlosen Denunziationen erhoben die Autoren des Verlages, Thomas Mann, Hermann Hesse, Annette Kolb, öffentlich Einspruch. Schwarzschild antwortete darauf mit einem langen Artikel, in dem er begründete, daß die Übersiedlung des S. Fischer Verlages ins Ausland – nachdem die Schweiz sich verweigert hatte, war nun Wien zum Standort gewählt worden – den wenigen bestehenden deutschsprachigen Exilverlagen und ihren Autoren Schaden zufügen werde, dem »Dritten Reich« aber als Aushängeschild dienen könne, überdies den Export zugelassener, erwünschter Bücher steigere. In der langen Darlegung kam auch der Satz vor: Das einzige deutsche Vermögen, das »fast komplett nach draußen gerettet werden konnte«, sei die deutsche Literatur[41].

Diese Behauptung forderte den erzkonservativen und – trotz seiner »Schutzjüdin« Else Lasker-Schüler – antisemitischen Chef des Feuilletons der Neuen Zürcher Zeitung, Eduard Korrodi, zu einer Polemik heraus, in der behauptet wurde, daß die wahre deutsche Dichtung im Lande geblieben und, von Thomas Mann abgesehen, dessen Bücher ja noch in Deutschland veröffentlicht werden könnten, doch »vor allem die Romanindustrie« ausgewandert sei.[42] Die Stellungnahme, die sich mit der Goebbels-Propaganda nahezu deckte und angesichts des Massenexodus von »arischen« wie »nichtarischen« Lyrikern, Prosaisten, Dramatikern, Essayisten teilweise höchsten Ranges wirklich absurd war, veranlaßte Thomas Mann, sich sogleich öffentlich zu solidarisieren. Sein Bekenntnis zum Exil und zu den Exilierten erschien am 3. Februar 1936 in der Neuen Zürcher Zeitung. Es war der unwiderrufliche Bruch mit den Gewalthabern in seinem Vaterlande. Er war sich dieser Entscheidung bewußt, wie der Schluß seines offenen Briefes zeigt: »Bis zum Grunde meines Gewissens bin ich dessen sicher, daß ich vor Mit- und Nachwelt recht getan, mich zu denen zu stellen, für welche die Worte eines wahrhaft adeligen deutschen Dichters [August Graf von Platen, A. K.] gelten:

›Doch wer aus voller Seele haßt das Schlechte,
Auch aus der Heimat wird es ihn verjagen,
Wenn dort verehrt es wird vom Volk der Knechte.
Weit klüger ist's dem Vaterland entsagen,
Als unter einem kindischen Geschlechte
Das Joch des blinden Pöbelhasses tragen.‹«[43]

Hier sei eingeschaltet, daß diese Verse Platens unter den deutschsprachigen exilierten Schriftstellern umgingen und zitiert wurden wie kaum ein anderes deutsches Gedicht. Natürlich waren auch Verse aus Heines »Deutschland. Ein Wintermärchen« den Exilierten, die hundert Jahre nach ihm Asyl in Frankreich gesucht hatten, oft auf den Lippen: »Denk ich an Deutschland in der Nacht . . .«, wie das zutraf. Aber vielleicht noch öfter wurde Gottfried Kellers Gedicht »Die öffentlichen Verleumder« in Veranstaltungen des Schutzverbandes oder der Freiheitsbibliothek oder anderer Institutionen zitiert – diese Genesis der nationalsozialistischen Bewegung, ihrer Vorgänger und Nachfolger ähnlichen Charakters. Wie bezüglich, wie schrecklich bezüglich war die nach menschlichem Ermessen bei jeder Wegbiegung der Geschichte wiederholbare Dichtung vom Sieg des Schlechten und der wachsenden Schar seiner Anhänger. Es war *das* Schicksalslied der Opfer des Nationalsozialismus:

Ein Ungeziefer ruht
In Staub und trocknem Schlamme
Verborgen, wie die Flamme
In leichter Asche tut.
Ein Regen, Windeshauch
Erweckt das schlimme Leben,
Und aus dem Nichts erheben
Sich Seuchen, Glut und Rauch.

Aus dunkler Höhle fährt
Ein Schächer, um zu schweifen;
Nach Beuteln möcht er greifen
Und findet bessern Wert:
Er findet einen Streit
Um Nichts, ein irres Wissen,
Ein Banner, das zerrissen,
Ein Volk in Blödigkeit.

Er findet, wo er geht,

Die Leere dürftger Zeiten.
Da kann er schamlos schreiten,
Nun wird er ein Prophet;
Auf einen Kehricht stellt
Er seine Schelmenfüße
Und zischelt seine Grüße
In die verblüffte Welt.

Gehüllt in Niedertracht,
Gleichwie in einer Wolke,
Ein Lügner vor dem Volke,
Ragt er bald groß an Macht
Mit seiner Helfer Zahl,
Die, hoch und niedrig stehend,
Gelegenheit erspähend,
Sich bieten seiner Wahl.

Sie teilen aus sein Wort,
Wie einst die Gottesboten
Getan mit den fünf Broten,
Das klecket fort und fort!
Erst log allein der Hund,
Nun lügen ihrer tausend;
Und wie ein Sturm erbrausend,
So wuchert jetzt sein Pfund.

Hoch schießt empor die Saat,
Verwandelt sind die Lande,
Die Menge lebt in Schande
Und lacht der Schofeltat!
Jetzt hat sich auch erwahrt,
Was erstlich war erfunden:
Die Guten sind verschwunden,
Die Schlechten stehn geschart!

Wenn einstmals diese Not
Lang wie ein Eis gebrochen,
Dann wird davon gesprochen
Wie von dem Schwarzen Tod;
Und einen Strohmann baun
Die Kinder auf der Heide,
Zu brennen Lust aus Leide
Und Licht aus altem Graun.

Die Herausforderung durch den Spanischen Bürgerkrieg

Die wenigen Hefte des von Mitgliedern des Schutzverbandes redigierten Blättchens Der Deutsche Schriftsteller, von dessen Jubiläumsnummer im Herbst 1938 wir ausgegangen waren, sind als literarische Dokumente bewahrenswert. In dem nur achtseitigen Heft vom August 1934 gab Heinrich Mann sein verbindliches Kredo ab. Es wird – auch für hier und heute – begründet, woraus die Langeweile, die Nichtigkeit der Literatur erwächst: »Eine öffentliche Stimme, die sich überall gleichbleibt! Eine einförmige geistige Haltung für alle! Eine Literatur ohne gewachsene Persönlichkeiten, ohne Gegensätze, ohne Kampf bringt künstlich das Wenige hervor, was nicht mißliebig ist, verzichtet auf voraussetzungsloses Erkennen der menschlichen Dinge und auf lebendige Leidenschaften ... Man muß Leidenschaft haben für die eigenen Wahrheiten und Träume. Nach ihrer Übereinstimmung mit einer herrschenden Lehre darf nicht gefragt werden: sonst gibt es keine Literatur ... Literatur kann es nur geben, wo der Geist selbst eine Macht ist, anstatt daß er abdankt und sich beugt unter geistwidrige Gewalten. Literatur kann es nur geben, wo sie frei heranwächst. Sie ist eine Funktion der menschlichen Freiheit.«

Im Juli 1937 gab der Schutzverband das Sonderheft »Spanien« im Umfang von zwölf Seiten heraus; als Verlagsort war – aus allzu durchsichtigen Tarnungsgründen – Berlin angegeben. Den Leitartikel schrieb Thomas Mann. Es war ein Aufschrei. »In Spanien wütet das Interesse. Es wütet mit einer Schamlosigkeit, wie die Welt sie selten gesehen. Tatsächlich gehört, was sich dort seit vielen Monaten abspielt, zum Schändlichsten und Skandalösesten, was die Geschichte aufzuweisen hat ... Hat man denn kein Herz? Keinen Verstand? Will man sich durch das Interesse, das immer an die schlechtesten Instinkte, wenn auch unter Namen verlogenen Wohlanstandes wie Kultur, Gott, Ordnung, Vaterland, appelliert, widerstandslos um den letzten Rest seines freien menschlichen Urteils bringen lassen?« Der Artikel, ein Notruf eher, zur Gänze in den Reden und Aufsätzen nachzulesen,[44] enthält die stärksten Ausdrücke, deren Thomas Mann sich jemals bediente: »himmelschreiende Schurkerei« – »dem verdummtesten Interessenknecht« – »empörend, verbrecherisch und widerwärtig«. Es ist eine entschiedene, unwiderrufliche, endgültige Festlegung auf den Antifaschismus, in seiner Erregtheit erklärlich durch das Bewußtsein einer großen Anzahl Intellektueller der westlichen Welt, daß in Spanien die Entscheidung über Sieg oder Eindämmung des Faschismus falle und daß nur das Standhalten der Republik den Zweiten Weltkrieg verhindern könne.

In seinem Buch »Schriftsteller in Waffen. Die Literatur und der Spanische Bürgerkrieg« schreibt der New Yorker Literaturwissenschaftler Frederick R. Benson einleitend: »Weder der Erste noch der Zweite Weltkrieg haben die Gefühle der Menschen so sehr aufgewühlt wie die Ereignisse in Spanien von 1936 bis 1939. Mehr als jede andere Krise des Jahrhunderts hat das Ringen in Spanien die Wurzeln der politischen Anschauungen und humanitären Hoffnungen einer höchst sozial denkenden Generation zu Tage gefördert. Bei vielen Intellektuellen beruhte ihre starke Anteilnahme am spanischen Konflikt nicht auf einer Überschätzung dieses Kriegs für die Zukunft der Menschheit, sondern auf dem Gewahrwerden, daß es mit der eigenen Kultur nicht zum besten stehe.«[45] Benson zitiert in diesem Zusammenhang einen Satz von Albert Einstein, der sich in der Anthologie »The Heart of Spain« findet: »Das einzige, was angesichts der Umstände unserer Epoche die Hoffnung auf bessere Zeiten in uns lebendig bewahrt, ist der heldenhafte Kampf des spanischen Volkes um Freiheit und Menschenwürde.«[46]

Um dem bei diesem Thema naheliegenden Mißverständnis vorzubeugen: Bensons Buch ist keineswegs kommunistisch oder auch nur prokommunistisch. Seine Protagonisten sind Ernest Hemingway, Georges Bernanos, Arthur Koestler, André Malraux, George Orwell und Gustav Regler. Koestler und Regler waren Mitglieder des Schutzverbandes, gehörten einige Jahre der KPD an und wurden zu führenden Antikommunisten. Koestler gewann Weltruhm mit seinem den stalinistischen Terror gestaltenden Roman »Sonnenfinsternis« und seinen antikommunistischen, sogar antiliberalen Streitschriften. Aber ebensowenig wie Regler hat er sein antifaschistisches Engagement im Spanischen Bürgerkrieg je verleugnet. Das Buch, das ihn 1938 international bekannt gemacht hat: »Ein spanisches Testament«, in der Schweiz erschienen, ist in der Bundesrepublik kaum zur Kenntnis genommen worden. Reglers Spanienbuch »The Great Crusade«, erschienen in New York 1940, ist im deutschen Originaltext erst 1976 verlegt worden. Es ist vor seinem Bruch mit der Partei geschrieben worden, also noch fast linientreu. In den Spanienkapiteln seiner Autobiographie »Das Ohr des Malchus« schwärzt Regler manches aus, verschiebt die Akzente, die er zuvor gesetzt hatte, aber bekennt sich noch zur Notwendigkeit der Verteidigung der Republik bis hin zu dem Aufschrei: »Verstand die Welt nicht, daß es sich nicht nur um Spanien handelte?«[47]

Neben dem spanischen Volk selbst waren durch die Teilnahme der Legion Condor und der Divisionen Mussolinis die antifaschistischen deutschen und italienischen Exilierten mitbetroffen. Von den deutschsprachigen Schriftstellern im Exil nahmen als Kombattanten in Uniform am Bürgerkrieg in Spanien teil: Ludwig Renn als Stabschef der XI. Internationalen Brigade, später als Leiter der Kriegsschule; der Publizist Hans Kahle (»General Hans«) als Kommandeur der XI. Brigade, später der 45. Division der spanischen Armee – unter den deutschen Freiwilligen die hervorragendste militärische Begabung; Gustav Regler als Kriegskommissar der XII. Internationalen Brigade; Willi Bredel als Kommissar des Thälmann-Bataillons; Hans Marchwitza als Leutnant im Bataillon Tschapaiew der XIII. Internationalen Brigade; Bodo Uhse, dem Stab von Hans Kahle attachiert; Theodor Balk als Chefarzt der französischen XIV. Brigade; der Berliner Publizist und Redakteur Kurt Stern im Kriegskommissariat der XI. Brigade, später in spanischen Einheiten. Der Literaturwissenschaftler und Theologe Albert Müller, Verfasser eines Buches über Adalbert Stifter und Mitarbeiter katholischer Zeitungen und Zeitschriften, fiel als stellvertretender Chef der ersten Kompagnie des Thälmann-Bataillons am 6. Januar 1937 vor Madrid. Der vormalige Berliner Rechtsanwalt Hans Schaul war Redakteur verschiedener Brigadezeitungen. Der Rundfunksprecher, Redakteur und Publizist Alexander Maaß zeichnete sich bei den ersten Kämpfen vor Madrid im November 1936 durch besondere Kühnheit aus, wurde zum Hauptmann befördert und bald danach schwer verwundet; nach seiner Genesung geriet er in Konflikte mit den Parteifunktionären, entkam nach Frankreich, wurde bei Beginn des Zweiten Weltkrieges interniert; 1941 gelangte er auf abenteuerlichen Wegen nach England, wo er für den Soldatensender Calais unter Leitung des Starkorrespondenten Sefton Delmer Texte zur Aufklärung der im Westen kämpfenden deutschen Truppen schrieb und sprach. Nach dem Krieg gehörte er zu den Begründern und leitenden Mitarbeitern des Nordwestdeutschen Rundfunks in Hamburg. Er starb 1971. Sein geringer literarischer Nachlaß ist noch nicht erschlossen.

Mit ihren ersten literarischen Arbeiten traten während des Spanienkrieges hervor: der 1911 in Gelsenkirchen geborene Eduard Schmidt, der unter dem Pseudonym Eduard Claudius noch vor seiner Rückkehr nach Deutschland 1945 in Zürich den Spanienroman »Grüne Oliven und nackte Berge« veröffentlichte, sowie der 1909 in Wuppertal geborene Stukkateur Walter Kaiser, von dem unter dem Decknamen Walter Gorrisch 1946 in Ostberlin der Roman »Um Spaniens Freiheit«, später umbenannt in »Mich dürstet«, erschien. Der 1903 in Neuruppin geborene Lyriker Erich Arendt kämpfte ohne Kontakt zu den Interbrigaden in spanischen Einheiten. Er hat das Erlebnis in dem 1952 in Ostberlin veröffentlichten Lyrikband »Bergwindballade« verdichtet, vor allem aber sich als Nachdichter Pablo Nerudas und anderer bedeutender spanischer und lateinamerikanischer Lyriker einen Namen gemacht. In diesem Zusammenhang sind die Verdienste des parteilosen Übersetzers Enrique Beck hervorzuheben, eines Deutschen, der im Exil in Spanien, später in der Schweiz, die Gedichte und Schauspiele des zu Kriegsbeginn von den Faschisten ermordeten größten zeitgenössischen spanischen Dichters Federico Garcia Lorca in seine Muttersprache übertrug. Beck zählte nicht zu den Kombattanten und hatte keinerlei Verbindung zu nichtspanischen Organisationen.

Der 1897 in München geborene sozialdemokratische Publizist Rolf Reventlow, Sohn der berühmten Gräfin Franziska zu Reventlow, tat im Majorsrang Dienst in spanischen Einheiten, zeitweilig als Adjutant des vormaligen österreichischen Heeresministers Julius Deutsch, der im Generalsrang die spanische Küstenverteidigung organisierte. Reventlows aus einem Abstand von 30 Jahren geschriebenes Geschichtswerk »Spanien in diesem Jahrhundert« ist als das objektivste der deutschsprachigen Bücher über den Bürgerkrieg zu rühmen.[48] Die Autobiographie des 1968 in Österreich verstorbenen Julius Deutsch enthält einige Kapitel über seine Teilnahme am Bürgerkrieg in Gemeinschaft mit spanischen Sozialdemokraten.[49] Was seinen Lebenserinnerungen eine besondere Note gibt, sind seine persönlichen Beziehungen zu den führenden sozialdemokratischen Politikern fast aller europäischen Länder; heute schon fast legendäre Namen wie August Bebel, die der »Austromarxisten« Friedrich Adler, Karl Kautsky, Otto Bauer, des französischen Sozialisten und zeitweiligen Premierministers Leon Blum, des britischen Labour-Führers und Nachkriegspremiers Attlee, natürlich fast aller namhaften deutschen Sozialdemokraten der Weimarer Zeit und der Zeit des Exils tauchen auf.

Oto Bihalji-Merin, geboren 1904 in Belgrad, exilierte in den zwanziger Jahren als Kommunist nach Berlin, wo er bald eine führende Stellung im Bund proletarisch-revolutionärer Schriftsteller einnahm; er hielt als Delegierter der revolutionären Schriftsteller Deutschlands auf der internationalen Konferenz in Charkow 1930 ein Hauptreferat und wurde als marxistischer Literaturtheoretiker hoch geschätzt. Nach der Machtergreifung ging er zuerst nach Paris, siedelte 1935 in die Schweiz über und kam zu Beginn des Bürgerkrieges nach Spanien. Er besuchte die Aragon-Front, war vorübergehend in Madrid, jedoch ohne sich in eine spanische oder internationale Kampfgruppe einzureihen. Schon 1937 erschien in Zürich sein Buch »Spanien zwischen Tod und Geburt« – Impressionen von Städten, Menschen und geschichtliche Rückblicke, in die der Bürgerkrieg eingeblendet wird. Da er unbefangen von Begegnungen und Gesprächen mit dem den Stalinisten so besonders verhaßten (und vermutlich von ihnen ermordeten) früheren Sekretär Trotzkis, Andrés Nin, und dem gleichfalls verfolgten linken Arbeiterführer Gorkin schreibt, darf man annehmen, daß er sich damals bereits von der deutschen Partei getrennt hatte. Er kehrte 1940 nach Jugoslawien heim, nahm als Offizier am Krieg teil, wurde gefangengenommen und ging nach dem Ende des Krieges endgültig in seine Heimat zurück.

Zu nennen sind noch der 1894 in Barmen geborene und 1959 in Ostberlin verstorbene kommunistische Redakteur und Journalist Peter Kast (d. i. Karl Preissner), der in Spanien als Archivar in Uniform Dienst tat. Das gleiche gilt für den in der Parteihierarchie sehr hoch gestiegenen Sekretär des Zentralkomitees der SED, Kurt Hager, der in Madrid im Haus der Interbrigaden archivarisch tätig war. Der Historiker und Publizist Albert Schreiner war im Majorsrang Stabschef der XIII. Brigade; er veröffentlichte später neben zahlreichen anderen militärwissenschaftlichen und marxistischen Studien Artikel über die Centuria Thälmann, eine zu Kriegsbeginn gebildete Hundertschaft von zumeist deutschsprachigen Exilierten, die in Spanien lebten und unter schweren Verlusten an den Kämpfen teilnahmen. Schreiner entkam 1941 in die USA, kehrte 1946 nach Ostberlin zurück, wurde Professor an der Humboldt-Universität, Mitglied der Akademie der Wissenschaften, Nationalpreisträger, Mitarbeiter am Institut für Marxismus-Leninismus beim ZK der SED.

Zu den Kombattanten, wenn auch ohne Uniform und militärischen Rang, muß Augustin Souchy gezählt werden, ein im deutschen Parteienverständnis schwer zu rubrizierender linker Publizist mit langständigen Sympathien für den Anarcho-Syndikalismus, der auf den Ideen von Proudhon, Bakunin und Kropotkin beruht und in unversöhnlichem Gegensatz zum Marxismus und Staatssozialismus steht. Er befand sich bei Beginn des Aufstands als Delegierter der Internationalen Liga für Menschenrechte in Barcelona und blieb, von einigen Reisen, die er im Auftrag linkssozialistischer spanischer Regierungen nach Frankreich unternahm, bis zum Ende des Krieges in Katalanien. Sein Augenzeugenbericht ist unter dem Titel »Anarcho-Syndikalisten über Bürgerkrieg und Revolution in Spanien« erschienen.[50] Er ist bewußt und betont parteiisch im Sinne des Anarcho-Syndikalismus; also nicht nur antifaschistisch, sondern im gleichen Maße antikommunistisch.

Antikommunistische Akzente setzte auch das Buch des nach England exilierten, 1900 in Wien gebürtigen Historikers Franz Borkenau. Borkenau hat während des Bürgerkriegs 1936 und 1937 zwei Reisen im republikanischen Spanien gemacht und über seine Eindrücke das Buch »The Spanish Cockpit« veröffentlicht.[51] Der Historiker untersucht einführend den geschichtlichen Hintergrund, die Besonderheit des sozialen und geistigen Gefüges Spaniens, die auch wirtschaftlich prädominante Rolle der katholischen Kirche, die Bauernbewegung mit ihrem gewaltlosen Anarchismus, die Arbeiterbewegung, die mehr von den Ideen Bakunins als dem Marxismus geprägt war, die dynastischen Konflikte – Entwicklungen, die nicht synchron mit denen anderer westeuropäischer Staaten verliefen. Bei der Schilderung der Kämpfe und der machtpolitischen Verschiebungen zwischen Kommunisten und Anarcho-Syndikalisten wirft er der Sowjetunion vor, daß sie aus einer zu Beginn der Kämpfe spontanen revolutionären Bewegung einen Krieg zur Verteidigung der legalen republikanischen Regierung gemacht und die revolutionären Impulse gedrosselt habe.

Unter den zahlreichen exilierten deutschen Katholiken, vom vormaligen Reichskanzler Brüning zu Pater Muckermann, S. J., von Minister Karl Spieker bis zu Otto von Habsburg, trat nur ein Mann mit ansehnlichem Namen öffentlich für die überfallene spanische Republik ein: Hubertus Prinz zu Löwenstein, dessen Bericht über den Spanischen Bürgerkrieg bereits behandelt wurde. Er war zu der Überzeugung gekommen, daß nach den vier Grundsätzen des Thomas von Aquin, die Katholiken erlauben, an einem Aufstand teilzunehmen, die Revolte der Generale gegen die spanische Regierung nicht gerechtfertigt war.

Literarische Bedeutung hat Brechts Einakter »Die Gewehre der Frau Carrar«. Er ist in diesem 1937 für Tag und Stunde geschriebenen Lehrstück weitgehend von seiner Verfremdungstheorie abgewichen; seine Mitarbeiterin und Herausgeberin der Schauspiele, Elisabeth Hauptmann, fügt seine Anmerkung bei: »Es ist aristotelische (Einfühlungs-)Dramatik. Die Nachteile dieser Technik können bis zu einem gewissen Grade ausgeglichen werden, wenn man das Stück zusammen mit einem Dokumenten-Film, der die Vorgänge in Spanien zeigt, oder irgendeiner propagandistischen Veranstaltung aufführt.«[52] Die Fabel: Frau Carrar, Witwe eines im Bürgerkrieg gefallenen andalusischen Fischers, will ihren Sohn und sich aus den Kämpfen heraushalten und weigert sich beharrlich, die bei ihr versteckten Gewehre für die Kämpfe an der Malaga-Front herauszugeben. Ein Arbeiter, der die Gewehre für die bedrohte Front holen will, versucht, sie und den anwesenden armen Dorfpfarrer zu überzeugen, daß man sich verteidigen muß, wenn man von »Haifischen« angegriffen wird. Der Ausgang des Disputs kann bei Brecht nicht zweifelhaft sein. Frau Carrars Sohn wird beim Fischen von den Faschisten erschossen. Da gibt sie nicht nur die Gewehre heraus, sondern nimmt selbst eins, um an Stelle ihres Sohnes am unausweichlichen Kampf teilzunehmen.

Die Kampflieder Erich Weinerts, von Hanns Eisler und Paul Dessau vertont und von Ernst Busch gesungen, haben nicht nur zu ihrer Entstehungszeit bei den Interbrigadisten anfeuernden Widerhall gehabt, sondern auch bis in die Gegenwart hineinreichende Nachwirkung in vielen Teilen der Welt. Weinert kam im Sommer 1937 aus dem Exil in Moskau zum Zweiten Internationalen Schriftstellerkongreß nach Spanien und blieb dann bis zum Ende des Krieges – nicht in militärischer Funktion – bei der Truppe. Sein Spanienbuch »Die Fahne der Solidarität« ist kurz nach seinem Tod erschienen; ein anderes: »Camaradas«, enthält unter anderem

Übersetzungen aus dem Spanischen, Französischen, Englischen.[53] Die Wirkung der Verse Weinerts beruht auf ihrer Einfachheit: Das Lied der Internationalen Brigaden, von Ernst Busch gesungen, ist wirklich um die ganze Welt gegangen.

»Wir im fernen Vaterland geboren,
nahmen nichts als Haß im Herzen mit.
Doch wir haben die Heimat nicht verloren,
unsre Heimat ist heute vor Madrid.«

Hier findet sich im Refrain die titelgebende Zeile: »Hoch die Fahne der Solidarität!«

Zu den Textern gehörte auch der in der DDR lange umstrittene, nun anerkannte Komponist Paul Dessau, von dem Worte und Musik des Liedes der »Thälmann-Kolonne« stammen.

»Spaniens Himmel breitet seine Sterne
über unsre Schützengräben aus,
und der Morgen grüßt schon aus der Ferne,
bald geht es zu neuem Kampf hinaus.
Die Heimat ist weit,
doch wir sind bereit.
Wir kämpfen und siegen für dich:
Freiheit.«

Ursprünglich lautete die letzte Zeile: »Wir kämpfen und sterben für dich: Freiheit!« Das erschien den Wächtern in den Parteibüros zu defaitistisch; ein optimistischer Schluß wurde verlangt, es mußte gesiegt werden. Ernst Busch, der Sänger, der selbst einige Texte schrieb, z. B. die »Ballade der XI. Brigade«, wehrte sich knorrig gegen solche Änderungserlasse der Schreibstuben. Seine Schallplatten, die neben Brechts Schauspielen und Dichtungen viele Jahre lang der beste Kulturexport der DDR waren, hat man nicht unterdrückt. Er selbst, der als Schauspieler der Star des Brecht-Ensembles war, ist nun verstummt und bitter. Sein Name wird nur noch selten genannt. Er gehörte nie zu den Günstlingen.

Als die Lieder der Internationalen Brigaden, die Busch mit metallisch schmetternder Stimme sang, zuerst als Schallplatten produziert und unter dem Titel »Discos de las Brigadas Internationales« 1938 in Barcelona in einer Sammelmappe herausgegeben wurden, schrieb Heinrich Mann ein Beiwort, in dem es hieß: »Hört das Lied der Zeit – hört alle seinen Schall und Schritt! Die Jahrzehnte von 1918 bis 1938 hinterlassen aufrührerische Erinnerungen. Zurück bleiben Brandgesänge, gemacht aus Feuer und Hammerschlag; die brennen jetzt zorniger als zuvor, und ihren Tonfall nehmt ihr heut erst richtig ... Überall, wo ihr euch bereit macht für euren Kampf, Freiheitskampf, Lebenskampf, erwacht in euch allen vereint dies Lied ... Macht Ehre dem Lied der Zeit! Seid auf euerer eigenen Höhe!«

Bei der Reproduktion der Schallplattenmappe 1963 in Ostberlin hat Busch auf der Umschlagseite die Fotos der deutschen Schriftstellerin Maria Osten-Greshöner und ihres Schicksalsgefährten, Michail Kolzow, eingefügt und mit den Worten an sie erinnert: »Mit dieser Ausgabe von alten und neuen Aufnahmen der Spanienlieder grüße ich meine toten Freunde Maria Osten und Michail Kolzow. Nur mit ihrer Hilfe war es mir möglich, damals, 1937/38 in Barcelona, die ›Canciones de las Brigadas Internationales‹ auf Platten herauszubringen.« Obwohl Kolzow und Maria Osten längst offiziell »rehabilitiert« worden waren, sah man dergleichen öffentliche Erinnerungen an die Opfer des Stalinismus in der währenden Zeit der Ulbricht-Herrschaft nur ungern. Es wurde still um Busch.

Erich Arendts Dichtungen und Nachdichtungen sind nicht so sangbar, daher auch unbekannter geblieben; formal haben viele von ihnen hohen Rang. Arendts Gedicht zu Garcia Lorcas Ermordung beginnt mit den Zeilen:

»Du grüner Wind! Sang heißblütiger Gitarren!
Du Mondlicht still, am Munde der Zigeunerin! –
Mit einem Mal verweht – nun knarrt der Schinderkarren
hart durch Granadas Traum, den du besungen, hin ...«

Hermann Kesten, der streitbare Individualist, hat sich zumeist von den Veranstaltungen des Schutzverbandes ferngehalten, nahm aber als Lektor der deutschen Abteilung des Verlages Allert de Lange in Amsterdam, als Mitarbeiter der bekanntesten Exilzeitschriften, Herausgeber von Anthologien, Briefsammlungen und mit seinen eigenen Büchern führenden Anteil am literarischen Leben der deutschsprachigen Schriftsteller, auch nach Ende des Krieges, zuletzt als Präsident des PEN-Zentrums der Bundesrepublik. Sein Roman »Die Kinder von Gernika« (wir folgen seiner Schreibweise) wurde nach der Zerstörung des baskischen Wallfahrtsortes durch die Bomberstaffeln der Legion Kondor geschrieben und vor Beginn des Zweiten Weltkrieges im Allert-de-Lange-Verlag in Amsterdam veröffentlicht. Es ist eine erfundene Handlung. Der Autor der Erzählung begegnet in Paris einem spanischen Knaben, der ihm von der Tragödie seiner einst in Gernika ansässigen Familie berichtet. Der Vater, ein politisch indifferenter Apotheker, die schöne Mutter, sieben Geschwister, ein abenteuernder Onkel erleiden den Krieg, ohne an ihm teilzunehmen. Die Liebschaften der schönen Mutter und der erwachsenen Schwester wiegen im Familienkreis schwerer als der Aufstand der Rebellen. Dann greift die Geschichte, man kann sagen: Weltgeschichte, in das kleinstädtische Abseits ein: Der ungeschützte, im Hinterland gelegene

Ort wird durch deutsche Flieger »ausradiert«. Die Mutter, der Onkel und drei Geschwister entkommen.

An mehreren Stellen flicht der Autor sein persönliches Kredo in die Handlung ein: »Ich, der Antipode der Diktatoren, bin vor nichts so bedenklich, wie in ein Schicksal einzugreifen.« Der Exilierte, der sich zu diesem Zeitpunkt schon auf weitere Flucht nach Übersee vorbereiten mußte, sieht in dem verständlicherweise bitteren Buch seine Geschöpfe, die Überlebenden der Familie Espinosa, ebenfalls als versprengte Exilierte im ungastlich und fremdenfeindlich gewordenen Frankreich. Er legt der hoffnungslos gewordenen Frau Espinosa die Worte in den Mund: »Wenn meine Kinder mich fragen: Mutter, was für einen Sinn hat unser Leben? Was sonst kann ich Ihnen erwidern als: Rächt euren Vater! Rächt eure Geschwister! Rächt Spanien!«

Unvermuteterweise findet sich die gleiche verzweifelte Erbitterung gegen den Terror der Franco-Truppen und Legionäre auch in der erwähnten Novelle »Die arge Legende vom gerissenen Galgenstrick« des sonst politisch eher indifferenten, mit dem Austrofaschismus unbedenklich koexistierenden, überdies dem Katholizismus zuneigenden Franz Werfel.

Karl Ottens Roman »Torquemadas Schatten« hat ein nicht seltenes Exilschicksal erlitten.[54] Vom Bermann-Fischer-Verlag in Stockholm angenommen, aber in Amsterdam gedruckt, fielen nach Angaben von Frau Ellen Otten die meisten Exemplare der ersten Auflage den einrückenden Deutschen in die Hände. Nur einige hundert Bände waren zuvor vom Verlag ausgeliefert worden. Eine Neuauflage des literarisch wertvollen Romans ist nicht erfolgt. Die Handlung spielt während des Bürgerkriegs auf der Insel Mallorca. Auch Georges Bernanos, der zu Beginn des Krieges dort lebte, hat in seinem Buch »Die großen Friedhöfe unter dem Mond« dokumentarisches Zeugnis über den faschistischen Massenterror in der Stadt Palma gegeben.[55] Gemessen an der Wirklichkeit, wie er sie beschreibt, ist Ottens Fabel romantisch zu nennen. Die Geschehnisse sind begrenzt auf ein Dorf nahe der Küste. Die Bewohner sind abergläubisch, für sie gibt es ein Weiterleben nach dem Tode, und der gefürchtete mittelalterliche Inquisitor, Torquemada, hat seine düsteren Schatten über die Insel geworfen. »Er war der schrecklichste Mensch, den Spanien je ertragen hat. Er konnte nur eines denken, Mord, Folter, Hölle. Juden und Christen, Spanier und Moros mußten sterben, wenn sein Verdacht auf sie fiel.« Als die Nachricht vom Generalsputsch das Dorf erreicht, hebt ein Gewimmel vieler deutlich umrissener Figuren an: Bauern, Fischer, Schloßherren, Bedienstete, Arbeiter, Gastwirte, Mägde, Carabineros, der Pfarrer, die Gräfin, ein Deutscher, ein Italiener, der spanische General Godet, der Bischof, Nonnen und der einäugige Gewalttäter, den alle »Hai« nennen und dessen große Stunde als

Anführer der Falangisten nun gekommen ist. (Ein Gegenstück zu Werfels Galgenvogel.) Der Widerstand der Republikaner ist unorganisiert. Einer sagt: »So sind unsere Republikaner hier. Sie verstehen zu sterben. Aber sich zu wehren? Niemals!«

Der »Hai« hat die Schlüssel zu einem geheimen Waffendepot, die ihm aber von Antonia, dem Dienstmädchen der italienischen Gräfin, entwendet worden sind. Da man vom Festland, von Barcelona, wo die Republikaner den Putsch niedergeschlagen haben, Hilfe erwartet, ist für die republikanischen Bauern und Fischer die Auffindung der Höhle, in der die Waffen gelagert sind, ebenso wichtig wie für die nun auf der Insel herrschende Garnison und die Falange. Die Suche nach den Waffen in der geheimnisvollen Höhle – ein Labyrinth, in dem man sich verbergen, aber auch verlieren kann – führt zu einer furchtbaren Entdeckung. An schweren Eisenketten hängen Mumien. »Ihr Fleisch ist grauer Staub, ihre Knochen [sind] Moder und Schwamm, ihre Kleider und Wämser braune Spinnwebe.« Wer waren die vor Jahrhunderten Getöteten? Der Entdecker, Valenti, ein Republikaner, findet die Antwort: Auf dem Lederkoller eines der Opfer ist ein schmaler Pergamentstreifen angeheftet – Judios bautizados por doctrina herética castigados, Iglesias; getaufte Juden, die ihres Irrglaubens wegen bestraft wurden, Iglesias. Datum und Unterschrift unleserlich. Das also war das Geheimnis der Burg der Giganten: Es war der Richtplatz Torquemadas. »Und wiederum sind Spanier auf der Flucht vor der Inquisition, vor der Sklaverei, vor dem Tode, in dieser Höhle gelandet. Sie sind Torquemada in die Falle gegangen! Sie tragen ihre Ketten unsichtbar mit sich herum.«

Rudolf Leonhard hat nach seiner Teilnahme am Schriftstellerkongreß in Madrid, 1937, Geschichten aus dem Spanischen Bürgerkrieg geschrieben, die unter dem Titel »Der Tod des Don Quichote« zweibändig 1938 in Zürich herauskamen.[56] Bekannt geworden und in die nach dem Tode Leonhards von Maximilian Scheer besorgte Auswahl[57] aufgenommen ist die Novelle »El Hel«, am Modell der Verteidigung des Alcazar von Toledo durch die Aufständischen nacherzählt, aber in eine andere Gegend verlegt und mit glücklichem Ausgang für die Republikaner: Es kommt zur Befreiung der Geiseln (die in Wirklichkeit von den Offiziersschülern bis zu ihrer Entsetzung durch Franco-Truppen festgehalten wurden), zur Verbrüderung zwischen den belagerten Soldaten und den belagernden Republikanern, aus der Niederlage der Republik in Toledo wird anderswo ein Sieg.

Im Spaniensonderheft des Schutzverbandes, von dem dieser Abschnitt ausging, berichtet Arthur Koestler über die Hintergründe der Verteidigung des Alcazar de Toledo durch die frondierenden Offiziere, die 400 Frauen und Kinder als Geiseln in die alte Festung verschleppt hatten, was den

Angriff der Republikaner lähmte. Auch Egon Erwin Kisch steuerte einen kurzen Artikel über seine Eindrücke in Spanien bei. Von Mai 1937 an hielt er sich dort auf, als Berichterstatter deutschsprachiger, russischer, aber auch amerikanischer Zeitungen und Zeitschriften und als Kampfgefährte in Zivil, dessen Besuche bei den Internationalen Brigaden an mehreren Fronten, besonders für die deutschsprachigen Freiwilligen, eine starke moralische Ermutigung waren. Er kam gerade von seiner sensationellen, publizitätsträchtigen erzwungenen »Landung in Australien« nach Europa zurück, wußte viel von seinen Abenteuern zu erzählen, so daß sein Besuch bei der »vergessenen XIII. Brigade« an der Südfront zu einem nachwirkenden Ereignis wurde. Außer den Artikeln für die Presse erschienen 1937/38 von ihm als Broschüren die Erzählung »Die drei Kühe. Eine Bauerngeschichte zwischen Tirol und Spanien« und die Reportage »Soldaten am Meeresstrand«.[58] Den Tiroler Bauernjungen Max Bair, der vom verschuldeten Hof drei Kühe verkaufte, um die Reise nach Spanien zu finanzieren, hat es wirklich gegeben. Kisch hat ihn lange ausgefragt, um zu erfahren, welche Entwicklung den Jungen zu der Entscheidung brachte, den Weg zu den Internationalen Brigaden zu suchen. Die »Soldaten am Meeresstrand« waren Verwundete, teilweise Rekonvaleszenten in der Hospitalstadt Benicasim an der Küste zwischen Valencia und Barcelona. Kaspar Kisch, der Bruder Egon Erwins, war dort Chefarzt. Kisch beschreibt die Atmosphäre, die in dem ehemals eleganten Badeort herrschte, in dessen luxuriösen Villen die Internationalen nach Möglichkeit wieder fronttauglich gemacht wurden und sich nichts Besseres als eben dieses wünschten. Kisch schildert, wie sie Gesundheit »simulierten.«[59] Im Sonderheft folgen Abschnitte aus meinem »Madrider Tagebuch«, ich tat 1936 im Kommissariat der XI. Internationalen Brigade Dienst. Danach ein Aufruf katholischer Geistlicher, Diplomaten, Schriftsteller – unter ihnen José Bergamin, auch einer der Weltruhm gewann. Dann kommt der Beitrag von Anna Seghers, ein Kurzportrait Hans Beimlers, des legendären kommunistischen Reichstagsabgeordneten, dem es gelang, im Sommer 1933 aus einer Todeszelle des Lagers Dachau zu entfliehen, der dennoch in Funktionärskreisen um Ulbricht wenig galt, zurückgesetzt wurde und als einer der ersten still, ohne Aufsehen an die Front von Madrid ging, wo er Anfang Dezember 1936 tödlich verwundet wurde. »Für Beimler war Spanien der Schauplatz, um sein neugewonnenes Leben einzusetzen. Daß das Leben da sei, um eingesetzt zu werden, darüber war sich Beimler nie im Unklaren«, schrieb Anna Seghers, die ihn persönlich gut gekannt hat.

Zuschriften von Romain Rolland und Ernest Hemingway, Beiträge des Historikers Kurt Kersten, des Schriftstellers Bodo Uhse und des Publizisten Bruno Frei, Aufrufe des Pariser Volksfrontkomitees schlossen sich an.

Mit dem Gedenken an die Bücherverbrennungen vom 10. Mai 1933 verband sich das Gelöbnis, an der Front von Madrid auch die Kultur zu verteidigen. Den Rest des Heftes füllten ein kunstloses Gedicht von Ludwig Renn, kürzere Zuschriften von Gustav Regler und Hans Marchwitza, Notizen und fiktive Antworten an fiktive Fragesteller sowie das Schlußwort von Heinrich Mann.

Zu vermerken ist noch, daß der zweite Internationale Schriftstellerkongreß zur Verteidigung der Kultur 1937 in Valencia und Madrid stattfand. Zu den deutschen Teilnehmern zählten nahezu alle bereits genannten als Kombattanten in Uniform oder in Zivil in Spanien anwesenden Schriftsteller, also Renn, Regler, Uhse, Marchwitza, Maria Osten, Kisch. Aus der Sowjetunion kamen zu diesem Zeitpunkt Erich Weinert und Willi Bredel, die danach in Spanien blieben. Aus Frankreich waren Rudolf Leonhard und Anna Seghers angereist. Insgesamt sollen nach einer Studie der Parteihochschülerin Helga Herting 90 Schriftsteller aus vielen Ländern bei dem Kongreß mitgewirkt haben.[60] Die Quelle ist jedoch unzuverlässig, da nach verordnetem Muster alle seither unliebsam gewordenen Teilnehmer zu »Unpersonen« gemacht werden, nicht nur die deutschsprachigen Exilierten wie Regler, sondern auch z. B. André Malraux und andere, die dem Kongreß – soweit das in der damaligen Situation möglich war – das Gepräge gaben. Ich habe an dieser Tagung nicht teilgenommen, weil die XIII. Brigade, in der ich diente, zu der Zeit im Kampf bei Brunette vor Madrid stand. An namhaften nichtdeutschen Teilnehmern traten auf dem Kongreß hervor: José Bergamin, der Lyriker Rafael Alberti, die Schriftstellerin Maria Teresa Leon; von den Franzosen außer Malraux André Chamson, René Bleck, Julien Benda; die Sowjetbürger Michail Kolzow als Organisator des Kongresses, Ilja Ehrenburg, Alexej Tolstoi; der Engländer Stephen Spender; der Amerikaner Malcolm Cowley; der Norweger Nordahl Grieg; der dänische Erzähler Martin Andersen-Nexö. Dem ehrwürdigen alten Sozialisten übergab der spanische Ministerpräsident Juan Negrin das Präsidium.

Natürlich war die Tagung berühmter Schriftsteller im kriegführenden Spanien vor allem eine Propagandaveranstaltung. Die literarische Ausstrahlung blieb demgegenüber gering. Wenn man im zerbombten Madrid von Kultur sprach, legte man, was immer man auch sagte, Zeugnis gegen die Bücherverbrenner ab. Man war sich einig. Nicht einmal die maßlose Polemik des sonst so verständnisvollen und relativ toleranten Michail Kolzow gegen André Gides kritische Reiseberichte aus der Sowjetunion störte die Harmonie.[61] Von den Anwesenden ahnte außer Kolzows Gefährtin Maria Osten wohl niemand, daß es eine vorweggenommene Verteidigungsrede war, weil er die Beziehungen zu den westlichen Schriftstellern angesponnen hatte. Es half Kolzow nichts. Er wurde bald darauf in die Sowjetunion zurückberufen, wo er spurlos verschwand.

Später haben auch Erika und Klaus Mann sowie Ernst Toller die Internationalen Brigaden an verschiedenen Fronten besucht und über ihre Eindrücke Artikel veröffentlicht. Zwischen »General« Hans Kahle und Erika Mann entspann sich eine Freundschaft, die sich in einem intensiven Briefwechsel fortsetzte. Auf Wunsch Hans Kahles wurde mir ein Teil seiner Korrespondenz und Tagebuchnotizen übergeben, darunter Durchschläge seiner Briefe an Erika Mann sowie Briefe Ludwig Renns an ihn, die zu gegebener Zeit in der Hamburger Staatsbibliothek einzusehen sein werden.

Die Bibliographie der Dichtungen, Schriften und Vorträge über den Spanischen Bürgerkrieg würde eher eine vierstellige als eine dreistellige Zahl von Titeln ergeben. Wenn wir uns auf die literarisch anspruchsvollsten Arbeiten der deutschsprachigen Exilschriftsteller beschränken, bleibt nicht viel nachzutragen. Bodo Uhses Roman »Leutnant Bertram« schildert in frei erfundener Handlung vor allem die Schulung der jungen Offiziere der Luftwaffe, ihre Liebesaffären, ihren Kasinoton und am Ende ihren Einsatz in Spanien als Flieger der Legion Condor. Man wird die jähe Wandlung des abgeschossenen Titelhelden etwas skeptisch zur Kenntnis nehmen. Große Literatur ist das Buch nicht, immerhin: Literatur.

Das kann man von dem im groben Landsknechtston geschriebenen Buch von Hans Maaßen »Die Söhne des Tschapajew« nicht sagen.[62] Der Autor tat alles, was höheren Ortes von ihm erwartet wurde, vielleicht sogar ein wenig mehr. Wie das vorgeschnittene Klischee von der revolutionären Wachsamkeit gebietet, ist seine Kolportage von »Verrätern«, »Spionen«, »Diversanten«, »Agenten« übervölkert. Spanische Soldaten, die der in Spanien traditionsreichen anarchistischen Bewegung angehörten, werden im Jargon der Nationalsozialisten als »lausiges Pack« und »Sauhaufen« gekennzeichnet; auch gelten sie – wahrheitswidrig! – als »unzuverlässig, feige und hinterhältig«. In die gleiche Kategorie verweist unser »positiver Held« die Intellektuellen, die als Freiwillige in Spanien gekämpft haben. In diesem Spanienbuch ist die Gleichschaltung auf dem Niveau des Bodensatzes der DDR vollzogen. Da haben die Funktionäre »ihr« Spanienbuch. So und nicht anders mußte im Endstadium der Ulbrichtdiktatur die Tragödie des Spanienkrieges entstellt werden: aus Funktionärsperspektive gesehen, mit Funktionärsgesinnung beurteilt, in Funktionärssprache geklittert.

Bekümmerter ist man über Ludwig Renns Buch »Der spanische Krieg«.[63] Es war für die meisten deutschen Spanienkämpfer verwunderlich, daß der Verfasser einer der besten Studien über den Frontsoldaten des Ersten Weltkriegs so lange zögerte, seinen Bericht über den Spanienkrieg vorzulegen, in dem er eine bedeutende militärische Rolle innegehabt hatte. Der Grund war politisch. In der Stalin-Ära wurden die Spanienkämpfer besonders beargwöhnt. Viele von ihnen wurden in der Sowjetunion liquidiert, andere in den monströsen Prozessen der fünfziger Jahre in Ungarn, der Tschechoslowakei angeklagt und hingerichtet oder zu langen Zuchthausstrafen verurteilt.[64] Selbstverständlich waren in dieser Zeit auch in der DDR die Spanienkämpfer nicht sonderlich angesehen. Franz Dahlem, der deutscher Kaderchef in Spanien gewesen war, Wilhelm Zaisser, der unter dem Namen Gómez die XIII. Internationale Brigade geführt hatte, waren entmachtet und politisch ohne jeden Einfluß. Hans Kahle starb 1947 als Polizeipräsident von Mecklenburg, wo jeder sowjetische Leutnant mehr Machtbefugnisse hatte als er. Einige Spanienbücher in erzählender Form waren in den ersten Nachkriegsjahren erschienen, auch mein »Spanisches Tagebuch«[65], aber es gab zunächst keine Neuauflagen, und weite Verbreitung wie z. B. durch die Bibliothek fortschrittlicher Deutscher Schriftsteller wurde auf Weisung des Politbüros 1951 untersagt.[66] Erst nach Stalins Tod konnte endlich Ludwig Renns Spanienbuch erscheinen, richtiger: das, was man in den Parteibüros daraus gemacht hatte.

Das Manuskript, so hörte man es damals in Berlin, war wieder und wieder »gesäubert« und »überarbeitet« worden, bis schließlich jene konforme Propagandaschrift daraus wurde, als die das Buch sich präsentiert – ein im Hinblick auf die vormalige Bedeutung des Schriftstellers Ludwig Renn beklagenswerter, aber bezeichnender Vorgang. Da kommt kein den Parteibürokraten unerwünschter Name vor, ganz gleich welche Verdienste der Nichtgenannte bei der Verteidigung Madrids oder bei anderen Kämpfen gehabt hatte. Weder Regler noch Alexander Maaß werden erwähnt, mit denen Renn im Herbst 1936 in der vordersten Linie fast täglich zusammengetroffen sein muß. Es gibt keinen Malraux, nicht einmal Kolzow, der 1956 noch nicht offiziell »rehabilitiert« war. Fast mehr als die erdrückende Überlegenheit der Faschisten an Waffen und Material erscheinen in den letzten Zeilen des Buches »Agenten des Auslands« und »lange vorbereiteter Verrat« für das Ende des Verzweiflungskampfes verantwortlich. Das ist die »Dolchstoßlegende« mit anderem Vorzeichen.

Die Beispiele sind zeugniskräftig. Man darf summarisch sein. In dem Prachtband »Pasaremos« entsprechen Sprachregelung und Auswahl der Zugelassenen in allen Beiträgen strikt der politischen Rangordnung im Zeitpunkt des Erscheinens.[67] Alle Listen sind gesiebt, Quellen oft verwischt oder ausgelöscht – z. B. wann und wo die oft zitierte und als Dokument fotokopierte zentrale Zeitschrift der Interbrigaden: Le Volontaire de la Liberté, begründet und von wem sie zuerst redigiert wurde. Auch Gruppenfotos sind unter die Lupe genommen worden, damit nicht zufällig einer, den es nicht geben darf, darauf zu erkennen sei: Der Band ist »keimfrei«.

Nicht anders das 567 Seiten starke Protokoll einer wissenschaftlichen Konferenz an der Militärakademie »Friedrich Engels« am 20. und 21. Januar 1966, das unter dem Titel »Interbrigadisten« veröffentlicht wurde.[68] Unter den zahlreichen Beiträgen zumeist von hohen Offizieren der »Volksarmee« oder Funktionären der SED, auch einigen Polen, Ungarn, Tschechoslowaken, Exil-Spaniern findet sich ein Vortrag von Helga Herting vom Institut für Gesellschaftswissenschaften beim ZK der SED, die sich mit der Widerspiegelung des Kampfes der Interbrigadisten in der deutschen sozialistischen Literatur beschäftigt. Als Konzession an die »bürgerlichen Humanisten«, die auf seiten des republikanischen Spanien kämpften, fällt der Name von Ernest Hemingway. Man würde sich wiederholen, fügte man hinzu, daß es Malraux, Orwell, Stephen Spender, W. H. Auden und all die anderen, von denen die Welt weiß, nicht gegeben hat. Es bleibt bei der festgelegten Auswahl der Zugelassenen.

In der Bundesrepublik hat Hans Christian Kirsch eine überparteiliche Kompilation herausgegeben und eingeleitet: »Der Spanische Bürgerkrieg in Augenzeugenberichten.«[69] Er hat in einer ausführlichen Nachbemerkung geschildert, welche fast unüberwindbaren Schwierigkeiten es machte, nicht gefiltertes oder manipuliertes Material in spanischen Archiven einzusehen – zu schweigen davon, daß die DDR ihr Material jedem Außenseiter gegenüber unter Verschluß hält. Kirsch selbst nennt die Materialsuche »abenteuerlich«. Dennoch hat er in seinem 470 Seiten starken Band mehr Dokumente zusammengestellt, als andere einseitig parteiische deutsche Veröffentlichungen enthalten.

Einer, der in den zwanziger und dreißiger Jahren zum engeren Kreis der proletarisch-revolutionären Schriftsteller zählte, fruchtbarer Mitarbeiter der linken, vor allem der kommunistisch dirigierten Exilzeitschriften war, sich dann von der Partei trennte und zur »Unperson« gemacht wurde, der Dichter Albin Stübs, hat 1943 in London in 300 Exemplaren das Bändchen »Spanischer Tod« veröffentlicht. In den Schlußzeilen der Gedichtsammlung heißt es prophetisch:

»Noch kreisen die Geister,
die uns nicht erlösen,
und sind uns gegeben
als tägliche Last.«

5. Schriftstellerkongresse

Der sowjetische Schriftstellerkongreß 1934 und die Proklamierung des »Sozialistischen Realismus«

Mit den Ausführungen über die Spaniensondernummer des Schutzverbandes Deutscher Schriftsteller im Exil und die literarische, politische oder persönliche Teilnahme der deutschsprachigen Exilschriftsteller am Spanienkrieg ist zeitlich vorgegriffen worden. Vorangegangen war der Allunionskongreß der Sowjetschriftsteller, der unter Beteiligung zahlreicher ausländischer Gäste vom 7. August bis 1. September 1934 in Moskau stattfand und durch die Formulierung des Begriffs »Sozialistischer Realismus« seine Nachwirkungen bis in unsere Tage hinein hat. Unter den deutschsprachigen Schriftstellern, die eingeladen oder in einigen Fällen als Delegierte bestimmt worden waren, sind Johannes R. Becher, Willi Bredel, Alfred Kurella, Theodor Plievier, Adam Scharrer, Friedrich Wolf namhaft geblieben. Die Anwesenheit der später in sibirischen Lagern umgekommenen oder verschollenen Ernst Ottwalt, Herwarth Walden, Karl Schmückle, Hans Günther – der letzte wurde nach Wladiwostock verbannt und ist dort im Oktober 1938 gestorben – vermag ich nicht nachzuweisen. Unter den deutschsprachigen Gästen befanden sich ferner Ernst Toller, Gustav Regler, Klaus Mann, Albert Ehrenstein, F. C. Weiskopf, Wieland Herzfelde, Erwin Piscator, der einen Film nach Anna Seghers Erzählung »Der

Aufstand der Fischer von St. Barbara« in der Sowjetunion drehte, bald darauf aber in die USA weiterreiste, Balder Olden, seit seinem Manifest »Mir wäre nichts Besonderes passiert« trotz seiner eher konservativen Afrika-Romane von den Russen hofiert, und Oskar Maria Graf, aus dessen Nachlaß Hans-Albert Walter das Manuskript »Reise in die Sowjetunion 1934« herausgegeben hat,[1] ein Augen- und Ohrenzeugenbericht über den Schriftstellerkongreß, das berühmte Festbankett bei Maxim Gorki und das (sehr subjektiv gefaßte) Drum und Dran dieser turbulenten Wochen in Moskau und der anschließenden Reise einer kleinen Gruppe in den Süden der Sowjetunion.

Der Kongreß wird als Ausgangsbasis der Theorie und Praxis des »Sozialistischen Realismus« im »Westen« – vereinfachend gesagt – als Teufelswerk verschrien und – desgleichen pauschalierend – im »Osten« als Grundsteinlegung der »sozialistischen Literatur und Literaturtheorie« zu einem historischen Ereignis hochstilisiert: noch lange nach Stalins Tod bis hin zur äußersten Verkümmerung im »Bitterfelder Weg« (»Kumpel greif zur Feder«). In einem anfänglich nicht in seiner Tragweite voraussehbaren Prozeß führte diese Indoktrination weit hinter die Vorstufe, die »proletarisch-revolutionäre Literatur« der zwanziger Jahre, zurück, weil damals die »Kumpel« die gesellschaftlichen Bedingungen, unter denen sie arbeiteten, kritisieren durften, ja sollten, während ihnen – wir bleiben im deutschen Raum – unter Ulbrichts Knute jede substantielle Kritik verwehrt war und nur Funktionärskult zu Erfolg führte. Es ist fast unnötig, daran zu erinnern, daß Abweichungen von der jeweils gültigen, ständigen Wandlungen unterworfenen Norm des Begriffs »Sozialistischer Realismus« nicht nur in der Sowjetunion, sondern auch in anderen Ostblockländern – man denke an den »Prager Frühling« – gefährliche Konsequenzen für eigenwillige Schriftsteller und Künstler hatten.

Dennoch schien seinerzeit die Verkündung des »Sozialistischen Realismus«, so unglaublich das klingen mag, wie eine erlösende Befreiung aus der Zwangsjacke der Rapp (Russische Vereinigung Proletarischer Schriftsteller), die bis 1932 die Kunst und Literatur ausschließlich in den Dienst von Agitation und Propaganda pressen wollte. Die deutsche Entsprechung war der mehrfach erwähnte Bund proletarisch-revolutionärer Schriftsteller. Ich erinnere mich noch gut dieser Stimmung. Ich war zum Kongreß eingeladen worden und befand mich während der Tagung in Moskau; eine hartnäckige, verschleppte und fehlbehandelte Darmerkrankung hinderte mich jedoch, an den Veranstaltungen teilzunehmen. Nur während der Pausen und abends in der Halle des Hotels Metropol nahm ich die Reflexe der Ereignisse wahr.

Nun sollte es also wieder Realismus in der Kunst geben, »sozialistischen Realismus« mit »revolutionärer Romantik«; über die Auslegung der Begriffe würde zu diskutieren sein. Man war sich nicht einig. Die Reden von Gorki, Bucharin, Radek, Isaak Babel, Ilja Ehrenburg, André Malraux, Jean Richard Bloch, Louis Aragon, Friedrich Wolf und den vielen anderen aus mehreren Ländern wichen voneinander ab, waren teilweise kontradiktorisch. Schon das war eine Überraschung; es gab nach Jahren erzwungener Einstimmigkeit Hoffnung auf Liberalisierung der Kulturpolitik der Moskauer Zentrale. Willi Bredel widersprach – abgeschirmt durch die Aureole des erst kürzlich aus einem nationalsozialistischen Konzentrationslager entlassenen Kommunisten – sehr entschieden dem Referat Karl Radeks, der den Anteil der deutschen Schriftsteller am Widerstandskampf nicht genügend gewürdigt hatte.[2] Ein scharfes Streitgespräch entstand zwischen dem populären russischen Gebrauchslyriker Demjan Bednyi als Verfechter des Proletkults und Bucharin als Wortführer formaler Ansprüche an die Literatur. Trotz der künftige Zwänge schon vorankündigenden einführenden Rede von Andrej Shdanow, dem Leningrader Parteisekretär, der später die »Säuberungen« in der Literatur verantwortete, herrschte im allgemeinen während des Kongresses Aufbruchstimmung, und Pasternak, der im Präsidium saß, vergoß Freudentränen.

War noch zu Beginn der dreißiger Jahre im Bund proletarisch-revolutionärer Schriftsteller in Berlin das – von dem im übrigen gutartigen ungarischen Schriftsteller Andor Gábor geprägte – geflügelte Wort umgegangen: »Genossen, ich warne euch: einige bürgerliche Schriftsteller kommen uns schon bedrohlich nahe!«, so hieß es nun: »Große Meister des Worts kommen zu uns – lernt von ihnen!« Die Unterschiede in der Beurteilung des Kongresses durch die Teilnehmer entsprachen den Umständen. Die Ergebenheitsadressen der verschiedenen Ortsgruppen des Bundes proletarisch-revolutionärer Schriftsteller, der illegalen unter der Leitung von Jan Petersen aktiven Widerstandsgruppe in Berlin,[3] der Gruppe Prag, der Gruppe Paris, der Gruppe Zürich genügten mit »brüderlichen Kampfesgrüßen« und mit Zustimmungen dem Klischee; desgleichen die der führenden Literaturfunktionäre Becher, Weiskopf, Bredel. Anna Seghers war nicht anwesend; sie sandte eine kurze Grußbotschaft. Auch von Heinrich Mann kam eine Solidaritätsbekundung, in der »Gedanken- und Gewissensfreiheit« beschworen wurden. Johannes R. Becher lobte ihn in einem Artikel: »In dem Gruß Heinrich Manns an diesen Kongreß heißt es, daß die antifaschistischen Schriftsteller ›in der Mehrzahl sozialistisch denken‹; die Hauptsache sei es, ›daß sie überhaupt denken wollen‹. Wir sind fest davon überzeugt, daß dieser Wille zum tiefen Begreifen der Geschehnisse unserer Tage, daß dieser ehrliche Wille zur Wahrheit Schriftsteller wie Heinrich Mann, Lion Feuchtwanger und viele andere Hasser des Faschismus der revolutionären Arbeitersache nahe bringen wird.«[4]

Oskar Maria Graf äußerte sich in seinem bald nach der Rückkehr in den Alltag des Exils konzipierten Reisebericht zufrieden und zuversichtlich. Für ihn war die Reise eine »Gaudi« gewesen. Er war in bayerischer Tracht, mit Lederhosen, Kniestrümpfen, dem Janker (Kittel) und dem Hütel mit dem Gamsbart, aufgetreten, eine Sensation für den Kongreß, die Hotelbewohner und Passanten in Moskau. Sogar Gorki hatte seine Rede einen Moment lang unterbrochen, als er des riesigen Bayern in seiner Landestracht ansichtig wurde.[5] Graf hänselte die meisten seiner deutschen Kollegen, vor allem – gutartig – seinen engeren Landsmann Adam Scharrer, mit dem er schon im Zug auf der Reise nach Moskau zusammengetroffen war, oder – bösartig – Gustav Regler, den er für einen eitlen, geschäftigen Streber und »kommunistischen Musterschüler« hielt; auch Plievier verspottete er, gegen Klaus Mann empfand er Abneigung, und Tollers Eitelkeit nannte er krankhaft. Mit dem nicht lange danach durch den Stalinterror liquidierten, berühmten russischen Schriftsteller Sergej Tretjakow, der die in den Süden reisende Gruppe betreute, freundete er sich an; die Briefe Tretjakows an Graf sind im Anhang zu dem Reisebericht veröffentlicht.

Insgesamt entspricht sein Bericht über den Kongreß und seine Reiseeindrücke der Zuschrift, die am 4. September 1934 von der in Moskau erscheinenden Deutschen Zentral-Zeitung veröffentlicht wurde. Da hieß es: Der Kongreß »dokumentiert vor aller Welt, daß gerade der sozialistische Staat dem Schriftsteller die Mission zuweist, die er sich seiner Veranlagung und Art nach wünscht, nämlich mit seiner eigenartigen Kraft in die Breite und Tiefe des Ganzen zu wirken und so tausend Erscheinungen des Allgemeinlebens geistig zu befruchten. Was kann sich der Schriftsteller mehr wünschen?«. Das wurde 1934 geschrieben, in einem Zeitpunkt der Hoffnung, vor den Prozessen und bevor sich der »Sozialistische Realismus« als neue Zwangsjacke erwies. Das gleiche gilt für Grafs Reisenotizen, die dreißig Jahre später postum veröffentlicht wurden und die er selbst nach allem nicht kommentarlos in ihrer hoffnungsfrohen Naivität in Druck gegeben hätte. Da er weder parteigebunden noch ein Lippendiener war, wird er damals so empfunden haben, und nicht wenige andere westliche Schriftsteller gleich ihm, in einer historischen Situation, da in Deutschland die Scheiterhaufen flammten und die Verbotslisten für Werke der Weltliteratur sich täglich verlängerten, während – aus welchen Motiven auch immer – ein Schriftstellerkongreß in der Sowjetunion zu einem nationalen und internationalen Ereignis wurde.

Ein anderer Erlebniszeuge des Kongresses, Gustav Regler, der nach dem Hitler-Stalin-Pakt 1939 mit der Kommunistischen Partei brach, gibt in seinem autobiographischen Buch »Das Ohr des Malchus« seine Eindrücke vom Kongreß im nachhinein anders wieder. Er äußerte sich skeptisch, kritisierte die ihm verdolmetschte Rede Gorkis. Grafs heftige Abneigung gegen ihn und seine Frau Marieluise, eine Tochter des Malers Heinrich Vogeler in Worpswede, bemerkte er offenbar nicht. Er schreibt: »Wir hatten Graf lieben gelernt in diesen Tagen«, und lobt die Streiche und Provokationen des Bayern gegen die Parteibürokratie seitenlang. Besonders anschaulich schildert Regler das – man darf sagen: historische – Bankett bei Gorki, wo in seinen Worten noch einmal »Geistige des Westens mit Geistigen des Ostens« zusammentrafen und wo man »zum letzten Mal ... beiden Narrenfreiheit« gab. Regler schwebte im siebten Himmel. Er trat in Begleitung von André Malraux oder Michail Kolzow überall auf, erhielt neue Aufträge, hatte – ich folge seiner Darstellung – überall in der Komintern Zugang, wurde von Dimitroff begünstigt, Gorki drückte ihm die Hand, Bucharin machte seiner Frau Komplimente, von düsteren Vorahnungen war keine Rede.[6]

Klaus Mann, der in seinem Lebensbericht »Der Wendepunkt« ebenfalls über seine Teilnahme am Kongreß erzählt, urteilt über die weltanschaulichen Gespräche der deutschen Schriftsteller: »Theodor Plievier, Gustav Regler, Andersen-Nexö vertraten das marxistisch-leninistisch-stalinistische Dogma in seiner reinsten und starrsten Form. Ernst Toller, in dessen revolutionärem Pathos das emotionell-humanitäre Element bestimmend war, neigte zu Abweichungen, die von den Strenggläubigen als ›kleinbürgerlich-sentimental‹ gegeißelt wurden. Der relativ tolerante Johannes R. Becher und der weltmännisch humorvolle Egon Erwin Kisch vermittelten zwischen den Orthodoxen und den ›ideologisch Unzuverläßlichen‹, zu denen auch ich gerechnet werden mußte.«[7] So kann sich jeder täuschen: Regler wurde wenige Jahre später zum erbitterten Gegner der Sowjetunion und des Kommunismus; Plievier benützte nach dem Ende des Krieges die erste Gelegenheit zur Flucht in den Westen, und der »tolerante« Becher, zum Lakaien Ulbrichts geworden, rief ihm Schimpf nach, nannte ihn und andere Teilnehmer des in Westberlin veranstalteten Kongresses für kulturelle Freiheit in der Ostberliner Zeitschrift Aufbau »Spitzel, Kriegsverbrecher, Handlanger der Kriegshetzer, Bande internationaler Hochstapler, literarisch getarnte Gangster, antibolschewistisches Gesindel«, das »vernichtet werden« müsse.[8] Hier werden die Wandlungsprozesse, die sich während der Exilzeit bei einzelnen vollzogen, anschaulich.

Was Kisch betrifft, unterlief Klaus Mann im übrigen ein Erinnerungsfehler, denn der »rasende Reporter« entschuldigte in einem Grußschreiben seine Abwesenheit. – Ein gleichartiger Irrtum findet sich auch bei Oskar Maria Graf, der auf dem Kongreß den deutschsprachigen Jugoslawen Bihalji-Merin im Gespräch mit dem holländischen Schriftsteller

Jef Last gesehen haben will; Bihalji-Merin nahm aber am Kongreß nicht teil.

Weit ausführlicher als das Streiflicht auf den Kongreß in Klaus Manns Autobiographie sind seine »Notizen in Moskau«, die Martin Gregor-Dellin in seine Sammlung von Aufsätzen Klaus Manns mit dem Titel »Die Heimsuchung des europäischen Geistes« aufnahm. Da spricht sich das Für und Wider des bewußt und betont bürgerlichen Individualisten angesichts der »neuen Welt«, als die das kommunistische Rußland sich präsentierte, bewegend aus. »In meinem Herzen und in meinen Gedanken wechseln Ergriffenheit und Widerspruch miteinander ab. Die Ergriffenheit ist stärker als der Widerspruch. Nachts, wenn ich aus dem Kongreß-Saal, aus dem Leben dieser halb noch asiatischen, halb schon amerikanisierten Stadt in mein Hotelzimmer komme, bin ich erregt – jede Nacht wieder: ich komme aus einem Abenteuer . . . Moskau hat die Kraft, alle unsre Gedanken auf die Zukunft zu konzentrieren . . . Ich sehe ihr mit Grauen und mit Hoffnung entgegen. Ich frage mich, wie ich ihr standhalten werde.«[9]

Ernst Toller, der in der Sowjetunion wegen seiner Teilnahme an der kurzlebigen Bayerischen Räterevolution und seiner Haftjahre außerordentlich populär war und mit stürmischem Beifall begrüßt wurde, forderte in seiner kurzen Ansprache die sowjetischen Schriftsteller auf, die linken bürgerlichen Autoren wie Heinrich Mann, Dos Passos, Sinclair Lewis nicht zu unterschätzen, sich mit westlichen Problemen vertraut zu machen, sich vor Schematisierung zu hüten. Er endete mit dem Bekenntnis zu jenem »Deutschland, an das wir glauben, das leidende, das im geheimen kämpfende Deutschland, das morgen siegen wird – trotz alledem!«.[10] Den Glauben daran verlor er schon zehn Jahre, bevor Klaus Mann sein Leben endete.

Von den deutschsprachigen Schriftstellern ergriffen noch das Wort: F. C. Weiskopf mit einer kurzen konventionellen Adresse; Friedrich Wolf mit Stichworten zur zeitgenössischen deutschen Dramatik – auch der innerdeutschen, z. B. über die Wirkung von Hanns Johst; Wieland Herzfelde, der – wie vor ihm schon Bredel – das sehr enge, gegen die moderne westliche Literatur gerichtete Referat von Karl Radek kritisierte. Auch Theodor Plievier wandte sich gegen die Enge und Einseitigkeit, mit der Radek besonders die deutsche Literatur der zwanziger Jahre abgetan hatte. Schließlich sprach der österreichische Lyriker und Erzähler Albert Ehrenstein, einst Mitarbeiter an Karl Kraus' Fackel, Gefährte von Franz Werfel und vieler Dichter der expressionistischen Generation (Oskar Kokoschka illustrierte seine Erzählung »Tabutsch«); er starb 1950 in einem Armenhospital in New York, von der Mitwelt bereits vergessen. In Moskau rechnete er mit dem Austrofaschismus und seinen Mitläufern ab, zu denen er auch

Kraus und Werfel zählte, und gab der Hoffnung auf sowjetische Rückendeckung Ausdruck.

Weshalb Georg Lukács, der damals in Moskau lebte, nicht hervortrat, ist mir unbekannt. Von Ernst Bloch oder Walter Benjamin, die in diesen Kreis gehört hätten, wußten die Russen damals wenig. Brecht, der sich ganz fernhielt, war ihnen fremd. Thomas Mann war für sie unerreichbar. Übrigens hatte er 1934 den offenen Bruch mit dem nationalsozialistischen Regime noch nicht vollzogen. Döblin, Werfel, Joseph Roth, der in Palästina lebende Arnold Zweig, der in geistiger Umnachtung dahindämmernde Carl Sternheim in Brüssel waren nicht geladen worden. Den mit Maxim Gorki persönlich befreundeten und als Schriftsteller in der Sowjetunion besonders hochgeachteten Stefan Zweig hätte man wohl gerne dabeigehabt, aber er lebte damals noch unangefochten in Österreich und konnte zu diesem Zeitpunkt nicht wagen, an einem Kongreß in Moskau teilzunehmen.

So war die deutsche Beteiligung, mit strengem Maßstab gemessen, zweite und dritte Garnitur. Es wurde auch deutlich, daß man die Franzosen hofierte. Malraux, Aragon, Jean Richard Bloch – die Reden der beiden letzten wurden von Ilja Ehrenburg verdolmetscht – waren die Stars unter den ausländischen Gästen. Jean Richard Bloch beeindruckte die Versammlung besonders mit der Schilderung der Niederschlagung des faschistischen Putschversuchs am 6. Februar 1934 in Paris.

Das Unternehmen diente der Vorbereitung der Volksfront im internationalen Maßstab. Daran muß man sich erinnern, wenn man von der Prozedur des Kongresses und der Einführung des »Sozialistischen Realismus« anstelle der nur für den engeren Kreis von Parteimitgliedern und Sympathisanten tauglichen »proletarisch-revolutionären Literatur« spricht. Es ist kennzeichnend, daß das Grundsatzreferat von Shdanow, in dem der Begriff eingeführt wurde, auf dem Kongreß viel weniger Aufmerksamkeit fand und weniger diskutiert wurde als die Referate und Diskussionsreden von Bucharin und Radek – von Gorki, der über den Wolken schwebte und nicht bestritten werden konnte, ganz abzusehen.

Beim Nachlesen heute zeigt sich: Es ist wahr, daß in der Grundsatzrede von Shdanow – hätte man sie und nicht etwa die freisinnigeren Ausführungen von Bucharin so ernst genommen, wie sie es den Machtverhältnissen nach verdiente – schon die bedrohlichen Grundzüge erkennbar waren, die die Literatur später zum Funktionärskult einengten. Da ist neben der pauschalen Verwerfung der bürgerlichen Literatur, die teils in Mystizismus und Frömmelei schwelge, teils mit Pornographie Geschäfte mache und deren Helden Diebe, Detektive, Dirnen und Gauner seien, die Verurteilung des Pessimismus, des Unglaubens an die Zukunft. Demgegenüber schöpfen die Sowjetschriftsteller »das Material für die künstlerischen Werke ... aus dem Leben und den Erfahrungen der Menschen von Dnjeprostroi und Magnitostroi [bevorzugte Aufbauprojekte des damaligen Plans, A. K.] ... Unsere Literatur ist erfüllt von Enthusiasmus und Heldentum ... Sie ist optimistisch ihrem Wesen nach, weil sie die Literatur der aufsteigenden Klasse, des Proletariats, der einzigen fortschrittlichen und fortgeschrittenen Klasse ist ...«[11] Diese Redensarten waren notfalls als die nun einmal unumgänglichen Spruchbänder abzutun.

Doch bei den folgenden Sätzen hätten die sowjetischen Schriftsteller und die Gäste, denen wortgetreu verdolmetscht wurde, aufmerken sollen, denn da kündigte sich das Schreckgespenst, zu dem der »Sozialistische Realismus« wurde, deutlich an. »Genosse Stalin hat unsere Schriftsteller die Ingenieure der menschlichen Seele genannt. Was heißt das? Welche Verpflichtung legt Ihnen dieser Name auf? Das heißt erstens, das Leben kennen, um es in künstlerischen Werken wahrheitsgetreu darstellen zu können, nicht scholastisch, nicht tot, nicht einfach als ›objektive Wirklichkeit‹, sondern als die Wirklichkeit in ihrer revolutionären Entwicklung.«[12] Das war das Stichwort, dessen Brisanz besonders nach dem Ende des Krieges, als keine Rücksichten auf bürgerliche Verbündete mehr genommen werden mußten, im gesamten stalinistischen Orbit zutage trat. Der »Sozialistische Realismus« hatte also nicht die Darstellung der »objektiven Realität« zum Ziel, sondern der »Wirklichkeit in ihrer revolutionären Entwicklung.« Damit war die Handhabe gegeben, jede den Machthabern ungefällige Widerspiegelung der Wirklichkeit als »Objektivismus« zu brandmarken und zu unterdrücken. Die wahrhaftige Gestaltung der Wirklichkeit (auch im Gleichnis) war umstellt. Jeder Versuch, zu den Tiefen der echten gesellschaftlichen Widersprüche durchzustoßen, die ungelösten Probleme, innere wie äußere, in ihrer Disharmonie zu erfassen, sowie jede einem realistischen Kunstwerk notwendigerweise innewohnende Kritik am herrschenden Status verfielen der Zensur, genauer noch: dem politischen Standrecht.

Anstatt die Konflikte des einzelnen und der Gesellschaft in subtilem Sinne transparent zu machen und eben dadurch zu ihrer Aufhebung beizutragen, werden die Widersprüche, die Fehlentscheidungen, die Sackgassen, die Selbstherrlichkeit, der Personenkult der neuen Machthaber, das Spannungsverhältnis zwischen Funktionär und Volk, Individuum und Kollektiv, Macht und Recht, Freiheit und Ordnung, die Fragen der Stellung der Familie im Staat, der Religion, der Erziehung, des Privatlebens, der Liebe selbst – kurzum: alles, was die Wirklichkeit problematisch macht – als inexistent erklärt. Was übrigbleibt, ist Klischee: eine normierte Handlung in einer irrealen Gesellschaft, die unter ihren unfehlbaren Führern alle humanen und sozialen Probleme zu allgemeiner Zufriedenheit bereits weitgehend gelöst hat.

Der Held der vorschriftsmäßigen Handlung ist nicht mehr der leidende, der zweifelnde, der irrende, der in Verstrickung geratene oder sich aus Verstrickung lösende, von Leidenschaften oder Schicksalsschlägen bewegte, kämpfende oder resignierende Mensch, an dem der Leser Anteil nimmt, sondern er muß ein »positiver Held« sein. Der »positive Held« aber ist stets ein Musterschüler im Sinne der Parteibürokratie, ein vorbildlicher Aktivist im Betrieb oder in der Kollektivwirtschaft auf dem Lande: die Inkarnation der jeweiligen Parteilinie. Er soll beileibe keine auffälligen individuellen Merkmale haben, kein Eigenleben führen, keine selbständigen, unabhängigen Gedanken äußern. Das Weiteste, was dem Modell des »positiven Helden« an Wandlungsfähigkeit zugestanden wird, ist die gleichfalls genormte Variante, wie er vom Irrtum zur Wahrheit gelangt, aus dem Saulus ein Paulus wird, Ungläubigkeit und Zweifel überwindet und zur rechtgläubigen Erkenntnis kommt: die Partei, die Partei, sie hat immer recht. Er ist kein Mensch mit seinem Widerspruch, er ist ein Schemen, das Tagesparolen stenographiert oder von der Bühne ins Publikum spricht und am Ende mit einem Glorienschein siegesbewußt aus allen Anfechtungen hervorgeht.

Somit ist im Vorgriff die Kette abgespult, die von Shdanows Referat Jahrzehnte über den Tod Stalins hinaus zur Verkümmerung von Literatur und Kunst führte – im deutschen Sprachgebiet zum »Bitterfelder Weg«, zu neuer Flucht, zum Verstummen. Erst nach Ulbrichts Tod setzte eine noch begrenzte und bedrohte Entspannung ein, deren zunächst bescheidene Ergebnisse längerer Pflegezeit bedürfen.

Auch andere Äußerungen Shdanows hätten vorwarnen müssen, sein Beharren auf der Tendenzliteratur, »weil es in der Epoche des Klassenkampfes keine über den Klassen stehende tendenzlose, angeblich unpolitische Literatur gibt und auch nicht geben kann.«[13] Jedoch wurde auch – und das war das Stichwort für die bis kurz zuvor vom Proletkult gepeinigten anspruchsvolleren kommunistischen Schriftsteller – von der »kritischen Aneignung des literarischen Erbes aller Epochen« gesprochen.[14] Es wurde viel diskutiert auf diesem Kongreß, es wurde kritisiert, bestritten in Rede und Gegenrede. Die Aussprache schien nicht manipuliert zu sein. Vom »Sozialistischen Realismus«, der die bessere Zukunft in der Gestaltung der schweren Gegenwart miteinbegreifen sollte, bildete sich die Mehrheit der Delegierten und der ausländischen Gäste einen eher zivilen Begriff, den sie von Gorkis Roman »Die Mutter« herleiteten. Die in diesem Roman gestaltete Niederlage der Revolution von 1905 kündigte bereits den Sieg der Revolution von 1917 an, denn die Vorhut, die 1905 allein stand, machte durch ihren Kampf und ihren Opfergang die Ziele sichtbar, die Losungen hörbar, hob somit »das Bewußtsein der Massen« auf eine höhere Stufe, bis der Funke, den sie gezündet hatte, zur Flamme wurde. Mit der wahrhaftigen (realistischen) Darstellung der Niederlage wird kein Schlußpunkt gesetzt, sondern ein Bindestrich; die Hoffnung, ja die Zuversicht, daß die temporäre Niederlage zum kommenden Sieg beigetragen habe, gewissermaßen sein Vorbote sei, besteht fort. Die »Apotheose« soll der Handlung nicht künstlich aufgepfropft werden, sondern in der Formung des Stoffes erkennbar sein.

Der Anspruch, daß die künstlerische Form dem Inhalt adäquat sein solle, war auf dem Kongreß nicht preisgegeben worden – und wenn Bucharin in seiner langen Rede an einer Stelle den »reinen Formalismus« eines Autors kritisierte, so setzte er den Begriff in Anführungszeichen, während er sich auf die großen Vorbilder der Weltliteratur, von Aristophanes, Sophokles, Euripides angefangen, berief. Erst nach dem Krieg wuchs sich der Kampf gegen den »Formalismus« vernichtend aus, und der »Inhaltismus«, der platteste und roheste Byzantinismus – darauf lief es hinaus –, feierte Triumphe. Der perspektivische Grundzug vom gegenwärtigen »Reich der Notwendigkeit« zum kommenden »Reich der Freiheit«, den die meisten Kongreßteilnehmer in den Begriff »Sozialistischer Realismus« hineininterpretierten, erwies sich als Wunschtraum. Der Traum durfte bis zum Beginn der »Prozesse«, deren Opfer auch Bucharin, Radek, Tretjakow, Isaak Babel und andere hervorragende Teilnehmer des Kongresses waren, weitergeträumt werden. Eine Alternative ließen für die meisten der angesehenen deutschsprachigen Schriftsteller im Exil Hitlers massive Unterstützung der frondierenden Generale in Spanien, die Besetzung Österreichs, die Auslieferung der Tschechoslowakei durch die Westmächte und der dann unvermeidlich kommende Krieg nicht zu.

Doch eine an Zahl und Ansehen wachsende Gruppe spaltete sich in diesen Jahren vom Schutzverband Deutscher Schriftsteller in Paris ab. Bei ähnlichen Gruppierungen wie dem 1938 in London begründeten Freien Deutschen Kulturbund, dem längere Zeit Oskar Kokoschka präsidierte und dessen Vorstand Alfred Kerr, Stefan Zweig und Berthold Viertel angehörten, vollzogen sich gleichartige Entwicklungen. Die Fluktuation nahm synchron mit der Bedrohung der Tschechoslowakei und dem Kriegsbeginn zu. Eine Anzahl deutschsprachiger Schriftsteller entkam aus Prag und Brünn nach England und in die USA, später folgten dorthin Exilierte, die in Holland, Belgien und Frankreich Asyl gefunden hatten.

Der Erste Internationale Schriftstellerkongreß zur Verteidigung der Kultur, Paris 1935

Das vollzog sich – im Schnitt – ein Jahrfünft nach dem denkwürdigen Schriftstellerkongreß in Moskau, der die Wiederkehr des Realismus in der Literatur von Sozialisten anzukündigen schien und die Berufung auf das große Kulturerbe, auch das naheliegende bürgerliche, guthieß. Dieses Ergebnis, das bei den bürgerlichen Intellektuellen westlicher Länder starke Resonanz fand, wurde von den Politikern im Zeichen des Volksfrontkurses als guter Auftakt zur Vorbereitung eines Weltkongresses der Schriftsteller für die Verteidigung der Kultur betrachtet. Obwohl (oder vielleicht weil) die antifaschistisch-propagandistische Dominante der Veranstaltung offenbar war, nahmen die Schriftsteller mit viel Eifer an den Vorbereitungen teil.

Dies war eine Angelegenheit der von Dimitroff geleiteten Komintern in Moskau. Willi Münzenberg hatte damit wenig oder nichts zu tun. Da der Kongreß in Paris stattfinden sollte, wurde Henri Barbusse – formaliter – mit der Leitung der Vorbereitungen der französischen Schriftsteller betraut. Weil er jedoch schwer lungenleidend im Süden Frankreichs an der Riviera lebte und nur in Ausnahmefällen reisen konnte, so übernahm sein damaliger Sekretär, ein aus Rumänien stammender Kommunist namens (oder decknamens) Udeanu, der sich übrigens später ebenfalls von der Partei trennte und in den USA Asyl fand, die technische Organisation. Für die literarischen Vorbereitungen, die Wahl der Themen, die Auswahl der Redner und Gäste des Kongresses, trugen die Franzosen André Malraux und Louis Aragon, für die Russen Ilja Ehrenburg, später zeitweilig auch Michail Kolzow, für die deutschen Exilschriftsteller Johannes R. Becher mit seinen Assistenten Gustav Regler und mir die Verantwortung.

Becher war im Spätherbst 1934 von Moskau nach Paris entsandt worden. Seine Berichte an die zuständigen Stellen geben manche – unvollständige, vielleicht später vor der Veröffentlichung redigierte – Aufschlüsse über die Nachwirkungen des Moskauer Kongresses.[15] Die Vorbereitungen für die Veranstaltung in Paris werden in einem Brief vom 15. Dezember 1934 im Zusammenhang mit einer Darstellung über die öffentliche Versammlung des Schutzverbandes Deutscher Schriftsteller behandelt, bei der André Malraux, Ilja Ehrenburg und Klaus Mann über ihre Eindrücke vom Moskauer Kongreß berichten wollten. Klaus Mann konnte wegen Paßschwierigkeiten nicht aus Amsterdam kommen, wo er lebte. Sein Manuskript – Zustimmung mit Vorbehalt – wurde verlesen. Malraux gab einen sehr positiven Bericht. Bei Ehrenburg verstand sich die Werbung von selbst. Becher zufolge waren etwa 400 Zuhörer anwesend, »die mit großem Interesse den Ausführungen der Redner folgten; ein unbedingter Erfolg des reorganisierten SDS«.[16] Was er damit meint, ist etwas rätselhaft, denn eine Reorganisation des Schutzverbandes Deutscher Schriftsteller hatte nicht stattgefunden. Vielleicht hatte Becher einen Auftrag mitgebracht, dem Schutzverband im Sinne des Moskauer Kongresses und der neuen Volksfrontpolitik zu einer breiteren Basis zu verhelfen, die ihn auch bürgerlichen Schriftstellern anziehend machen sollte, und wollte nun Erfolgsmeldung erstatten. In Wirklichkeit lief er mit dem Auftrag, den Schriftstellerverband zu liberalisieren, offene Türen ein, denn genau das war von der Gründung an die Absicht aller Beteiligten gewesen, seien es Rudolf Leonhard, David Luschnat, Ludwig Marcuse oder ich.

In Bechers Bericht heißt es weiter, daß sich in dieser Versammlung Anna Seghers mit dem – natürlich vorher abgesprochenen – Vorschlag zu Wort gemeldet habe, der Schutzverband möge sich an Einzelpersönlichkeiten und Organisationen wenden, »um eine Konferenz aller fortschrittlichen Kräfte der Literatur innerhalb absehbarer Zeit in Westeuropa zu organisieren«.[17] Das war's. Der Vorschlag wurde »einstimmig und begeistert« angenommen und der Vorstand des Schutzverbands beauftragt, die maßgebenden Persönlichkeiten und Organisationen dafür zu gewinnen. Den französischen Schriftstellern sollte bei der Organisierung und Vorbereitung der Konferenz Vorrang gelassen werden.

Die weiteren Vorschläge Bechers erklären sich teilweise aus der Zusammenarbeit mit mir. Wir wohnten Tür an Tür im Hotel Helvetia in der Rue de Tournon. Becher kündete an, der Vorstand des Schutzverbands werde den »Vorschlag machen, den 10. Mai (den Tag der Verbrennung des fortschrittlichen Buches in Deutschland) zu einem Tag der Internationalen Literatur zu erklären. Darüber werden noch konkrete Pläne vorgelegt werden. Der Hauptvorstand des SDS wird sich ebenfalls an die Freiheitsbibliothek wenden und versuchen, sie für dieses Projekt zu interessieren«.[18] Wenn ich diese Sätze vierzig Jahre nach ihrer Niederschrift lese, erscheinen sie mir absurd, denn dadurch, daß ich damals sogenannter »Generalsekretär« des Schutzverbands und zugleich Direktor der erwähnten Freiheitsbibliothek war, bestand eine Personalunion in der Leitung beider Institutionen. Ich hätte mich an mich selbst wenden müssen, um in meiner Eigenschaft als ehrenamtlicher Leiter des Schutzverbands den ehrenamtlichen Leiter der Freiheitsbibliothek – über deren Entstehung noch zu berichten ist – anzusprechen. Welchen Sinn dieser Unsinn gehabt hat, ist nach vierzig Jahren nicht mehr zu ergründen. Glaubte Becher, daß die Moskauer Stellen vollkommen ununterrichtet über diese Zusammenhänge seien, und wollte er sich als Initiator einer neuerlich erwünschten Einigungsbewegung ins Licht setzen? Oder sind seine Berichte später manipuliert worden, um Zusammenhänge zu verschleiern, Namen zu verschweigen?

Zuverlässig bestätigen kann man nur die Parolen, »die der Hauptvorstand des SDS als geeignet ansieht zur Sammlung der breitesten Kräfte der Literatur ...: 1. Für die Verteidigung des Geistes. 2. Für die Bewahrung des großen Erbes der Literatur aller Zeiten und Völker. 3. Für eine Literatur der Wahrheit, des Friedens und der Freiheit. 4. Für die Macht der Literatur. 5. Für die internationale Zusammenarbeit der Literaturen aller Länder (für eine Weltliteratur). 6. Für die Sammlung aller fortschrittlichen Kräfte in der Literatur.«[19]

Unter den Vorzeichen dieser Losungen begannen die Vorarbeiten für den Kongreß. Bezeichnenderweise waren von diesen Vorbereitungen wie auch von der Teilnahme am Kongreß die Berufsfunktionäre Abusch, Norden, Lorenz (Winzer) und andere, die später in der DDR Hauptrollen spielten, ausgeschlossen. Auch diesen Vorteil hatten – aus den nun durchsichtigen taktischen Gründen – der Moskauer Kongreß beziehungsweise die Änderung der Parteilinie mit sich gebracht, daß für zwei, drei Jahre die Parteibeamten den Schriftstellern in Fragen der Literatur keine Vorschriften mehr zu machen hatten. Ein- bis zweimal in der Woche trafen sich Malraux, Aragon, Ehrenburg, Becher, Regler und ich in einem Café, wo es einen kleinen, mit vielen Wandspiegeln dekorierten, abgetrennten Raum gab, den Malraux oder Aragon ausfindig gemacht hatte. Man beriet den Text der Einladungen, Zahl und Bedeutung der Einzuladenden, diskutierte die Formulierung der Themen. Die rein technischen Vorbereitungen wie die Miete der größeren und kleineren Säle im Veranstaltungsgebäude »Mutualité« lagen in den Händen der von Henri Barbusse dazu delegierten Franzosen, vermutlich Mitglieder der Kommunistischen Partei Frankreichs.

Becher war mit einem der Wichtigkeit der Aufgabe angemessenen Funktionärsgehalt und Spesensatz versehen; die Überweisungen ließen allerdings mehrfach lange auf sich warten, so daß er in Bedrängnis seine Zimmernachbarn um Teeblätter bitten mußte. Ehrenburg war als Korrespondent der Isvestija und überdies als auch im Westen erfolgreicher Romanschriftsteller materiell gesichert. Malraux und Aragon verrichteten ihre Aufgaben ehrenamtlich. Aber auch Regler und ich hatten Hemmungen, uns für diese Aufgabe von der Kommunistischen Partei oder der Komintern bezahlen zu lassen. Es gab Auswege. Regler hatte Vorschüsse für seinen Saar-Film und Saar-Roman erhalten, ich arbeitete gemeinsam mit Bruno Frei an dem Fotoband »Deutschland vom Feinde besetzt«, außerdem trug meine Frau Friedel als Sekretärin Bechers den größeren Teil zum Lebensunterhalt bei – auf solche Weise wurden die Existenzfragen damals geregelt. Reich und füllig ging es dabei nicht zu. Von Lion Feuchtwanger abgesehen, dem sein Erfolg in den angelsächsischen Ländern treu blieb, hatten alle deutschsprachigen Kongreßteilnehmer, einschließlich Brecht, Kisch, Alfred Kerr, Ernst Toller, Heinrich Mann, Robert Musil, Anna Seghers, Ernst Bloch – um nur die bekanntesten Namen zu nennen –, wenn nicht alltägliche Nahrungssorgen, so doch die Sorge, wie lange sie noch die Miete für ihr möbliertes Zimmer oder ihre – meist in Vorstädten gelegene – Kleinwohnung pünktlich bezahlen könnten.

Die Resonanz der Schriftsteller aus vielen europäischen Ländern auf die Einladung – Amerika lag noch zu weit entfernt – war ebenso spontan wie ein Jahr zuvor bei der Begründung der Deutschen Freiheitsbibliothek. Man spricht rückschauend heute vom »roten Jahrzehnt«, in dem sich die Intellektuellen unter der Bedrohung durch den Nationalsozialismus den verschiedenen kommunistischen Parteien annäherten – sogar konservative Geister wie André Gide, der ja beim Kongreß die Hauptrolle spielte; Romain Rollands Anteilnahme, auch Theodore Dreisers und – damals – John Steinbecks Sympathie verstanden sich von selbst, aber auch H. G. Wells und Bertrand Russell und Stephen Spender und W. H. Auden und Ernest Hemingway und natürlich Pablo Neruda und Garcia Lorca fühlten sich den militanten Antifaschisten verbunden. Es war genaugenommen kein Jahrzehnt, sondern kaum ein Jahrfünft: vom Reichstagsbrandprozeß und den Bücherverbrennungen bis zu den Moskauer »Prozessen« und der Liquidierung von Bucharin, Babel, Tretjakow. Der Spanienkrieg, der Teufelspakt von München, die Besetzung der Tschechoslowakei verzögerten Entscheidungen bei vielen, der Zweite Weltkrieg machte sie zeitweilig rückläufig, bis der »Kalte Krieg« die Gegensätze unversöhnlich fixierte. Die Jahre, in die die Kongresse von Moskau und Paris fielen, waren Höhepunkte der Einigkeit deutschsprachiger Exilschriftsteller untereinander und mit ihren humanistischen Kollegen in den Asylländern.

Die Zahl der Zusagen war kaum zu bewältigen. Schwierigkeiten erwuchsen dem beratenden Gremium bei der Entscheidung, wem aus der Überfülle der Teilnehmer ein Referat zugestanden werden müsse, wie viele Diskussionsredner man zulassen könne, ohne die vorgesehene Tagungszeit zu sprengen. Auch die Proportion der verschiedenen Nationalitäten sollte nach Möglichkeit ausgewogen sein, wobei neben den französischen die deutschsprachigen Schriftsteller bevorzugt waren, weil man sie in deutsche Exilanten, Österreicher, Tschechoslowaken und Schweizer unterteilte. Hermann Hesse, dessen ganze Sympathie den Zielen des Kongresses gehörte, nahm – auch aus Gesundheitsgründen – an spektakulären öffentlichen Veranstaltungen nicht teil. Die Engländer waren quantitativ und qualitativ gut vertreten, natürlich auch die Sowjetschriftsteller, die sich in Russen, Ukrainer, Georgier schieden. Es gab Holländer, Dänen, einen Chinesen dort, E. Siao, der mit einer Deutschen verheiratet war und keines

Dolmetschers bedurfte. Sieht man das Programmheft heute durch, so ist verwunderlich, daß sich unter den nominierten Rednern nur zwei Spanier und keine Italiener befanden, auch keine Ungarn und Polen. Um auch dies gleich vorwegzunehmen: das Programmheft ist ungenau. Maxim Gorki nahm persönlich nicht an dem Pariser Kongreß teil. Dafür kam etwas verspätet Pasternak, der nicht im Programmheft genannt ist. Ernst Glaeser, der unter den Prominenten der Schlußsitzung aufgeführt ist, hatte die Beziehung zu den antifaschistischen Exilierten bereits gelöst.

Die Tagung wurde am Freitag, dem 21. Juni 1935, in einem der großen, wenn nicht dem größten Saal des Kongreßzentrums Palais de la Mutualité in Paris unter Vorsitz von André Gide und André Malraux eröffnet. Die Begrüßungsworte sprach Gide. Es folgten kurze Ansprachen des englischen Epikers E. M. Forster, des französischen Essayisten Julien Benda, gefolgt von Bert Brecht, Egon Erwin Kisch, Louis Aragon, einem wenig bekannten Sowjetschriftsteller namens Luppol, dem damals schon fast auf der Höhe seines Ruhmes stehenden Alexej Tolstoi und – dem Programmheft zufolge – auch Jean Cassou. Auf der Vorankündigungsseite im Neuen Tagebuch findet sich sein Name als Redner bei dieser ersten Veranstaltung nicht. Doch sind die Angaben nicht in allen Fällen zuverlässig, denn da wird zum Beispiel Willi Bredel als Redner angekündigt, der jedoch nicht zum Kongreß gekommen oder nicht eingeladen worden war, weil sein Name den Franzosen zu dieser Zeit noch unbekannt, jedenfalls nicht bedeutend genug war.

Die Eröffnungssitzung hatte unter dem Motto »L'Héritage Culturel« (Das kulturelle Erbe) gestanden. An den folgenden Tagen fanden täglich zwei Vollsitzungen statt, nachmittags um 15 Uhr und abends um 21 Uhr. Das Programmheft und das Neue Tagebuch weichen in den Vorankündigungen der Themen voneinander ab. Laut Programmheft wurde am Sonnabend, dem 22. Juni, nachmittags unter dem Präsidium des Amerikaners Waldo Franck und Louis Aragons über das Thema »Le Rôle de l'Ecrivain dans la Société« (Die Rolle des Schriftstellers in der Gesellschaft) von Aldous Huxley, John Strachey, Martin Andersen-Nexö, Karin Michaelis, einem minder bekannten Russen V. Iwanow, Jean Richard Bloch, Michail Kolzow, Alfred Kerr, Ernst Toller und Pierre Abraham referiert. Diese Tagung fand nach dem Neuen Tagebuch aber nicht am Sonnabendnachmittag, sondern am Sonntag, dem 23. Juni, nachmittags statt.

Wir folgen weiter dem Programmheft. Es kündigt, in diesem Fall in Übereinstimmung mit dem Neuen Tagebuch, für Sonnabend, 21 Uhr, die für alle teilnehmenden deutschsprachigen Exilierten denkwürdig gebliebene Sitzung unter dem Präsidium Heinrich Manns und Jean Richard Blochs an. Als Heinrich Mann das Podium bestieg, erhoben sich alle Zuhörer des überfüllten riesigen Saales. Sie erhoben sich zunächst schweigend. Mit diesem Schweigen ehrten sie in der Person Heinrich Manns das andere, das kämpfende, leidende, widerstehende, exilierte Deutschland. Danach brach ein Applaus der Tausende los, der nicht enden zu wollen schien. Heinrich Mann konnte seine Ergriffenheit nicht verbergen. Gesprochen wurde über das »Individuum«. Die Redner waren André Gide, Robert Musil, Max Brod, der noch junge, aber bereits berühmte französische Schriftsteller René Crevel, der bald darauf seine schwere Krankheit durch Freitod abkürzte. Klaus Mann hat ihm in dem Buch »Die Heimsuchung des europäischen Geistes« ein schönes Denkmal gesetzt.[20] Ihm folgten Ilja Ehrenburg, der holländische Essayist Menno ter Braak und André Malraux. Im Neuen Tagebuch werden auch Karel Čapek und Willi Bredel als Redner aufgeführt; im Falle Bredels, wie bereits gesagt, gewiß ein Irrtum, im Falle Čapeks der – allerdings vagen – Erinnerung nach eine Verwechselung mit dem tschechischen Schriftsteller Nezval. Im allgemeinen wird man jedoch eher den Ankündigungen im Neuen Tagebuch vertrauen können, denn das Programmheft war schon einige Zeit vor Beginn des Kongresses gedruckt worden, und es ergaben sich, wie stets bei solchen Veranstaltungen, noch in den letzten Tagen vor Beginn Veränderungen bei den Teilnehmern und in der Programmgestaltung.

Im Programmheft ist die Tagung über das Thema »Humanismus«, die unter dem Präsidium von Henri Barbusse und Paul Nizan stattfand, für Sonntag, den 23. Juni, nachmittags angekündigt; im Tagebuch ist sie auf Sonnabend nachmittag vorverlegt. Als Redner werden in Übereinstimmung der Amerikaner Waldo Franck, der Franzose Luc Durtain, Johannes R. Becher, zwei weitere nicht sehr bekannt gewordene Franzosen, der türkische Schriftsteller Jakub Kadri und abweichend als Vertreter Spaniens im Tagebuch Valle Inclan, im Programmheft Ramon Sender, einer der bedeutendsten zeitgenössischen Romanciers, genannt.

Am Sonntagabend wurde nach beiden Quellen unter dem Präsidium von E. M. Forster und dem Franzosen Jean Guéhenno das Thema »Nation und Kultur« behandelt. Es sprachen: Henri Barbusse, Anna Seghers, die Engländerin A. William Ellis, der französische Erzähler André Chamson, die Sowjetschriftsteller Mikitenko und Tobidsé (als Georgier angekündigt), ferner Michael Gold aus den USA, ein in der kleinen amerikanischen Partei führender Kommunist, der damals mit einem autobiographischen Roman erfolgreich gewesen war. Das Programmheft kündigte auch Tristan Tzara an; im Neuen Tagebuch fehlt er. Diesmal gibt die Erinnerung dem Programmheft recht.

Am Montagnachmittag wurde unter dem Präsidium von Martin Andersen-Nexö die Diskussion über das Thema »Nation und Kultur« fortgesetzt. Am Montag wurde das Thema »Schöpferische Fragen und Würde des Geistes« (Les Problèmes de la Création et la Dignité de la Pensée) behandelt, laut Programmheft unter dem Präsidium von Carlo Sforza, dem italienischen Liberalen, der somit, wenn auch nicht als Redner, die italienischen Exilierten vertreten hätte; dem Neuen Tagebuch zufolge aber war es der Spanier Valle Inclan, der an diesem Abend präsidierte. Es war ein vorwiegend deutscher Abend mit den Rednern Heinrich Mann, Lion Feuchtwanger, Ernst Bloch, Gustav Regler, außerdem den Russen Tichonow und Lahuti, dem Tschechen Nezval, den Franzosen Léon Moussinac und H. R. Lenormand.

Am Dienstag, 25. Juni, fand ausnahmsweise schon um 10 Uhr vormittags unter dem Präsidium von André Malraux eine Diskussion über organisatorische Fragen statt, das heißt: über die Begründung eines internationalen Verbandes der Schriftsteller zur Verteidigung der Kultur, über Hilfsaktionen für die exilierten Schriftsteller, darunter den Plan, eine neue deutschsprachige Monatszeitschrift von beträchtlichem Umfang herauszugeben, woraus dann ab Juli 1936 Das Wort wurde, für dessen Redaktion der in Dänemark lebende Brecht, der in Südfrankreich lebende Feuchtwanger und der am Erscheinungsort Moskau lebende Willi Bredel verantwortlich zeichneten. Ganz fiktiv war die redaktionelle Mitarbeit von Brecht und Feuchtwanger nicht. Sie forderten Kollegen zur Mitarbeit auf, empfahlen Manuskripte zur Annahme, erhielten zumeist auch rechtzeitig die Fahnen der kommenden Hefte, um Verbesserungen oder Änderungswünsche vorzuschlagen; aber niemals bestand ein Zweifel daran, daß diese im sowjetischen Jourgaz-Verlag erscheinende Zeitschrift der politischen Linie der Komintern zu folgen habe. Die Zahl der nichtkommunistischen Mitarbeiter, unter ihnen Thomas Mann, Alfred Döblin, Stefan Zweig, Ludwig Marcuse, Max Herrmann-Neiße und viele andere, sowie die sehr verschiedenartigen, keineswegs durchweg marxistisch beeinflußten Beiträge bewiesen jedoch auch, daß die Linie tatsächlich breiter geworden war und gegensätzliche Meinungen zu Wort kommen durften. Nachdem aus materiellen Gründen die von Klaus Mann in Amsterdam geleitete Sammlung und die Neuen Deutschen Blätter in Prag eingegangen waren, hatte Das Wort große Anziehungskraft für die zahlreichen im Exil lebenden deutschsprachigen Schriftsteller.[21]

Nach dieser Besprechung organisatorischer Fragen, deren Souffleur der damals mächtige, wohlmeinende Michail Kolzow war, nahm der Kongreß am Dienstagnachmittag seinen Fortgang. Vom Programmheft wird der Türke Kadri als Präsident genannt. Es sprachen der Franzose Henri Poulaille, der Schweizer R. J. Humm, der Russe Kirchon, der Chinese Siao, die Deutschen Bodo Uhse, Klaus Mann, Erich Weinert und A. Kantorowicz.

An diesem Nachmittag gab es für den Kongreß und besonders für die deutschen Teilnehmer eine Sensation. Es wurde ein Schriftsteller angekündigt, der direkt aus Deutschland komme, wo er den illegalen Widerstand gegen das nationalsozialistische Regime der in Deutschland verbliebenen Mitglieder des Bundes proletarisch-revolutionärer Schriftsteller leite, derselbe, der auch mit drei Sternen für die innerdeutsche Redaktion der Neuen Deutschen Blätter verantwortlich zeichne und tatsächlich eine Anzahl von Artikeln der im Lande »untergetauchten« Arbeiterkorrespondenten auf Schleichwegen über das Riesengebirge nach Prag gebracht habe. Er wolle dem Kongreß die Grüße und Wünsche der Widerstandskämpfer im Lande überbringen. Er wurde als »Klaus« vorgestellt. Ein vierschrötiger Mann mit einer Maske betrat das Podium. Es war keine Vortäuschung. Er kam tatsächlich auf illegalen Wegen aus Deutschland, wo er bis dahin mit seinen Gefährten unter beständiger Lebensgefahr Flugblätter hergestellt und in Hausbriefkästen gesteckt, nächtlich auf öffentlichen Plätzen verstreut, vor Fabriktore gelegt und die Gruppe der Schriftsteller soweit wie möglich zusammengehalten und instruiert hatte, ein mutiger und ehrenhafter Mann, den einige Teilnehmer natürlich sogleich erkannten: Jan Petersen (recte: Hans Schwalm).

Er überbrachte dem Kongreß folgende Botschaft: »Ich spreche im Namen der illegalen Schriftsteller Deutschlands. Die Tatsache allein, daß die westdeutsche [?] Gruppe der antifaschistischen Schriftsteller mich zu diesem Kongreß entsandt hat, zeigt, welche Bedeutung wir dieser Kampftagung für die Freiheit des Geistes, für den Frieden und den Fortschritt beimessen.« Nachdem er von den vertriebenen oder im Lande eingekerkerten Schriftstellern gesprochen hatte, versicherte der »Mann mit der Maske«, daß es trotz allem eine neue illegale Literatur in Deutschland gebe. »Der junge, im Land zurückgebliebene Nachwuchs sah sich plötzlich vor eine ungeheure Aufgabe gestellt, er wurde sich der großen Verantwortung, die auf ihm lastete, bewußt, der Verantwortung, der Welt mit schriftstellerischen Mitteln das wahre Gesicht des ›Dritten Reiches‹ zu zeigen. Und er begann diese Aufgabe zu erfüllen, er wuchs über sich selbst hinaus, er schuf: Die Stimme aus Deutschland!« Der Botschafter berichtete, daß jede Zeile dieser Literatur »buchstäblich unter Lebensgefahr geschrieben« werde. Für die Mitglieder des Schutzverbandes war besonders wichtig, daß ihr Organ von der Gruppe um den »Mann mit der Maske« tatsächlich im Lande verbreitet und von Interessenten sehr genau zur Kenntnis genommen werde. Am Ende seiner kurzen Ansprache stand das Bekenntnis zu Deutschland, das nicht mit Hitlerdeutschland zu verwechseln sei.[22] Beim Nachlesen heute werden die Gemeinplätze deutlich. Damals war die Versammlung ergriffen. Zur Wirkung trug bei, daß André Gide selbst an der

Seite des »Mannes mit der Maske« die Ansprache Satz für Satz ins Französische übertrug. Der knorrige Berliner Prolet und der überfeinerte Pariser Großbürger: in dieser Stunde Kampfgefährten ein und derselben Sache – auch die deutsch-französische Verständigung war einbegriffen: abermals erhoben sich die Tausende im großen Saal.

Wurde bei dieser Gelegenheit »Die Internationale« gesungen oder nur nach Gustav Reglers sehr kämpferischer Rede? In seiner Autobiographie »Das Ohr des Malchus« berichtet Regler: »André Malraux, Aragon, Ehrenburg, Kolzow und eine beträchtliche Zahl Liberaler riefen in Paris einen Kongreß der Schriftsteller zusammen, die die Tyrannei schlechthin und den blutigen Popanz des Dritten Reiches im besonderen haßten ... Auf diesem Kongreß bekannte sich Gide zum Kommunismus. Man war klug genug, ihn mit keiner Parteidisziplin zu belästigen, er redete seine eigene Sprache. Um ihn waren Malraux und die teils skeptischen, teils von der Rede Gides animierten Freunde des Dichters ... Überall wurde der Entschluß Gides als ein Weltereignis empfunden, so viel Hoffnung belebte die damalige Zeit, so sehr glaubte man noch an den Einfluß des Schrifttums.« Gides Rede »war ein Signal wie das der Bartholomäusnacht.«[23]

Zwei Tage spater sprach Regler selbst vor dem Kongreß. Zuvor war er, der einst gläubige Katholik, seinem Bericht zufolge, zur Kirche »Notre Dame« gegangen, um sich zu konzentrieren. Als er nach einem Francschein suchte, »um eine traditionelle Kerze zu kaufen und vor der lächelnden, graziösen Madonna anzuzünden«, fand er einige der illegalen Broschüren in seiner Tasche. Als er dann auf dem Podium stand, »die Tausende von Köpfen unter mir«, empfand er: »Das war ja gar kein Exil. Die Grenzpfähle waren ausgerissen, die Internationale aller Schriftsteller war hergestellt! Ich sah Gide und den alten Pazifisten Barbusse am Vorstandstisch sitzen und vergaß plötzlich meine ganze, sorgfältig aufgebaute Rede. Ich griff in die Tasche, zog zwei der Broschüren heraus, hob sie hoch und forderte den Gestapomann (der sicher im Saal als Spitzel säße) auf, heraufzukommen und sich die Heftchen anzusehen ... Ich sprach nun wie einer der Ringer auf den Marktplätzen, die im roten Trikot vor die Massen treten und den Tollkühnen anrufen, der es wagen möchte, es mit ihren Muskelpaketen aufzunehmen. Ich drohte, ich höhnte. Ich wollte, daß alle die Unsicherheit spürten, die mit Hitler unter die Menschen gekommen war, und daß sie enger zusammenrückten. Mitten in der Rede brach ich ab, ging zum Vorstandstisch und überreichte Gide und Barbusse je eins der Heftchen. ›Sie sind in diesem Augenblick schon drüben‹, rief ich und wandte mich wieder zum Saal. ›Und keiner der Spitzel, die hier unter uns sitzen, hat es verhindern können!‹« Da erhob sich die Menge im Saal und sang begeistert die Internationale. Aus der Kulisse winkte ihm aufgeregt Johannes R. Becher.

Als er zu ihm trat, zischte Becher: »Du bist wahnsinnig.« – »›Hörst Du nicht, was sie singen!‹ sagte ich; meine Stimme war belegt vor Erregung. ›Aber das ist es ja doch!‹ brüllte er, nun gedeckt von dem mächtigen Chor, der anschwoll. ›Du hast alles verpfuscht, Du hast uns demaskiert. Jetzt ist es kein neutraler Kongreß mehr. Das schöne Geld!‹ Er hämmerte mit beiden Fäusten gegen seine Stirn. ›Die Internationale!‹ kreischte er, ›Du wirst aus der Partei ausgeschlossen werden!‹«[24]

Einzelheiten und Fragezeichen beiseite. Die Inspiration in »Notre Dame« ist vielleicht dichterische Lizenz des nach dem Bruch mit dem Kommunismus zum Glauben seiner Kindheit Zurückgekehrten. Auch daß Becher um »das schöne Geld« geklagt haben soll, ist unwahrscheinlich. Aber im Grundzug bringt diese Schilderung viel von der Atmosphäre des Kongresses – im Guten wie im Schlechten. Noch überwog bei fast allen Teilnehmern das Gefühl der Solidarität mit den von Hitler Vertriebenen und der Notwendigkeit der Einigkeit gegen die drohende nationalsozialistische Gefahr. In den von William S. Schlamm in Prag herausgegebenen Europäischen Heften[25] wird von einem Zwischenfall berichtet, als der liberale italienische Exilierte Salvemini andeutete, zwischen den deutschen Konzentrationslagern und den Straflagern in Sibirien sei kein großer Unterschied. Der Kongreß habe einerseits mit »Huhu«-Geschrei und schrillen Pfiffen, andererseits mit lebhaftem Applaus reagiert. Zu einer Diskussion sei es aber nicht gekommen. Was Reglers Extratour angeht, so erhielt er wenige Tage später auf der Sitzung der Parteigruppe von Alexander Abusch einen Rüffel, der ohne weitere Folgen für ihn blieb. Er bekam bald darauf aus Moskau einen neuen Buchauftrag und eine neue Einladung von Kolzow. Regler erlebte dort den Beginn der »Prozesse« im August 1936. Unter den angeklagten und bald darauf zum Tode verurteilten Altbolschewiken war auch ein intimer Freund Lenins, Kamenew, der ihm den Auftrag für sein neues Buch über Ignatius Loyola erteilt hatte.

Zu den ersten Rednern des Kongresses gehörte Brecht. Er sprach dem Programmheft zufolge am Freitag, 21. Juni 1935, nach dem längeren Referat von E. M. Forster. Brechts Vortrag war keine lange ausgearbeitete Abhandlung, sondern mehr das, was man eine Intervention nennt. Er leitete die Unmenschlichkeiten des Faschismus von den Eigentumsverhältnissen ab. Der Mensch als solcher sei nicht von Natur aus gemein und roh. Man könne die Greuel nicht durch die Darstellung der Greuel bekämpfen. »Der Schriftsteller kann sagen: meine Aufgabe ist es, das Unrecht zu denunzieren, und er kann es dem Leser überlassen, damit fertig zu werden. Aber dann wird der Schriftsteller eine sonderbare Erfahrung machen. Er wird merken, daß der Zorn wie das Mitleid etwas Mengenartiges ist, etwas, was in der und der Menge vorhanden ist und ausgehen kann. Und das schlimmste ist, es geht aus in dem Maße, in dem es nötiger wird. Kameraden sagten mir: Als wir zum ersten Male berichteten, daß unsere Freunde geschlachtet wurden, gab es einen Schrei des Entsetzens und viel Hilfe. Da waren hundert geschlachtet. Aber als tausend geschlachtet waren und des Schlachtens kein Ende war, breitete sich Schweigen aus, und es gab nur mehr wenig Hilfe. So ist es: Wenn die Verbrechen sich häufen, werden sie unsichtbar. Wenn die Leiden unerträglich werden, hört man die Schreie nicht mehr. Ein Mensch wird geschlagen, und der zusieht, wird ohnmächtig. Das ist nur natürlich. Wenn die Untat kommt, wie der Regen fällt, dann ruft niemand mehr Halt!«[26] Da ist das Leitmotiv wieder, mit dem Brecht schon 1934 das Schweigen des vordem so beredten Karl Kraus erklärt hatte: »Wenn die Greuel ein bestimmtes Maß erreicht haben, gehen die Beispiele aus . . .«[27] Man kann sich ohne Scheu auf diesen Kongreß zur Verteidigung der Kultur berufen, weil von ihm Bekenntnisse ausgingen, die weit über den antifaschistischen Kampf hinausreichen ins Allgemeine, ins Gegenwärtige und Zukünftige.

Nicht alle Reden der deutschsprachigen Exilschriftsteller waren gewichtig. Die lange, in acht Abschnitte unterteilte Ansprache von Johannes R. Becher folgte sorgfältig der neuen Parteilinie: Einerseits Bündnis mit den demokratischen oder parteilosen Schriftstellern und Respektierung des bürgerlichen Kulturerbes: »Hölderlin im Seemannsklub, Hegel in der Zeltstadt der Roten Armee«; andererseits Beharren auf der Präponderanz der Dichter der Arbeiterklasse: »Der Aufbau des Sozialismus in der Sowjetunion hat nicht nur die Gegenwart erschüttert und umgeschaffen – mit jedem Spatenstich in die Gegenwart gräbt er Vergangenheit auf und legt Gelände frei für den Blick in die Zukunft«.[28] Es gibt Abschnitte in diesem Referat, die mit der Praxis des Kulturministers Becher zwanzig Jahre später unvereinbar sind: »Die Wahrheit braucht Freiheit.« Die »Vielstimmigkeit«, die 1935 in Paris berufen wurde, war zu Zeiten der »Einstimmigkeit« (und Eintönigkeit) 1955 in Ostberlin unter Bann gestellt.

Gültig blieben Sätze aus der bejubelten Rede Heinrich Manns: »Erstaunlich wäre es dagegen, wenn Meisterwerke dort auftauchten, wo Wahrheitsliebe mißfällt und überhaupt nicht hervor darf. Angenommen, ein Regime oder System zwänge alle, die von ihm abhängen, ihre geistige Vergangenheit zu verleugnen; angenommen, es erlaubte ihnen nicht mehr, sich Kenntnisse oder auch nur Informationen zu verschaffen: nichts weiter würde es ihnen beibringen, als zu lügen.« Auch dies trifft zu: »Unter dem Regiment der Lüge muß einer sich durchaus blöd stellen, damit er es zu etwas bringt. Die Gelehrten geben Albernheiten von sich und sind sich dessen bewußt. Man treibt Wahrheitswidrigkeiten um des lieben Lebens willen, um in Amt und Stellung zu gelangen oder nur in Ruhe gelassen zu werden. Die erniedrigten Intellektuellen verachten ihre Erniedriger und sich selbst. Woher sollten sie die Kraft nehmen, etwas hervorzubringen, Meisterwerke gar. Die Wissenschaft wird herunterkommen und eine Literatur, die Dienstvorschriften unterliegt, wird wesentlich gar nicht vorhanden sein.«[29]

Das hat 1977 ebenso Geltung wie 1935; es könnte auch noch im 21. Jahrhundert bestehen. Es traf schon – mit diesem Gleichnis begann Heinrich Mann seine Rede – im Jahre 1535 zu. Was seither an Gedanken- und Gewissensfreiheit erobert worden war, in Jahrhunderten, wurde nun wieder in Frage gestellt. Widerstand ist geboten: »Hämmern wir den Geistern ein, was sonnenklar ist: daß ein Regime, das die Schriftsteller verfolgt, knechtet, herabwürdigt oder niederschlägt, in keiner Beziehung, und was es auch vorgäbe, Glauben verdient.«[30] Heinrich Manns Rede war ein Zeugnis für die Aufklärung. Obwohl er an dem vorangegangenen Moskauer Schriftstellerkongreß nicht teilgenommen hatte, stand er sichtlich unter dem propagandistischen Einfluß des von dort ausgehenden Werbens um die Intellektuellen, das mit der unverhohlenen Verachtung der Intellektuellen im nationalsozialistischen Deutschland so auffällig kontrastierte.

Anna Seghers sprach über »Vaterlandsliebe«. Sie versuchte, den Begriff, für den so viele Menschen in den Tod gingen, zu konkretisieren: »Es ist noch nicht allzu lange her, seit Menschen für die Idee ›Vaterland‹ ein schweres Leben erleiden oder einen schweren Tod. Am Anfang der bürgerlichen Epoche, da wurde der Nationalstaat die neue und weite und gemäße Form für neue gesellschaftliche Inhalte, ein Tiegel, in dem die Reste des Feudalismus vertilgt wurden. Damals war es ein und dasselbe, Patriot und Revolutionär zu sein.« Dann folgen Pflichtübungen, wie verschieden doch die Apfelbäume im Vaterland sein können, je nachdem ob sie auf dem Feld des Feudalbesitzers oder auf einem vom Fiskus gepfändeten Feld stehen. Hölderlin, Büchner rieben ihre Stirnen wund an der »gesellschaftlichen Mauer« ihres Landes, das sie gleichwohl liebten und besangen. Und was an ihrem Land geliebt wurde, das waren »ihre unaufhörlichen, einsamen, von den Zeitgenossen kaum gehörten Schläge gegen die Mauer.«[31] Die Mauer: das war damals eine Metapher. Keiner der Teilnehmer des Kongresses wußte, was bevorstand. Man fürchtete den Krieg, aber wer konnte ahnen, daß er mit einer Atomexplosion enden würde; man verabscheute die Bücherverbrennungen, aber an Menschenverbrennungen dachte niemand. Und daß eine Mauer, eine wirkliche Mauer aus Stein und Beton, die Hauptstadt des Vaterlandes, von dem Anna Seghers sprach, in zwei Teile zertrennen würde, blieb jenseits aller Vorstellungskraft.

Egon Erwin Kischs Referat hielt sich von Allgemeinplätzen frei. Er sprach über die Besonderheiten seines literarischen Arbeitsgebietes: »Reportage als Kunstform und Kampfform«. Beides: Kunst und Kampf, müsse eine Einheit bilden. »Nicht um formaler Wirkung wegen haben wir uns auferlegt, das Erbe der bürgerlichen Kunst zu verwalten und zu entwickeln. Nicht in der Hoffnung, vor dem Tribunal der herrschenden Ästhetik Gnade zu finden, haben wir zu verabscheuen all das, was wirklich banal ist, was wirklich demagogisch ist, was wirklich plebejisch ist, was wirklich Phantasielosigkeit, was wirklich öder Rationalismus oder starrer Materialismus ist.« Danach gab er Beispiele für die Reportage als besondere Kunstform, die die Scheinwelt durchdringt und die Wirklichkeit hinter der Fassade erkennbar macht. Auch seine Rede erinnert an die damals noch nicht voraussehbaren Widersprüche der Entwicklung. Er sagte: »Der Reporter war als die niedrigste Spezies der Zeitungsschreiber verachtet, bevor die Werke eines John Reed [»Zehn Tage, die die Welt erschütterten«, Reportage über die Russische Oktoberrevolution, jahrzehntelang in der Sowjetunion verboten, weil der Anteil Trotzkis gerecht gewürdigt wird; A. K.] und einer Larissa Reissner (zu ihnen gesellten sich die Russen Tretjakow und Kolzow, der Deutsche Holitscher, der Amerikaner Spivak, der Franzose Londres und viele andere) darüber belehrten, daß der Tatsachenbericht auch unabhängig und künstlerisch abgestattet werden könne.«[32] Auch für Kisch war nicht voraussehbar, daß wenige Jahre später Tretjakow und Kolzow von Stalin »liquidiert« werden würden.

Feuchtwanger sprach über das Thema »Vom Sinn und Unsinn des historischen Romans«. Er sagte: »Jemand, der sich daran macht, Vergangenes, Abgelaufenes darzustellen, gerät leicht in Verdacht, er wolle den Problemen der Gegenwart ausweichen.« Der gescheite Germanist und Philologe weist nach, daß von »Dichtungen, die ihre Epoche überdauerten, ein großer Teil von historischen Ereignissen handelt, nicht von zeitgenössischen.« Er bezieht sich auf Aischylos, auf das Alte Testament, auf Shakespeare, Schiller. Er sei zu dem Schluß gekommen, daß in jedem einzelnen Falle der Künstler »nichts anderes beabsichtigte, als sein eigenes (zeitgenössisches) Lebensgefühl, sein subjektives (keineswegs historisierendes) Weltbild so auszudrücken, daß es sich ohne weiteres auf den Leser übertrage. Wenn er die historische Einkleidung wählte, dann deshalb, weil er das Darzustellende aus der Sphäre des Persönlichen, Privaten herausheben, weil er es erhöhen, es distanzieren wollte.« Als Zeugen ruft er auch Tolstoi und Strindberg auf. Aus eigener Erfahrung erzählt er, wie er in den zwanziger Jahren beabsichtigte, »die Entwicklung eines Mannes [des ermordeten Walther Rathenau; A. K.] aus der Zeitgeschichte zu gestalten. Ich versuchte es: es mißlang. Ich legte den Stoff zwei Jahrhunderte zurück und versuchte, den Weg des Juden Süß Oppenheimer darzustellen: ich kam meinem Ziel näher«.[33]

Die Distanz erleichterte es Feuchtwanger, mit Problemen der Gegenwart fertig zu werden. Für den Zwiespalt zwischen Judentum und Deutschtum, den er in sich austrug, wählte er den jüdischen Geschichtsschreiber Flavius Josephus als Modell, der vor 1900 Jahren als römischer Bürger zwischen Judentum und Weltbürgertum geschwankt und lange Zeit gehofft hatte, den Ausgleich finden zu können – ein Gleichnis des Strebens nach deutsch-jüdischer Symbiose, das sich im Exil über das Jahr 1933 hinaus fortsetzte. Feuchtwanger endete sein Referat überraschend mit indirekter Berufung auf Nietzsche: »Sowohl der Historiker wie der Romandichter sieht in der Geschichte den Kampf einer winzigen, urteilsfähigen und zum Urteil entschlossenen Minorität gegen die ungeheure, kompakte Majorität der Blinden, nur vom Instinkt Geführten, Urteilslosen.«[34] Das trug ihm von marxistischer Seite milden Tadel ein.

Die Probleme des historischen Romans und Dramas beschäftigten die Exilschriftsteller in starkem Maße. Die Auseinandersetzung ging nicht nur um die Frage, ob historische Stoffe ein Ausweichen vor der Gegenwart oder ihr Gleichnis seien; viele der Hauptwerke der Exilschriftsteller, nicht nur bürgerlicher, behandeln geschichtliche Vorlagen, neben Thomas Manns Joseph-Romanen Brechts »Galilei«, neben Heinrich Manns »Henri Quatre« Friedrich Wolfs »Beaumarchais«, neben Ludwig Marcuses »Loyola« Gustav Reglers Bauernkriegsroman »Die Saat«. Alle wurden der Forderung des Tages gerecht. Eine andere Frage war, ob es sich um echten historischen Hintergrund oder um eine Travestie handele. Feuchtwangers Josephus-Trilogie ist – mit einigen Schwankungen und Einblendungen – ein »echter« historischer Roman, der im geschichtlichen Gleichnis die Gegenwart verdichtet; sein Roman »Der falsche Nero« ist Travestie: Hitler, Göring und Cie. in historische Kostüme verkleidet – ein karnevalistisches Treiben, das nicht in die Tiefe drang.

Eine weiterführende Diskussion leitete Ernst Blochs Vortrag »Marxismus und Dichtung« ein. Darin sind Stellen, die zu der literaturgeschichtlich wichtigen »Realismusdebatte« beziehungsweise dem »Expressionismusstreit« zwischen Bloch, Brecht, Seghers, v. Wangenheim und weiteren auf der einen, Lukács, Kurella und weiteren auf der anderen Seite führen, einem auf hohem Niveau ausgetragenen Gegensatz, dessen Nachwirkungen in kommunistisch beherrschten Ländern bis in unsere Tage hinein spürbar sind. Darauf ist zurückzukommen. Dabei berief sich Bloch stets, wie auch seine Widersacher, auf Marx und Lenin. Zurückblickend wundert man sich, wieviel Spielraum für Meinungsstreit in jenen Jahren innerhalb des »magischen Zirkels« Marxismus möglich war. Marxismus, sagte Bloch, »hält sich Experiment-Dichtern, gar solchen einer grotesken Phantasie, viel ferner als das zynische Bürgertum, welches sie als gedruckte Salonnarren nimmt, als Salonspaß versteht oder mißversteht.«[35] Es ging damals schon um diktierte Verwerfung oder unabhängiges Verständnis für Kafkas Werk; auch Proust und natürlich James Joyce waren von den Parteibeamten als »Verfallserscheinungen« unter Bann gestellt worden. Der Expressionismus galt Doktrinären als Vorläufer des Nationalsozialismus, obwohl von Johannes R. Becher bis zu Alfred Wolfenstein gut vier Fünftel der expressionistischen Dichter, die den Ersten Weltkrieg und die zwanziger Jahre überlebt hatten, sich im Exil befanden.

Selbst für Gottfried Benn, der den Gegnern der Expressionisten als Kronzeuge für deren Übergang ins faschistische Lager diente, hatte nach kurzem (kaum erklärlichem) Rausch die lange Kasteiung bereits begonnen, die Flucht als Oberstabsarzt in das »militärärztliche Versorgungswesen«; bald darauf folgten die Angriffe gegen ihn im Völkischen Beobachter und im Schwarzen Korps im Mai 1936. Insoweit ist auch er ein gebrechliches Beweisstück für den Zusammenhang von Expressionismus und Nationalsozialismus. Dazu Bloch 1937: »Daß aber der Nazi sich nachher, gelegentlich, in der Anfangszeit, expressionistische Literaturreste beibog (Benn) ... daran ist nicht Marcs [expressionistischer Maler; A. K.] ›Imperialismus‹ schuld, sondern des Goebbels Sinn für wirkungsvolle Falsifikate.« Die Polemik führte bis zu dem gegen Alfred Kurella und Georg Lukács gerichteten Satz: »Die ›Übereinstimmung‹ einiger Moskauer Intellektueller schematischen Schlags mit Hitler ist folglich nicht angenehm.«[36]

Die Fehde zwischen den Jugendfreunden Bloch und Lukács wurde in der Nachkriegsentwicklung gegenstandslos; ihr Wiedersehen in Weimar bei den Schillerfeiern 1955 bestätigte nur, daß sie beide sich in Abwehrstellung gegen die stalinistischen Funktionäre befanden, die Kunst und Literatur fast auf den nationalsozialistischen Standard hinunterdrückten. Lukács' von mir überliefertes Aperçu: »Nun ja, Talent ist ohnehin eine Rechtsabweichung« ist zum geflügelten Wort geworden.[37] Anderthalb Jahre darauf gerieten beide, Lukács in Budapest, Bloch in Leipzig, in die Schußlinie der Stalinisten. Sie blieben bis zum Tode von Lukács 1971 herzlich miteinander verbunden; ihre Korrespondenz zeigt es.

Das Impromptu schien wegen der außerordentlichen geistigen Bedeutung der beiden Denker im Exil und in der Nachkriegszeit berechtigt. Die indirekten Nachwirkungen von Blochs Beitrag beim Pariser Kongreß 1935 sind noch 1975 bei dem verunglückten dritten Symposium zur Erforschung der deutschsprachigen Exilliteratur in Wien bei den Delegierten aus der DDR zu erkennen gewesen. Sie wehrten sich – denn anders wären sie nicht delegiert worden – gegen die gültig gebliebene Voraussage: »Die Zeiten gehen vorüber, wo jede Kunst des Ausfabelns verdächtig war und ein Kopf mit Einfällen sich fast bemühte, keine mehr zu haben. Wo Phantasie fast Strafsache ist, wo sie von vornherein, als gäbe es auch hier keinen subjektiven Faktor, als idealistisch mißachtet wurde. Wo die Oberfläche der Dinge als ihr Ganzes, ihr Klischee als ihr Wirkliches galt und die Merkwelt des mehr oder minder roten Babbit [Hauptperson des gleichnamigen Romans von Sinclair Lewis, ein typischer amerikanischer Spießer; A. K.] sich zum Richter alles ihm nicht Bemerkten machte.«[38] Das Wort von den »roten Babbits« fiel also nicht nach dem Fortgang Blochs aus der DDR in der Bundesrepublik, sondern 1935 in Paris. Die roten Babbits, die Abuschs, Nordens, Winzers, die damals in Paris amtierten, hielten sich abseits; auf diesem Kongreß hatten sie nichts zu suchen und nichts zu melden.

Statt dessen erschien etwas verspätet Boris Pasternak auf dem Podium. Wir bleiben aber bei der Beschränkung auf deutschsprachige Redner. Erich Weinert entwarf ein optimistisches – wie wir später erfuhren, viel zu optimistisches – Bild von der Resonanz der Exilliteratur in Deutschland. Er kam auf die anläßlich des Kongresses fertiggestellte kleine Druckschrift »Deutsch für Deutsche« zu sprechen – eine literaturgeschichtlich interessante Anthologie. Er nannte sie einen »Sturmvogel«. Der gutartige, ehrliche Dichter, der später in Moskau auch als Präsident des Nationalkomitees Freies Deutschland kein intrigierender Funktionär wurde, glaubte wohl selber, was er verkündete: »Mit diesen Publikationen kam die Emigration an die intellektuellen Schichten heran. Aber die Dichter der Emigration kennen auch die Kanäle, die unmittelbar in die Massen des empörten Volkes führen. Wir wissen, und wir sehen es täglich mit eigenen Augen, wie unsere Worte, unsere Appelle, unsere Gedichte in allen illegalen Zeitungen drüben, von denen Sie ja wissen, daß sie zu Millionen unter Lebensgefahr hergestellt und vertrieben werden, erscheinen.«[39] Weinert hat das Ende dieser Illusion noch erlebt.

Die folgenden stichwortartigen Zitate sind einem ausführlichen Bericht der in Basel erscheinenden kommunistischen Rundschau aus dem Jahr 1935 entnommen.[40] Es kommen auch die Namen der später als »Unpersonen« verschwiegenen Kongreßteilnehmer und Auszüge aus ihren Reden vor, also z. B. Ernst Bloch, Gustav Regler, A. Kantorowicz und französische Schriftsteller, die für den in der Sowjetunion eingekerkerten Victor Serge intervenierten. Allerdings sind auch hier die Maßstäbe parteiisch. So wird die Rede Robert Musils, eines der bedeutendsten Autoren des Zeitalters, mit acht Zeilen abgetan, weil er jede politische und kulturelle Unterordnung des Schriftstellers unter welches Regime auch immer ablehnte, den Kollektivismus in der Literatur mit Sorge erstarken sah und darauf beharrte, daß »Kultur an keine politische Form gebunden« sei. Hingegen wurden Bodo Uhse, dem als Schriftsteller damals noch fast völlig unbekannten, aber allzeit stramm linientreuen Günstling der Funktionäre, im Bericht der Rundschau 19 Zeilen eingeräumt, weil er Musil zurechtgewiesen hatte:

»Man kann nicht Politik und Kultur, wie dies Musil tat, voneinander trennen.« Das war ein bewußtes oder unbewußtes Mißverständnis der Forderung Musils nach geistiger Unabhängigkeit, was ja keineswegs gleichzusetzen ist mit Abstinenz von Gesellschaftskritik, die im Werk Musils unübersehbar ist.

Musil selbst hat in seinem Vortrag auf dem Kongreß den Unterschied von politischem Engagement und werkimmanenter Auseinandersetzung mit der Umwelt deutlich gemacht. »Ich habe mich zeitlebens der Politik ferngehalten, weil ich kein Talent für sie spüre ... Ich setze also, wenn ich jetzt zur Grenze zwischen Politik und Kultur gehe, einen unproblematischen Untertanen voraus, und doch befindet sich auch ein solcher – wobei ich an den Dichter der deutschen Zunge als das mir nächste Beispiel denke – in einer nicht unproblematischen Lage der politischen Repräsentanz seiner Nation gegenüber. Ihre politische Hauptrepräsentanz verlangt bekanntlich derzeit von ihm noch jene völlige Unterordnung, die mit einem Wort, dem anscheinend die deutschen Großeltern erlassen worden sind, eine ›totale‹ genannt worden ist. Diese Unterordnung wird aber nicht nur begreiflicherweise verboten, wenn er einem anderen Staat als dem Deutschen Reich angehört, sondern es wird dann von ihm auch eine besondere kulturelle Unterordnung verlangt. So erwartet z. B. meine österreichische Heimat von ihren Dichtern mehr oder minder, daß sie österreichische Heimatdichter seien, und es finden sich Kulturgeschichtskonstrukteure, die uns beweisen, daß ein österreichischer Dichter immer etwas anderes gewesen sei als ein deutscher. In anderen Ländern ist ähnliches im Gange, und es haben sich die Ansprüche der verschiedenen Vaterländer und ihrer politischen und sozialen Zweckgesinnung dem Begriff der Kultur übergeordnet. Das ergibt eine Frage, die verschiedene Formen hat, im Grund aber immer die gleiche ist: Gewinnt man den Begriff der Kultur daraus (und gleichsam als das, ›was übrigbleibt‹), daß man von der nationalen, bürgerlichen, faschistischen, proletarischen Kultur das abzieht, was an ihr national, bürgerlich usw. ist oder ist ihr Begriff etwas Selbständiges, das sich auf vielerlei Weisen verwirklichen kann? Ich glaube, daß sich eine unbefangene Überlegung aus allerhand Gründen für die zweite Auffassung entscheiden muß.«[41]

Die Frage nach den »verschiedenen Literaturen« im gleichen Sprachraum hat sich nach Kriegsende erneut gestellt; sie ist gegenwärtig brisant, weil sie nun auch die Literatur in den beiden Teilen Deutschlands einbezieht. Deshalb war Musils Zeugnis wichtig. Rückschauend könnte man – neiderfüllt – sagen, daß man im Exil mit dem Begriff der »deutschsprachigen Literatur« reibungslos zurechtkam. Die Unterscheidung der Schriftsteller nach Nationalität, Volksgruppe, Stamm und dergleichen war suspendiert.

Bodo Uhse polemisierte in seiner Rede auch gegen Max Brod. »Wie wir die Trennung von Kultur und Politik nicht anerkennen, die die Wirklichkeit widerlegt, so können wir auch nicht die Trennung von Traum und Wirklichkeit anerkennen.«[42] Brod, berühmt durch eigene Werke, berühmter noch als Überlieferer der Werke seines Freundes Kafka, hatte gesagt: »Auch heute noch hat für das Inidividuum [das war das Reizwort; A. K.] das Träumen seine Geltung. Es müssen verbunden werden Traum und Vernunft, Tag und Nacht, tiefer Glaube an Gott und aktive Mitarbeit am Fünfjahresplan. In der Sowjetunion hatte man lange jeden Romantizismus bekämpft, aber heute beginnt das russische Proletariat ein wahrer Mehrer des Kulturerbes der Epochen zu sein. Als ich – ein Nichtmarxist – aus der Sowjetunion zurückkehrte, kam ich mit einer großen Hoffnung zurück.«[43] Das war ganz im Sinne dieses Kongresses gesprochen, und Uhses Einwände hätten vom Parteisekretariat ebenso gerügt werden müssen wie der Übereifer Reglers. Das war jedoch nicht der Fall.

Alfred Kerr, damals noch im Exil in Frankreich (er übersiedelte ein Jahr später nach England), sprach von der Notlage der verfemten Schriftsteller, deren Bücher nicht einmal mehr in Österreich veröffentlicht werden könnten. »Ja, sogar in Frankreich trifft ihn der Bannstrahl, denn die Arme Goebbels' reichen bis in die Direktionszimmer der französischen Verlage. Die Rolle des Emigrierten muß es sein, erst recht mitzuwirken an der Verteidigung der Kultur, aufzuklären, zu rufen, zu handeln und zu organisieren.«[44]

Rudolf Leonhard stellte sich der Frage der Unabhängigkeit des Schriftstellers. Er meinte: »Der europäische Dichter ist keineswegs unabhängig. Man kann sich darüber beklagen, aber nicht leugnen, daß die Literatur eine Ware ist. Ist man unabhängig, wenn man abhängig ist von den Gesetzen der Ware, wenn man gehemmt ist von den Sorgen des täglichen Lebens?«[45]

Der Pazifist Leonhard Frank, der am Ende des Ersten Weltkrieges mit seinem Novellenband »Der Mensch ist gut« Zeichen gesetzt hatte und in den zwanziger Jahren mit guter Unterhaltungsliteratur erfolgreich gewesen war, intervenierte zugunsten der Einheit. »Wer Zeitgenosse des Krieges und des Faschismus war, hat die Pflicht, gegen Krieg und Faschismus zu wirken. Schließen wir die Einheitsfront.«[46]

Klaus Mann rief auf, sich besonders um die Jugend zu kümmern. Es sei dem Faschismus gelungen, den Willen der Jugend zu kanalisieren. »Wie kommt es, daß wir nicht die Millionen dieser Jugend gewinnen konnten? . . . Man blieb zu sehr im Ökonomischen. Nicht alle Fragen lassen sich mit den Lehren des Materialismus lösen. Dem Dogmatismus mußte man und muß man die humanitäre Toleranz im Geistigen gegenüberstellen. Auch die religiöse Haltung ist nicht unbedingt asozial. Auch sie kann dem Fortschritt dienen . . . Wir kämpfen für die Jugend, für den sozialistischen

Humanismus, der das gesamte Leben, das harte, geheimnisvolle Leben in allen seinen Beziehungen umfassen wird.«[47]

Die Ansprache des Arbeiterschriftstellers Hans Marchwitza hatte autobiographischen Charakter. Er berichtete von seiner Herkunft aus einer Familie von schlesischen Bergarbeitern, von der schweren Jugend in den Gruben: »Es war so erniedrigend und roh, dieses Leben, daß es Menschen nicht nur mordete, sondern vertierte. Man hielt uns nicht nur körperlich, man hielt uns erst recht geistig nieder.«[48] Er sprach von seinen Erlebnissen im Ersten Weltkrieg, von den Nachkriegskämpfen im Ruhrgebiet, seinen ersten Erzählungen und Romanen, schließlich der Vertreibung durch den Nationalsozialismus. Auch seine Bücher wurden verbrannt und verboten, er lebte »von Elend zu Elend, von Versteck zu Versteck, im Land und außerhalb der Heimat.« Man hörte es mit Achtung.

Von den Beiträgen der deutschsprachigen Redner bleibt noch mein eigener: »Literarische Kriegsvorbereitung«, zu erwähnen. Er wurde in Klaus Manns Sammlung im August 1935 veröffentlicht und 32 Jahre später in den Band »Im zweiten Drittel unseres Jahrhunderts« aufgenommen.[49]

Einstimmigkeit und Einmütigkeit waren nicht die Regel. Der italienische Liberale Professor Salvemini hatte darauf hingewiesen, daß es nicht nur die Gestapo, sondern auch die damals Tscheka benannte sowjetische Staatspolizei gebe und Lager in Sibirien, in denen der bekannte Schriftsteller Victor Serge Zwangsarbeit leisten müsse. Der Fall Serge kam nicht zur Ruhe. Eine als Trotzkistin bezeichnete französische Schriftstellerin, Magdalena Paz, verlangte, daß der Kongreß »den Fall Serge im Sinne der Freiheit des Gedankens auffassen solle.«[50] Von den anwesenden deutschsprachigen Exilschriftstellern griff nur Anna Seghers in die sich anschließende turbulente Diskussion ein. Der Fall Serge, meinte sie, gehöre nicht hierher. »In einem Hause, in dem es brennt, kann man nicht einem Menschen helfen, der sich in den Finger geschnitten hat ... Die Übertreibung und falsche Ausbeutung eines Falles, der einigen von den hier Anwesenden am Herzen liegt, die behaupten, die Revolution verteidigen zu wollen, kann und muß in einem Zeitpunkt des Kampfes gegen den Faschismus konterrevolutionär wirken! Hier soll von Ossietzky und Renn gesprochen werden!«[51] Victor Serge wurde – wohl auf Grund der Interventionen seiner Freunde – aus dem sowjetischen Lager entlassen, nahm seinen Wohnsitz in Frankreich, war jedoch durch Hitler genauso gefährdet wie durch Stalin. So geschah es, daß Anna Seghers mit ihrer Familie und Victor Serge auf demselben Flüchtlingsschiff, dem Frachter »Paul Lemerle«, im März 1941 aus Frankreich entkamen und zusammen auf der französischen Antilleninsel Martinique etwa einen Monat lang interniert wurden.[52] Auch das gehört zu den Flüchtlingsschicksalen.

Von solchen Zwischenfällen abgesehen, die nicht verschwiegen werden dürfen, war der Kongreß ein weltweit Widerhall findender propagandistischer Erfolg bei antifaschistischen Intellektuellen gleich welcher Nationalität. Wie sich später zeigte, war es kein einseitiger Triumph der kommunistischen Apparate, das Bekenntnis zur Freiheit des Geistes blieb für die Überzahl der Teilnehmer und Sympathisanten des Kongresses unteilbar.

Nach dem erwähnten Bericht der in Basel erscheinenden kommunistischen Rundschau faßten die Kongreßteilnehmer am Ende den Beschluß, eine Internationale Schriftstellervereinigung zur Verteidigung der Kultur zu gründen. Die Feststellung trifft zu, daß ein Komitee von zahlreichen Schriftstellern – in der Rundschau wird die Zahl 112 genannt – aus 37 Ländern diese Vereinigung leiten sollte. Gewiß ist, daß von deutscher Seite Johannes R. Becher, Gustav Regler und ich, wahrscheinlich aber auch Anna Seghers und Ernst Toller dem Komitee angehörten. Ein Präsidium von zwölf Mitgliedern wurde ernannt: E. M. Forster, Aldous Huxley, Bernard Shaw (England), Sinclair Lewis (USA), Selma Lagerlöf (Schweden), Valle Inclan (Spanien), Heinrich und Thomas Mann (Deutschland), Maxim Gorki (Sowjetunion), André Gide, Romain Rolland, Henri Barbusse (Frankreich). Ob zu diesem Zeitpunkt tatsächlich Shaw, Sinclair Lewis, Selma Lagerlöf und Thomas Mann die Wahl annahmen, ist nicht eindeutig geklärt.

Das Schlußwort hatte Henri Barbusse. Er feierte den Kongreß als einen Sieg der Freiheit. Kein Zweifel, daß der Verfasser des Antikriegsromans »Le Feu«, der auf dem Weg über den Pazifismus zum Kommunismus gekommen war, an geistige Freiheit dachte. Er starb bald darauf bei einem Besuch in Moskau, wo er den Vorwurf »mangelnder Linientreue« auszuräumen hatte. So blieb ihm Weiteres erspart.

Die Zeitschrift »Das Wort« und die Anthologie »Deutsch für Deutsche«

Das materielle Ergebnis des Kongresses war die Begründung der Monatszeitschrift Das Wort. Hans-Albert Walter hat ausführlich über die Modalitäten der Entstehung und die besonderen Schwierigkeiten der Redaktionsführung berichtet; ich verweise auf diese informative und wohlbelegte Studie.[53] Wie weltoffen und weitherzig sich die Zeitschrift – im Zeichen der Volksfront – gab, geht daraus hervor, daß man allen Ernstes Ludwig Marcuse, der Ende 1936 zu Besuch in Moskau war, mit der dortigen Redaktionsführung betrauen wollte, als Willi Bredel sich anderen Arbeiten zuwandte und sich darauf vorbereitete, ins republikanische Spanien zu reisen. Marcuse hat in seiner Autobiographie »Mein 20. Jahrhundert« ganz unbefangen von diesem Plan erzählt,[54] der dem westdeutschen Leser von heute nahezu monströs erscheinen wird: der als Literat, Philosoph und seinem Lebensgefühl nach nicht nur unmarxistische, sondern eher antimarxistische und ganz zweifellos antikommunistische Bürger als leitender Redakteur einer in Moskau erscheinenden, letztlich von Stalins Gutdünken abhängigen Zeitschrift! Aber so paradox ging es damals tatsächlich zu. Zum Glück führte sich Marcuse in Moskau so auf, daß es zu dieser gefährlichen Mesalliance nicht kam.

Der Nachfolger Bredels wurde der Altkommunist Fritz Erpenbeck, der mit seiner Frau, der Bühnenautorin Hedda Zinner, im Berlin der Weimarer Republik zur Parteigruppe des »Roten Blocks« am Laubenheimer Platz gehört hatte, zunächst ins Exil nach Prag geflohen war und seit 1935 in Moskau als Redaktionsassistent der Internationalen Literatur arbeitete. Obwohl er 1945 zur »Gruppe Ulbricht« gehörte, die bei Kriegsende nach Berlin eingeflogen wurde, war er kein Scharfmacher. Er wurde daher auch bald in den Hintergrund abgeschoben, leitete die Zeitschrift Theater der Zeit und beteiligte sich nicht an den innerparteilichen Intrigen und Machtkämpfen. Auch in Moskau blieb Das Wort unter seiner Redaktion erstaunlich liberal in der Wahl beziehungsweise der Zulassung der Mitarbeiter und der Beiträge. Von Egon Erwin Kisch ist das Aperçu überliefert: Die Linie sei nun so breit geworden, daß die Partei über all den bürgerlichen Schriftstellern, die sie fördere, ihre eigenen fast vergessen habe. In jedem Fall war es für die in westeuropäischen Ländern lebenden exilierten deutschsprachigen Schriftsteller die relativ beste und fruchtbarste Zeit.

Zu den Dokumenten dieser flüchtigen Periode gehört auch die erwähnte Schrift »Deutsch für Deutsche«, die im Juni 1935, also zur Zeit des Kongresses in Paris, vom Schutzverband Deutscher Schriftsteller und der Deutschen Freiheitsbibliothek herausgegeben wurde. Sie war als Tarnschrift für die Verbreitung im Lande aufgemacht. Der Umschlag kündigte ein Heft der »Miniatur-Bibliothek – 481/483 – Leipzig – Verlag für Politik und Wissenschaft Otto Paul« an, aber bereits auf der ersten Seite des Vorworts wurde das wahre Anliegen angesprochen. Das Vorwort war übrigens charakteristisch für die Heimatverbundenheit der Mehrheit der exilierten deutschen Schriftsteller. Dazu hieß es, die Nationalsozialisten bedachten nicht und wußten nicht, »daß man das Vaterland an den Wurzeln mitnimmt, wenn man fest in seiner Erde gestanden hat. Denn für die Aufrechten und Gerechten ist ja das Vaterland immer ein anderes gewesen als für solche, die nur auf dem üppigen Mistbeet gedeihen können, das sie Blut und Boden nennen.«

Die Beweisstücke für diese damals noch unerschütterliche Vaterlandsliebe vieler Exilierter folgten. Der Inhalt der Schrift ist alphabetisch geordnet, so daß zu Beginn Johannes R. Becher mit fünf Gedichten vertreten ist, die formal gewiß nicht zu seinen besten gehören, aber eben dieser noch intakten Vaterlandsliebe Ausdruck geben – etwa: »Ich schaue meine Augen / nach Dir, Deutschland, mir wund / Und horche mit den Ohren / Hinab bis auf den Grund.« Er hat später in seinem Lyrikband »Der Glückssucher und die sieben Lasten« stärkere Heimatgedichte veröffentlicht, was ihm in Moskau, wo er seit Ende 1935 im Exil lebte, offenbar nicht geschadet hat.

Eine Reportage des deutschschreibenden Jugoslawen Theodor Balk, der dem Alphabet nach an erster Stelle hätte stehen müssen, schloß sich an. Karl Billinger (d. i. Paul Massing) trug eine Szene aus seinem Konzentrationslager-Buch »Schutzhäftling Nr. 880« bei. Dann kam ein Abschnitt aus dem Braunbuch II: die unerwartete Vernehmung des Zeugen Göring durch den Angeklagten Dimitroff. Es folgten: Brechts Wiegenlieder mit den Noten der Vertonung durch Hanns Eisler und das »Lob der illegalen Arbeit«; eine Erzählung von Bredel; eine Szene aus Ferdinand Bruckners Drama »Die Rassen«, einem der erfolgreichsten Schauspiele in den Jahren 1933–1945; ein Abschnitt aus Feuchtwangers Roman »Die Geschwister Oppenheim« (später Oppermann); eine Erzählung von Bruno Frank; ein Abschnitt aus dem Buch Bruno Freis über den ermordeten »Hellseher« Hanussen; die abgedruckte Szene handelt in einem Konzentrationslager.

Oskar Maria Graf beschrieb in seiner Skizze »Das war Deutschland« die letzten Tage vor seiner Flucht aus München nach Hitlers Machtergreifung. Der früh (1941) im Exil in London verstorbene Lyriker Max Herrmann-Neiße, Träger des Eichendorff-Preises, gab in dem Gedicht »Apokalypse 1933« seiner Trauer über die verlorene Heimat Ausdruck. Überraschend war danach ein Gedicht des Erzählers Stefan Heym. Zwischenein fanden sich berühmte Fotomontagen von John Heartfield. Von heute aus gesehen besonders verwirrend war die Mitarbeit des verschworenen Antikommunisten Kurt Hiller; sein Beitrag handelte von der Ermordung Erich Mühsams. Ich berief das Beispiel des unnachgiebigen Exilierten Victor Hugo, der 19 Jahre lang dem Diktator Louis Bonaparte widerstand. Otto Katz, 1952 im berüchtigten Slansky-»Prozeß« in Prag zum Tode verurteilt und hingerichtet, schrieb eine sarkastische »Grabrede« auf die am 30. Juni 1934 auf Befehl Hitlers erschossenen SA-Führer, die, bedenkt man es, das gleiche Schicksal erlitten wie er. Egon Erwin Kisch, zeitweise Meldegänger im Ersten Weltkrieg, schrieb einen Brief an den »Kollegen Meldegänger« Hitler, der es nicht einmal bis zum Unteroffizier gebracht hatte. Damals beteiligte sich auch noch Kurt Kläber an Veranstaltungen der Exilschriftsteller. Er übergab die Kurzgeschichte »Von einem Mann, der glaubte, daß es besser würde«.

Es folgte eine weitere grausige Szene in einem Konzentrationslager aus dem damals zu Recht berühmten Buch »Die Moorsoldaten« von Wolfgang Langhoff. Von Ernst Leonhard, dem parteilosen bürgerlichen Mitglied des Schutzverbandes, stammte eine Polemik gegen Rudolf G. Binding, der Hitlers Regime gegen die Anklagen von Romain Rolland verteidigt hatte. Sein – nicht mit ihm verwandter Namensvetter – Rudolf Leonhard stellte eine seiner ergreifendsten und dauerhaftesten Erzählungen »Jüdisches Kind« zur Verfügung. Emil Ludwig, noch auf der Höhe seines Ruhms als Dauerbestseller von Biographien, beschrieb die Umstände, unter denen man das Gut Neudeck Hindenburg zum Geschenk gemacht hatte; er sah darin die Voraussetzung dafür, daß der »böhmische Gefreite« als starker Mann zugelassen wurde, auf den sich die ostelbischen Großgrundbesitzer stützen konnten.

Klaus Manns Brief »An die Staatsschauspielerin Emmy Sonnemann-Göring« ist in die Geschichte der Exilliteratur eingegangen. Heinrich Manns Aufsatz über »Die erniedrigte Intelligenz« kennzeichnete die moralische und folglich literarische Verelendung der Schriftsteller in Hitlers Reich. Hier – vielleicht zum ersten Mal – setzte er öffentlich seine Hoffnung auf den Kommunismus, allerdings mit dem Vorbehalt: ». . . sollten auch die ersten Versuche scheitern. Denn der Kommunismus wird durch den Zwischenfall Hitler vielleicht nicht gerade abgeklärt worden sein. Wir können uns nur in Geduld fassen, wir Intellektuellen, die wir unser Land verließen um unserer Geistesfreiheit willen und damit wir selber in Freiheit blieben. Ich hatte die Pflicht, einigen Stunden deutscher Zeitgeschichte ihren eigentlichen Sinn abzugewinnen, und dies zum Besten der Nation, der ich angehöre, wie auch anderer Nationen . . . Ich glaube wie je, daß literarische Bemühungen niemals ohne Wirkung bleiben, wie lange es auch dauern mag, bis greifbare Welt ihnen zugänglich wird«. Dieses Zitat als Zeugnis für die damals trotz so vieler Rückschläge noch vorherrschende Zuversicht bezüglich der Notwendigkeit und des zumindest zukünftigen Einflusses der im Exil geschaffenen Werke.

Im Alphabet folgte Hans Marchwitza mit einem Auszug aus seinem Bergarbeiterroman: »Die Kumiaks«. Walter Mehring steuerte zwei Gedichte bei, in denen er der Bitterkeit über den Triumph der Unmenschlichen Ausdruck gab, die die Güte und Menschenliebe eines Erich Mühsam nicht dulden können. Balder Olden kommentierte eine wie üblich überdimensional aufgemachte Feier im Dritten Reich zu Ehren der Reiterschaft des legendären Kommandeurs der kaiserlichen »Schutztruppe« in Afrika,

Lettow-Vorbeck, der er angehört hatte. Er erzählt, wie es wirklich war. Die Pointe ist, daß er, einer der insgesamt 65 Veteranen der Reiterschar vom Kilimandscharo, gerade am Tag dieser Feier auf einer Ausbürgerungsliste von »diesmal 98 patriotischen Deutschen« erschien.

Sein in London lebender Bruder Rudolf Olden, vormals Leitartikler des Berliner Tageblatts, Rechtsanwalt (einer der Verteidiger Ossietzkys) und Historiker, unter anderem Verfasser der Schrift »Warum versagten die Marxisten«, der Broschüre »Hitler der Eroberer« und des Buches »The History of Liberty in Germany«, veröffentlichte einen »Hindenburg« überschriebenen Beitrag, in dem es nicht nur um das Gut Neudeck, sondern ganz allgemein um die Korruption unter den ostelbischen Großgrundbesitzern ging, die in letzter Konsequenz – so erschien es damals – zur Übergabe der Macht an Hitler geführt hatte. Das Thema wurde ja mehrfach behandelt. Oldens Schrift »Hindenburg oder der Geist der preußischen Armee« hatte bereits zu Beginn des Exils Aufsehen erregt.

Es folgten spätere Opfer des Stalinismus: Maria Osten-Greshöner mit der Erzählung »Das Vieh rückt ein«, einer Episode im Ersten Weltkrieg unter armen Bauern, deren Vieh amtlicherseits beschlagnahmt wird, und gleich nach ihr Ernst Ottwalt, der gleichgeschaltete deutsche Schriftsteller mit abscheulichen Beweisstücken der »literarischen Beihilfe zum Mord« anklagte. Von Gustav Regler findet sich ein Abschnitt aus seinem Roman »Der verlorene Sohn«. Handlungsgrundlage ist ein Gasangriff im Ersten Weltkrieg, der auch in der Literatur der Exilierten, die den nächsten Weltkrieg verhindern wollten, ein oft wiederkehrender Stoff blieb. Bruno von Salomon, einst rechtsradikaler Bauernführer in Schleswig-Holstein, kurz vor dem »Umbruch« zum Kommunismus konvertiert, Flieger im Spanienkrieg, später mit Schimpf aus der Partei ausgestoßen, trug seinen offenen »Brief an einen unbekannten SA-Mann«, einen wirklichen oder fiktiven Gefährten aus der Zeit vor 1933, bei.

Weiter kam ein Abschnitt aus Adam Scharrers bekanntestem und stärkstem Roman »Maulwürfe« zum Abdruck, eine Wirtshausszene in einem bayerischen Dorf nach der Machtergreifung, die den Bauern – die Handlung spielt 1933 – keine wirtschaftliche Besserung gebracht hat. Der Berliner Arbeiterschriftsteller Walter Schönstedt, der damals bereits in den USA lebte, war mit einem Abschnitt aus dem international erfolgreichen Roman »Auf der Flucht erschossen« vertreten. Anna Seghers stellte eine Probe aus ihrem Roman »Der Weg durch den Februar« zur Verfügung, der die faschistische Machtergreifung in Österreich im Februar 1934 zum Handlungsthema hat.

Von Ernst Toller wurde seine »Rede im englischen PEN-Club« gedruckt. Aus ihr spricht die Bitterkeit eines, der in dem Land, das sein Vaterland war, schon Kerker, Grausamkeit, Verfolgung erlitten hatte. Aber auch bei ihm findet sich das Leitmotiv: »In Wahrheit kann kein Machthaber dem Dichter die Heimat rauben, die Sprache ist ein lebendiger Teil der Heimat.« Der moralische Aspekt, bei Toller immer im Vordergrund, kommt in der Aufforderung zum unbedingten Widerstand gegen Gewalt und Unrecht zum Ausdruck: »Stehe zu Deinen Überzeugungen. Sei tapfer. Bekenne Dich in jedem Wort und in jeder Tat . . . Jedes Unrecht, das irgendwo in der Welt geschieht, geht uns an. Vor den Geboten des Herzens und der Gerechtigkeit gibt es keine nationalen Grenzen.« Daß einer, der das wirklich meinte, in dieser Zeit an seiner Überzeugung zugrunde gehen mußte, lag nahe.

Bodo Uhses Erzählung »Die Saalschlacht« führte zurück in die Zeit der bürgerkriegsähnlichen Kämpfe zwischen Nationalsozialisten und Kommunisten vor 1933. Erich Weinerts darauf folgendes Gedicht »Das Illegale« – gemeint ist das im Hitlerreich illegale Wort – bezeichnet Folgen des nationalsozialistischen Sieges. Das ergreifendste unter den vier Gedichten ist das vieltausendfach rezitierte »Eine deutsche Mutter«: »Am Freitag holten sie den Jungen weg / Er griff noch schnell nach ihrer Hand: ›Nicht weinen.‹ / Sie weinte nicht, sie stand ganz weiß vor Schreck / Ganz weiß vor Schreck, sie hatte nur den einen . . .«

Die Anthologie endete mit einer Glosse von F. C. Weiskopf; einer Szene aus Friedrich Wolfs vielgespieltem Stück »Professor Mamlock« (bei diesem Abdruck »Doktor Mamlock« überschrieben), dem Drama des konservativen jüdischen Arztes, der nicht begreift, weshalb er unter der neuen Regierung seine Patienten nicht mehr operieren darf; schließlich mit einem Gedicht der später in der DDR erfolgreichen Stückeschreiberin Hedda Zinner. Nicht gerade der stärkste Abschluß.

Sogar einen Quellennachweis leistete sich die illegale Druckschrift. Und es wurde angekündigt, daß weitere solcher Sammelwerke folgen sollten – ein Vorhaben, das nicht verwirklicht werden konnte.

In der Rückschau zeigt sich, daß reichlich vier Fünftel der Mitarbeiter des Bandes damals Kommunisten oder deren Sympathisanten waren. Das Spektrum der Themen war breiter als je zuvor in der Zeit, da Maßstäbe des Bundes proletarisch-revolutionärer Schriftsteller zur Norm erhoben waren. Die Mitarbeit von Autoren wie Bruno Frank oder Rudolf Olden oder Max Herrmann-Neiße oder Emil Ludwig wäre schwerlich denkbar gewesen, und viele Äußerungen (u. a. von Heinrich Mann und Ernst Toller) zur Unabdingbarkeit der geistigen Freiheit des Schriftstellers hätten sich vor dem Moskauer Kongreß in keiner kommunistisch inspirierten Druckschrift finden lassen. Insofern wirkten sich die Vorbereitungen auf die von Moskau erstrebte Volksfront und Einheitsfront für die militant antifaschistischen deutschsprachigen Schriftsteller im Exil günstig aus. Man begann in der Öffentlichkeit miteinander zu diskutieren, um Begriffsinhalte zu streiten, Formfragen zu besprechen, und gerade die neubegründete Zeitschrift Das Wort gab diesen sich mehrfach polemisch zuspitzenden Meinungsverschiedenheiten Raum. Man hat dergleichen später im kommunistischen Orbit kaum je wieder erlebt. Die nach Stalins Entgötzung 1956 sich zunächst zaghaft bemerklich machenden ästhetischen Vorbehalte gegen die Doktrin des »Sozialistischen Realismus« von der Art des »Bitterfelder Weges« wurden bald vom »Panzerkommunismus« (Ernst Fischers Prägung) niedergewalzt, und gegen die Kafka-Konferenz, die den »Prager Frühling« einleitete, wurde so lange scharfgemacht, bis auch dort die Panzer eine noch andauernde Gleichschaltung auf der Tiefebene des geistigen Lebens erzwangen.

Expressionismusstreit und Realismusdebatte im Zeichen der Volksfront

Eine der in den späteren dreißiger Jahren ausgetragenen, wenngleich damals nicht zu Ende geführten Kontroversen auf hohem Niveau, deren man sich noch und wieder entsinnt, war die sogenannte Expressionismus- und Realismusdebatte. In der Bundesrepublik lebende Literaturgeschichtler und Literaturtheoretiker haben diesen lange unbeachteten fruchtbaren Streit bei ihren Forschungsreisen in die Vergangenheit zu Anfang der siebziger Jahre neu entdeckt und in seine teils schon historischen, teils noch sehr gegenwärtigen Zusammenhänge gestellt – so Fritz J. Raddatz in der Einleitung zu seinem Buch »Traditionen und Tendenzen. Materialien zur Literatur der DDR«[55], so Helga Gallas in ihrer Studie: »Marxistische Literaturtheorie«[56], so insbesondere – und darauf sei unter Verzicht auf eigene ausführliche Behandlung dieses Themas nachdrücklich hingewiesen – Hans-Jürgen Schmitt, der in der umfangreichen Sammlung »Die Expressionismusdebatte. Materialien zu einer marxistischen Realismuskonzeption« die wesentlichen Aufsätze und Notizen der Kontrahenten zusammengestellt und kommentiert hat.[57]

Das sich im Vorwort und in den Kommentaren Schmitts auch Irrtümer finden, versteht sich angesichts der Quellenlage – weit überwiegend Veröffentlichungen aus der DDR – von selbst. So taucht Willi Bredel in der Teilnehmerliste des Pariser Kongresses 1935 auf, während Regler und andere, die auf ihm tatsächlich gesprochen hatten, in der DDR aber zu »Unpersonen« gemacht wurden, ausgelassen sind. Dennoch zeichnet sich Schmitts wichtige Zusammenstellung gerade durch die Vorsicht aus, mit der er zumeist die aus der DDR vorgelegten, oftmals getrübten Quellen nachprüft. So übernimmt er Rechtens nicht a priori die von den Parteihochschülern behauptete These, daß der Aufsatz von Georg Lukács »Größe und Verfall des Expressionismus« in Heft 1 der Internationalen Literatur, Moskau 1934, der Auftakt zur Expressionismusdebatte gewesen sei, während in Wirklichkeit diese erregende, bis in unsere Tage hinein nachschwingende Auseinandersetzung durch Aufsätze von Klaus Mann über beziehungsweise gegen Gottfried Benn und von Bernhard Ziegler (d. i. Alfred Kurella) gegen den Expressionismus in der Septembernummer 1937 der Zeitschrift Das Wort ausgelöst wurde, mehr als dreieinhalb Jahre nach der zunächst völlig isolierten literaturtheoretischen Betrachtung von Lukács. Aber die im Nachlaß Brechts aufgefundenen und erst 1967 veröffentlichten polemischen Notizen[58] gegen Lukács' Realismusbegriff kamen den Interessenten in der DDR sehr gelegen, den seit seiner Beteiligung am Ungarnaufstand verteufelten Wissenschaftler als Hemmnis für die sozialistische Entwicklung der Literatur anzuprangern. Schmitt setzt sich in diesem Zusammenhang mit der in Heft 67/68 der Zeitschrift Alternative gedruckten »Bibliographie zur Expressionismusdebatte« auseinander, die Helga Gallas übernommen hat; auch sie bezeichnet frühere Aufsätze Lukács' fälschlich als auslösendes Element der Auseinandersetzungen von 1937/38. Schmitt stellt fest: »Was sonst im Alternative-Heft bibliographiert wird, ist bis in die Titel, Bandnummern und Seitenzahlen größtenteils falsch und unvollständig. Die Debatte kann also in ihrer Entwicklung Gallas nicht bekannt sein. Es ist nicht unwichtig, dies zu bemerken, wenn gerade Völker und Gallas ›Die verhängnisvolle Rolle‹, die Lukács in Moskau gespielt haben soll, allzu vereinfacht dazu benutzen, die Schuld für die praktische Eindämmung einer bestimmten Literaturentwicklung allein Lukács zuzuschieben.«[59]

Die Bemerkung ist einleuchtend. In den sechziger Jahren, als in der DDR die Realismusdebatte von den approbierten Exegeten wieder behandelt wurde, galt Lukács als der »schwarze Mann«, dem man die Schuld an der Degeneration der Literatur in die Schuhe schieben konnte. Im Westen lag kaum Material über diese im Exil ausgefochtenen Meinungsverschiedenheiten vor. Die Pioniere der bundesdeutschen Literaturgeschichtler waren auf das von den Theoretikern der DDR vorgelegte Material weitgehend angewiesen und übernahmen es oftmals unkritisch. Da man in der DDR Lukács' Hauptwidersacher im ehemaligen Expressionismusstreit, Ernst Bloch, nicht als Zeugen gegen ihn benennen konnte (was Bloch sich auch verbeten haben würde), so grub man aus dem Nachlaß Brechts, der sich gegen Mißbrauch nicht mehr wehren konnte, polemische Argumente gegen Lukács' Theorien aus, die Brecht seinerzeit (etwa 1938) nicht veröffentlichen wollte und zweifellos vor einer Veröffentlichung entschärft hätte – in seinen Notierungen war er stets ziemlich hemmungslos, man denke nur an die Beschimpfungen Thomas Manns im »Arbeitsjournal«.

In einer umfangreichen Sammlung von Aufsätzen gegen Lukács, die unter dem Titel »Georg Lukács und der Revisionismus« in Ostberlin erschien,[60] erinnert der Germanist Hans Kaufmann mißbilligend an dessen Bekenntnis, sich in seiner Moskauer Zeit unter der Gewaltherrschaft Stalins mehrfach in »äsopischer Sprache« ausgedrückt zu haben; schlimmer noch, er habe diese »Tarnkappe« auch während und nach dem Aufstand in Ungarn nicht abgeworfen. Die Logik gebietet festzustellen, daß schon die Erwähnung, eine »Tarnkappe« getragen zu haben – und wer wollte etwas dawider sagen, daß einer sich unter dem Regime eines rasenden Diktators nur verschlüsselt äußert –, das Abrücken von einigen damals in Moskau öffentlich geäußerten Ansichten beinhaltet. Hier kann es nur um diese Moskauer Zeit und den damals im Exil ausgetragenen Disput gehen, in dem Lukács sich hinter dem zugelassenen »Kulturerbe«, also vor allem hinter den großen Realisten von Gottfried Keller zu Thomas Mann, abschirmen konnte. Das bewahrte ihn davor, in die Niederungen des »Sozialistischen Realismus« in der von Shdanow vertretenen Ausprägung hinabzusteigen; doch war der Vorzug, den er den großen Realisten gab, auch im Einklang mit seinen Vorbehalten gegen Neuerungen: der Expressionismus war ihm wesensfremd, und die Bedeutung Bert Brechts hat er wohl nie richtig eingeschätzt.

Das in unseren Zusammenhängen Entscheidende aber ist, was Helga Gallas und andere, selbst der differenzierende, sich von DDR-Vorlagen freimachende Hans-Jürgen Schmitt, übersehen, daß diese Debatten zur Zeit der Stalindiktatur überhaupt öffentlich mit Für und Wider zumeist ohne nachteilige Folgen für die Disputanten ausgetragen werden konnten. Das eben hatte der Moskauer Kongreß als Auftakt der Volksfrontpolitik bewirkt.

Die Debatte begann also nicht, wie Schmitt richtig hervorhebt, mit dem zunächst isolierten Artikel von Lukács aus dem Jahr 1934, sondern mit den Artikeln von Klaus Mann und Alfred Kurella. Während Klaus Mann sich aber darauf beschränkte, die Verirrung des von ihm einst bewunderten Gottfried Benn zum Nationalsozialismus darzustellen und zu verurteilen, provozierten die Thesen Kurellas, der im Expressionismus einen Wegbereiter des Faschismus und Nationalsozialismus sehen wollte, den Widerspruch nicht nur vormaliger Expressionisten wie Herwarth Walden, Rudolf Leonhard und anderer, die sich zum Kommunismus hin entwickelt hatten, sondern auch solcher Denker, Dichter und Künstler wie Ernst Bloch, Bert Brecht, Anna Seghers und Hanns Eisler, die von dem Vorwurf gar nicht unmittelbar betroffen waren, sondern sich gegen die Primitivität und Engherzigkeit der Thesen wandten. Kurella hatte daher so unrecht nicht, wenn er sich in seinem »Schlußwort« im Wort Nr. 7/1938 als den Initiator der anschwellenden Diskussion bezeichnete, an der sich von Moskau aus Franz Leschnitzer, Herwarth Walden, der Schauspieler und Stükkeschreiber Gustav von Wangenheim, der deutschschreibende ungarische Theoretiker und Dramatiker Bela Balázs, der Kunstkritiker Alfred Durus (das ist: Alfred Kemény), der zur Zeit des Jugendstils berühmte Maler Heinrich Vogeler und schließlich als gewichtigster Sprecher Georg Lukács beteiligten.

Alfred Kurella, damals (1937) bereits jenseits der entscheidenden Trennlinie, nämlich Berufsfunktionär geworden, hatte trotz vieler Gegenbeispiele (Becher, Leonhard etc.) am Fall Benn die These erhärtet, daß der Expressionismus konsequenterweise »in den Faschismus« führe. Das pauschale Verdammungsurteil fand Zustimmung bei Leschnitzer, der seine eigene Vergangenheit als zeitweiliger Anhänger Kurt Hillers als Argument in die Debatte einbrachte und den Angriff gegen Benn auf die Mehrheit der – teilweise vor dem Ersten Weltkrieg verstorbenen oder im Krieg gefallenen – Lyriker ausdehnte, die in der bereits »klassisch« gewordenen, von dem Herausgeber Kurt Pinthus zu Recht als »ein Dokument des Expressionismus« bezeichneten Anthologie »Menschheitsdämmerung – Symphonie jüngster Dichtung« vertreten waren.[61] Jedoch differenzierte er, versuchte sogar »Ehrenrettungen«, wogegen nun wieder der etwas später in der Sowjetunion »verschollene« Herwarth Walden in einer Art polemisierte, daß man sich ins Romanische Cafe bei der Kaiser-Wilhelm-Gedächtniskirche im Berlin der zwanziger Jahre zurückversetzt fühlte.

Unversehens aber lief der lange, vielfach gewundene, durch Bloch-Zitate unterbaute Aufsatz von Walden über den »Vulgär-Expressionismus« auf die Verteidigung des frühen Expressionismus hinaus, und zwar mit den starken Worten: »Deshalb muß auf das schärfste dagegen protestiert werden, daß die künstlerische Avantgarde der Vorkriegszeit, der Kriegszeit und der Gegenwart als Kleinbürgertum oder gar als Faschismus von denen verschrien wird, die von ihrer Vulgarisierung leben oder sich auf irgend eine Vergangenheit zurückziehn.«[62] Herwarth Walden (das ist Georg Lewin) gehörte durchaus zu den »Avantgardisten« vor dem Ersten Weltkrieg. In dem von ihm 1904 begründeten Verein für Kunst in Berlin und in seiner Zeitschrift Der Sturm (1910–1932) hatten viele Expressionisten, auch Futuristen und andere »Entartete«, darunter seine zeitweilige Frau Else Lasker-Schüler, das Wort gehabt. Man macht sich nun Gedanken, was die Gründe für seine Verhaftung und Deportation 1941 gewesen sein mögen. Ein falscher Zungenschlag, ein zu eigenwilliger Satz konnten Jahre danach das

Leben kosten. Besonders dieser Umstand macht die heute dogmatisch erscheinende Haltung von Lukács im Expressionismusstreit erklärlich.

Klaus Berger, dessen Aufsatz »Das Erbe des Expressionismus« auf Waldens Beitrag folgte, ging noch weit unerschrockener mit den Dogmatikern ins Gericht: »Denkt man Zieglers [Kurellas] These zu Ende, dann hätten alle künstlerischen Taten unseres Jahrhunderts – einschließlich Bauhaus und was damit zusammenhängt – alle Avantgarde-Versuche der Linken, den bourgeoisen Epigonengeist des 19. Jahrhunderts zu überwinden, nur dazu verholfen, den Ungeist der Nazis siegen zu lassen. Wenn der Expressionismus als solcher schlechtes Erbe ist und das 19. Jahrhundert auch, dann gehört also dem die Zukunft, der am weitesten zurückgeht auf das ›gute‹ Erbe. Diesen rückwärts gerichteten Wettlauf mit dem Faschismus wollen wir lieber nicht ausdenken!«[63]

Es ist erstaunlich, was damals alles in Moskau gedruckt werden konnte – im Zeichen der Volksfront, die nicht nur bürgerlichen Autoren, sondern auch undogmatischen Marxisten für einige Jahre Denkraum gab. Ähnlich, wenngleich nicht mit derselben Schärfe und Direktheit, verteidigte Kurt Kersten die Vielseitigkeit der Entwicklungen im Expressionismus: Ludwig Rubiner und Franz Werfel unterschieden sich voneinander wie Albert Ehrenstein und Theodor Däubler, Johannes R. Becher und Else Lasker-Schüler. Sie und die vielen anderen, die Hasenclever, Ivan Goll, Kurt Heynicke, Jakob van Hoddis, Rudolf Leonhard, Karl Otten, Alfred Wolfenstein, Paul Zech, sind nicht auf einen gemeinsamen Nenner zu bringen. Was für die Lyriker gilt, muß auch für die Dramatiker gelten.

Etwa das versuchte Gustav von Wangenheim in seinem Aufsatz »Klassischer Expressionismus« klarzumachen. Als ehemaliger Expressionist von einiger Geltung war im Theaterleben des Dritten Reichs ziemlich vereinzelt Hanns Johst zu nennen. Ihm und seinem brutalen Drama »Schlageter«, das an Hitlers Geburtstag, dem 20. April 1933, uraufgeführt wurde und den berüchtigten Satz enthielt: »Wenn ich Kultur höre, entsichere ich meinen Browning«, stellte Wangenheim viele (mehr oder weniger antifaschistische) Werke entgegen. Er konnte unter anderem auf Georg Kaisers »Gas« und »Die Bürger von Calais«, Walter Hasenclevers »Der Sohn«, Reinhard Johannes Sorges »Der Bettler«, Reinhard Goerings »Seeschlacht« verweisen. Die Maler, die Bildhauer und die bereits genannten Lyriker, die er in seinem starken Plädoyer zugunsten der Existenzberechtigung des vielspältigen Expressionismus erwähnte, lassen wir beiseite; sie kommen an anderen Stellen dieser Streitgespräche zu ihrem Recht.

Daß jeder der damals in Moskau lebenden Disputanten zwischenein Lippendienst für die Sowjetunion und ihre politische Führung leistete, kann nicht verwundern. Man wird solche Sätze auch bei Wangenheim finden – zur Abdeckung seiner Argumentation. Bei Bela Balázs, der über »Meyerhold und Stanislawsky« schrieb, war solche Umsicht nicht geboten. Er lag mit der Verurteilung des Expressionisten Meyerhold und dem Lob des Realisten Stanislawsky ganz auf der Linie. Wenn er die »Liquidierung jener Richtung« forderte, »welche auf der Bühne Meyerhold vertreten hat«,[64] so erinnert man sich mit Schrecken daran, daß dieser zwei Jahre später – was Balázs nicht voraussehen konnte, er war nach dem Urteil seines vertrauenswürdigen ungarischen Landsmanns Julius Hay kein Denunziant – als Person in Stalins Lagern »liquidiert« wurde.

Den Theatersachverständigen folgten Kunstexperten: der unerkannte Peter Fischer und der zum Dogmatismus neigende Alfred Durus, der zur Zeit der Debatte Sekretär beim Verband der bildenden Künstler in Moskau war. Heinrich Vogelers Beitrag »Erfahrungen eines Malers«[65] ist eine in ihrer Aufrichtigkeit ergreifende autobiographische Skizze des in Bürgerkreisen wohlgelittenen, überreichlich mit Aufträgen versehenen Künstlers des Jugendstils, der sich mit einer sehr geliebten jungen Frau auf einem kleinen Bauernhof in Worpswede ansiedelte, aber der Idylle bald müde wurde, seine kleine Welt verbessern, verändern wollte – die Geschichte der Siedlung in Worpswede, in der auch Rilke, Paula Modersohn, Friedrich Wolf und am Rande als Schwiegersohn Vogelers Gustav Regler ihren Part hatten, ist wie »ein Märchen aus uralten Zeiten«. Der Erste Weltkrieg machte den Romantiker zum Revolutionär, zu einem milden, gütigen, in der harten Welt des Bolschewismus hilflosen, verlorenen Revolutionär. Von ihm ging ein eigentümlicher Zauber aus. Er starb, im Krieg aus Moskau evakuiert, 1942 in Kasachstan an Entkräftung, am Hunger, wie versichert wird, nicht in einem Gefängnis oder Lager.

Wir tun Werner Ilberg kein Unrecht, wenn wir seinen kurzen, relativierenden, bereits Gesagtes wiederholenden Beitrag nur nennen. Rudolf Leonhard, der vom Expressionismus herkam und bis zu seinem Antikriegsdrama »Die Vorhölle« (1919) Expressionist blieb, sprach in eigener Sache, wenn er die Verallgemeinerungen Kurellas in sehr höflicher Form zurückwies. Er erinnerte übrigens daran, daß auch die Anhänger der Freideutschen Jugendbewegung, zu denen Kurella ursprünglich gehört hatte, verschiedene Wege gegangen seien, viele zum Nationalsozialismus, einige zum Kommunismus, nicht wenige [wie z. B. Carlo Mierendorff, Theodor Haubach, Walter Hammer; A. K.] in den demokratischen deutschen Widerstand, wo sie Zuchthaus und Tod auf sich genommen haben. Auch hier Vielspältigkeit.

Doch das alles schienen nur Vorgeplänkel bis zum Zusammenstoß zwischen Ernst Bloch und Georg Lukács. In der Zeitschrift Das Wort, die Schmitt zitiert, begann Blochs grundlegender Artikel »Diskussionen über

Expressionismus« mit dem Satz: »Merkwürdig, daß sie wieder beginnen«. In seiner Aufsatzsammlung »Erbschaft dieser Zeit. Erweiterte Ausgabe« heißt es statt dessen: »Trefflich, daß hier Kämpfe wieder beginnen«.[66] Das war gemeint: Man konnte 1938 wieder öffentlich geistig streiten, was bis etwa 1935 nicht möglich gewesen war. Bedingung war nur, daß man die Führungsrolle der Sowjetunion innerhalb des marxistischen Lagers anerkannte, und in diesem Rahmen spielte sich der Expressionismusstreit ab.

Die Ausgangsposition von Bloch war stark. Um die Zeit, als Kurella unter dem Pseudonym Bernhard Ziegler seinen Bannspruch gegen den Expressionismus als Vorläufer des Faschismus richtete, wurde in München die Ausstellung der »Entarteten Kunst« eröffnet, die der Präsident der »Reichskammer der bildenden Künste«, der Träger des goldenen Parteiabzeichens und Vertraute des »Führers«, Adolf Ziegler, organisiert hatte. In ihr wurden vor allem Werke der nachmals weltberühmten expressionistischen Maler und Bildhauer als »abschreckende Beispiele« gezeigt. Bloch hatte dazu bereits Stellung genommen in dem Aufsatz »Gauklerfest unterm Galgen«: »In der ›Halle‹ [gemeint ist das »Haus der Deutschen Kunst« in München, A. K.] beim Galgen dagegen hängt alles, was der deutschen Kunst neuen Glanz und Namen gebracht hatte, Meister von Weltruf, Franz Marc vor allem, der Stolz Deutschlands, der große verehrungswürdige Künstler, erst Kriegsopfer [im Ersten Weltkrieg gefallen; A. K.], dann Opfer eines Marsyas, der endlich Apollo schindet. Franz Marcs Wunderwerk ›Turm der blauen Pferde‹, weiter Nolde, Heckel, Kirchner, Pechstein, Beckmann, Kokoschka, Kandinsky, Schmidt-Rottluff, Chagall, Feininger, Hofer, George Grosz, Campendonk, Paula Modersohn, Klee, Otto Dix erleuchteten die Schreckenskammer, worin sich ganz Deutschland befindet, und ertragen die Aufschriften, die schäbige Dummheit und demagogische Gemeinheit ihnen angehängt hat. Wäre Picasso, ja wären Cézanne, van Gogh, Manet Deutsche, wäre Grünewald nicht lang schon tot: ohne Zweifel hätten auch diese Meister hier Unterkunft gefunden.«[67]

Im gleichen Artikel hatte Bloch die Frage gestellt: »Was tut nur ein ehrlicher, ein begabter Mensch in diesem Land. Sein einfaches Dasein ist ihm gefährlich, er muß es verstecken. Jede Art von Begabung ist ihrem Träger lebensgefährlich, außer der des Duckens. Unverhüllt wird Künstlern, die es sind, Kastrierung oder Zuchthaus angedroht; das ist kein Scherz, es gibt keinen Scherz aus solchem Munde. Man hat gelernt, das Lächerliche ernst zu nehmen.«[68] – »Schon die Sprache verriet mich dem Schlächter«, lautet eine Verszeile von Brecht.

Von der zufälligen Namensgleichheit des Expressionismus-Verdammers Ziegler (Kurella) in Moskau und des Expressionismus-Verteufelers Ziegler in München abgesehen: die Übereinstimmung schien so widernatürlich, daß, so meint man, schon der Hinweis auf die Ausstellung »Entartete Kunst« in der Hauptstadt der Hitlerbewegung hätte genügen müssen, die Kurellas zum Schweigen zu bringen. Das war jedoch keineswegs der Fall. Der Moskauer Ziegler fühlte sich durch die Veranstaltung des Münchner Ziegler durchaus nicht widerlegt, wie er in seinem »Schlußwort« zur Debatte, 1938, zu erkennen gab. Sehr munter entgegnete er auf Blochs Argument, die Entdeckung der Übereinstimmung seines Werturteils über den Expressionismus mit der Einschätzung Hitlers müsse »tödlich« wirken. »Nun, Bernhard Ziegler lebt, es geht ihm sogar gut; er fühlt sich von dieser Übereinstimmung nichts weniger als tödlich getroffen ... Warum auch? Ich könnte Bloch und allen, die in dem Zusammenfallen von Hitlers Definition des Expressionismus als »entartete Kunst« mit unserer Einschätzung der gleichen Kunst als »Dekadenz« schon einen Beweis gegen unsere Meinung sehen, einfach erwidern: wenn zwei dasselbe sagen, so ist es nicht dasselbe ... Die bloße Übereinstimmung in der Ablehnung des Expressionismus hat keinerlei Beweiskraft.«[69]

Und dann rechnete Kurella mit allen, die ihr Wort zur Verteidigung des Expressionismus gesagt hatten, ernsthaft ab – in gemäßigtem Ton, nahezu versöhnlich, bis zu dem Ausbruch: »Halten wir uns an die Bilder, auf denen Menschen vorkommen. Diese Wesen, bewußt deformiert bis zu den Punkt-Punkt-Komma-Strich-Männeken Klees und den zerlegten Porträts Picassos sollen Dokumente des Humanismus, der Bejahung des Menschen, Waffen im Kampfe gegen Menschenhaß und Unmenschlichkeit sein? Grob gesprochen: ich möchte einmal sehen, was Ernst Bloch und Rudolf Leonhard (die beide so besonders das humanistische Element des Expressionismus betonen) für Augen machen würden, wenn sich ihre Geliebte vor ihren Blicken in ein solch Noldesches oder Purmannsches Scheusal, in ein Kleesches Phantom oder ein Burljuksches Gespenst verwandelte oder sich nach Picassoscher Art in ihre Bestandteile auflöste? Das sei ein Banausenargument? So urteile auch Herr Piefke? So einfach sei die Kunst mit dem Leben doch nicht verbunden? Ja, hier scheiden sich eben die Geister!«[70]

In der Tat, da schieden sich die Geister. Die Vergangenheitsform ist falsch. Kurellas »Schlußwort« ist nicht der Schnee vom Jahre 1938. Es ist der Schnee auch vom Jahre 1968, als nach der »Kafka-Konferenz« die Truppen des Warschauer Paktes in die Tschechoslowakei einmarschierten. Kurella, 1954 in die DDR heimgekehrt, war einer der Einpeitscher des harten Kurses gegen die »Aufweichler«, gegen geistige Liberalisierungstendenzen gewesen, gegen die besonders von Ulbrichts DDR aus der »Panzerkommunismus« zu Hilfe gerufen wurde. Seit 1957 Leiter der Kommission für Fragen der Kultur beim Politbüro der SED, hatte er bis zu seinem Tode im Juni 1975 tatsächlich das »Schlußwort« in Fragen der Literatur und

Kunst im Orbit der SED-Herrschaft. Mag man Picasso, der damals, 1938, vermutlich bereits sein Wunderwerk »Guernica« konzipierte, unterdessen auch huldvoll seine Auflösungserscheinungen verziehen haben – vor soviel Weltruhm verstummen auch Banausenargumente –, so hätte doch zu Ulbrichts Zeiten niemand, ohne seine materielle Existenz zu vernichten, mit Zeichenstift oder Pinsel, geschweige denn mit der Sprache, experimentieren dürfen, wie Picasso es während all seiner Stilperioden tat.

Der wirkliche geistige Kampf in den dreißiger Jahren vollzog sich jenseits der Kaste der Parteifunktionäre, zu der Kurella gehörte. Sein »Schlußwort« hatte Verbindlichkeit nur für die ihm nachstrebenden Politavantageure der verlängerten Stalinära. Es berührte den legendären Streit zwischen Ernst Bloch und Georg Lukács gar nicht, in dem es in letzter Konsequenz nicht um die Stellungnahme für oder gegen den Expressionismus oder um die richtige Interpretation des Realismus, sondern um das »kulturelle Erbe« ging – ebenfalls ein Problem von brisanter Gegenwärtigkeit. Die Einbeziehung nicht nur des klassischen, sondern auch des bürgerlichen Kulturerbes in die kommunistische beziehungsweise stalinistische Kulturpolitik – der Akzent liegt auf Politik – war eine der Voraussetzungen der Volksfronttaktik. Dabei konnte man sich übrigens auf Lenin berufen, der der »Aufhebung« (im dialektischen Begriff) des gesamten Kulturerbes der Geschichte im Kommunismus das Wort geredet hatte.

Im Expressionismus-Artikel Blochs klang das Motiv des Erbes bereits an. »Der Expressionismus war als Erscheinung bisher unerhört, aber er fühlte sich durchaus nicht traditionslos; im Gegenteil, er suchte, wie der ›Blaue Reiter‹ beweist, durchaus seine Zeugen in der Vergangenheit, er glaubte Korrespondenzen bei Grünewald, in der Primitive, sogar im Barock zu treffen, er betonte eher zuviel Korrespondenzen als zu wenig. Er sah literarische Vorgänger im Sturm und Drang, hochverehrte Vorbilder in den Visionsgebilden des jungen und des greisen Goethe, in ›Wanderers Sturmlied‹, der ›Harzreise im Winter‹, in ›Pandora‹ und dem späten Faust. Der Expressionismus hatte auch gar keinen volksfremden Hochmut, wieder im Gegenteil: der ›Blaue Reiter‹ bildete Murnauer Glasbilder ab, er öffnete zuerst den Blick auf diese rührende und unheimliche Bauernkunst, auf Kinder- und Gefangenenzeichnungen, auf die erschütternden Dokumente der Geisteskranken, auf die Kunst der Primitive. Er pointierte die nordische Ornamentik, das heißt das wild verschlungene Schnitzwerk, wie es sich auf Bauernstühlen und Bauerntruhen bis ins achtzehnte Jahrhundert erhalten hat, als ersten ›organisch-psychischen Stil‹. Er pointierte dies Wesen als geheime Gotik und setzte es dem menschenleeren, dem kristallinischen Herren-Stil Ägyptens und gar des Klassizismus entgegen. Daß der kunstwissenschaftliche Fachausdruck ›nordische Ornamentik‹, ja selbst die

Feierlichkeit, womit dies Wesen expressionistisch begrüßt worden ist, nichts mit Rosenbergs Nordschwindel gemein hat und nicht seine ›Anfänge‹ darstellt, braucht kaum versichert zu werden.«[71]

Diese reifen, besonnenen, endgültigen Formulierungen galt es einmal herauszuheben aus dem grundlegenden Streit zu Tag und Stunde des Exils. Was Bloch damals, weniger auf den subalternen Kurella als auf den kongenialen Georg Lukács gezielt, zur Sache vorbrachte, war vor allem, daß die Expressionismus-Verdammung für Marxisten, die sich zur Volksfront bekannten, unzeitgemäß geworden war. »Was überhaupt wird, bei solcher Haltung, an neueren künstlerischen Versuchen nicht abgekanzelt? Sie werden ohne weiteres der kapitalistischen Fäulnis zugeordnet, und das nicht nur, wie selbstverständlich, zu einem bestimmten Teil, sondern hundertprozentig, in Bausch und Bogen. Avantgarde innerhalb der spätkapitalistischen Gesellschaft gibt es dann nicht, antizipierende Bewegungen im Überbau sollen nicht wahr sein. So will es eine Schwarz-Weiß-Zeichnung, die den wirklichen Umständen schwerlich gerecht wird, den propagandistischen erst recht nicht. Sie rechnet fast alle Oppositionen gegen die herrschende Klasse, die nicht von vornherein kommunistisch sind, der herrschenden Klasse zu. Sie rechnet sie auch dann zu, wenn die Opposition, wie Lukács im Fall Expressionismus konsequenzlos eingesteht, subjektiv gutwillig war und den Tendenzen des späteren Faschismus entgegengesetzt fühlte, malte, schrieb. Im Zeitalter der Volksfront scheint eine Fortsetzung dieser Schwarz-Weiß-Technik weniger als je angebracht; sie ist mechanisch, nicht dialektisch.«[72]

Was aber nun das Kulturerbe angeht, so wird nicht nur der Expressionismus (wie übrigens auch der Naturalismus), sondern in der bildenden Kunst sogar der Impressionismus verworfen oder doch zumindest angezweifelt. »Riesig steigt dagegen der Klassizismus auf, bei Ziegler sogar die Winkelmann-Antike, die edle Einfalt, stille Größe, die Kultur des unzerfallenen Bürgertums, die Welt vor hundert und noch mehr Jahren; sie allein ist das Erbe. Es braucht nicht erinnert zu werden, daß die Zeit des Klassizismus nicht nur die Zeit des aufsteigenden deutschen Bürgertums war, sondern auch der Heiligen Allianz; daß der Säulenklassizismus, der ›strenge‹ Herrenhaus-Stil dieser Reaktion Rechnung tragen.«[73]

Das traf im Kern die noch nicht vorausgesehene spätere Entwicklung, die ja kein Fortschritt, sondern ein Rückfall in die finsterste Reaktion wurde, wogegen die Ära der »Heiligen Allianz« als goldenes Zeitalter erschien. Sogar der »Klassizismus« kehrte wieder in der herabgeminderten Form der Stalin-Alleen in allen Hauptstädten der Ostblockstaaten. Dazu heißt es dann, rund drei Jahrzehnte später, in der erweiterten Ausgabe der »Erbschaft dieser Zeit«: »Was kein Vorläufer ist, kann deshalb – in seinem

Ausdruckswillen und seiner Zwischenzeiten-Existenz – jungen Künstlern dennoch näherstehen als ein dreifach epigonaler Klassizismus, der sich auch noch ›sozialistischer Realismus‹ nennt und so administriert wird. Erstikkend wird das der Bild-, Bau-, Schreibkunst der Revolution aufgesetzt und ist kein griechisch Vasenbild dabei, sondern der spätere Becher als roter Wildenbruch und Zieglerisches als das Wahre, Gute, Schöne.«[74] Dahin also hatte der zunächst aufatmend begrüßte »Sozialistische Realismus« geführt. Und Ziegler-Kurella hatte immer noch das Wort. Da schieden sich die Geister.

Georg Lukács mußte in seiner Antwort vorsichtig taktieren. Da er natürlich in Moskau die wirklichen Tendenzen der Stalinschen Politik genauer erkannte als die unbefangenen »Westler«, suchte er sich bei solchen Auseinandersetzungen in »äsopischer Sprache« verständlich zu machen. Fritz J. Raddatz nimmt in seiner Sammlung »Georg Lukács in Selbstzeugnissen und Bilddokumenten« in einer Anmerkung auf dessen Satz Bezug: »Ich war gezwungen, eine Art Partisanenkrieg für meine wissenschaftlichen Ideen zu führen, d. h. mit einigen Stalin-Zitaten das Erscheinen meiner Arbeiten zu ermöglichen und in diesen dann meine abweichende Anschauung mit der nötigen Vorsicht so offen auszudrücken, wie es der jeweilige historische Spielraum gestattete. Daraus folgte zuweilen ein Gebot des Schweigens.«[75] In dem tiefschürfenden Buch »Marxistische Ideologie und allgemeine Kunsttheorie« spürt Hans-Dietrich Sander der widerspruchsvollen Entwicklung Lukács' bis zu seinen ersten taktischen Widerrufen nach, die ihn vor dem Parteiausschluß bewahrten.[76] Seit er zu Beginn der zwanziger Jahre in Widerstreit mit Lenin geraten war, sah Lukács sich vor – nicht seiner persönlichen Sicherheit wegen, die damals, als er in Wien lebte, nicht bedroht war, sondern weil er seine Anschauungen innerhalb der Partei durchsetzen wollte; böse Beispiele, nicht zuletzt die politische Verohnmachtung von Karl Korsch, hatten ihn belehrt, daß man als Ausgestoßener tatsächlich zum Outcast wird, wenn man nicht zur Gegenseite überläuft.

So führte er, wie Sander schreibt, innerhalb und außerhalb der Sowjetunion ein Dasein als »heimlicher Häretiker«, als Partisan im Rahmen der eigenen Partei. Von einer ultralinken war er zu einer eher konservativen, rechten Position hinübergewechselt, nicht nur aus Opportunitätsgründen: Sein Eintreten für das bürgerliche Erbe von Balzac bis Thomas Mann, also für die großen Realisten, entspricht auch seiner ästhetischen Konzeption. Es war daher kein Ausweichen, wenn er seine grundlegende, vor allem an Ernst Bloch gerichtete Antwort betitelte: »Es geht um den Realismus«. Man soll die fruchtbaren Gegensätze, die da zutage traten, nicht verniedlichen – der Meinungsstreit überdauerte die Exilzeit, er setzte sich sogar nach

Lukács' Parteiausschluß und Blochs Übersiedlung in die Bundesrepublik weiter fort, nur eben, daß es ein echter, von wechselseitigem Respekt getragener Meinungsstreit war, nicht eine von den Apparaten verordnete Tagesparole.

In einem Gespräch, das die Professoren Wolfgang Abendroth, Hans Heinz Holz und Leo Kofler 1966 in Budapest mit Georg Lukács führten, kam er auf die fortbestehenden Differenzen mit dem alten Freund zu sprechen. »Wenn, sagen wir, um einen ernsthaften Philosophen zu nennen, wenn Ernst Bloch sagt, mit dem Sozialismus wird sich auch die Natur verändern, so ist das etwas, wogegen niemand etwas hat, und Bloch kann damit ein vornehmer und anerkannter Philosoph sein, obwohl sein Sozialismus so radikal ist, daß sogar die Natur sich dabei verändert. Wenn ich dagegen sage, daß zwischen Nietzsche und Hitler eine Beziehung besteht, so bin ich schon ein ›Regierungsrat‹ oder ich weiß nicht was, der die heiligsten Traditionen des deutschen Geistes vernichtet ... Sie entschuldigen, daß ich ein persönliches Beispiel genommen habe, aber es zeigt eben ..., daß mitunter außerordentlich radikale Dinge als interessante Momente anerkannt werden können, während ganz einfache oder prosaisch scheinende Sachen als – wie soll ich sagen – borniert oder dogmatisch oder veraltet oder ich weiß nicht was verurteilt werden.« Er fügte sofort hinzu: »Darf ich da sagen, daß ich Bloch darum genannt habe, weil ich ihn für den besten Mann halte ... An Blochs Ehrlichkeit kann man nicht zweifeln, an seiner Begabung auch nicht.«[77]

In solchem Sinne muß man den nicht zu verleugnenden Zwiespalt betrachten. Die Berufung auf die Ablehnung Nietzsches mag gerade in diesem Fall nicht besonders beweiskräftig sein, aber die daran geknüpfte Verteidigung gegen den Vorwurf, dogmatisch oder veraltet zu erscheinen, spielt in der Auseinandersetzung, auch der gegenwärtigen, eine Rolle. Lukács bezog sich – nicht um sich abzudecken, sondern um seine Argumente zu bekräftigen – mehrfach auf Lenins »Forderung der Allseitigkeit«, die vor Fehlern und Erstarrung bewahren soll. Diese Allseitigkeit oder doch zumindest Vielseitigkeit sah er bei den großen Realisten verwirklicht; er demonstrierte das besonders an Thomas Manns Werk, wie er es an anderer Stelle an Gottfried Kellers »Grünem Heinrich« dargestellt hat. Demgegenüber erschien ihm der Surrealismus etwa von Joyce, der für ihn das Gegenbeispiel war, als »Verzerrtheit«. Die längeren Begründungen führten zu der Zusammenfassung: »Die einander rasch ablösenden modernen literarischen Richtungen der imperialistischen Periode vom Naturalismus bis zum Surrealismus gleichen einander darin, daß sie die Wirklichkeit so nehmen, wie sie dem Schriftsteller und seinen Gestalten unmittelbar erscheint ... Aber sie bleiben alle, gedanklich wie gefühlsmäßig, bei dieser ihrer Unmittelbarkeit stehen, graben nicht nach dem Wesen, das heißt nach dem wirklichen Zusammenhang ihrer Erlebnisse mit dem wirklichen Leben der Gesellschaft, nach den verborgenen Ursachen, die diese Erlebnisse objektiv hervorbringen, nach jenen Vermittlungen, die diese Erlebnisse mit der objektiven Wirklichkeit der Gesellschaft verbinden.«[78]

War diese etwas umständliche Rechtfertigung der Priorität des Realismus als bürgerlichen Kulturerbes die Stimme der Partei, das heißt in jenem Zeitpunkt: die Stimme Stalins? Daß Vorsicht geboten war, ist gesagt worden und verstand sich von selbst. Nach Angaben von Julius Hay in seiner Autobiographie »Geboren 1900« wurde auch Lukács jedenfalls vorübergehend verhaftet. Hay schreibt: »Von Georg Lukács' Verhaftung wurde ich natürlich sofort unterrichtet. Ich war mit Micky bei Gertrud [Lukács' Frau; A. K.] und bewunderte ihre Haltung. Ich ging zu Mátyás Rákosi [ungarischer Parteichef; A. K.] und bat ihn – wie auch Gábor, Balázs und andere es taten – um Intervention. Rákosi versprach, alles zu tun, was in seiner Macht stand, und wie es sich ohne Zweifel feststellen ließ, hat er Wort gehalten. Es wäre ihm ja auch mehr als peinlich gewesen, nach dem Sieg ohne Lukács nach Ungarn heimzukehren.«[79] Diese niemals öffentlich zugestandene Verhaftung fand zu einem späteren Zeitpunkt im Kriege statt.

Doch nicht immer hat Lukács sich vorsichtig verhalten, sondern bei entscheidender Gelegenheit viel gewagt. Hans-Dietrich Sander nennt Lukács' Nachruf auf Maxim Gorki, der im September 1936, also bereits nach dem Beginn der Schauprozesse, erschien, eine der »gewagtesten Manifestationen in der Geistesgeschichte des Widerstandes«.[80] In der Tat hat Lukács die Gelegenheit genützt, Eigenschaften Gorkis zu rühmen, die in auffälligem Gegensatz zu den Praktiken Stalins standen: »Achtung für die Größe im menschlichen Leben«, insbesondere auch »Großmut«, die dem gnadenlosen Verfolger seiner wirklichen oder eingebildeten Gegner, Stalin, fernlag.

Man geht nicht fehl, Lukács in der Form wägende Vorsicht, in der Sache aber eigene Überzeugung zuzugestehen. Seine Parteinahme gegen den Expressionismus und den Naturalismus, überhaupt gegen jede Art von »Formlosigkeit« (also auch gegen die Reportage-Romane der proletarisch-revolutionären Schriftsteller) war keine Pflichtübung. Dabei – das ist nicht zu leugnen – entging ihm jedoch, daß z. B. Brechts Stücke keineswegs »formlos« oder gar »dekadent« waren, weil der Autor sich nicht mit herkömmlichen Rezepten der Dramaturgie zufriedengab, sondern mit seiner Verfremdungstheorie neue Wege suchte, das Publikum nicht nur zu unterhalten, zu erbauen, zu rühren, sondern zum Mitdenken zu bewegen, zu Mittätern zu machen. Auf festem Grund ist Lukács bei der Beurteilung der Werke von Schriftstellern, die noch vom 19. Jahrhundert geprägt wurden. Was danach kommt, verunsichert ihn. Daher sein prinzipieller Konflikt mit einem so in die Zukunft denkenden Philosophen wie dem Freund-Feind Ernst Bloch. Sander bemerkt dazu: »Die Kritik der Dekadenz hat in seinem Werk die gleiche Kontinuität wie die Kritik der sozialistischen Literatur: Sie verbinden sich sogar oftmals: in ›Erzählen oder Beschreiben?‹, in ›Volkstribun oder Bürokrat?‹ oder in der ›Gegenwartsbedeutung des kritischen Realismus‹.«[81] In dieser »Konkordanz« von Ketzertum und Banausentum – für einen Mann von der geistigen Höhe und Brillanz Georgs Lukács' wohl doch nicht die zutreffende Kennzeichnung – sieht Sander den Grund für Lukács' Überleben: »Der Banause war des Ketzers Glück.«

Widerspruch fordert Sanders Konklusion heraus, die »repressive Seite« der Theorien Lukács' habe sich – »besonders später in der DDR – stärker ausgewirkt . . . als die revolutionär-kritische«.[82] Tatsächlich hat die abschüssige Fahrt auf dem »Bitterfelder Weg« jedoch erst begonnen, nachdem die Bücher von Lukács in der DDR aus dem Verkehr gezogen worden waren. Trotzdem hat der vor fast vierzig Jahren begonnene und bis heute nicht beendete Streit eine eminent politische Bedeutung: Noch und wieder geht es um das »Kulturerbe«, heute überschärft durch die (damals nicht voraussehbare) Teilung des Landes und den kulturellen »Alleinvertretungsanspruch« der DDR für weite Bereiche der Dichtung.

Hören wir dazu noch einmal Lukács' Zusammenfassung, die er später – schon im Briefwechsel mit Anna Seghers im Ton gemildert – modifiziert, aber nicht zurückgenommen hat: »In jeder lebendigen Beziehung zum Volksleben bedeutet das Erbe den bewegten Prozeß des Fortschritts, ein wirkliches Mitnehmen, Aufheben, Aufbewahren, Höherentwickeln der lebendigen, schöpferischen Kräfte in den Traditionen des Volkslebens, den Traditionen der Leiden und Freuden des Volkes, den Traditionen der Revolution . . .«[83] Lukács verquickt hier das politische Erbe mit dem großen geistigen und kulturellen Erbe; das mußte er wohl in seiner währenden Moskauer Zeit. Spricht er aber über das kulturelle Erbe gesondert, so kann man ihm zustimmen, wenn er Maxim Gorki einen Sohn des russischen, Romain Rolland des französischen und Thomas Mann des deutschen Volkes nennt. Man folgt ihm noch widerspruchslos, wenn er darauf hinweist, daß in den Werken dieser repräsentativen Schriftsteller »bei aller künstlerischen Höhe . . . ein Ton angeschlagen [wird], der in den breitesten Massen des Volkes nachklingen kann und auch nachklingt«. Polemisch ist die Folgerung: »In schroffem Gegensatz dazu steht der ›Avantgardismus‹ zum Erbe; er steht zur Geschichte seines Volkes wie zu einem großen Ramschverkauf. Blättert man in den Schriften von Bloch, so wird von

Erbe und Erben nur in solchen Ausdrücken gesprochen: ›Brauchbare Erbstücke‹, ›plündern‹ usw. Bloch ist ein viel zu bewußter Denker und Stilist, als daß diese Worte zufällige Entgleisungen seiner Feder sein könnten; sie drücken vielmehr ein allgemeines Verhalten zum Erbe aus. Das Erbe ist für ihn eine tote Masse, in welcher man beliebig herumwühlen, aus welcher man beliebige, momentan brauchbare Stücke herausreißen, und welche man nach momentanem Bedürfnis beliebig zusammenmontieren kann«.[84]

Ernst Bloch bedarf keiner Verteidigung von dritter Seite; sein mächtiges Werk widerlegt Lukács' unbedachten Vorwurf. Welcher mitunter abkürzenden Terminologie er sich bediente: immer galt es der Rettung und Bewahrung des großen deutschen Kulturerbes, das damals, als der Streit begann, vom Amoklauf des gescheiterten »Kunstmalers« ernstlich bedroht war. Ihm und seinen Mittätern sollte nichts überlassen bleiben, weder Thomas Münzer noch Grimmelshausen, nicht Lichtenberg oder Leibniz, nicht Lessing, nicht Kant, nicht Goethe und Schiller, nicht Büchner, nicht die kritischen Realisten des 19. Jahrhunderts, aber auch nicht – und da liegt die Differenz – was übernehmenswert schien vom sogenannten »Avantgardismus«, den Lukács in Anführungszeichen setzte. In dieser Beziehung war er mit Kurella und den stalinistischen Kulturfunktionären ganz einer Meinung – eine unheimliche Allianz. Man braucht nur wenige Seiten zurückzublättern, um all die Namen wiederzufinden, die als Dichter und Künstler von den Vulgärmarxisten in Acht getan wurden: von Hasenclever zu Werfel, von Marc zu Picasso. Unbegreiflich.

Was aber den Vorwurf betrifft, aus dem Erbe »momentan brauchbare Stücke herausreißen« und »nach momentanem Bedürfnis beliebig zusammenmontieren« zu wollen, so hat man in der Zeit der Ulbrichtherrschaft Beispiele erlebt, die antimarxistischer überhaupt nicht sein können: Da sollte der Turnvater Jahn, der sich nach Marx' Diktum zur äußersten Rechten gehalten, entsprechende Schriften wie »Deutsches Volkstum« veröffentlicht hatte und von Marx »Turnwüterich« genannt worden war,[85] der Jugend der DDR nicht nur als patriotisches, sondern sogar als geistiges Vorbild dienen. Ulbricht wurde nicht müde, die deutsche Jugend aufzurufen, sich an Jahn zu schulen, und der Volksbildungsminister Lange schrieb in solchem Sinne eine Broschüre über ihn, deren Lektüre für Lehrer und Schüler nahezu obligatorisch wurde. Die Spießer erkannten über ein Jahrhundert hinweg ihresgleichen: Und da hatte ein antiquierter Intellektueller wie das Bürgersöhnchen Karl Marx nicht dreinzureden. Auch war Marx' Lieblingsmotto »De omnibus dubitandum« (An allem ist zu zweifeln); wer sich aber in der DDR erdreistete, an der »kollektiven Weisheit« des Politbüros zu zweifeln, der konnte bis weit in die sechziger Jahre hinein am

Ende im Zuchthaus Bautzen über das Erbe des Marxismus nachdenken. Die Beispiele für die Manipulation des »Erbes« sind zahllos, aber es sind nicht die Schüler Ernst Blochs, die sich die grausamen Verstümmelungen des geistigen und kulturellen Erbes haben zuschulden kommen lassen. Auch Lukács ist von der Depravierung des »Erbes« freizusprechen. Die Diskussion mit ihm ging nur darum, was von der Moderne aufzunehmen oder auszuschließen sei.

Die Heftigkeit der Reaktion von Lukács erklärt sich vielleicht besonders durch den Aufsatz »Die Kunst zu erben«, den Ernst Bloch und Hanns Eisler Anfang 1938 in der Neuen Weltbühne veröffentlichten und auf den sich Lukács verschiedentlich bezieht. Hanns Eisler ist wie sein naher Freund Bert Brecht rechtzeitig in Ostberlin gestorben, um nun als »Erbstück« in Anspruch genommen zu werden. Eine Musikhochschule ist nach ihm benannt worden. Bücher erscheinen, in denen wohlweislich die Namen der ihm nach Brecht nächsten Vertrauten verschwiegen werden:[86] Ernst Fischer, der stets, wenn er von Wien nach Berlin kam, bei Eisler wohnte und ihm in wahrhaft brüderlicher Freundschaft – in diesem Fall keine Metapher! – verbunden war, sowie Ernst Bloch, dessen geistigen und moralischen Rang Eisler kannte. Wie vollkommen die Übereinstimmung der beiden war, zeigt ihre gemeinschaftliche Arbeit. Wenn in diesem Dialog Bloch davon spricht, daß bei der Bemühung um Aneignung des Erbes »neben dem Gewinn einer großen Vergangenheit« die Gefahr bestehe, »daß sich der Blick auf die heutige Kunst verengt, daß neue Kunstrichtungen in abstrakter Weise unterbewertet werden«, so ergänzt Hanns Eisler: »Vom Standpunkt des produzierenden Künstlers muß auch ich diese Schematik beklagen. Es ist heute notwendiger als je, über solche alles und auch wieder nichts besagende Formulierungen hinaus zu gelangen und uns zu fragen: wie, das heißt, mit welchen Methoden wird das Erbe angetreten, damit es uns allen helfe und ein lebendiges sei?«[87]

Im Verlauf dieses Gesprächs zwischen Ernst Bloch als »Kunstfreund« und Hanns Eisler als »Kunstproduzent« – in Chiffren als »K.« und »P.« bezeichnet – werden Angriffe gegen die »vulgär-soziologische Kunstbetrachtung« und gegen den Schematismus gerichtet, der zu einer »künstlerischen . . . Katastrophe« führe. »Die Jugend kam zu uns«, sagt Eisler, »weil wir die kulturell Frischeren waren.« Daher sei dem Theoretiker, »der sich zuweilen gar als Schulmeister aufspielt, in seinen Ratschlägen an die modernen Künstler – Vorsicht anzuraten. Der Formalismus wird nicht durch Akademismus überwunden, sondern einzig von den neuen Stoffen her, die nach einer ihnen gemäßen, inhaltlich bestimmten Form drängen.« Bloch fügt dem hinzu, die charakterisierten Theoretiker betreffend: »Welche Unkenntnis der modernen Kunst spricht aus ihren Auslassungen; welche

Voreingenommenheit, welche abstrakte Blindheit!« Zweifel, wer gemeint ist, kann es nicht geben. Der Name Lukács wird genannt, und ihm wird zornig »eine neue Art von Don Quixotterie, und durchaus keine ritterliche« unterstellt.[88] Daß er sich dagegen mit Schärfe zur Wehr setzte, kann nicht verwundern.

Einen Ausgleich suchte Anna Seghers in ihrem in die Lehrbücher der DDR eingegangenen Briefwechsel mit Lukács herbeizuführen. Gerade dieser Briefwechsel fand in Vorlesungen und Seminaren der Germanistischen Institute in der DDR während der fünfziger Jahre besondere Aufmerksamkeit und dient neuerdings bei feineren Germanisten, die sich von den Absolventen der Parteihochschulen à la Jarmatz distanzieren wollen, als Argument gegen den immer noch nicht »rehabilitierten« Lukács. Anna Seghers polemisiert nicht; sie stellt Fragen. In ihrem ersten Brief vom 28. Juni 1938 geht sie von Goethe aus, der bekanntlich das Klassische als gesund, das Romantische als krank bezeichnete, für Kleist kein Verständnis aufbrachte, hingegen einen »mittelmäßigen Spießer«, Zacharias Werner, hochschätzte und förderte – die Parallelen verstehen sich von selbst. Nach einigen weiteren, übrigens keineswegs boshaften, sondern erläuternden Bezügen aus der (damaligen) Gegenwart, kommt sie zu der Gretchen-Frage: »Umschreibe noch einmal genau, was Du unter Realismus verstehst. Diese Bitte ist nicht überflüssig. In Euerer Diskussion wird die ganze Terminologie sehr verschieden und oft ungenau gebraucht.«[89]

Die gelernte Kunsthistorikerin hält danach selber eine kleine Vorlesung über den dehnbaren und deutbaren Realismusbegriff in den verschiedenen Kunstepochen, etwa in der Gotik und weiter zurück noch in den verschiedenen Stilepochen der antiken Kunst, und erläutert, wie unterschiedlich die Kunstbetrachter aus vergangenen Jahrhunderten oder nur Generationen die Wirkung dieser Kunst empfanden; den einen war sie fremd, den anderen vertraut. Mußte man nicht zeitweilig in Italien gelebt haben, um ganz inne zu werden, daß die italienischen Maler in Wirklichkeit Realisten waren, in nichts idealistisch; so waren die Farben ihres Landes, so die Totalität des Lebens. Erst als sie (im Sommer 1937 zum Zweiten Internationalen Schriftstellerkongreß) nach Spanien kam, ist ihr klargeworden, in welchem Maße Greco, »dieser auf viele nur unrealistisch wirkende Maler Realist war. Seine Farben waren keine Visionen, sondern die Farben seines Landes . . . Hierzu gehört auch das Phänomen, daß häufig Maler, die man in ihrer Jugend als revolutionär, als phantastisch usw. empfunden hat, wenn man sie nach Jahren wiedersieht, plötzlich wie gemäßigt, wie besänftigt erscheinen, weit realer als damals«.[90]

Wie schwer es oftmals für die »ganz Großen« ist, ihren Zeitgenossen die

»Bewußtmachung von Wirklichkeit«, also die Realität, zu vermitteln, zeigt das Schicksal von Rembrandts bedeutendstem, in unseren Maßstäben unsterblichem, Gemälde: »Nachtwache«, das Empörung und Gelächter auslöste und ihn ruinierte. Also folgert Anna Seghers, daß »sowohl bei dem einzelnen Künstler wie bei der ganzen Künstlergeneration Bestandsaufnahmen der neuen Wirklichkeit, Experimente usw. vorangegangen« sind – ein entscheidender Punkt in diesem Streit: die Freiheit des Künstlers zu experimentieren, bis er die ihm gemäße (und somit zumeist auch zeitgemäße) Form gefunden hat. Man kann nur wiederholen, daß diese Auseinandersetzung kein auf die dreißiger Jahre beschränkter Konflikt war.

Das zeigte sich auch in der Frage, auf die Anna Seghers in ihrem Brief an Lukács anschließend zu sprechen kommt. Es geht da um die Verzerrung der Maßstäbe gemäß politischer Opportunität. Da in der Zeit des Briefwechsels, Ende der dreißiger Jahre, »Volksfront« das Panier war, so gab man der volkstümlichen Unterhaltungsliteratur nicht nur die Ehre, sondern sogar den Vorzug vor schwerer eingängiger hoher Literatur. Anna Seghers gibt gern zu, daß in Vicky Baums unterhaltsamem Hollywoodroman »Menschen im Hotel« ein »ganz guter Brocken Realismus steckte ... Wenn man aber Döblin auf ein, zwei Spalten außerordentlich dürftig bespricht und die Baum auf sehr, sehr vielen Spalten sehr gründlich, dann scheint mir die Proportion schlecht gewahrt, jene Proportion, die eines der wichtigsten Momente des Realismus ist«.[91] Damit hat Anna Seghers jene Kernfrage angesprochen, die Geschichtsschreibung und Literaturgeschichtsschreibung in allen totalitär beherrschten Staaten so unzuverlässig macht. Das Problem, mit dem sie sich 1938 auseinandersetzte, ist 1976 ganz gegenwärtig, brennend gegenwärtig, soweit die deutschsprachige Exilliteratur betroffen ist. Einige repräsentative Beispiele für die Verzerrung der Maßstäbe in der DDR wie das Werk »Aktionen – Bekenntnisse – Perspektiven«[92] sind bereits charakterisiert worden.

Anna Seghers fügt in ihrem Brief an Lukács dem Hinweis auf die Verzerrung der Proportionen noch die Pointe hinzu: »Was Du als Zerfall ansiehst, kommt mir eher wie eine Bestandsaufnahme vor; was Du als Formexperiment ansiehst, wie ein heftiger Versuch eines neuen Inhalts, wie ein unvermeidlicher Versuch ...«[93] In seinem Antwortschreiben vom 28. Juli 1938 räumt Lukács einige Beiläufigkeiten beiseite, die seinem Artikel über den Realismus Akzente gaben. Mit Recht weist er darauf hin, daß er schon in Berlin der schärfste Kritiker jener »Lehrlinge« in der Literatur gewesen sei, die »im Vollbesitz der Methode ... künstlerisch Schreckliches hervorgebracht haben«. Er habe diesen Lehrlingen »nicht einmal einen unverzauberten Besen geliefert«.[94] Das bestätigen seine Aufsätze über Willi Bredels und Ernst Ottwalts Romane in der Linkskurve 1931 und 1932, die damals eine lebhafte Diskussion ausgelöst hatten und 25 Jahre später als Argumente der Vulgärmarxisten gegen ihn dienten; Bredel nahm diese Gelegenheit wahr, sich wegen der »Verkennung« seiner frühen Arbeiten verbal zu rächen.

Danach geht es im Briefwechsel mit Anna Seghers um die genaue Bestimmung des Begriffs »Unmittelbarkeit«, deren Überwindung Lukács vom begabten Schriftsteller erwartet. Seine lange, etwas umständliche Erklärung läuft darauf hinaus, die Spontaneität der Grunderlebnisse durch intensive Arbeit an sich selbst zu vertiefen und zu bereichern. Ein Modell für diese Arbeit an sich selbst ist Thomas Mann, den Lukács seit langem bewunderte – die Sympathie war gegenseitig. Auf ihn bezieht sich unausgesprochen der Leitsatz: »Wir müssen deshalb unsre Urteile über die Fortschrittlichkeit, über die Volkstümlichkeit, über den wirklichen Humanismus vieler Schriftsteller einer gründlichen Revision unterwerfen und nicht in der engen Schematik jenes zunftmäßigen ›Avantgardismus‹ steckenbleiben, der bei uns ein ergänzendes Gegenstück zu dem engen, alles Künstlerische verachtenden, nur das unmittelbar Agitatorische schätzenden sektiererischen Pseudomarxismus gewesen ist.«[95] Nachweislich auf Ernst Bloch bezieht sich die verärgerte Bemerkung: »Die pseudomarxistische Enge, die alles nicht unmittelbar Proletarisch-Revolutionäre aus der deutschen Geschichte gestrichen hat, steht auf demselben Niveau wie die geschmäcklerische Enge des ›Avantgardismus‹, die Negerplastik und Phidias, Irrenzeichnungen und Rembrandt auf das gleiche Niveau stellt, ja womöglich jene bevorzugt.[96] Das eben ist für Lukács die »Dekadenz«, gegen die seiner Meinung nach noch nicht »genügend treffende Hiebe« ausgeteilt worden sind.

Die Zeitumstände: drohende Kriegsgefahr wegen des Sudetengebiets, die Kapitulation der Westmächte vor Hitler in München, verzögerten die Fortführung des Briefwechsels um mehr als ein halbes Jahr. Erst im Februar 1939 ging Anna Seghers auf Lukács Antwortbrief ein, indem sie ihn belehrte, daß schließlich nicht die »Dekadenz« der Hauptfeind sei, sondern der Faschismus. Anknüpfend an eine Bemerkung Lukács' führte sie aus: »Er ist unser Feind, wie der Feudalismus Lessings Feind war. Wie Lessing die höfisch-feudalistische Kunst bekämpft hat, so bekämpfen wir den Niederschlag des Faschismus in der Kunst. Kann man aber diesen Kampf mit dem Kampf gegen die Dekadenz gleichsetzen? Es ›sind noch lange nicht genug und genügend treffende Hiebe gegen die Dekadenz ausgeteilt‹ worden, schreibst Du. Wem gelten diese Hiebe? Den faschistischen Schriftstellern, den Kriegsdichtern, den Blut- und Boden-Schwätzern? . . . Aber das Handgemenge, von dem Du sprichst, begibt sich ja auf einen andern Boden.«[97]

Das war die entscheidende Fragestellung. Sie ist bis heute rational nicht erschöpfend beantwortet worden. Weshalb das mörderische Einschlagen auf gutwillige, befreundete, sympathisierende Schriftsteller, denen von der jeweils höchsten politischen Instanz irgendein Etikett angeheftet wird: Dekadenz, Formalismus, Expressionismus, Objektivismus, Spontaneität, Naturalismus, Surrealismus, Dadaismus – nach Belieben; manche Schriftsteller nahmen für kürzere oder längere Zeit einen dieser Ismen für ihre Dichtungen in Anspruch. Aber wen gefährdeten sie damit? Hatten sie sich als Feinde zu erkennen gegeben? Sie beteuerten ihre Freundschaft, ihre Ergebenheit, ihre Treue. Sie hatten Opfer im Kampf gegen den Nationalismus und den Nationalsozialismus, für den Frieden, für den Sozialismus, viele von ihnen für die Sowjetunion gebracht. Nur wenige beteiligten sich an innerparteilichen Machtkämpfen. Wer es in der Funktionärshierarchie zu etwas bringen wollte, der paßte sich ohnehin den Windungen der Parteilinie an, schrieb Stalin-Hymnen beziehungsweise Ulbricht-Biographien. Die anderen neun Zehntel wollten nichts als dienen, helfen – auf ihre Weise, mit ihrem besten Können. Warum also dieser Amoklauf gegen den Expressionismus von vorgestern, den Kafkaismus von gestern, gegen den armen Biermann heute?

Was es, und nicht zu knapp, an faschistischer, völkischer, antisemitischer, kriegshetzerischer Literatur gab, Romane mit Millionenauflagen, Dramen, die von hundert Bühnen tausendmal gespielt wurden, aufputschende Reimereien als Gedichtbände verkauft, versifiziertes Haßgekreisch – das alles wurde zusammenfassend und beiläufig in wenigen Zeilen abgetan. Der Feind, den es zu vernichten galt, das waren Überreste von »Dekadenz«, die sich hervorwagten, Proust oder Joyce oder der sanfte Paul Klee oder der unbeugsame Antifaschist Picasso oder später – kein anderer als Georg Lukács selbst, über den Altstalinisten und Nachwuchsstalinisten gemeinsam herfielen, als es opportun war, ihn nicht nur des »Verrats«, sondern auch falscher Literaturtheorien zu bezichtigen.

Kaum einer der am Realismusstreit Beteiligten hatte vorausgesehen, daß ihre Gegensätze in solche Niederungen gezerrt werden könnten. Vielmehr war es für das Klima der Meinungsverschiedenheiten charakteristisch, wie versöhnlich Anna Seghers ihren Brief beendete. »Viele unserer Kollegen und Freunde«, schrieb sie, »erwarten mit Spannung und Neugierde, wer den andern erledigt. Einer, meinen sie, müßte unbedingt auf der Strecke bleiben, sonst gelte das Spiel nichts. Aber bei einer Diskussion auf gleicher Ebene, wo Ausgangspunkt und Ziel gemeinsam sind, bleibt nur eins auf der Strecke, das Unklare.«[98] Zwischen Bloch und Lukács, Anna Seghers und Brecht waren die geistigen Ebenen, Ausgangspunkt und Ziel ungefähr gleich, mochten die Meinungen, auf welchen Wegen man dem Ziel näherkomme, noch so verschieden sein.

Zu einer letzten Entgegnung von Lukács blieb noch Zeit. In freundschaftlichem Ton ging er am 1. März 1939 auf die Argumente der Seghers ein, verteidigte eher, statt anzugreifen, erklärte noch einmal seine Position, diese seltsam zwiespältige Einstellung gegen den Primitivismus des »Proletkults« und gegen den »Avantgardismus«, gegen flache Routine und gegen das Experimentieren gleichermaßen: ein gefährdeter Zweifrontenkampf, der in diesem langen, umständlichen Brief wie ein Rückzugsgefecht erscheint. Es ging auch nicht mehr um oder gegen Joyce. Schlechter kamen die linientreuen (das wurde nicht so unumwunden ausgesprochen; hier setzte die »äsopische Sprache« ein) talentlosen Schreiberlinge weg. Doch hegte Lukács die Hoffnung, daß diese sich naturnotwendig im Lauf der Jahre von selbst ausschalten würden. Wie zählebig die Gleichschaltung Begabung ersetzen kann, sollte er in den nächsten Jahrzehnten noch erfahren. Unterdessen wollte er den Kampf gegen die Überreste der »Dekadenz« nicht aufgeben. Da sei für ihn »kein Kompromiß möglich«, auch nicht auf die Gefahr hin, Anna Seghers zu erzürnen. Da dieses Beharren nicht nur ein taktischer Zug sein konnte, bleibt die Frage offen, inwieweit Lukács' Literaturtheorie wirklich im 19. Jahrhundert steckengeblieben ist. Durch Krieg und Nachkrieg ist diese Frage nicht überholt, aber die gewaltsame Beendigung jeder Diskussion im stalinistischen Orbit machte sie gegenstandslos.

Ein erbitterter Widersacher von Lukács war Bert Brecht, obwohl er sich nicht in die öffentliche Debatte einschaltete. Aus Walter Benjamins Gesprächen mit Brecht und vor allem aus Brechts nachgelassenem »Arbeitsjournal« geht hervor, warum er seine galligen Kommentare nicht im Wort, dessen Mitredakteur er war – was ihn vermutlich hemmte –, publiziert hat, in einer Form, die Veröffentlichung ermöglichte. Am 21. Juli 1938 notierte Benjamin: »Die Publikationen der Lukács, Kurella u. ä. machen Brecht viel zu schaffen. Er meint aber, man solle ihnen im theoretischen Bezirk nicht entgegentreten.« Am 28. Juli hieß es: »Brecht liest mir mehrere polemische Auseinandersetzungen mit Lukács vor, Studien zu einem Aufsatze, den er im ›Wort‹ veröffentlichen soll. Es sind getarnte, aber vehemente Angriffe. Brecht fragt mich, was ihre Publikation angeht, um Rat. Da er mir gleichzeitig erzählt, Lukács habe derzeit ›drüben‹ eine große Stellung, so sage ich ihm, ich könne ihm keinen Rat geben. ›Hier handelt es sich um Machtfragen. Dazu müßte sich jemand von drüben äußern. Sie haben doch Freunde dort.‹ Brecht: ›Eigentlich habe ich dort keine Freunde.‹«[99]

In Brechts »Arbeitsjournal«, das im Juli 1938 beginnt, wird bald Stellung zu Lukács genommen. Offenbar überschätzte Brecht den wirklichen Einfluß von Lukács, aber er hat sich wohl nicht wegen der »Machtfrage« – er saß ja unbedroht in Dänemark – gescheut, in die Debatte einzugreifen, sondern weil er in der damaligen Situation den Meinungskampf nicht noch verschärfen wollte. Den harten Äußerungen Brechts ist vorauszuschicken, was der Verleger Siegfried Unseld einführend zu den Anmerkungen schreibt: »Es liegt in der Natur einer Tagebuch-Notiz, die in erster Linie nicht zur Veröffentlichung, sondern zum Festhalten momentaner Eindrükke und Vorgänge bestimmt ist, daß sie Ungerechtes enthalten kann oder auch spontan gefällte Urteile, die bei einer Nachprüfung vielleicht revidiert worden wären.«[100] Das gilt gewiß nicht nur für die exzessiven Angriffe Brechts z. B. gegen Thomas Mann, sondern auch für seinen Zorn auf Lukács.

Mit dessen Essay »Marx und das Problem des ideologischen Verfalls« setzte er sich auseinander: »Die Rede ist wieder vom Realismus, den sie jetzt glücklich so heruntergebracht haben wie die Nazis den Sozialismus. Der realistische Schriftsteller der ›Verfallszeit‹ (das ist unsere Epoche; am Anfang immer ein paar gemurmelte ›bürgerliche Verfallszeit‹, dann nur noch ›Verfallszeit‹ – es zerfällt das Ganze, nicht das Bürgertum) wird davon entbunden, dialektischer Materialist zu sein. Er muß nur ›gestaltend der richtig wahrgenommenen und erlebten Wirklichkeit vor der anerzogenen Weltanschauung, vor den anerzogenen Vorurteilen den Vorzug geben‹ . . . Dieser Lukács wird von dem Problem der ideologischen Verfälle magisch angezogen. Das ist sua res. Die Marxschen Kategorien werden da von einem Kantianer ad absurdum geführt, indem sie nicht widerlegt, sondern angewendet werden. Da ist der Klassenkampf, ein ausgehöhlter, verhurter, ausgeplünderter Begriff, ausgebrannt bis zur Unkenntlichkeit . . . Bei den Lukács' ist der Klassenkampf nur noch ein Dämon, ein leeres Prinzip, das die Vorstellungen der Leute verwirrt, nichts mehr, was stattfindet.«[101]

Welch seltsame Umkehrung, wird man denken. Wer ist hier nun eigentlich der Dogmatiker? Der in Svendborg dichtende »parteilose Bolschewik« Brecht oder der in Moskau theoretisierende parteigebundene Lukács, der in diesem Fall zur Überwindung der Engstirnigkeit, zu einer breiteren Konzeption des Realismusbegriffs aufruft? Hier war fraglos Brechts generelles Mißtrauen gegen die »Moskauer« das Leitmotiv. Die folgenden Notizen bestätigen das. Da war am 27. Juli von der »Moskauer Clique« die Rede, die Julius Hays Stück »Haben« über »den roten Klee« lobe. (Diese Eifersüchteleien des damals – zu Unrecht – nirgendwo gespielten Brecht muß man hinnehmen.) Am 3. August beschwerte er sich in Richtung Moskau: »Da ich auf meinem Gebiete ein Neuerer bin, schreien immer wieder einige, ich sei ein Formalist. Sie finden die alten Formen nicht in meinen Arbeiten, schlimmer, sie finden neue, und da meinen sie, es sind die Formen, die mich interessieren. Aber ich habe herausgefunden, daß ich das Formale eher geringschätze ... Beinahe auf jedem Feld habe ich konventionell begonnen. In der Lyrik habe ich mit Liedern zur Gitarre angefangen ... Die Ballade war eine uralte Form, und zu meiner Zeit schrieb niemand mehr Balladen, der etwas auf sich hielt.«[102]

Am 15. August hieß es: »Furcht und Elend des Dritten Reiches ist jetzt in Druck gegangen. Lukács hat den ›Spitzel‹ [eine der 27 Szenen, aus denen die Folge sich zusammensetzt; A. K.] bereits begrüßt, als sei ich ein in den Schoß der Heilsarmee eingegangener Sünder. Das ist doch endlich aus dem Leben gegriffen!«[103] Am 18. August: »Indem Lukács, dessen Bedeutung darin besteht, daß er von Moskau aus schreibt, fast durchwegs formale Kennzeichen für den Realismus angibt, liefert er seinen lernbegierigen Leser doch letzten Endes an die zeitgenössischen, von ihm mit großen, wenn auch leicht verlegenen Komplimenten bedachten berühmten bürgerlichen Romanciers aus, welche diese formalen Kennzeichen aufweisen (wenn auch nicht so ›glücklich‹, ›rein‹, ›schöpferisch‹ wie die Altmeister aus der großen Frühzeit). Er hat dann da Realisten (die er noch dazu jedem Verdacht entzieht, daß er ihnen eine ›décadence‹ gegenüberstellt, zu der Dos Passos und vermutlich auch ich gehören).«[104] Am gleichen Tage: »Die Realismusdebatte blockiert die Produktion, wenn sie so weitergeht. Lukács findet im frühen bürgerlichen Roman natürlich Dialektik, und zwar von anderer Qualität als im späten ...« Brecht machte sich über Lukács' verschlungene Gedanken lustig; sie erschienen ihm wie »Darmverschlingung« oder »Motivverschlingung«. Man muß bei diesen Polemiken stets bedenken, daß Brecht sie in dieser Form nie veröffentlicht hätte, was nicht hindert, für die Bereicherung des Wissens über seine Denkprozesse dennoch dankbar zu sein – und die Abstriche selbst vorzunehmen.

Die Distanzierung von parteigebundenen Kritikern geht auch aus Stellen des Journals hervor, in denen Lukács nicht bei Namen genannt wird. Am 10. September 1938 schrieb Brecht: »In den literarischen Abhandlungen der von Marxisten herausgegebenen Zeitschriften taucht in letzter Zeit wieder häufiger der Begriff Dekadenz auf. Ich erfahre, daß zur Dekadenz auch ich gehöre. Das interessiert mich natürlich sehr. Der Marxist braucht tatsächlich den Begriff Abstieg. Er stellt einen Abstieg der herrschenden bürgerlichen Klasse auf politischem und ökonomischem Gebiet fest. Es wäre stupid von ihm, den Abstieg auf künstlerischem Gebiet nicht sehen zu wollen. Die große Fesselung der Produktivkräfte durch die kapitalistische Produktionsweise kann die Literatur z. B. nicht auslassen! Ich halte mich zunächst an meine eigene Produktion. Die Hauspostille, meine erste lyrische Publikation, trägt zweifellos den Stempel der Dekadenz der bürgerlichen Klasse. Die Fülle der Empfindungen enthält die Verwirrung der Empfindungen. Die Differenziertheit des Ausdrucks enthält Verfallselemente. Der Reichtum der Motive enthält das Moment der Ziellosigkeit. Die kraftvolle Sprache ist salopp usw. usw . . .«[105] Man erkennt Redewendungen aus Lukács' Aufsätzen, die durch diese sarkastische Selbstkritik ad absurdum geführt werden sollen.

Nicht stets waren Brechts Auseinandersetzungen mit den ihm zuwidren Literaturtheorien von Lukács so maliziös wie die zitierten Abreaktionen in seinem »Arbeitsjournal«. In seinen »Schriften zur Literatur und Kunst«[106] sind einige Arbeiten enthalten, die er im Wort veröffentlichen wollte, die dort aber nicht erschienen sind. Die postum bekanntgewordenen, nicht ichbezogenen Beiträge zur Debatte sind zwar scharf und teilweise ironisch, aber nicht persönlich verletzend. Brecht analysierte den Wirrwarr, die Widersprüche, die oftmals verkehrten Frontstellungen im Expressionismus- und Realismusstreit. Er stellte die rhetorische Frage: »Vielleicht sind die Kampffronten nicht ganz richtig eingezeichnet? In einem solchen Falle würde ein Wirrwarr entstehen, der ungefähr dem unsrigen gliche. Zum Beispiel wenn bei der Partei Hie Expressionismus! sich eine Reihe von Realisten befänden und bei der Partei Hie Realismus! ein Haufe Verschämter, die sich eigentlich nur ›ausdrücken‹ (exprimere) wollen. Tollers ›Wandlung‹ war ein expressionistisches Stück, und es zeigte vielen von der Wirklichkeit allerhand, was sie nicht gewußt oder nur halb gewußt hatten. Es zeigte keineswegs alles, und alles, was es zeigte, war nicht wirklichkeitsgetreu. Aber Manns ›Josephsroman‹ enthält vielleicht auch nicht die ganze Wirklichkeit? Noch seine ›Buddenbrooks‹. Und ist der ›Josephsroman‹ wirklich so viel volkstümlicher geschrieben als der ›Ulysses‹? Das Buch Joyces habe ich von ganz intelligenten Lesern wegen seines Realismus loben hören. Nicht, daß sie die Schreibweise als solche gelobt hätten (einige sprachen von Manieriertheit), aber es schien ihnen einen realistischen Inhalt zu haben . . . Es gibt genügend Leute, die strikt und konsequent gegen Realismus sind. Zum Beispiel die Faschisten. Sie haben ein Interesse daran, daß die Realität nicht geschildert wird, wie sie ist.«[107]

Unvermeidlich drängt sich dazu die Frage auf, wie es mit der Gestaltung der Wirklichkeit in der sozialistischen Gesellschaft steht. Der »Sozialistische Realismus« in der Auslegung Shdanows ist nicht die Darstellung der »objektiven Realität«, sondern »Wirklichkeit in ihrer revolutionären Entwicklung«. Diese Charta erzwingt, wie man seit langem weiß, Tendenzliteratur und Funktionärskult in gröbster Form und gibt übrigens die Handhabe, jeden Versuch, die Wirklichkeit mit ihren ungelösten Problemen und ihren Widersprüchen zu gestalten, als Fronde zu betrachten. Das hat Brecht in den fünfziger Jahren noch wahrgenommen, wenngleich im Gehege seines Theaters nur gedämpft. Im Vergleich mit der Bilderstürmerei und der Zensur, die sogleich nach der Gründung der DDR im Jahre 1949 einsetzten, waren Lukács' Lehrbücher in jedem Fall Trost, Labsal, ja ein geistiges Bollwerk, hinter das man sich als Literaturwissenschaftler bis Ende 1956 zurückziehen konnte. Es gibt aus dieser Nachkriegszeit auch keine öffentliche Polemik Brechts gegen Lukács mehr und nur ganz wenige achtungsvolle neutrale Eintragungen über ihn im »Arbeitsjournal«, von denen eine unter dem Datum des 26. Dezember 1947 bemerkenswert ist: »Lese Lukács' ›Briefwechsel zwischen Schiller und Goethe‹, er analysiert, wie die deutschen Klassiker die Französische Revolution verarbeiten. Noch einmal keine eigene habend, werden wir nun die russische zu ›verarbeiten‹ haben, denke ich schaudernd.«[108]

Die Feststellung, daß Brecht seine Polemiken gegen Lukács nach Kriegsende nicht fortsetzte, ist im engeren Zusammenhang der Realismusdebatte von Bedeutung. Es zeigt sich, daß die durch die Volksfrontpolitik einige Jahre lang ermöglichte Diskussion über Fragen der Literaturtheorie durch Krieg und Nachkrieg im östlichen Orbit wieder eingefroren wurde und erst seit einigen Jahren, z. B. durch die Veröffentlichungen aus Brechts Nachlaß, nach mehr als dreißigjähriger Unterbrechung neu in Gang kommt. Die im Exil offengebliebenen Fragen sind nie ausdiskutiert worden. Besonders Brechts Begründung für die Notwendigkeit undogmatischen Verfahrens ist aktuell geblieben: »Verkündet nicht mit der Miene der Unfehlbarkeit die alleinseligmachende Art, ein Zimmer zu beschreiben, exkommuniziert nicht die Montage, setzt nicht den inneren Monolog auf den Index!« Oder: »Die marxistischen Klassiker haben dem Satz des alten Hegel, daß die Wahrheit konkret ist, viel Beachtung geschenkt und Beachtung verschafft . . . Kein Realist sollte ihn in der Bedeutung, die er bei den marxistischen Klassikern erhalten hat, außer acht lassen. Man sollte den Realismus, mit dem die Literatur der Antifaschisten steht und fällt, nicht zu einer Formsache degradieren.«[109]

In dem umfangreichen Aufsatz »Über den formalistischen Charakter der Realismustheorie«, in dem er einmal mehr – mit Beispielen aus seiner eigenen vielfältigen Arbeit – für die Freiheit der Formgebung plädiert, findet Brecht nebenbei eine bedenkenswerte Erklärung für den ansonsten etwas rätselhaften Kampf der Kurellas gegen den längst überholten Expressionismus: »Heute noch sehen viele das Niedersäbeln des Expressionismus in Bausch und Bogen mit Unwillen, weil sie fürchten, daß da Befreiungsakte an und für sich niedergedrückt werden sollen, ein Sichbefreien von hemmenden Vorschriften, alten Regeln, die zu Fesseln geworden sind, daß da ein Festhalten an Beschreibungsarten versucht werden soll, die für Gutsbesitzer paßten, nachdem man die Gutsbesitzer selbst beseitigt hat.« Im selben Aufsatz heißt es: »Es gibt Experimente, die im Sand verlaufen, Experimente, die spät Früchte tragen oder kümmerliche Früchte ... Die Werke können so leicht mißglücken, da sie doch so schwer glücken! ... Aber man darf aus Niederlagen, die festgestellt werden müssen, nicht die Folgerung ziehen, daß keine Kämpfe mehr stattfinden sollen.«[110]

Das Motiv wiederholt sich in weiteren erst postum veröffentlichten Aufsätzen. In »Bemerkungen zum Formalismus«, wo die Rede von »Bauvorschriften für neue, zeitgemäße Romane« ist, betont Brecht: »Die Übernahme des ›Erbes‹ ist kein kampfloser Vorgang.« Das Nachdenken über »Formalismus« führt ihn zu Assoziationen auf der politischen Ebene. Für ihn ist der Faschismus der »große Formalist«. Denn er verspricht den Völkern, »sie zu Herren der Welt zu machen und macht sie zu Sklaven einer kleinen Clique. In riesigen Plebisziten unterwirft er sich der Stimme des Volkes (das er unterworfen hat). Das Regime legt allergrößten Wert auf seine Volkstümlichkeit. Es spricht unaufhörlich und immer zum Volk und vom Volk ... Wir tun also gut, den Begriff des ›Volkstümlichen‹ mit der allerschärfsten Kritik anzuwenden.«[111] Gefährliche Gedanken. Denn Plebiszite, deren Ergebnisse: »99 %« für das Regime, von vornherein feststanden, hat nicht nur der Faschismus veranstaltet; und die Berufung auf den »Volkswillen« ist ebenfalls kein Monopol der Rechtsdiktaturen. Was den Begriff der »Volkstümlichkeit« angeht, vor dessen Mißbrauch Brecht warnt, so war ihm damals der erst in den vierziger Jahren gefundene und heute noch im deutschen Sprachgebrauch »exilierte« stimmigere Gegenbegriff: »Pöbeltümlichkeit« unbekannt. »Personenkult«, der gewaltsam erzwungen werden kann, ist nicht deckungsgleich mit der ungezwungenen »Pöbeltümlichkeit«, deren Bierhallendemagogen sich erfreuen.

Auch die deutschen Exilierten müssen sich Brecht zufolge mit dem Begriff des Formalismus auseinandersetzen. Sie erheben den Anspruch, das Volk, ihr Volk, wirklich zu repräsentieren, das vom nationalsozialistischen Regime »der Form nach repräsentiert« wird. »Der Form nach sind wir keine Deutschen mehr. Es ist klar, daß wir dieses Regime nicht nur der Form nach bekämpfen, das von diesem Regime unterdrückte Volk nicht nur der Form nach in seinem Kampf unterstützen dürfen. Es genügt nicht, zu protestieren und im übrigen seiner Beschäftigung nachzugehen. Das wäre ein schlimmer Formalismus. Und wir müssen wissen, daß die literarische Tätigkeit viele Verführungen zum Formalismus bietet. Zwischen der vertriebenen deutschen Literatur und dem unterdrückten deutschen Volk ist ein Anschluß erfolgt, der gemeinsame Feind hat ihn bewerkstelligt. Er hat eine Schicksalsgemeinschaft geschaffen. Im Punkt der gemeinsamen Leiden ist der Anschluß nicht nur einer der Form nach.«[112] – Das war 1938 die Überzeugung der großen Mehrheit der exilierten deutschen Schriftsteller.

6. Der Tag des Freien Buches und die Gründung der Deutschen Freiheitsbibliothek

»Zum ›Tag des verbrannten Buches‹ am 10. Mai 1934 wurde in Paris unter Mitwirkung des SDS die ›Deutsche Freiheitsbibliothek‹ gegründet. Diese Einrichtung hatte das Ziel, alle im Dritten Reich verbotenen, verbrannten, zensurierten oder totgeschwiegenen Werke zu sammeln. Bei der Einweihung sprachen Alfred Kerr, Kisch und Lenormand ... In den folgenden Jahren wurden diese Kundgebungen am ›Tage des verbrannten Buches‹ zu regelmäßigen deutsch-französischen Freundschaftsmanifestationen.«[1] Obwohl im Kalender der DDR der 10. Mai als »Tag des Freien Buches« verzeichnet steht, ist dieses Zitat charakteristisch für die meisten der literaturgeschichtlichen Werke in der DDR, in denen der Anspruch erhoben wird, das Kulturerbe zu hüten und zu wahren. Plötzlich, wie Venus aus dem Schaum der Meereswellen, stand am 10. Mai 1934, dem ersten Jahrestag der Autodafés in Hitlerdeutschland, diese Bibliothek fix und fertig in Paris da, und einige renommierte Schriftsteller hielten Ansprachen zu ihrer Einweihung. Auf welche Weise dieses, wie man lesen wird, folgenreiche Ereignis zustande kam, wer die Bibliothek leitete und was außer den jährlichen Freundschaftsmanifestationen sonst in ihr vorging, ist der Geschichtsschreibung in der Bundesrepublik völlig unbekannt geblieben und wird von der Geschichtsschreibung in der DDR verschwiegen, weil einige der führend Beteiligten wie Willi Münzenberg oder ich unterdessen zu »Unpersonen« geworden sind.

In der »Geschichte der deutschen Literatur von 1917 bis 1945« werden die Voraussetzungen der Bibliotheksgründung weisungsgemäß gleichfalls übergangen. Die Autoren begnügen sich mit folgenden Stichworten: »Am 10. Mai 1934, dem Jahrestag der Bücherverbrennung in deutschen Universitätsstädten, konnte in Paris unter der Präsidentschaft von Heinrich Mann die ›Deutsche Freiheitsbibliothek‹ (DFB) mit rund 13000 Bänden eröffnet werden. Im November 1936 fand eine Ausstellung ›Das freie deutsche Buch‹, einen Monat später eine ›Buchmesse deutscher Schriftsteller‹ statt. Seit dem Sommer 1937 wurde die Pariser Weltausstellung genutzt, um Tausenden Besuchern aus Hitler-Deutschland in der Ausstellung ›Das deutsche Buch in Paris‹ Gelegenheit zu geben, das wahre Deutschland des Humanismus und der Menschenwürde kennenzulernen. Im November 1938 schließlich wurde eine ›Deutsche Kulturwoche‹ in Paris eröffnet. Größte Bedeutung gewann die Tatsache, daß der Schutzverband, die Deutsche Freiheitsbibliothek und ihr publizistisches Organ, die ›Mitteilungen der Deutschen Freiheitsbibliothek‹, nach der Brüsseler Parteikonferenz den Verfechtern der Einheits- und Volksfrontpolitik als Forum dienten.«[2]

Darauf lief es hinaus. Die zuerst von der Parteiführung – mit Ausnahme Münzenbergs – als zu überparteilich beargwöhnte kulturelle Institution wurde nach der »Brüsseler Parteikonferenz«, auf der die Beschlüsse zur Einheits- und Volksfrontpolitik übernommen worden waren, als gemäße Zentrale der Einigungsbestrebungen ausersehen – und wer dem Gedanken einer echten, das heißt überparteilichen, Volksfront anhing, der mochte diesen Rahmen als passend empfinden. Heinrich Mann, wenige Jahre zuvor noch als »Herr Polizeihund« angeflegelt, präsidierte dem Komitee und trug die Verantwortung für die Mitteilungen der Deutschen Freiheitsbibliothek, in denen neben kommunistischen Funktionären auch führende Sozialdemokraten wie Rudolf Breitscheid und sogar der eingeschworene Kommunistenfeind Friedrich Stampfer schrieben, Rudolf Olden, Georg Bernhard, Leopold Schwarzschild und Hermann Budzislawski ebenso wie der große alte Austro-Marxist Otto Bauer und der Mitbegründer der Sozialistischen Arbeiterpartei, Max Seydewitz, sowie der von allen Parteileuten respektierte Mathematiker Emil Gumbel. Erst gegen Ende des Jahres 1936, als ich zu den Internationalen Brigaden nach Spanien ging, nisteten sich in den Räumen der Bibliothek die bis dahin ferngehaltenen Berufsfunktionäre ein, um die Volksfront zu Tode zu manipulieren, an ihrer Spitze Otto Winzer, der sich damals Lorenz nannte, ein fast allen exilierten deutschen Schriftstellern (Anna Seghers nicht ausgenommen) unleidlicher, verkniffener Apparatschik, der die Bibliothek durch seine Machenschaften zweckentfremdete.

Die öffentlichen Bücherverbrennungen am 10. Mai 1933

Doch das ist vorgegriffen. Zunächst muß vom Anlaß für die Gründung dieser Institution die Rede sein, von den Bücherverbrennungen in Hitlerdeutschland am 10. Mai 1933. Die Vorbereitungen für diese Manifestationen des Rückfalls in die Barbarei hatten gleich nach der Machtergreifung begonnen. Aktionskomitees gegen den undeutschen Geist bildeten sich in allen Haupt- und Universitätsstädten, Kleinstädten und sogar ländlichen Gemeinden und machten sich daran, die öffentlichen und viele private Bibliotheken von »Schmutz und Schund« zu säubern. »Schmutz und Schund«, das waren, wie sich versteht, die Werke von Heinrich und Thomas Mann, Sigmund Freud, Einstein, Marx und Lenin, Romain Rolland und H. G. Wells, Barbusse und Gorki, Carl von Ossietzky und Ernst Toller, Heine und Bertolt Brecht, Upton Sinclair und Pasternak, Arnold Zweig und Alfred Döblin, Franz Werfel und Alfred Kerr; aber weiter zurück bis ins 18. Jahrhundert: selbst gegen Voltaire und die Enzyklopädisten, die Hitler bereits in »Mein Kampf« beschimpft hatte, summarisch: gegen alle Juden, Pazifisten, Marxisten, Liberale und Aufklärer richtete sich der Zorn der Nationalsozialisten. Die letzteren, die Aufklärer, sowohl die französischen als auch die deutschen seit dem verdächtigen, judenfreundlichen Lessing, sind bis zum heutigen Tage als »Freimaurer« auf den faschistischen Nenner gebracht. Man darf nie vergessen, oder richtiger: man sollte endlich begreifen, daß der Sieg Hitlers zugleich der Triumph der Gegenaufklärung war und daß sich die Verbotslisten des nationalsozialistischen Regimes mit dem Index librorum prohibitorum des Vatikans nicht nur überschnitten, sondern beinahe deckten.

Zu welchen grausigen Auswüchsen die Vernichtungswut des Pöbels führte, zeigt sich daran, daß sich auf den ersten offiziellen Listen der zu verbrennenden und zu verbietenden Bücher und der zu ächtenden Autoren der Name einer der für die gesamte Kulturwelt ehrwürdigsten Frauen der Zeitgeschichte befand, der blinden, tauben und stummen Amerikanerin Helen Keller, die diesen Gebrechen zum Trotz eine angesehene Schriftstellerin geworden war. Ihr Buch »How I became a Socialist« wurde vermutlich nur des Titels wegen mit in die Flammen geworfen, obwohl es sich bei ihr um einen keineswegs revolutionären, sondern einen milden, demokratischen Sozialismus handelte (der allerdings bei den zu Tage tretenden Maßstäben auch unter das Verdikt der »Freimaurerei« gefallen wäre). Noch zehn Jahre später, bei den Gedenkfeiern am Jahrestag der Autodafés in den USA, wurde Helen Keller bei einem Empfang in New York ehrerbietig umdrängt, und durch Vermittlung ihrer Dolmetscherin – die Verständigung ging durch Fingerdruck vonstatten – waren wir uns in diesem mir natürlich unvergeßlichen Dialog (Gespräch darf man wohl nicht sagen) darüber einig, daß für die Untat Tollwütiger nicht das ganze deutsche Volk verantwortlich sei, denn es waren anfänglich ja in der Überzahl deutsche Schriftsteller, deren Bücher verbrannt und die aus dem Lande gejagt wurden.

Auch in diesem Vorgriff muß ich als Erlebniszeuge auftreten. Es bleibt keine andere Wahl, wenn von der Begründung der Deutschen Freiheitsbibliothek und den Veranstaltungen an den Tagen des Freien Buches, zu denen die Jahrestage der Bücherverbrennungen wurden, die Rede ist. Die Quellen, die vielleicht noch in der DDR zu finden wären, sind verschlossen – nicht nur der Personenfrage wegen, sondern weil es ja neue Verbotslisten gibt; so müssen die von mir geretteten Quellen als Zeugnis für ein ereignisreiches Kapitel der Geschichte der deutschsprachigen Literatur im Exil dienen, und so wird unvermeidlich aus dem Geschichtsschreiber ein Berichterstatter, der seinen eigenen Anteil nicht verleugnen darf.

Dem Propagandaminister Goebbels war es vorbehalten, die von Zehntausenden freiwilliger Helfer unterstützte Aktion zu koordinieren und das Schauspiel in der Reichshauptstadt zu arrangieren. Man hätte keinen berufeneren Mann dafür finden können. Wie der gescheiterte »Künstler« Hitler seinen Ressentiments gegen die bedeutenden Maler, Bildhauer und Architekten seiner Zeit freien Lauf ließ und die Ausstellung der »Entarteten Kunst« in München wie einen persönlichen Triumph genoß, so lebte sich der gescheiterte Literat Goebbels bei der Vernichtung von Meisterwerken der Literatur aus. Er hatte einen Schmöker geschrieben, den Roman »Michael«, der mit Maßstäben der Literatur – selbst der Trivialliteratur – nicht zu messen ist. Es finden sich da – bezeichnenderweise – Sätze wie diese: »Der Intellekt hat unser Volk vergiftet . . . Der Intellekt ist eine Gefahr für die Bildung des Charakters . . . Was studiere ich eigentlich? Alles und nichts. Ich bin träge und, glaube ich, zu dumm für die Fachwissenschaften. Ein Mann will ich werden, Umrisse bekommen . . . Das Geistige wird mir zum Überdruß. Mich ekelt jedes gedruckte Wort . . . Weltanschauung? Was ist das für ein reaktionärer Begriff.«

Die Parabel vom Fuchs, dem die süßen Trauben zu hoch hängen und der, um sein Gesicht zu wahren, behauptet, sie seien ihm zu sauer, er wolle sie gar nicht, ist hier am Platze. Entwurzelten, Gescheiterten, Schlechtweggekommenen, Faulen, Dummen, all jenen, die die Kader der nationalsozialistischen Terrororganisationen bildeten, waren die hemmungslosen Kampfrufe Hitlers gegen die geistige Tradition der Aufklärung, sein Haßgekreisch gegen die »Intellektuellen« Balsam, Selbstbestätigung und Stimulans. Sie bekannten sich vorbehaltlos zu Sentenzen wie der folgenden aus »Mein

Kampf«: »Alle großen Bewegungen aber sind Volksbewegungen, sind Vulkanausbrüche menschlicher Leidenschaften und seelischer Empfindungen, aufgerührt entweder durch die grausame Göttin der Not oder durch die Brandfackel des unter die Massen geschleuderten Wortes und sind nicht limonadige Ergüsse ästhetisierender Literaten und Salonhelden.... Daher möge jeder Schreiber bei seinem Tintenfasse bleiben, um sich ›theoretisch‹ zu betätigen, wenn Verstand und Können hierfür genügen; zum Führer aber ist er weder geboren noch erwählt.«

Nach dieser Logik durfte sich jeder Halbalphabet, Ignorant, Schreihals, Bierhallenagitator zum »Führer« geboren und erwählt fühlen. Der Demagoge diffamierte den Denkenden als »undeutsch«. Der Stentor hetzte das Volk auf, den Mentor ins Konzentrationslager zu sperren – mit Erfolg, zwölf Jahre lang. Die Nachwehen (ein vielleicht zu optimistischer Ausdruck) sind noch heute zu spüren, und nicht nur in Passau am Aschermittwoch. Die Intellektuellenhatz, die Hitler vormachte, hat sich seither über große Teile der Welt verbreitet wie eine Seuche. Mit seinem Gefistel gegen die »volksfremden Literaten« – er gebrauchte diese Bezeichnung in Haßtiraden während des Ungarn-Aufstandes – gewann selbst ein Ulbricht Beifall. Es blieb da nicht bei Drohungen und nicht nur bei Verboten. Eine Anzahl von Schriftstellern, die sich zu deutlich für Gedanken- und Gewissensfreiheit ausgesprochen hatten, wurde hinter den Mauern von Bautzen zum Schweigen gebracht; andere wurden aus ihren Lehrämtern verjagt, brotlos gemacht, überwacht, denunziert, beschimpft, verleumdet, ohne sich wehren zu können; nicht wenige flohen. Das Exil setzte sich fort. Dies war hinzuzulernen: Nicht nur überall, wo der Faschismus zur Macht kam, wurden als erste die »Intellektuellen«, Schriftsteller, Geisteswissenschaftler, mehr als andere bedroht, eingekerkert, ermordet, verjagt, mundtot gemacht, sondern in nahezu allen totalitären Regimen zeigten sich fast gleichartige Wesenszüge, wurden die Denker, die nicht genauso dachten wie die jeweilige Obrigkeit, und die Dichter, die diese Obrigkeit nicht priesen, unter Bann gestellt. Im Jahre 1933 aber, von dem wir ausgehen, wurde die Bedrohung durch Flammenzeichen sichtbar gemacht: durch das seit dem Beginn der Aufklärung ungewöhnlich gewordene Ereignis der öffentlichen Bücherverbrennungen. Was man anderwärts, auch in Italien, auch in der Sowjetunion, bis dahin nach Möglichkeit schamhaft verborgen hatte, weitgehende Zensurmaßnahmen, Verfolgung von angesehenen Schriftstellern und Künstlern, Drosselung der geistigen Freiheit, das spreizte sich nun frech und schamlos auf den Straßen und Plätzen, in den Hörsälen der Universitäten und den Hallen der Museen eines Volkes, das trotz vorhergegangener autoritärer Regime weltweit als Kulturnation geachtet worden war.

Die ermächtigten oder spontan gebildeten »Kampfausschüsse« sandten Schreiben an die Volksbüchereien, die auf eilig zusammengestellten Listen verzeichneten Werke auszusondern und sie Beauftragten zu übergeben, die diese »zersetzenden« oder »unmoralischen«, marxistischen, »kulturbolschewistischen«, pazifistischen, jüdischen Bücher zur Brandstätte bringen würden. Zeitungen und Rundfunk heizten die Pöbelinstinkte an. In Aufrufen der »Deutschen Studentenschaft« wurde hervorgehoben, daß nicht nur »der jüdische Geist«, sondern auch »der gesamte Liberalismus ausgemerzt« werden müsse.[3] Man muß, was aus unterschiedlichen Gründen in beiden Teilen Deutschlands so selten geschieht, besonders darauf hinweisen, daß sich der Hauptstoß dieser Vernichtungsaktion nicht gegen den Marxismus oder Kommunismus, also etwa gegen die Mitglieder des Bundes proletarisch-revolutionärer Schriftsteller, richtete, sondern gegen die bürgerlichen Freigeister, man kann sie »Linksliteraten«, auch »heimatlose Linke« nennen, Mitarbeiter der Weltbühne Carl von Ossietzkys. Auf den ersten Verbrennungs- und Verbotslisten sind nur wenige kommunistische Schriftsteller zu finden, hingegen stehen überall Sigmund Freud, Pazifisten wie Friedrich Wilhelm Foerster, Liberale wie Georg Bernhard, Alfred Kerr, Kurt Tucholsky, Kriegsgegner wie Remarque, oft auch der sanfte Spötter Erich Kästner verzeichnet. Das will man in der DDR nicht wahrhaben, wo an der Legende gearbeitet wird, daß die proletarischen Schriftsteller die Hauptbetroffenen gewesen seien. Sicherlich wird man zugestehen, daß im innerdeutschen Widerstand die Kommunisten und unter ihnen die im Lande verbliebenen kommunistischen Schriftsteller verhältnismäßig mehr Opfer gebracht haben als andere Gruppen; was jedoch Kunst und Literatur angeht, so waren vorrangig bürgerliche pazifistische, liberale, expressionistische, gesellschaftskritische und natürlich in all diesen Kategorien jüdische Künstler und Schriftsteller betroffen.

Das Buch von Dietrich Strothmann »Nationalsozialistische Literaturpolitik« bringt dafür anschauliche Beweise. Die Vorgeschichte der »Kultursäuberungen« begann schon am 13. März 1930, fast drei Jahre vor der Machtergreifung, mit dem Entwurf eines »Gesetzes zum Schutze der Nation«, den die Nationalsozialisten im Reichstag einbrachten und in dem es hieß: »Wer es unternimmt, deutsches Volkstum und deutsche Kulturgüter, insbesondere deutsche Sitten und Gebräuche zu verfälschen oder zu zersetzen oder fremdrassigen Einflüssen auszuliefern, wird wegen Kulturverrates ... mit Zuchthaus bestraft.« Im gleichen Antrag wurde verlangt, daß Personen, die für die Kriegsdienstverweigerung und für die Auffassung von der Mitschuld Deutschlands am Ersten Weltkrieg einträten, als »Volksverräter« mit dem Tode bestraft werden sollten – ein kaum faßlicher (oder erst post festum faßlicher) Beschluß, der sich fast ausschließlich gegen Pazifisten, Antimilitaristen, Menschenrechtler richtete und der tatsächlich am Tag nach dem Reichstagsbrand, am 28. Februar 1933, in die Notverordnung »zum Schutze von Volk und Staat« aufgenommen wurde.[4]

Mit solchen Vollmachten in der Hand ließ sich die Ausrottung der deutschen Kultur unter dem Vorwand ihrer Rettung leicht vollziehen. In einer Regierungserklärung vom 23. März 1933 wurden die Geschehnisse angekündigt. »Gleichlaufend mit der politischen Entgiftung unseres öffentlichen Lebens wird die Reichsregierung eine durchgreifende moralische Sanierung des Volkskörpers vornehmen. Das gesamte Erziehungswesen, Theater, Film, Literatur, Presse, Rundfunk, sie werden alle Mittel zu diesem Zweck sein ... Sie haben alle der Erhaltung der im Wesen unseres Volkstums liegenden Ewigkeitswerte zu dienen.«

Nur die verschiedenen miteinander rivalisierenden, gegeneinander intrigierenden Institutionen wie das Goebbelssche Propagandaministerium, der vom Parteiideologen Alfred Rosenberg gelenkte Kampfbund für deutsche Kultur, das preußische Kultusministerium unter Bernhard Rust und andere, teilweise lokale Machthaber standen einem einheitlichen Vorgehen anfänglich im Wege. So gab es örtlich unterschiedliche Listen der auszumerzenden »artfremden«, »zersetzenden«, »dekadenten«, »undeutschen«, »kulturbolschewistischen« Literatur. Die Grundzüge, zusammengefaßt in den genannten Abwertungen, stimmten überein. Die am 26. März 1933 in der deutschnationalen Hugenbergschen Nachtausgabe veröffentlichte Liste trifft den Kern: Henri Barbusse, Richard Beer-Hofmann, Bertolt Brecht, Max Brod, Alfred Döblin, Ilja Ehrenburg, Albert Einstein, Arthur Eloesser, Lion Feuchtwanger, Ivan Goll, Jaroslav Hašek, Walter Hasenclever, Arthur Holitscher, Heinrich E. Jakob, Joseph Kelenikov, Gina Kaus, Egon E. Kisch, Heinrich Mann, Thomas Mann, Klaus Mann, Robert Neumann, Ernst Ottwalt, Kurt Pinthus, Theodor Plievier, Erich Maria Remarque, Ludwig Renn, Alfred Schirokauer, Arthur Schnitzler, Ernst Toller, Kurt Tucholsky, Arnold Zweig und Stefan Zweig, ferner politische, staatswissenschaftliche und historische Werke, die als »sämtliche pazifistische und defaitistische sowie probolschewistische Literatur« zusammengefaßt wurden.[5]

Die durchaus typische Liste wird manchen heutigen Leser befremden. Es sind mit wenigen Ausnahmen gutbürgerliche Leute auf ihr verzeichnet, und man fragt sich, wieso gerade der zurückhaltende Poet Beer-Hofmann oder der in Frankreich lebende Ivan Goll auserwählt wurden, unter den ersten auf der Schandliste zu figurieren. Zufälle und Unkenntnis müssen da im Spiel gewesen sein. Unverständlich desgleichen, daß sich auf der Liste nur zwei Mitglieder der KPD befanden, der adelige Offizier Arnold Vieth von Golssenau (Ludwig Renn) und der Pastorensohn und vormalige Freikorpsmann Ernst Ottwalt. Die aktiven Mitglieder des Bundes proletarisch-revolutionärer Schriftsteller sind im übrigen namentlich nicht erwähnt; auch unter den Autoren, deren Bücher dann wirklich ins Feuer geworfen wurden, sind sie nicht vertreten. Es ist der gleiche Vorgang, der nur wenig später auch bei den Ausbürgerungslisten auffällig wird: Pazifisten und parteilose linksliberale Schriftsteller überwiegen. Neben den Juden waren die Intellektuellen die Hauptfeinde. Führende Parteipolitiker folgten. Parteibürokraten blieben nebensächlich und lange Zeit unbeachtet. Es ist wirklich kein Zufall, daß ausnahmslos alle, die in den Kultursekretariaten der SED an die Spitze gelangten, wenn überhaupt, erst gegen Ende der dreißiger Jahre ganz summarisch unter Tausenden von anderen »ausgebürgert« wurden. In Hinsicht auf die Nachkriegsentwicklung ist es nicht unwichtig, solche Feststellungen zu wiederholen.

Unter diesen Auspizien vollzog sich am 10. Mai 1933 der Vandalenakt. Er fand in vielen Städten des Reiches statt und wurde in vielen deutschen Universitäten von Professoren gerühmt, die den Übergang vom Kaiserreich zur Republik niemals hatten mitvollziehen können. Hermann Hesse, der so tief unter der unheilvollen deutschen Entwicklung litt, als gehöre er selbst zu den Entheimateten, hat in seinen Briefen die verhängnisvolle Rolle vieler deutscher Professoren in der Zeit der nationalsozialistischen Herrschaft verständlich zu machen gesucht. An eine alte deutsche Freundin, der es unbegreiflich war, daß »ein herzensreiner Mensch habe Nazi sein können«, schrieb er am 24. Januar 1951 erklärend: »Bis zum Ende des ersten Krieges war in Familien wie der unsern die Anerkennung der legitimen Autorität (Staat, Kaiser, Kanzler, Behörden) etwas Selbstverständliches und Unantastbares . . . Aber die Autorität versagte, der bisher so vorlaute Kaiser lief davon, entsetzt mußte der Bürger eine Revolution mitansehen, und plötzlich war man kein Reich, keine Monarchie mehr, sondern eine Republik . . . Die Republik war der Hälfte des Volkes unverdaulich und zuwider, besonders den bisherigen Hütern von Thron und Altar, wozu obenan die Gelehrten, die Leute an den Hochschulen gehörten . . . Statt sich um den jungen neuen Staat zu kümmern, sabotierte man ihn und setzte seine Hoffnungen auf ›starke Männer‹ wie Hindenburg etc., von da zu Hitler war es nicht mehr weit.«[6]

So erklären sich die »Festreden« der Professoren Alfred Bäumler in Berlin, Fricke in Frankfurt, Friedrich Neumann in Göttingen, Leo Ritter von Zumbusch in München, wo auch der bayrische Kultusminister Hans Schemm, ein aus dem Amt entlassener früherer Volksschullehrer, den Anbruch des neuen »Seelen-, Gemüts- und Rassenzeitalters« pries; in Köln, wo der zum Nationalsozialismus bekehrte frühere Freund Thomas Manns, Professor Ernst Bertram, händeringend die Verbrennung von dessen Werken und der Arbeiten des jüdischen George-Jüngers Friedrich Gundolf zu verhindern suchte; in Hamburg, wo man einen fanatischen Antisemiten namens Wolf Meyer-Christian als Hetzapostel auftrieb, und an vielen anderen Orten.

Stellvertretend für die »Säuberungen vom jüdischen Geist« waren die Vorkehrungen und Veranstaltungen im »verjudeten« Berlin, das in den zwanziger Jahren zu einer anziehenden und ausstrahlenden europäischen Metropole geworden war. Man erinnert sich gern an das, was später verklärt »die goldenen zwanziger Jahre« genannt wurde. Das Sinnbild der Verallgemeinerung war Berlin. Dort erreichten Reinhardt, Jessner, Piscator, Karl Heinz Martin, Barnowsky, Legal, Hilpert, Erich Engel, Aufricht Gipfelleistungen der Inszenierungskunst; kreierten die größten deutschen Menschendarsteller ihrer Zeit: Bassermann, Kayßler, Wegener, Moissi, Granach, Conrad Veidt, Kortner, Albers, Steinrück, Ernst Deutsch, Helene Thimig, Else Heims, Lucie Höflich, Käthe Dorsch, die Orska, Claire Walldorf, Gertrud Eysoldt, Elsa Wagner, Elisabeth Bergner und wie viele andere, tragende Rollen in den Uraufführungen der Schauspiele damals junger deutscher Dramatiker: Sternheim, Georg Kaiser, Toller, Hasenclever, Brecht, Bruckner, Friedrich Wolf, Bronnen, Werfel, Zuckmayer, Klabund, Bruno Frank, Ödön von Horváth, Walter Mehring, H. J. Rehfisch, Rudolf Leonhard, Julius Hay, Barlach, Peter Martin Lampel, Reinhard Goering, Billinger, Weisenborn, Wilhelm Herzog und anderer; Berliner Opern und Orchester wurden musikalisch geleitet von Bruno Walter, Otto Klemperer, Kleiber, Leo Blech, Weingartner, Fritz Busch, Fritz Stiedry. Häufige, hochwillkommene Gäste des Berliner Musiklebens waren Toscanini, Fritz Kreisler, Sir Thomas Beecham, Pablo Casals, Adolf Busch, Serkin, Bronislaw Hubermann, Mischa Elman, Jascha Heifetz, Jehudi Menuhin, Horowitz und viele andere. Hanns Eisler und Kurt Weill gehörten ohnehin dazu.

In Berlin häuften sich die großen Verlage. Max Liebermann präsidierte der Akademie der Künste, Heinrich Mann der Sektion Dichtkunst. Carl von Ossietzky gab die Weltbühne, Schwarzschild das Tagebuch heraus; im Verlag S. Fischer erschien die Neue Rundschau, im Rowohlt-Verlag unter Willy Haas Die Literarische Welt. Ullstein, Mosse und der deutschnationale Hugenberg-Konzern beherrschten das Pressewesen, die UFA den Film. Die Berliner Universität, die Technische Hochschule, Kunsthochschule, Musikhochschule und das Kaiser-Wilhelm-Institut zählten zu den hervorragendsten geistigen, künstlerischen und wissenschaftlich-experimentellen Zentren der Welt. Die Namen Harnack, Planck, Einstein, Willstätter, Haber, Franck, von Laue, Nernst, Hahn, Meitner, Wilamowitz-Moellendorff, Spranger, Wölfflin, Kollwitz, Poelzig, Slevogt, Kolbe, Hofer, Boehland sind mit diesen Instituten verknüpft. Von den Dichtern, die der Akademie angehörten, ist ja mehrfach gesprochen worden. Nirgendwo wurde mit mehr Intensität diskutiert als in aberhundert philosophischen, naturwissenschaftlichen, literarischen, künstlerischen und politischen Zirkeln an allen Enden und Ecken der Stadt, die in diesen Jahren aus eigener Kraft zur Weltstadt wurde.

Damit sollte es nun vorbei sein. Berlin hatte sich bis zuletzt gegen die aus Bayern kommende Invasion gewehrt. Hitler kam als Eroberer. Er hat Berlin nie gemocht – und Berlin ihn nicht. Die Hauptstadt Deutschlands war nicht die Hauptstadt seiner Bewegung. Er fühlte sich nicht wohl im Preußischen. Bei der hundertsten Wiederholung einer Operette in seinem Lieblingstheater am Gärtnerplatz in München hat er sich heimischer gefühlt als bei einer Premiere im Staatstheater von Berlin. Auf seinem Berghof, von Krachledernen umgeben, hat er lieber »Geschichte gemacht« als in der Reichskanzlei. Berlin entging dem Makel, Stadt der »Reichsparteitage« und der »Judengesetze« zu werden. Der Teufelspakt, durch den Chamberlain und Daladier 1938 die Tschechoslowakei preisgaben, wurde ebenfalls nicht in der Reichshauptstadt, sondern in der »Hauptstadt der Bewegung« ausgehandelt. Die Abneigung des Führers gegen Berlin erklärt sich auch daraus, daß bei den letzten noch möglichen freien Wahlen zum Reichstag im November 1932 nur 22,5 % für die NSDAP gestimmt hatten, deren Reichsdurchschnitt sonst bei 33 % lag.

In diesem Berlin der »Asphaltliteraten« – ein Begriff, der über das Dritte Reich hinaus bewahrt worden ist – sollte das abschreckende Exempel besonders einprägsam statuiert werden. Hier organisierte der Progagandaminister selbst das Spektakel. Der Professor Bäumler, von Studenten in SA-Uniform umgeben, rechtfertigte in seiner Antrittsvorlesung das mittelalterliche Vorhaben. Dann strömten Studenten und Passanten auf dem Platz vor der Oper gegenüber der Universität zusammen, wo bereits Scheiterhaufen errichtet waren, und Lastwagen fuhren die zur Verbrennung bestimmten Bücher herbei. Fackeln wurden unter die Studenten verteilt, Scheinwerfer standen bereit, um das »Volksfest« anzuleuchten, Kommandos ertönten, Sprechchöre hallten durch die Straßen, »bis zum Brandenburger Tor sah man Menschenmassen in Bewegung«, SA- und SS-Kapellen spielten »vaterländische Weisen und Marschlieder«.[7]

Zeitungsberichten zufolge begann die makabre Lustbarkeit spät abends mit der Ansprache eines Vertreters der Nationalsozialistischen Studentenschaft, eines cand. phil. Fritz Hippler, der es dann zum Reichsfilmintendanten im Goebbels-Ministerium brachte; er sagte den »falschen Freiheitsideen« den Vernichtungskampf an. Danach wurden die Scheiterhaufen entzündet, und, so schrieb ein nationalsozialistisches Blatt, »ganze Wagenladungen von Schmutz- und Schundliteratur verschwanden im kochenden Herzen der reinigenden Flammen«. Der Mordsspaß wurde durch »Feuersprüche« wie die folgenden bereichert: »Gegen Klassenkampf und Materialismus, für Volksgemeinschaft und idealistische Lebenshaltung! Ich übergebe der Flamme die Schriften von Marx und Kautsky.« – »Gegen Dekadenz und moralischen Verfall! Für Zucht und Sitte in Familie und Staat! Ich übergebe der Flamme die Schriften von Heinrich Mann, Ernst Glaeser und Erich Kästner.« – »Gegen Gesinnungslumperei und politischen Verrat, für Hingabe an Volk und Staat! Ich übergebe der Flamme die Schriften von Friedrich Wilhelm Foerster.« – »Gegen seelenzerfasernde Überschätzung des Trieblebens, für den Adel der menschlichen Seele! Ich übergebe der Flamme die Schriften des Sigmund Freud.« – »Gegen Verfälschung unserer Geschichte und Herabwürdigung ihrer großen Gestalten, für Ehrfurcht vor unserer Vergangenheit! Ich übergebe der Flamme die Schriften von Emil Ludwig und Werner Hegemann.« Der – übrigens urarische – Architekt Hegemann, der 1936 im Exil in New York starb, hatte sich, ohne sonst politisch engagiert zu sein, durch sein Buch »Entlarvte Geschichte«, in dem er den Heroen-Kult lächerlich machte, den Zorn der Nationalsozialisten zugezogen. – »Gegen volksfremden Journalismus demokratisch-jüdischer Prägung, für verantwortungsbewußte Mitarbeit am Werk des nationalen Aufbaus! Ich übergebe der Flamme die Schriften von Theodor Wolff und Georg Bernhard.« – »Gegen literarischen Verrat am Soldaten des Weltkrieges, für Erziehung des Volkes im Geist der Wehrhaftigkeit! Ich übergebe der Flamme die Schriften von Erich Maria Remarque.« – »Gegen dünkelhafte Verhunzung der deutschen Sprache, für Pflege des kostbarsten Gutes unseres Volkes! Ich übergebe der Flamme die Schriften von Alfred Kerr.« – »Gegen Frechheit und Anmaßung, für Achtung und Ehrfurcht vor dem unsterblichen deutschen Volksgeist! Verschlinge, Flamme, auch die Schriften der Tucholsky und Ossietzky.«[8]

Die Augenzeugin Elisabeth Castonier berichtet in ihrem Buch »Seltsames Muster. Begegnungen – Schicksale«: »Der Opernplatz war in weitem Kreis abgesperrt. Musikkapellen spielten, es wimmelte von Uniformen; fackeltragende Studenten, Hitlerjugend, Hitlermaiden marschierten die schönen alten Linden entlang, am Kaffee Kranzler vorüber, in dem einstmals geruhsam Fontane gesessen. Die Fackeln flogen auf den Scheiterhaufen, Lastwagen brachten Bücherhaufen und Zeitschriften, die von Hand zu Hand und in die Flammen geworfen wurden, während die Namen der Verbotenen durch Lautsprecher über die Menschenmenge dröhnten. Heinrich Heine und Heinrich Mann, Alfred Döblin und Karl von Ossietzky, Erich Kästner, Sigmund Freud und Albert Einstein und Dutzende von anderen Namen wurden ausgerufen, und jedem wurde noch eine sinnlose

Beleidigung nachgeschrien ... Mehr und mehr prominente Namen dröhnten über den Platz, der Pöbel jubelte bei jedem neuen Namen, jeder Beschimpfung in Derwischekstase ... Der Flackerschein vom Scheiterhaufen erhellte goyaesk verzerrte Gesichter ... ›Und andere deutsche Städte folgen unserem Beispiel, dies sind nur die ersten von zwanzigtausend!‹ wurde verkündet.«[9]

Der Höhepunkt der nächtlichen Vernichtungsorgie war die »Festrede« von Goebbels. Er hatte sich und den Verführten eine romantische Kulisse erbaut, erhellt von Fackeln und Flammenschein. Im Widerschein des Feuers, das den in Druckwerken komprimierten Extrakt des Denkens großer Schriftsteller und Wissenschaftler verzehrte, rief er aus: »Das Alte liegt in den Flammen, es ist eine große, starke, symbolische Handlung, eine Handlung, die vor aller Welt dokumentieren soll: Hier sinkt die geistige Grundlage der November-Republik zu Boden.« Und die gegen die deutsche Kultur Amok laufenden Studenten feuerte der diabolische Hetzer mit dem Ruf an: »Ihr habt eine prachtvolle symbolische Tat vollbracht!«[10]

Es war – mit entgegengesetztem Vorzeichen – ein symbolischer Akt. Entgegen Verlautbarungen der nationalsozialistischen Regierungssprecher, daß nur deutsche Bücher dem Verdikt verfallen seien, ausländische aber unangetastet blieben, standen bereits auf den ersten Verbots- und Verbrennungslisten zahlreiche, teilweise weltbekannte Namen nichtdeutscher Schriftsteller. Das Beispiel Helen Keller wurde bereits angeführt; unter den Amerikanern und Engländern waren Upton Sinclair, Robert Graves, O'Flaherty, Helen Smith, unter den Franzosen Barbusse und Roland Dorgelès – auch auf dieser Liste wurden fast ausschließlich Antikriegsbücher unter Bann gestellt.[11] Wie weit in dieser Richtung der Furor ging, erhellt eine Notiz, die den Umschlag vom Makabren zur Farce kennzeichnet: »Nicht erträglich ist es aber, wenn aus Begeisterung für das heroische Ideal Eichendorff, Storm und Mörike auf den Schutthaufen geworfen werden sollen ... weil sie nicht heroisch genug seien.« Das war sogar dem Völkischen Beobachter zuviel des Guten.[12] Nein, Eichendorff und Mörike kamen, zum Unterschied von Heine und Thomas Mann, nicht auf die Verbotslisten, aber der Feuersturm verbrüderte symbolisch viele deutsche, französische, englische, amerikanische, russische, skandinavische und fortdauernd spanische, italienische, lateinamerikanische Dichter.

Internationale Solidarität mit den verfolgten Schriftstellern

Die Schockwirkung der öffentlichen Bücherverbrennungen, dieser im Herzen Europas und im 20. Jahrhundert kaum für möglich gehaltenen brutalen und zynischen Zurschaustellung der Barbarei, war bei Schriftstellern, Wissenschaftlern, Künstlern, Intellektuellen vieler Länder tief und nachhaltig. Es bedurfte nicht der Komintern, um eine Bewegung des Entsetzens, des Abscheus und der Solidarität mit den Betroffenen ins Leben zu rufen.

Eines der ersten spontanen Zeugnisse dafür war der offene Brief, den Romain Rolland, der sein Leben und sein Werk dem besseren Verständnis zwischen Frankreich und Deutschland gewidmet hatte, unter dem Datum des 14. Mai an die Kölnische Zeitung sandte. Darin heißt es: »Es ist wahr, daß ich Deutschland liebe und daß ich es beharrlich gegen Ungerechtigkeiten und Verständnislosigkeit des Auslandes verteidigt habe.« Rollands Hauptwerk, sein dreibändiger Roman »Johann Christof«, dessen Hauptfigur ein deutscher Musiker ist, beweist seine Liebe, sein tiefes Verständnis für den Genius Deutschlands. Er erhielt insbesondere für dieses monumentale Werk den Nobelpreis, hatte aber von französischen Nationalisten und Chauvinisten so viele Anfeindungen zu erdulden, daß er im Ersten Weltkrieg ins Exil in die Schweiz ging und von dort aus für Frieden, Versöhnung, Verständnis zwischen den Völkern kämpfte.

In seinem offenen Brief fuhr Rolland fort: »Aber das Deutschland, das ich liebe und das meinen Geist befruchtet hat, ist das Deutschland der großen Weltbürger – derer, ›die das Glück und das Unglück der anderen Völker wie ihr eignes nachempfunden haben‹ – derer, die an der Vereinigung der Völker und der Geister gearbeitet haben. Dieses Deutschland ist mit Füßen getreten, mit Blut befleckt und verhöhnt durch seine ›nationalen‹ Regierenden von heute, durch das Deutschland des Hakenkreuzes, das die freien Geister, die Europäer, die Pazifisten, die Juden, die Sozialisten, die Kommunisten von sich weist, welche die Internationale der Arbeit gründen wollen. Sehen Sie denn nicht, daß dieses national-faschistische Deutschland der schlimmste Feind des wahren Deutschlands ist, daß es dieses verleugnet? Eine solche Politik ist ein Verbrechen nicht nur gegen den menschlichen Geist, sondern auch gegen Ihre eigne Nation. . . . Sie wollen das nicht sehen. Sie ziehen es vor, von einer Verschwörung gegen Deutschland zu sprechen. Aber Sie, Sie selbst, Sie allein haben sich doch gegen sich selbst verschworen! . . . Die Zukunft wird Sie – zu spät! – über Ihren mörderischen Irrtum aufklären, dessen einzige Entschuldigung das Fieber der Verzweiflung ist . . . Ich werde, Ihnen zum Trotz und gegen Sie, meine

Zuneigung zu Deutschland bewahren, zu dem wahren Deutschland, das die Gewalttaten und Irrungen des Hitlerschen Faschismus entehren.«[13]

Rudolf G. Binding, ein konservativer Schriftsteller, der sich viel darauf zugute hielt, daß er der NSDAP nicht angehörte, antwortete Romain Rolland in der Kölnischen Zeitung, daß er sich mit seinem Johann Christof ein eigenwilliges Ideal von Deutschland geschaffen habe. Aber nicht ein Ideal gelte es zu lieben, sondern »ein Volk gilt es zu begreifen ... Führer gilt es zu begreifen – nicht Spartakisten, meuternde Matrosen, Leute der Straße, politische Hochstapler«.[14] Die »Aufreizungen zur Gewalt«, »die Verkündungen des Rassismus«, »die Autodafés der Gedanken, die kindlichen Scheiterhaufen von Büchern«, »Auswanderungen und Verfemungen« leugnete Binding nicht; er tat sie als »Randerscheinungen« ab. Er bekannte sich zu dem Deutschland Adolf Hitlers. Und er war noch der vergleichsweise Vornehmste im Chor derer, die Romain Rollands Appell niederzischen wollten: so der in diesem Zusammenhang unvermeidliche Erwin Guido Kolbenheyer, der etwas zurückhaltendere Wilhelm von Scholz, ein sonst kaum irgendwo erwähnter Otto Wirz und ein französischer Sympathisant der Nationalsozialisten, Fabre-Luce.

Durch Romain Rolland hatte das Gewissen Europas gesprochen. Ihm war zu danken. Von den Kollegen im Schriftstellerverband beauftragt oder aus eigenem Impuls, schrieb ich dem ehrwürdigen alten Mann nach Villeneuve am Genfer See den Dankesbrief für die Solidaritätserklärung mit den exilierten Schriftstellern, die in seiner Kundgebung enthalten war. Fast umgehend kam die Antwort: »Ja, ich bin mit Euch – Euch, dem besseren Deutschland, dem unterdrückten, vertriebenen, aber unbesieglichen Deutschland, das leidet, aber kämpft. Alles von jenem Deutschland, das wir lieben und verehren, ist in Euerem Lager. Bei Euch sind Goethe und Beethoven, bei Euch sind Lessing und Marx. Sie sind mit Euch in dem Kampf, den ihr führt. Ich zweifle nicht an Euerem Sieg. Habt Vertrauen! Die Zukunft wird sich an Euer Beispiel erinnern und sie wird es ehren. Ich drücke Euch brüderlich die Hand.«

Der Zuspruch ist tausendmal in Reden, Schriften, auf Plakaten und Transparenten zitiert worden; er wird heute noch in vielen Arbeiten über die Exilzeit als »Brief Romain Rollands an den Schutzverband Deutscher Schriftsteller« zitiert. Das Original, das mir zugegangen war, ist mit vielen hundert anderen Briefen, Manuskripten, Dokumenten, die ich bei meiner Flucht aus Frankreich zurücklassen mußte, in dem Dörfchen Bormes les Mimosas dicht bei Le Lavandou an der Riviera zwischen Toulon und Nizza von den deutschen Besatzern aufgefunden und nach Sichtung öffentlich verbrannt worden. Aber einige Exemplare des 1936 veröffentlichten Bandes mit dem damals verpflichtenden Titel »In unserem Lager ist Deutschland« haben sich erhalten,[15] und da sind mit gern gegebener Einwilligung Romain Rollands, dessen persönliche Bekanntschaft ich inzwischen gemacht hatte, die oben zitierten Sätze als Motto vorangestellt.

Erste Pläne und Vorarbeiten zur Sammlung der verbotenen Literatur

Dieser Briefwechsel mit Romain Rolland war recht eigentlich der Auftakt zu dem anfänglich bescheiden umrissenen Vorhaben, die in Deutschland verpönten Bücher zu sammeln. In welcher Unwissenheit die deutsche Öffentlichkeit diesseits und jenseits über die Einzelheiten und zeitweiligen Auswirkungen des Unternehmens gehalten wurde, zeigen die von dem sonst gewissenhaften Forscher Strothmann flüchtig hingeworfenen zwei Sätze, daß die Autodafés »im Ausland auf Entrüstung« stießen und daß sich in London eine Society of the Friends of the Burned Books bildete, während in Paris die Deutsche Freiheitsbibliothek gegründet wurde.[16]

Der Vorgang verlief in umgekehrter Reihenfolge, und er verlief nahezu von selbst. Alles kam dem Initiator in diesem Fall entgegen. In Kreisen der Intellektuellen, nicht nur der Exilierten, sondern auch der Franzosen und – wie sich bald herausstellen sollte – der Engländer, war die Zurschaustellung der Barbarei Tagesgespräch, und mit dem Vorschlag, eine Gegenkundgebung der Kultur zu veranstalten, lief man offene Türen ein. Ein vermögender junger französischer Literat aus angesehenem Hause, Renaud de Jouvenel, den ich schon 1928 oder 1929 kennengelernt hatte, als ich Pariser Kulturkorrespondent der Vossischen Zeitung gewesen war, stellte für eine erste Besprechung sein Stadtpalais zur Verfügung. Es war zunächst von einem Archiv die Rede, in dem die verbrannten, verbotenen Bücher und Schriften, die zensierten Zeitungen und Zeitschriften registriert werden sollten. Es war beabsichtigt, Romain Rolland zu bewegen, die Schirmherrschaft des geplanten französischen Komitees zu übernehmen.

Der Vorschlag, Heinrich Mann für das Präsidium des deutschen Komitees zu gewinnen, wurde in diesem Kreis, dem außer mir nur Franzosen angehörten, besonders herzlich begrüßt, denn es war unvergessen, wie selbstlos Heinrich Mann in den zwanziger Jahren für die deutsch-französische Verständigung geworben hatte. André Gide, einer der Teilnehmer dieser ersten Zusammenkünfte, erinnerte an die zehn Jahre zurückliegende Begegnung mit ihm in Pontigny, dem Landsitz des vormaligen Staatssekretärs für die Künste, der ihn 1923 zu Gesprächen mit französischen Intellektuellen eingeladen hatte. Der Einladung zu folgen, war im Jahr der Ruhrbesetzung und der Aufputschung aller nationalistischen Gefühle gegen den

»Erbfeind« Frankreich ein Wagnis. Heinrich Mann hat diesen ersten persönlichen Wiederanknüpfungsversuch zwischen den geistigen Repräsentanten beider Länder mehrfach beschrieben, besonders auch die Begegnung mit Gide, der dort aus seinen Büchern las. »Gide und ich«, so schilderte er die Zusammenkunft, »kannten uns persönlich erst wenig, von unseren Veröffentlichungen wenig oder nichts, legten aber Wert darauf, bei jedem Zusammensein einen besonders auszeichnenden Ton zu haben. Zum Schluß kündigte er mir das Geschenk seiner Bücher an und sagte beim Abschied, daß wir einander noch mehr hätten sein können, wenn wir unsere Arbeiten schon gelesen hätten. Wir hatten sie aber nicht gelesen, weil Krieg war.«[17] Nun, da eingetreten war, wovor Heinrich Mann vergeblich gewarnt hatte, ergaben die Umstände die erneute Begegnung der beiden bedeutenden Autoren, die den glanzvollsten Höhepunkt auf dem Internationalen Schriftstellerkongreß im Juni 1935 in Paris fand.

Der Hausherr Renaud de Jouvenel und einige der Wohlhabenden unter den Anteilnehmenden wie André Gide, der Verleger Gaston Gallimard, die berühmten Professoren Paul Langevin und Lévy-Bruhl, die Theaterleiter Gaston Baty und Charles Dullin, der Staranwalt Campinchi spendeten einige tausend Francs für die Vorarbeiten. Durch die Mitarbeit am »Braunbuch über Reichstagsbrand und Hitlerterror«, das im Lauf des Jahres mit hohen Auflagen in vielen Ländern und Sprachen erschien, war ich materiell zunächst versorgt; meine junge Frau Friedel, die in Deutschland in ernsten Rollenfächern als Schauspielerin debütiert hatte, stellte sich im Exil rasch und tapfer auf Stenographie und Schreibmaschine um und wurde – auch dank ihrer guten französischen Sprachkenntnisse – bald eine perfekte Sekretärin, die später zuweilen die Hauptlast des Ernährungsproblems zu tragen hatte. Man möge diese Bemerkungen nicht als autobiographische Mitteilungen mißverstehen; sie bezeichnen typische Umstände des Exils.

Die Sammlung der zentralen und lokalen Listen der verbotenen oder unerwünschten Bücher, der Ausschnitte von Artikeln mit Angriffen gegen in- und ausländische Schriftsteller sowie der Polemiken gegen die pazifistischen, jüdischen, marxistischen oder sonstwie »entarteten« Autoren, von Meldungen über Ausschlüsse aus den Fachverbänden, Berufsverbote, Zensurmaßnahmen, Schließungen von Verlagen, »Arisierungen« von Buchhandlungen oder Zeitschriften begann in meinem Dachkämmerchen in der Rue de Tournon – jener Straße, die im Leben und in der Literatur der deutschsprachigen Exilierten eine so exzeptionelle Bedeutung gewonnen hat: von Joseph Roth zu Walter Hasenclever, von Gustav Regler zu Johannes R. Becher, von Hans Sahl, der ebenfalls schon vor 1933 im Hotel Helvetia gewohnt hatte, zu Ernst und Karola Bloch, von Erich Weinert, der zeitweilig dort logierte, zu Hermann Kesten, Egon Erwin Kisch und vielen anderen, die am Stammtisch von Joseph Roth im Café de la Poste, Rue de Tournon, Ecke Rue Vaugirard, willkommen waren.

Während der Arbeit, für die sich exilierte Studenten, arbeitslose Schauspieler, Schriftsteller, unbeschäftigte Sekretärinnen und andere von Gnaden der Hilfskomitees dürftig existierende Flüchtlinge gern zur Verfügung stellten – es gab ja sogar ein paar Francs dafür –, zeigte sich, daß die Bücherverbrennungen nicht eine einmalige Demonstration der siegreichen Pachulken gewesen waren, sondern tatsächlich der Auftakt zu einer allumfassenden Umstrukturierung des gesamten deutschen Kulturlebens. Die sich unheimlich vermehrenden Verbotslisten griffen auf die Werke der Schriftsteller aller Länder über. Die ganze Welt wurde unter Zensur gestellt; auch im 19. Jahrhundert, ja selbst im 18. Jahrhundert hatten Schriftsteller zur Weltliteratur zählende Werke veröffentlicht, die im Dritten Reich nicht geduldet wurden. Man machte nur knapp und mit Einschränkungen vor Lessing halt, dessen »Nathan« natürlich nicht gespielt werden durfte. So wurde wiederum wie von selbst aus dem zunächst nur begrenzten Plan eines sammelnden, registrierenden und Auskünfte erteilenden Archivs die öffentliche Angelegenheit: des Jahrestags der Bücherverbrennungen mit dem konstruktiven Symbol einer Bibliothek der verbrannten und verbotenen Bücher mahnend zu gedenken.

Förderer des Unternehmens

Dazu war es notwendig, den Kreis der namhaften Förderer zu erweitern. Heinrich Mann hatte sich trotz allen Ärgers, den ihm Bechers maßlose Beschimpfung in der Linkskurve verursacht hatte, auf schriftliche Bitte sogleich vorbehaltlos zur Verfügung gestellt, und mich kümmerte die Rüge des Parteiwebels Abusch wenig, daß ich diese Beziehung ohne Erlaubnis angesponnen hätte. Die ganze Unternehmung vollzog sich bis zur geglückten Einweihung der Bibliothek ohne Zutun, auch ohne merkliche Widerstände der Parteibürokratie, und sie konnte wohl auch nur deshalb gelingen, weil die Parteibürokratie von ihr überrollt wurde. Einzig Willi Münzenberg zeigte Verständnis, Wohlwollen, half, wenn es nötig wurde, mit seinen Beziehungen, sorgte für Friedels Lebensunterhalt, indem er ihr eine Stellung als Sekretärin in einem seiner zahlreichen Büros verschaffte, und freute sich des guten Fortgangs.

Der Plan der Bibliotheksgründung sollte mit dem ersten und obersten Schirmherrn, Romain Rolland, besprochen werden. Dreimal hatte ich Gelegenheit, den Mann, der das Gewissen Europas war und von dessen Weltruhm man trotz der Bemühungen der Gesellschaft der Freunde Romain Rollands in Deutschland nicht einmal mehr den Abglanz kennt, in Villeneuve am Genfer See zu sprechen – unvergeßliche Erlebnisse, die in den seither verflossenen vier Jahrzehnten nicht nachgedunkelt sind. Die Intensität dieses schlanken, langschädeligen Mannes mit den nicht nur gütigen, sondern auch fragenden und fordernden Augen übersprang sogleich alle berechtigten Hemmungen des deutschen Exilierten. In Rolland war nicht allein ein Höhepunkt der europäischen Literaturgeschichte des 20. Jahrhunderts verkörpert. Er war im Ersten Weltkrieg gemeinsam mit Hermann Hesse und Stefan Zweig das völkerverbindende Zentrum der europäischen Kriegsgegner geworden – ein Dreigestirn, an das auch Hesses Briefe immer wieder erinnern. Der Einfluß Rollands reichte weit über Westeuropa hinaus. Mahatma Gandhi war sein Freund, Nehru sein Bewunderer, Maxim Gorki verehrte ihn, der sich den Weg vom Verkünder der Gewaltlosigkeit zum räumlich distanzierten Sympathisanten der Sowjetunion schwergemacht hatte – die Greuel des Faschismus hatten ihn auf diesen Weg gedrängt, das Unheil, das von den Nationalsozialisten drohte, hatte ihn auf diesem Weg bestärkt. Die Bücherverbrennungen waren für ihn, den Deutschenfreund, ein Schock gewesen, der dem Schrecken der verbannten deutschen Schriftsteller nicht nachstand. Seine Frau und unermüdliche Sachwalterin nach seinem Tode, Marie Romain Rolland, bestärkte ihn in seinen aus Menschenliebe geborenen Neigungen zum Sozialismus.

Romain Rolland war sofort bereit, die Präsidentschaft des Komitees zu übernehmen, das sich nun als Comité d'Initiative pour la Fondation d'une Bibliothèque Allemande des Livres Brulés konstituierte. Zu seinen sehr aktiven Förderern gehörten unter den Schirmherren Rolland und André Gide die Schriftsteller Georges Duhamel und Edmond Fleg, der Dramatiker H. R. Lenormand, der Verleger Gallimard, der bis in unsere Tage hinein berühmte Holzschnittkünstler Frans Masereel, der Theaterleiter Gaston Baty, die Professoren Hadamard, Langevin und Wallon, der bereits seit fast zwei Jahrzehnten in Frankreich lebende und französierte vormalige ungarische Ministerpräsident Graf Karolyi – obwohl versehentlich auf den ersten gedruckten Rundschreiben Comtesse Karolyi genannt wurde, seine strahlend schöne Frau, wie er aus altem ungarischen Geschlecht. Renaud de Jouvenel blieb der Sache ergeben. Später kamen noch andere französische Schriftsteller wie Jean Richard Bloch hinzu.

Von den in Frankreich lebenden deutschsprachigen Schriftstellern und Künstlern beteiligten sich an dem Vorhaben außer dem erwählten Präsidenten Heinrich Mann, Georg Bernhard, Ernst Bloch, Emil Gumbel, Hanns Eisler, Alfred Kerr, Egon Erwin Kisch, Rudolf Leonhard, Theodor Plievier, der frühere preußische Justizminister Kurt Rosenfeld, ein Linkssozialist, der sich vor allem später in New York mehr und mehr der

Kommunistischen Partei verband, mit einigen Vorbehalten, die aus seinem sehr gütigen Herzen kamen.

Auch Joseph Roth gehörte von Beginn an – und keineswegs als Aushängeschild, sondern mit innerer Beteiligung – zu den Gründungsmitgliedern, und er blieb der Bibliothek, soweit sie literarische und kulturpolitische Aufgaben erfüllte, bis zu seinem Lebensende verbunden. Mit dem später in der Bibliothek angesiedelten Volksfront-Ausschuß hatte er nichts zu tun. Man soll über der nostalgischen Verklärung Altösterreichs und seines Kaiserhauses in Joseph Roths bekanntesten Romanen nicht vergessen, wie tief, wie abgrundtief er unter dem Unrecht und der Gewalttat litt. Seine von visionärem Grauen erfüllten politischen Aufsätze und Verse in den zwanziger Jahren hatten das Unheil, das nun Deutschland, Europa und die Welt bedrohte, bereits angekündigt. Schon 1924, als fast jedermann glaubte, mit der neugeschaffenen Festmark sei der Nachkriegsspuk – Räterevolutionen, Freikorps, Inflation – zu seinem Ende gekommen, diagnostizierte er die Krankheitsherde.[18] In seinen »Deutschen Elendsreimen« hat er die Saat der deutschen Fememörder, die ja nun aufgegangen war, gekennzeichnet: »Das ist der Lump, der alle Feind' / aufs neue gegen Deutschland eint. / Eh' Ihr dies Untier nicht gefällt, / wird niemals Frieden auf der Welt!«[19] Man glaubt Tucholsky zu lesen und liest – erstaunt – Joseph Roth. Man liest sein Bekenntnis zu Heinrich Mann: ». . . seit Jahren der einzige Rufer von Geist im brüllenden Streit der reaktionären Barbaren.«[20] Man liest seinen »Gruß an Ernst Toller«, der damals, 1924, gerade nach fünfjähriger Haft aus der bayrischen Strafanstalt Niederschönenfeld entlassen worden war. »Eine Wiederkehr aus bayerischer Gefangenschaft ist ebenso wunderbar wie eine Auferstehung.«[21] Nun war er unter der Präsidentschaft des von ihm bewunderten Heinrich Mann mit dem beklagten Gefährten Ernst Toller gemeinsam im Exil Mitglied eines Komitees, das politisches Engagement voraussetzte, scheinbar, aber eben doch nur scheinbar, verwunderlich für den Dichter des »Radetzkymarschs« und der »Legende vom heiligen Trinker«, als den man ihn in Erinnerung hat. Und doch war er alles andere als ein »Trojanischer Esel«, der ahnungslos seinen guten Namen für Propagandazwecke des Kreml hergab.

In diesem Komitee nahm er, umgeben von guten Schicksalsgefährten, von denen einige seine Freunde waren, Stellung gegen die nächstliegende, die zu diesem Zeitpunkt für die Kulturwelt bedrohlichste Gefahr; gegen diejenigen, die Erich Mühsam in ihrer Gewalt hatten – bei Begründung des Komitees vegetierte er noch, schon dreiviertel zu Tode gepeinigt, im Zuchthaus Brandenburg; ermordet wurde er bald darauf im Konzentrationslager Oranienburg: Erich Mühsam, über dessen Schicksal Joseph Roth 1924 schmerzgeschüttelt gesagt hatte: »Er ist nicht mehr fähig, ein halbes Jahr

Festungshaft lebend zu überstehen. Aber es ist auch nicht leicht möglich, ihn zu retten. Und so werden wir, so wird Europa zusehen, wie ein Unschuldiger langsam zu Tode gefoltert wird.«[22] Mühsam war hart angeschlagen zu Weihnachten 1924 aus der Strafanstalt Niederschönenfeld entlassen worden. Als die »bayerischen Zustände«, von denen Roth damals geschrieben hatte, 1933 ganz Deutschland überwucherten, vollzog sich die Vorahnung: Erich Mühsam wurde zu Tode gefoltert.

Das Exempel ist ausgesponnen worden, weil es so typisch für das im Exil ausgeprägte Zusammengehörigkeitsgefühl ganz unterschiedlicher, von heute aus gesehen: unvereinbarer Naturen ist. Es wird besonders deutlich bei den Freunden und Förderern der Deutschen Freiheitsbibliothek, von denen, soweit bekannt ist, auch später, als sich die Geister schieden, keiner seine Mitarbeit an dem Plan verleugnet hat, den Schändern der Literatur ein konstruktives Symbol entgegenzusetzen. Das ist wie beim Kampf für das republikanische Spanien. Hier wie dort war eine notwendige, gerechte Sache zu verteidigen – nach beiden Seiten hin: Als aus den Unterdrückten Unterdrücker wurden, setzte der gleiche Kampf sich fort, ja, er zog seine Legitimation aus dem aktiven Protest gegen die Bücherverbrenner von 1933.

Daß Anna Seghers dem Gründungskomitee angehörte, versteht sich von selbst. Lion Feuchtwanger, dessen Ruhm in der angelsächsischen Welt dem Thomas Manns und Stefan Zweigs gleichkam, erwies sich bei der Gewinnung einflußreicher englischer Freunde als so hilfreich, daß er in das Präsidium des Komitees kooptiert wurde. Die anderen deutschsprachigen Exilierten, die sich der Sache annahmen und dem Komitee beitraten, lebten bei Beginn der Unternehmung in England. Es waren Bruno Frank, Rudolf Olden, Hubertus Prinz zu Löwenstein, den man neben Joseph Roth und einigen anderen als Beispiel für die temporäre enge Zusammenarbeit weltanschaulich sehr unterschiedlicher, zuweilen entgegengesetzter Persönlichkeiten nennen kann, die durch die nationalsozialistischen Greuel zu Bundesgenossen wurden. Auch Prinz zu Löwenstein wird, das darf mit Gewißheit unterstellt werden, trotz oder vielleicht sogar wegen seiner gegenwärtig betont konservativen Gesinnung seinen ansehnlichen Beitrag zur Werbung für die Freiheitsbibliothek nicht verleugnen. Die Aufgabe, der die Freunde des »Freien Wortes«, des »Freien Gedankens«, des »Freien Buches« dienten, hatte eine im hohen Begriff konservative Komponente: Bewahrung von kulturellen Überlieferungen und Vollbringungen vor der Zerstörungswut der entfesselten Spießer und Rabauken. Die Beharrlichkeit, mit der dieser Anspruch: das Wort – gesprochen oder geschrieben – müsse frei sein, immer wieder erhoben wird, war und ist eine der Ermutigungen für die Exilierten von gestern, heute und morgen.

Der Germanist Albert Malte Wagner, der damals im Exil in England lebte, trat frühzeitig dem Komitee bei – ob in guter Absicht, ist im nachhinein nicht mehr zu rekonstruieren. Selbstlos wie stets, setzte sich Ernst Toller für die Begründung der Society of the Friends of the Burned Books in England ein. Seinen weitreichenden Verbindungen und seinem Enthusiasmus für diese Unternehmung ist es zu danken, daß der Gedanke, eine Deutsche Freiheitsbibliothek zu schaffen, nach ersten Fehlschlägen Eingang in die englische Gesellschaft fand. Er, der fünf Jahre später in völliger Verzweiflung seinem Leben ein Ende machte, hatte 1933/34 mit der Veröffentlichung seiner Autobiographie »Eine Jugend in Deutschland« einen zweiten Höhepunkt seines internationalen Ruhms erreicht und wurde gerade in England als Märtyrer für die Menschenrechte verehrt. Viele hochgestellte Persönlichkeiten bewunderten ihn, und er verhalf mit seinem Namen und seinem Wort meiner Mission in England zum Durchbruch.

In der Einleitung zu dem schmalen Buch klagte er mit dem ihm eigentümlichen Pathos, das nicht hohl war, weil es aus innerer Überzeugung kam, über das Versagen aller linken Kräfte in Deutschland: der Republikaner, die »die Republik ihren Feinden auslieferten«; der Revolutionäre, die »über Thesen und Parolen« den Menschen vergaßen; der Bürokraten, der Doktrinäre, der Schriftsteller, »die ein verstiegenes Bild des kämpfenden Arbeiters schufen«. Toller verschweigt in dem Bericht seine eigenen Schwächen, Illusionen, Irrtümer nicht. »Die Folgen sind furchtbar. Das Volk lernt Ja zu sagen zu seinen niederen Instinkten, zu seiner kriegerischen Gewaltlust. Geistige und moralische Werte, in Jahrtausenden mühsam und martervoll errungen, sind dem Spott und Haß der Herrschenden preisgegeben. . . . So war alles umsonst, geistige Bemühung und menschliche Not, entsagende Arbeit der Edelsten und Opfer der Tapfersten, und uns bliebe nur der Weg ins Dunkel des tödlichen Schlafs?« Soll man ihm, der dann tatsächlich den »Weg ins Dunkel des tödlichen Schlafs« ging, Wehleidigkeit vorwerfen? Der Niederlagen, der Enttäuschungen waren zu viele gewesen. Noch kämpfte er. Die letzten Zeilen seines Vorworts lauten: »Wenn das Joch der Barbarei drückt, muß man kämpfen und darf nicht schweigen. Wer in solcher Zeit schweigt, verrät seine menschliche Sendung.« Darunter steht: »Am Tag der Verbrennung meiner Bücher in Deutschland.«[23] Das alles verpflichtete ihn.

Als ich in England, wohin ich mit Empfehlungsbriefen von Romain Rolland, Lion Feuchtwanger und anderen gekommen war, um auch dort für die Begründung der Bibliothek zu werben, durch Ungeschicklichkeiten und Konfusionen einen Mißerfolg heraufbeschwor, griff Toller hilfreich ein und verschaffte meiner Frau, die meine Bemühungen fortsetzte, Zugang zu Lady Oxford and Asquith, der Witwe des vormaligen britischen Premierministers, dem königlichen Haus versippt, eine der tonangebenden Damen der englischen Gesellschaft, deren Memoiren man seit den vierziger Jahren mit Vergnügen lesen kann. Zum Unterschied von den Astors, die für Hitlers Botschafter zugänglich waren, machte sie sich zur Schutzherrin der Idee, eine Society of the Friends of the Burned Books in England zu begründen.[24] Hier ist einer persönlichen Bemerkung nicht auszuweichen: Eine bessere Fürsprecherin als meine in der DDR verstorbene Frau konnte man sich nicht wünschen. Sie hat mit ihrem Takt, ihrer Klugheit und jugendlichen Anmut nach der Einführung durch Ernst Toller sogleich das Herz der grand old Lady gewonnen und mir damit beim zweiten Anlauf in England den Weg geebnet.

Lösung des Raumproblems

Zurück zur Chronologie. In Paris war etwa seit Herbst 1933 die Bewegung, die zur Gründung der Bibliothek führen sollte, schon gefestigt. Durch Fürsprache von Gide, Gallimard, Lion Feuchtwanger und Georg Bernhard waren Spenden eingegangen, die das Notwendigste, nämlich die Beschaffung größerer Räumlichkeiten, ermöglichten; und wie trotz einiger Rückschläge diese eigensinnige Unternehmung vom Glück begünstigt war, so hatte sich im XIII. Arrondissement, nicht allzuweit von den Zentren der Künstler, Schriftsteller und Studenten, im Hof eines Mietshauses am Boulevard Arago ein Atelier zu sehr günstigem Mietpreis gefunden, das gerade unseren Zwecken entsprach. Diese Künstlerateliers im Hof des Hauses Nr. 65 haben eine Tradition begründet, von der überraschenderweise die vornehme Kunstzeitschrift Connaissance des Arts im März 1975 Kenntnis gab. Der geplante Abriß der Ateliers wurde durch Bürgerinitiative verhindert. Daß in einem dieser Ateliers einmal die Deutsche Freiheitsbibliothek gewesen war, ist längst in Vergessenheit geraten. Das beklagenswerte Schicksal nicht nur der Exilierten, sondern auch ihrer Institutionen während des Scheinkriegs in Frankreich 1939/40, als die Bibliothek von amtlicher Seite geschlossen und die Mehrzahl ihrer Mitarbeiter in recht unbekömmliche Internierungslager verbracht wurde, dann nach dem Blitzsieg der deutschen Wehrmacht, als viele Flüchtlinge ausgeliefert oder in den Tod getrieben wurden, ist weitgehend verdrängt worden. Heute erinnert sich in Frankreich mit Ausnahme weniger überlebender Beteiligter kaum noch jemand an die gescheiterten Versuche organisierten geistigen Widerstands der deutschsprachigen Exilierten gegen die Barbarisierung Europas. Die Geschichte ist darüber hinweggegangen. Gerade das gibt dem Chronisten Antrieb, wesentliche Ereignisse, darunter temporäre Siege im geistigen

Kampf, zu überliefern. Die Begründung und Ausstrahlung der Deutschen Freiheitsbibliothek ist ein solches erinnernswertes Ereignis.

Das zweistöckige Atelier wurde also von den dafür reichlich zulangenden Spenden gemietet. Der Vertrag wurde von mir unterzeichnet, was nach meiner Rückkehr aus Spanien Bedeutung gewann: Da hatten sich nämlich die Berufsfunktionäre eingenistet und mit ihrem Parteiaktenwesen oder -unwesen die eigentliche kulturelle Aufgabe der Bibliothek derart überfremdet, daß es zu Konflikten kam, in denen ich schließlich mein »Hausrecht« geltend machte, worauf die für kulturelle Fragen unzuständigen Bürokraten mit ihren Akten schleunigst auszogen. Vergessen haben sie diese Aufsässigkeit nicht. Insbesondere Otto Winzer hat später in der DDR auf seine Weise Rache genommen.[25]

Als im Herbst 1933 das Atelier gemietet worden war, verlagerten sich sogleich die gesamten Archivarbeiten dorthin. Willige Helfer fanden sich genug. Sie wurden angeleitet von dem Lübecker Kunsthistoriker und Schriftsteller Max Schröder, auch einer der ehemaligen Bewohner des »Roten Blocks« am Laubenheimer Platz, einer der lautersten, selbstlosesten Männer – auch später noch, nach der Heimkehr aus dem Exil, als Cheflektor des Aufbau-Verlages in Ostberlin. Er hat die Hauptarbeit in der Bibliothek getan. Es wird noch von ihm zu sprechen sein. Die Zeitungsausschnitte zählten bereits nach Zehntausenden. Alle Dokumente vom Widerstandskampf im Lande, Flugblätter, illegale Schriften, Plakate, Briefe, Berichte aus Zuchthäusern und Konzentrationslagern, gelangten auf vielen Wegen und Umwegen zu diesem zentralen Sammelplatz. Dabei half insbesondere Willi Münzenberg, dem wiederholter Dank gebührt. Es erwies sich, daß das französische Komitee die notwendigen materiellen Voraussetzungen für längere Zeit nicht allein finanzieren konnte.

Unterstützung in England

Bei meiner ersten Reise nach England gelang es mir mit Hilfe der Empfehlungsschreiben, den Vizepräsidenten des House of Lords, Lord Marley, zu gewinnen, der als Vorsitzender des Weltkomitees für die Opfer des Faschismus natürlich auch in dieser Sache leicht ansprechbar war. Ebenso sagte der angesehene Wissenschaftler und Politiker Harold Laski, der 1945 Vorsitzender der Labour Party wurde, seine Unterstützung zu. Er war Direktor der London School of Economics, an die mein Namensvetter Hermann Kantorowicz, der als Rechtshistoriker, Rechtsphilosoph und besonders wegen seines Buchs »Der Geist der englischen Politik und das Gespenst der Einkreisung Deutschlands« (1929) in England hochgeachtet war, bald nach Hitlers Machtantritt eine Berufung erhalten hatte. Er hatte sie aber zurückgestellt, um zunächst beim Aufbau der »Faculty in Exile« der New School for Social Research in New York zu helfen und anschließend vor allem in Cambridge Forschungsarbeit zu leisten.[26] Laski war mit ihm in achtungsvoller Freundschaft verbunden. Er war angerührt, als ihm jemand, der den gleichen Namen trug – und übrigens einige Semester in Freiburg bei Hermann Kantorowicz studiert und in seinem Hause verkehrt hatte –, von dem Plan eines Ehrentages des Freien Buches und der Begründung einer Bibliothek der verbrannten und verbotenen Bücher berichtete. Er tat dafür, was in seinen – materiell bescheidenen, aber geistig tiefgreifenden – Möglichkeiten stand.

Ein anderer Freund, in diesem Fall eine Freundin, wurde in der Abgeordneten des Unterhauses Ellen Wilkinson gefunden, die später als Minister für Heimatschutz im Kabinett Churchill manches für die im britischen Empire lebenden deutschsprachigen Flüchtlinge tun konnte; ihre Interventionen bei der noch verbündeten französischen Regierung zugunsten der eingesperrten Exilierten blieben allerdings erfolglos. Sie war von der Idee begeistert und gab bereitwillig Empfehlungen, soweit ihr Einfluß damals reichte. Dank abzustatten bleibt auch dem Professor J. B. S. Haldane, Fellow of the Royal Society, des Spitzengremiums der englischen Wissenschaftler, Sohn eines Ministers, einer der Männer, die durch Herkunft und eigenes Verdienst der Stolz des britischen Empire waren. Ich bin ihm, der in der Tat sehr weit links stand, später im republikanischen Spanien wiederbegegnet, wo er seine Wissenschaft in den Dienst des Schutzes der Madrider Zivilbevölkerung stellte. Seine Frau Charlotte Haldane wurde ebenfalls zu Beginn der Unternehmung in England Mitglied des Initiativkomitees und war bei der Organisationsarbeit sehr hilfreich; später distanzierte sie sich in ihren Memoiren von der Anteilnahme an dem ursprünglich bona fide ins Leben gerufenen Kulturwerk.

In diesen Zusammenhängen muß an Dora Fabian erinnert werden, die geschiedene Frau eines angesehenen deutschen Publizisten, Gewerkschaftlers und Politikers, der damals einer der Splittergruppierungen zwischen SPD und KPD angehörte, die von den Kommunisten erbittert bekämpft wurden. Dora Fabian, die man als linke Sozialdemokratin bezeichnen konnte, lebte als Journalistin und Dolmetscherin in England. Sie sprach und schrieb Englisch fehlerlos. Unserer Sache stellte sie sich von Beginn an wie selbstverständlich zur Verfügung, dolmetschte beim Gespräch mit Lord Marley, übersetzte die Berichte über das Fortschreiten der Vorbereitungen in Paris, Briefe, Mitteilungen ins Englische, redigierte meine Ansprache bei der Pressekonferenz im Haus der Lady Oxford. Sie war meiner Frau, als sie allein in London mein Versagen gutzumachen suchte, eine etwas ältere und erfahrenere Freundin und Beraterin. Ihr Anteil am guten Gelingen des Plans einer englischen Hilfsorganisation für die Bibliothek ist beträchtlich. Wir waren befreundet, konnten uns aufeinander verlassen.

Dora Fabian wohnte mit der älteren sozialdemokratischen Reichstagsabgeordneten Mathilde Wurm in einer Kleinwohnung. Frau Wurm war als Antifaschistin aus Deutschland vertrieben worden. Sie arbeitete von London aus mit dem sozialdemokratischen Parteivorstand im Exil zusammen. In der Mitte der dreißiger Jahre fand man beide Frauen in ihrer Wohnung tot auf. Für Selbstmord gab es keinen erkennbaren Anlaß. Gerüchte gingen um, es habe sich um einen politischen Mord gehandelt – auch diese Version bleibt fragwürdig, denn die politische Bedeutung der beiden Frauen war gering. Das Geheimnis ist niemals geklärt worden. Aber man kann es wohl unter die Exilschicksale rubrizieren.

Die mehrfachen Andeutungen bezogen sich also nicht auf ein Versagen bei der Anknüpfung von Beziehungen zu Vertretern der politischen und geistigen Elite des Landes, sondern, was ja für das Gelingen des Vorhabens ausschlaggebend war, auf den eklatanten Mißerfolg, reiche Mäzene für die Finanzierung der Bibliothek und ihrer laufenden Ausgaben zu gewinnen. Lion Feuchtwanger, der nicht nur vom englischen Königshaus empfangen wurde, sondern auch in den Kreisen der Hochfinanz, soweit diese nach guter Sitte Kultur und Bildung respektierten, als einer der hervorragendsten Schriftsteller des Zeitalters galt, hatte einen eindringlich empfehlenden Brief an den Bankier Lord Rothschild geschrieben. Dessen Hilfe und Zustimmung hätten eine Kettenreaktion in der englischen Finanzwelt ausgelöst. Es kam wirklich fast alles darauf an, diesen Mann zu gewinnen. Als dann die ersehnte Einladung zu einem Nachmittagstee ins Palais Rothschild eintraf, beging ich nur Torheiten. Ich saß in der Ecke des weiten, hohen, von Kostbarkeiten prunkenden Empfangssalons am Teetisch, fühlte, wie die Augen der jungen, eleganten, schönen Frau Rothschild mit wenig schmeichelhaftem Mitleid auf meinem abgetragenen Anzug und auch sonst dürftigen Äußeren ruhten, während mich Lord Rothschild und ein akzentfrei deutsch sprechender Herr, den ich irrtümlich für den Korrespondenten einer sozialdemokratischen Zeitung hielt, der aber in Wirklichkeit ein machtvoller Multimillionär war, gestrenge über Sinn, Zweck und gesellschaftliche Wohlanständigkeit des Vorhabens ausfragten. Halb eingeschüchtert, halb rebellisch gab ich unbefriedigende Auskünfte, verwechselte, wie gesagt, den zur Kontrolle beigezogenen Multimillionär mit einem nicht sehr bekannten Journalisten, so daß schließlich mein Abgang beinahe einem Hinauswurf glich.

Die Zeit war vorgeschritten. Da die gesamte Korrespondenz bei der Beschlagnahme der Bibliothek zu Kriegsbeginn und durch die Vernichtung aller Materialien in meinem Privatbesitz in Bormes verlorenging, so läßt sich aus der Erinnerung nur schätzungsweise sagen, daß es bereits Februar 1934 geworden war. Ich mußte nach Paris zurückkehren. Das Komitee ermöglichte jedoch, meine mit der Materie vertraute Frau Friedel mit bescheidensten Mitteln nach London zu senden, um die dort gewonnenen Beziehungen zu den Haldanes, Professor Laski, der Abgeordneten Wilkinson, den deutschen Freunden Rudolf Olden, Bruno Frank, Dora Fabian und anderen zu festigen. Sie gewann bald neue Freunde hinzu. Die Entscheidung fiel, als Ernst Toller aus der Schweiz nach London kam. Tatkräftig vermittelte er eine Einladung zu Lady Oxford and Asquith, und der Eindruck, den diese Begegnung hinterließ, führte dazu, daß ich aufgefordert wurde, so bald wie möglich noch einmal nach London zu kommen und Lady Oxford über die Einzelheiten des Plans und den Stand der Vorbereitungen zu unterrichten. Ein freundlicher Empfang sei gewiß – was sowohl dem gewinnenden Wesen Friedels als auch dem Enthusiasmus Tollers zu danken war.

Es wird Anfang März 1934 gewesen sein, als ich der Anregung folgte. Tatsächlich lud Lady Oxford mich sogleich nach der Ankunft in London gemeinsam mit Friedel zum Lunch ein. Während des Essens, an dem nur noch die Gesellschafterin der Lady teilnahm, wurden Allgemeinheiten ausgetauscht. Danach gab ich den erwünschten Bericht über die Arbeiten des französischen Komitees, die Perspektiven und die Hoffnungen auf englische Hilfe. Er befriedigte Lady Oxford. Sie rief H. G. Wells an, der damals auf der Höhe seines Weltruhms als Schriftsteller stand, und verabredete rasch mit ihm – vielleicht war es schon so vorbesprochen worden –, daß ich ihn am nächsten Tag aufsuchen und über den Plan, auch in England ein Komitee zu bilden, unterrichten würde. Der Chefredakteur der London Times, Wickham Steed, erklärte sich nach einem Telefonat bereit, mich sofort zu empfangen. Ich machte mich also auf den Weg und fand den bedeutenden, einflußreichen Publizisten vorbereitet und völlig aufgeschlossen für die ihm natürlich schon bekanntgewordene Idee, der er jede nur mögliche Unterstützung versprach. Solchermaßen bestärkt, war es nicht mehr allzu schwierig, am nächsten Tag H. G. Wells in einem längeren guten Gespräch für den Vorsitz des Komitees zu gewinnen. Es bedurfte weder besonderer Geschicklichkeit noch Zungenfertigkeit – mein Schulenglisch war miserabel –, um soviel Entgegenkommen zu bewirken. Die Untat der Bücherverbrennungen sprach für sich selbst. Sie trieb die Schriftsteller und die Intellektuellen geradezu in die linke Ecke und machte selbst Konservative zu Verbündeten der Antifaschisten.

Die Konstituierung des englischen Komitees unter Vorsitz von H. G. Wells erfolgte unverzüglich. Außer den bereits gewonnenen Freunden:

Lady Oxford, Wickham Steed, J. B. S. und Charlotte Haldane, Harold Laski, erklärten sich mit der Zuwahl bereitwillig einverstanden: Professor P. M. S. Blackett, der 1948 den Nobelpreis für Physik erhielt, ein anderer angesehener Naturwissenschaftler, Professor G. E. G. Catlin, einige damals bekannte, heute in Deutschland kaum mehr gelesene Schriftsteller wie Louis Golding und Margaret Goldsmith, der Herausgeber der angesehenen liberalen Zeitschrift New Statesman and Nation, Kingsley Martin, der damals bereits weltberühmte, bis in unser Jahrzehnt hineinwirkende Philosoph, Mathematiker, Schriftsteller und Nobelpreisträger für Literatur Bertrand Russell, einer der einflußreichsten unabhängigen Geister dieses Jahrhunderts.

Gründung und Einweihung der Deutschen Freiheitsbibliothek

Die mehrfach genannten in England lebenden deutschen Exilschriftsteller, die das Projekt förderten, waren im deutschen Komitee vertreten, mit Ausnahme von Hubertus Prinz zu Löwenstein, dessen Großvater mütterlicherseits, Lord Pirbright, britischer Kolonialminister gewesen war und den man vielleicht deshalb dem englischen Komitee zurechnete, in dem er zeitweilig repräsentative Aufgaben übernahm. Die Aufrufe und Rundschreiben des französischen und des englischen Komitees, ein wenig später, nach Gründung der Bibliothek, auch die Briefbögen, enthielten zumeist im Kopf die Namensliste des Präsidiums und in einer Seitenleiste die Namen der englischen, französischen und deutschen Komiteemitglieder. Hinzugefügt wurde auch noch ein nur aus drei Namen bestehendes Schweizer Komitee, für das sich der Schriftsteller Hans Mühlestein, der damalige Anwalt Rosenbaum-Ducommun und der im Exil in Genf lebende und lehrende italienische Historiker Guglielmo Ferrero zur Verfügung stellten. Das Präsidium bestand aus Heinrich Mann, André Gide, Romain Rolland, H. G. Wells, Lion Feuchtwanger und, als »Generalsekretär« bezeichnet, Alfred Kantorowicz. Die Aufrufe des »British Committee« wurden gezeichnet von H. G. Wells (»Hon. President«), Margot Oxford, Louis Golding, Wickham Steed, J. B. S. Haldane, Hubertus Prinz zu Löwenstein, Charlotte Haldane (»Hon. Sec.«).

Zuvor schon hatte sich in einem zweiseitigen gedruckten Rundschreiben das französische Komitee als »Comité d'Initiative pour la Fondation d'une Bibliothèque Allemande des Livres Brulés« zu Wort gemeldet. Nach Aufzählung der französischen, englischen, deutschen und schweizerischen Gründungsmitglieder wurde gesagt, daß die Bibliothek alle im Dritten

Reich symbolisch verbrannten, verbotenen, unterdrückten, zensurierten Bücher enthalten solle, zudem aber auch Werke, die zum Studium und der Analyse des Hitlerfaschismus (fascisme hitlérien) unentbehrlich seien. Im übrigen sollten auch Privatbibliotheken deutscher Exilierter in Frankreich dort untergebracht werden – 20000 Bücher seien schon zur Verfügung gestellt worden. Nur wenige dieser Privatbibliotheken konnten bei dem begrenzten Raum des Ateliers Aufnahme finden. Zunächst wurde die Bibliothek von Georg Bernhard dort untergebracht, und einige tausend andere zweckdienliche Bücher kamen hinzu. Auch als Bernhard seine Bibliothek zurückerbat, weil er sie nach der Gründung des Pariser Tageblatts in seinen eigenen Räumen aufstellen konnte, fehlte es an Büchern nie, da mehr und mehr Exilierte froh waren, sie dort – wie sie hofften, nur zeitweilig – aufbewahren zu können.

In dem Rundschreiben hieß es weiter: »Als Datum für die offizielle Einweihung dieser Bibliothek ist der 10. Mai 1934 vorgesehen, der Jahrestag der Bücherverbrennungen, bei denen vor einem Jahr in Deutschland große Werke, Meilensteine des geistigen Fortschritts im wissenschaftlichen, soziologischen und literarischen Bereich, den Flammen der Barbarei zum Opfer fielen. Dieser symbolische Akt sollte zeigen, daß unter der Herrschaft des Nationalsozialismus alle diese Werke keinen Platz mehr in Hitlerdeutschland haben. In der Absicht, durch einen gleicherweise symbolischen Akt zu antworten, hat das Komitee denselben Tag für die Eröffnung der Bibliothek gewählt; es will dadurch demonstrieren, daß alle diese Werke des menschlichen Geistes für die Kultur nicht verloren sind, sondern für diejenigen zugänglich bleiben, die für die Freiheit, den Fortschritt, eine neue und bessere Ordnung kämpfen. Das Komitee hat eine große Mission und eine bedeutende Aufgabe übernommen. Zum erstenmal seit dem Beginn der deutschen Emigration von 1933 wird eine breite kulturelle Offensive durchgeführt, um alle die geistigen Güter zu retten und zu bewahren, die das Deutschland des 18., 19. und 20. Jahrhunderts der Welt geschenkt hat.«

Auch von den bereits geleisteten Arbeiten wurde berichtet: Mehr als 200000 Zeitungsausschnitte seien in 700 Rubriken geordnet – eine runde Zahl, deren Größe bei den vielen freiwilligen Hilfskräften nicht ganz unwahrscheinlich ist –, dazu Tausende von Flugblättern, Broschüren, Aufrufen und anderen Dokumenten aus dem innerdeutschen Widerstand. Zum überwiegenden Teil handelte es sich um handschriftliche Proteste, die in Betrieben für kurze Zeit angeheftet worden waren, um Briefe und Berichte von Oppositionellen, die auf Hunderten von Wegen an die verschiedenen Exilverbände oder an einzelne Exilierte gelangten und an das Archiv der Bibliothek weitergeleitet wurden. Auch auf die Sammlungen der führenden reichsdeutschen Zeitungen vom Völkischen Beobachter bis zur Frankfurter Zeitung und der Exilzeitschriften wurde hingewiesen; Studenten und Journalisten wurden eingeladen, sich dieser Quellen zu bedienen. Das Komitee appellierte an die Öffentlichkeit, das Kulturwerk zu unterstützen. Es machte den Vorschlag, wissenschaftliche und literarische Institutionen sollten das Protektorat für einzelne Sektionen der Bibliothek übernehmen, zum Beispiel für die Abteilung »moderne Musik«, die Zeitschriftenabteilung, die Abteilung Soziologie oder die Abteilung »für die jüdische Frage«. Der Aufruf endete mit der – natürlich unerfüllbaren – Hoffnung: »Wenn in Europa und Amerika 200 Persönlichkeiten eine solche Schirmherrschaft übernehmen und eine Summe für die Beschaffung der notwendigen Bücher und Materialien spenden würden, wäre das Werk vollständig gesichert und wir könnten unsere Aufgabe zu einem guten Ende führen.«[27]

Dieses Ausmaß nahm die Hilfe für die Bibliothek und ihr Archiv zwar nicht an, aber die vom englischen Komitee ins Leben gerufene Society of the Friends of the Library of the Burned Books, der Tausende von englischen Intellektuellen beitraten, und die großzügige Geldsammlung bei dem Empfang am 10. Mai 1934 in London sicherten die Existenz der Bibliothek für Jahre.

Diese Ereignisse wurden durch eine Pressekonferenz vorbereitet, die im April 1934 im Palais von Lady Oxford and Asquith stattfand – womit die gesellschaftliche Resonanz bereits gesichert war. Ich sollte über das Motiv, die Genesis und die Aufgabenstellung des Unternehmens referieren. Diese Information für die Presse, die sich auf Stichworte hätte beschränken müssen, wuchs sich zu einer Vorlesung von zumindest anderthalb Stunden Dauer aus; sie wurde in der Nacht vor der Abreise nach London von einer befreundeten Deutsch-Amerikanerin in zehnstündiger Arbeit ins Englische übertragen und von mir – glücklicherweise – im Taxi zum Bahnhof vergessen. Der Verlust des Manuskripts stellte sich erst auf der Fähre von Calais nach Dover heraus; danach schien einige Stunden lang jede weitere Bemühung in dieser Sache sinnlos geworden zu sein. Doch Friedel rettete in London die Situation. Sie suggerierte mir, ihr die wirklich wesentlichen Punkte in die Maschine zu diktieren, gleichzeitig wurde die stets hilfreiche Freundin Dora Fabian herbeigerufen, um Satz für Satz ins Englische zu übertragen. Rund vier Seiten Text lagen eine Viertelstunde vor Eröffnung der Pressekonferenz vor. Es war gerade noch möglich, rechtzeitig ins Palais von Lady Oxford zu kommen. Wenige Minuten später stotterte ich in meinem schlechten Englisch, das die Verlesung auf fast eine Viertelstunde ausdehnte, diese nun kondensierten wichtigsten Informationen herunter, und Lady Oxford meinte freundlich, das sei alles sehr eindrucksvoll gewesen, nur ein wenig zu lang. Es bleibt kaum vorstellbar, was geschehen wäre, wenn ich Gelegenheit gehabt hätte, das vorbereitete, mehr als vierzig Seiten starke Manuskript zu verlesen beziehungsweise mit seiner Verlesung auch nur bis zur Seite 10 zu gelangen.

Doch nicht nur um der Pointe willen wird dieser Glücksfall der Vergeßlichkeit erzählt, sondern vor allem, weil das verlorene Manuskript, das die Pressekonferenz gesprengt hätte, später noch von Nutzen war. Der Taxichauffeur hatte es nämlich in meinem Hotel abgegeben, und als der englische Verleger Ronald Boswell, der aktives Mitglied der Society of the Friends of the Library of the Burned Books war, die hilfsbereite Absicht äußerte, eine Broschüre über die Bücherverbrennungen und die Bibliotheksgründung zu drucken und als Werbeschrift zur Verfügung zu stellen, da diente es mit einigen Kürzungen und Verbesserungen dem guten Zweck. Die Schrift mit dem Titel »Why a Library of the Burned Books«[28] hat in England mitgeholfen, der Bibliothek neue Freunde zu gewinnen, und 1943, bei den Gedenkfeiern in den USA, als Quelle für Ausstellungen, Ansprachen, Artikel gedient.

Die beim Presseempfang im Palais Oxford anwesenden Journalisten machten sich in der Überzahl zu Propagandisten der guten Sache. Die großen englischen Zeitungen veröffentlichten Berichte über die Bildung der Komitees, die Vorarbeiten in Paris und die bevorstehende Einweihung der Bibliothek. Zugleich versandte das englische Komitee an Tausende von Intellektuellen des Landes einen gut aufgemachten Aufruf zur Bildung der Society of the Friends of the Library of the Burned Books, der ebenfalls auszugsweise und mit den noblen Unterschriften versehen von der Presse veröffentlicht wurde.

Ähnlich wie der französische Aufruf gibt das in vornehmerem Druck und eleganterer Form hergestellte Rundschreiben zunächst Auskunft über das Vorhaben der Bibliotheksgründung, die Materialsammlungen, den beabsichtigten kulturpolitischen und wissenschaftlichen Beitrag zur Erhaltung der im Dritten Reich bedrohten Werke der Literatur und des Geisteslebens; es wird dann um Mithilfe gebeten: »Die Bibliothek zu erhalten und auszubauen, sie der Öffentlichkeit zugänglich zu machen, übersteigt, wenn ihnen keine Hilfe zuteil wird, die Kräfte der bedeutenden deutschen Schriftsteller und Wissenschaftler, deren Initiative die Gründung zu verdanken ist. Wir haben deshalb die Aufgabe übernommen – in diesem Land ebenso wie schon in Frankreich – eine Gesellschaft der Freunde der Bibliothek der verbrannten Bücher zu bilden, in der Überzeugung, daß viele mit uns darin übereinstimmen, daß ein solches Unternehmen von historischer und gesellschaftlicher Bedeutung ist. – Wir wären sehr dankbar, wenn Sie mit uns bei diesem Vorhaben zusammenarbeiten würden. Wenn Sie dazu bereit sind, senden Sie uns bitte einen jährlichen Beitrag von fünf Schilling mit Hilfe der beigefügten Bankanweisung oder überweisen Sie uns eine Spende in beliebiger Höhe. Schecks und Postanweisungen sollen auf Professor G. E. G. Catlin, 19 Glebe Place, S. W. 1, ehrenamtlicher Schatzmeister, lauten. Mit vorzüglicher Hochachtung für das Britische Komitee ...« Es folgten die Unterschriften von H. G. Wells, Margot Oxford und den anderen Vorstandsmitgliedern.[29]

Zahlreiche Spenden gingen ein und Tausende von Meldungen zur Mitgliedschaft in der Society. Die Deutsche Botschaft in London war alarmiert und bereitete eilig mit Hilfe ultrakonservativer Kreise einen anderen großen Empfang zum 10. Mai vor. Doch gaben diese Querschüsse eher weitere Publizität für die repräsentative Veranstaltung, zu der Lady Oxford an diesem Tag geladen hatte. Da ihr Palais für die vielen Gäste nicht ausreichte, hatte man ein anderes, größeres in der Stadt gemietet. Die Einladungskarten, die an einen ausgewählten Kreis von hochgestellten und reichen Persönlichkeiten versandt wurden, hatten folgende Form:

»Library of the Burned Books.
The Countess of Rosebery and
Hubertus Prinz zu Löwenstein
At Home
on Thursday, May 10, at 16 Bruton St., W. 1
to meet
The Countess of Oxford & Asquith,
Viscountess Rhondda,
and Members of the Committee.

Speeches, 4.15 to 5. R. S. V. P. to ...
Tea, 5 to 6.

Please bring this Card with you.«[30]

Es war ein glanzvolles gesellschaftliches Ereignis. Wie Friedel berichtete, hatte das Palais eine Freitreppe, auf der die Geladenen, von einem livrierten Butler nach Stabklopfen namentlich angemeldet, hinaufschritten, um die Gastgeberin zu begrüßen. Lady Oxford hatte darauf bestanden, Friedel beim Empfang an ihrer Seite zu haben. Nichts sei zu befürchten: »Just shake hands and smile.« Eine englische Schriftstellerin, die dem Komitee angehörte, hatte das erforderliche Gesellschaftskleid geliehen, und so stand sie neben Lady Oxford, an deren anderer Seite Hubertus Prinz zu Löwenstein die Honneurs machte, und lächelte den Ankommenden entgegen – unter denen sich übrigens auch die Rothschilds befanden, denn nun war an der Wohlanständigkeit der guten Sache nicht mehr zu zweifeln. Wickham Steed, auch Kunstkenner, Historiker und Literatursachverständiger, hielt die werbende Ansprache. Während der Teestunde sammelten junge Damen der High-Society auf silbernen Tabletts Pfundnoten und Schecks ein, die dem Schatzmeister, Professor Catlin, und der Sekretärin ehrenhalber, Charlotte Haldane, zu treuen Händen übergeben wurden und der Bibliothek für zumindest zwei Jahre eine sorgenfreie Existenz bei Erfüllung der vorgesetzten Aufgaben ermöglichten.

Dagegen war die Einweihung der Bibliothek in Paris am 10. Mai eher bescheiden, wenn man will: zünftig. Alfred Kerr und Egon Erwin Kisch, Edmond Fleg und H. R. Lenormand hielten Ansprachen; als sogenannter »Generalsekretär« des internationalen Komitees und Direktor der Bibliothek gab ich eine Rückschau auf die Ereignisse, die zu dieser Manifestation geführt hatten, und eine Vorschau auf die Arbeitspläne der Bibliothek und des angegliederten Archivs. Begrüßungsschreiben oder Telegramme von Romain Rolland, H. G. Wells, Heinrich Mann, Henri Barbusse, André Maurois, John Dos Passos und vielen anderen wurden verlesen. Eine Besichtigung folgte. Neben der ausgewählten Handbibliothek, die schon Platz gefunden hatte, wurden eine improvisierte Ausstellung über »Die Lage der deutschen Presse« und eine Anzahl von Dokumenten aus der innerdeutschen Widerstandsbewegung gezeigt.

Die französische und englische Presse berichtete im allgemeinen freundlich, teilweise ausführlich über die Veranstaltungen. Der Manchester Guardian veröffentlichte am 11. Mai 1934 ein zweihundert Zeilen langes Interview mit mir. Danach waren bei Eröffnung der Bibliothek etwa 11000 Bände verfügbar, von denen der größere Teil – schätzungsweise 8000 Bände – Georg Bernhard gehörte. Die restlichen Bücher waren zumeist Leihgaben auf Zeit, Spenden und einige Neuanschaffungen. Für den Tagesbedarf konnten jedoch nicht mehr als zunächst 4000 Bände in Regalen untergebracht werden; im Lauf der Zeit wurden noch weitere Regale angefertigt, so daß dann etwa 7000 nach Bedarf ausgewählte Bände griffbereit zur Verfügung waren. Das Problem, wenn es eines war, bestand auch nach der Rückgabe der Bücher Bernhards stets darin, die von vielen Seiten zur Unterbringung angebotenen Sammlungen zurückweisen zu müssen. Bis zur Eröffnung der Bibliothek waren insgesamt rund 50000 Bände von ihren Besitzern zur Verfügung gestellt worden, darunter eine 3000 Bände umfassende Kollektion aus Holland, eine andere, 4000 Bände zählende, die in der Schweiz lagerte, und eine besonders ergiebige, ja kostbare Privatbibliothek von 12000 Bänden, die in Frankreich untergebracht war. Die meisten dieser Bücher wurden später verschleudert oder versteigert, weil die Besitzer die Lagergebühren nicht mehr zahlen konnten, oder bei der Flucht nach Übersee einfach zurückgelassen.

Daß das Archiv bereits auf 200000 Zeitungsausschnitte angewachsen war, wurde erwähnt. Der besondere, einzigartige Schatz, den die Bibliothek vorweisen konnte, waren die nach Tausenden zählenden Flugblätter, illegalen Zeitungen und Zeitschriften, getarnten Flugschriften, verschlüsselten Mitteilungen, Berichte von Widerstandsgruppen, Fotos – für deutschsprechende Ausländer, die in steigender Zahl die Bibliothek besuchten, und für manche aus dem Inland kommende deutsche Reisende, die sich heimlich in die Bibliothek wagten, eine interessante permanente Ausstellung und Fundgrube. Viele Journalisten machten von ihr Gebrauch.

Arbeit und Schicksal der Bibliothek bis zur Besetzung Frankreichs

Nach den Eröffnungsveranstaltungen trat der Alltag in seine Rechte. Es galt, sachliche Arbeit zu leisten, Archiv und Arbeitsbibliothek waren laufend zu ergänzen und den Lesern zugänglich zu machen. Ausgeliehen wurde nichts, die Benutzung blieb auf die Räumlichkeiten der Bibliothek beschränkt. Tische, Stühle, Bänke wurden beschafft. Da saßen mittellose deutschsprachige Exilierte, Schriftsteller, Historiker, Philologen, Juristen, Soziologen, Journalisten, die hier die Neuerscheinungen der deutschen Literatur im Ausland und der Exilzeitschriften studieren konnten und die Bücher und Zeitschriften wiederfanden, die sie hatten zurücklassen müssen. Nicht wenige aus politischen oder rassischen Gründen verjagte Studenten nutzten die Übergangszeit, ihr Wissen zu ergänzen und zu erweitern. Aber da waren auch viele politisch verfolgte Arbeiter, die aus ihren Notquartieren kamen und in der Bibliothek einen Treffpunkt hatten, ein Obdach fanden, auch geistig: Manchen von ihnen – es ist keine Redensart – haben sich damals zuerst Schätze der großen Literatur erschlossen. Zumindest zwei Jahre lang erfüllte die Bibliothek die Aufgabe, vor allem ein geistiges Zentrum für die deutschsprachigen Exilierten zu sein. Dann war ihr Ruf so gut, daß sie als Aushängeschild »benutzt« wurde. Das war schon vor Beginn des Spanienkrieges erkennbar, als sich die Hauptgeschäftsstelle der Manipulatoren der Volksfrontpolitik, der ich übrigens anfänglich anhing, dorthin verlagerte.

Es ist bereits angekündigt worden, daß in diesem Zusammenhang von Max Schröder die Rede sein müsse. Ihm gebührt Kredit dafür, daß Bibliothek und Archiv bis Ende 1936 ihre Aufgaben im Einklang mit den Gründungsvorsätzen erfüllen konnten. Man sah und hörte ihn kaum. Er gehörte zu den »Stillen des Exils«, die es verschmähten, sich in den Vordergrund zu drängen, und daher von Marktschreiern und Geschäftemachern aller Branchen übersehen wurden. Heinrich Mann, Brecht, Hanns Eisler, Ernst Bloch, Anna Seghers wußten, was er wert war – auch später in Ostberlin.

Der letzte Sproß einer altangesehenen lübischen Patrizierfamilie war ein ins Geistig-Künstlerische sublimierter »verirrter Bürger«. Er wäre gern Museumsdirektor geworden. Nach dem Studium der Kunstgeschichte in München hatte er sich als Kunst- und Literaturkritiker in guten Zeitschriften ausgewiesen, war dann aber als Mitbewohner der Künstlerkolonie am Laubenheimer Platz im Sog der großen Krise zur Gemeinschaft mit den militanten Gegnern der Nationalsozialisten gekommen.

Auch er war einer, dem »nichts Besonderes passiert« wäre, wenn er es »zu Hause« unter Hitler ausgehalten hätte. Über alle Wechselfälle des für einen wie ihn dennoch selbstverständlichen Exils, einschließlich verschiedener Lager in Frankreich und Marokko, den Jahren in New York, der Heimkehr in das hungernde, frierende, zerschlagene Vaterland im Herbst 1946, anfänglicher Hoffnung und zehrender Enttäuschung, blieb er bis zu seinem Tod im Januar 1958 dem humanistischen Grundzug seines Wesens treu. Er hat als Cheflektor den Aufbau-Verlag zum größten und literarisch repräsentativsten Verlagsunternehmen der DDR gemacht, ihm beharrlich und zäh – bei zeitweiliger Selbstgefährdung – in Ost und West gleichermaßen Achtung, ja Weltgeltung verschafft, gegen alle Fallstricke von seiten der Funktionäre. Er hat die Gesamtausgaben von Thomas Mann, die gesammelten Werke von Heinrich Mann, Bertolt Brecht, Arnold Zweig und vielen anderen bedeutenden deutschen Dichtern und Denkern durchgesetzt, aber auch die Neuausgaben der Werke Lessings und der Klassiker betreut: Unter seiner geistigen Führung ist dieser Verlag wirklich zum Zentrum der Wiederauferstehung der großen humanistischen Literatur geworden, also der einstmals verbotenen, verbrannten, unterdrückten Bücher. Zu vertrauten Mitarbeitern hat er damals bereits gefährdete junge Gelehrte wie Wolfgang Harich herangebildet. Der Verlagsleiter Walter Janka war sein Freund. Als Harich und Janka, ein Altkommunist, der schon zuvor im Zuchthaus gesessen hatte, 1956 auf Geheiß der Unmenschlichen verhaftet und 1957 verurteilt wurden, lag Schröder nach erfolglosen Operationen bereits aufgegeben in der Geschwulstklinik zu Buch bei Berlin – sonst hätte er wohl das Schicksal anderer streitbarer Humanisten unter der Gewalt Ulbrichts teilen müssen. Das soll man wissen.

Er also war es, der die Deutsche Freiheitsbibliothek, wie sie bald allgemein von den Exilierten genannt wurde, im Geiste dieser verpflichtenden Bezeichnung verwaltete. In seinem postum erschienenen Buch »Von hier und heute aus«, in dem jede Erinnerung an seine Freunde und Weggefährten, die mit der Funktionärsdiktatur gebrochen hatten, von dritter Hand sorgfältig ausgemerzt wurde, ist vermutlich versehentlich der Satz durchgeschlüpft, der auf die Zusammenarbeit im Dienst der Bibliothek Bezug nimmt: »Kantorowicz sorgte als leitender Sekretär, daß unser Projekt öffentlichen Widerhall in der ganzen Welt erhielt, und mir oblag die innere Einrichtung unserer literarischen Bastion und die Betreuung der ihr zufließenden Güter.«[31] Mein Anteil am inneren Aufbau und Ausbau der Bibliothek, der Verwaltungsarbeit während ihrer besten Jahre war gering, weil es unstatthaft schien, eine ehrenamtliche Tätigkeit durch Annahme eines Gehalts zu kompromittieren; man mußte sich jedoch kräftig umtun, um das Existenzminimum zu erschreiben. Für die ehrenamtliche Tätigkeit blieb wenig Zeit. Für einen Hungerlohn – denn mit den gespendeten Geldern mußte haushälterisch umgegangen werden – machte Schröder die Bibliothek funktionsfähig. Er war es, der die Ausstellungen organisierte, die Exilzeitschriften beschaffte, die Korrespondenz führte – auch die von mir unterzeichneten Briefe diktierte zumeist er –, kurzum in seinen eigenen Worten: die Bibliothek zur »Zuflucht für lesehungrige Emigranten« machte. Auch die Kollegen aus anderen Ländern nahmen Anteil. Während des Internationalen Schriftstellerkongresses in Paris besuchten zahlreiche Tagungsteilnehmer diese Bastion des kulturellen Widerstandes.

Das war übrigens einer der Höhepunkte im Dasein der Bibliothek. Hier fanden E. M. Forster und Alexej Tolstoi, Waldo Franck und Max Brod, Aldous Huxley und Martin Andersen-Nexö, Karin Michaelis und Menno ter Braak ihre in Deutschland verbotenen oder de facto unterdrückten Bücher an Ehrenplätzen wieder. Noch herrschte ein guter Geist der Einigkeit vor. Das gab auch den Gedenkfeiern an den Jahrestagen des 10. Mai 1935 und 1936 die Prägung. Die mahnenden Reden, die da gehalten wurden, waren nicht hohl, kein »Kader-welsch«, wie man die Funktionärssprache damals noch gutmütig bezeichnete.

Danach trennten der Spanienkrieg einerseits, die Moskauer Prozesse andererseits die Freunde der Bibliothek oft feindlich voneinander. Im Winter 1937, während ihre Mitarbeiter und Benutzer größtenteils vor Madrid, Teruel, Malaga und im Cordoba-Sektor kämpften, schuf Ulbricht, aus Moskau kommend, »Ordnung«. Dazu gehörte die Besetzung der Bibliothek durch seinen Apparat. Das konnte auch Schröder nicht verhindern. Den Rückkehrern aus Spanien bot sich ein Bild der Auflösung, Zerstrittenheit, Feindschaft in allen Verbänden der Exilierten dar: vom Schutzverband Deutscher Schriftsteller bis zu den Hilfskomitees. Überparteiliche Institutionen existierten kaum noch. Willi Münzenberg, der Kontakt zu den Schriftstellern gehalten hatte, war bereits entmachtet. Auch die Form der Briefköpfe der Bibliothek hatte sich während meiner Abwesenheit verändert. Als Präsident wurde in fettem Druck nur noch Heinrich Mann genannt, darunter ich als »Secrétaire Général«. Als Erklärung dafür bot sich an, daß André Gide seit seinem kritischen Bericht über die Reise in die Sowjetunion nicht mehr dabeisein sollte. Die Seitenleiste mit den Namen der führenden Komiteemitglieder war unverändert geblieben.

Die Sudetenkrise im Sommer 1938 brachte den Notstand, der die vom gleichen Feind bedrohten deutschsprachigen Exilierten in einer Art Burgfrieden beieinanderhielt. Sogar die Volksfrontbestrebungen lebten noch einmal auf. Als ihr Organ dienten die Mitteilungen der Deutschen Freiheitsbibliothek, deren Mitarbeiter bereits genannt worden sind. Wie die letzten Versuche der Exilparteien, im Herbst 1938 zur Einigung zu gelangen, schließlich scheiterten, steht auf anderen Blättern. Von den gelungenen Kundgebungen zum 5. Jahrestag der Begründung des Schutzverbandes Deutscher Schriftsteller im Exil, an dem die mit ihm verbundene Freiheitsbibliothek Anteil hatte, ist die Rede gewesen. Im Mai 1939 – die Rest-Tschechoslowakei war besetzt worden, und die Spanische Republik hatte vor der Übermacht auf Ungnade kapitulieren müssen – überlagerte der Albdruck der nun unausweichlich herannahenden Katastrophe das Gedenken an die Anfänge, denen Europa nicht gewehrt hatte. Alle Beteiligten erlitten, was Thomas Mann in seiner Rede »Dieser Friede« als das »furchtbarste Erlebnis« der deutschen Exilierten bezeichnet hatte, das »qualvoll langsame, bis zum Äußersten immer wieder verleugnete Gewahrwerden der Tatsache, daß wir, die Deutschen der inneren und äußeren Emigration, Europa, zu dem wir uns bekannt hatten und das wir moralisch hinter uns zu haben glaubten, in Wirklichkeit nicht hinter uns hatten; daß dieses Europa den mehrmals in so greifbare Nähe gerückten Sturz der nationalsozialistischen Diktatur gar nicht wollte. Die Marter des Werdeganges dieser Erkenntnis ist Unbeteiligten nicht zu beschreiben«.[32]

Am 10. Mai 1940 aber – man erinnere sich: es war der 10. Mai! – zündete der »Blitz« im Westen: Die deutschen Panzer begannen Holland, Belgien und Frankreich zu überrollen. Europa, das die Barbarei in seiner Mitte hatte groß und stark werden lassen, erhielt die Quittung – auf den Tag genau sieben Jahre nach der ersten lodernden Manifestation des Ungeistes. Die Mitglieder des Schutzverbandes und die Mitarbeiter der Bibliothek, soweit sie nicht vorsorglich bereits nach Übersee entkommen waren, saßen in den französischen Internierungslagern, und die Umstände brachten es mit sich, daß sie, die vergeblich vor Hitlers Krieg gewarnt hatten, von den französischen Kapitulanten der unterwürfigen Pétain-Regierung als »Kriegshetzer« verschrieen wurden. Wie viele damals aufgaben – von Walter Hasenclever zu Walter Benjamin, von Carl Einstein zu Ernst Weiß – oder ihren Henkern ausgeliefert wurden – von Rudolf Breitscheid zu Rudolf Hilferding, von Franz Dahlem zu Johannes Wüsten –, ist gesagt worden. Es war in Europa die Stunde Null für die deutschsprachigen

Exilschriftsteller – das Gebiet der Sowjetunion eingeschlossen, wo in der währenden Zeit des »Paktes« ebenso wie in Frankreich sogar Auslieferungsgefahr an die Gestapo bestand.

Veranstaltungen zum 10. Jahrestag der Bücherverbrennungen in den USA

Doch drei Jahre später, in der Peripetie des Zweiten Weltkriegs, geschahen Zeichen und Wunder: Der Tag des Freien Buches erlebte auf dem amerikanischen Kontinent eine Auferstehung mit ungeahntem Gepränge. Es war eine der wenigen Siegesfeiern des Geistes in unserem Jahrhundert. Die Mächtigen der Erde warben um ihn und zollten ihm Tribut.

Den Anstoß gab ein Vortrag über den inneren Zusammenhang zwischen der Ausschaltung der humanistischen Literatur und ideologischer Kriegsrüstung, den ich im Mai 1942 vor amerikanischen Schriftstellern hielt. Die fast routinemäßig gegebene Übersicht über die gefährliche Vorbedeutung der Bücherverbrennungen vom 10. Mai 1933 und die Exilierung des deutschen Geistes war beiläufig. Gerade hieran aber entzündete sich die Vorstellungskraft der Zuhörer. Eine Zeitschrift veröffentlichte einen Bericht, vielleicht nur eine Notiz, und dann wurde ein Staubkörnchen im Weltgeschehen ohne weiteres Zutun zur Lawine.

Die Schriftstellerverbände, Bibliothekare, Verlage, Buchhändler, die Presse, der Funk, Schulen, Colleges, Universitäten, schließlich gar Verwaltungen und Behörden bemächtigten sich des Gedankens zu gutem Ende. Schon im Herbst 1942 wurde von der größten öffentlichen Bibliothek des Landes, der New York Public Library, eine Ausstellung von verbotenen und verbrannten Büchern vorbereitet. Dem Ehrenkomitee, das die Patronage übernahm, gehörten Eleanor Roosevelt, Albert Einstein, bedeutende Gelehrte, Schriftsteller, Abgeordnete, führende Persönlichkeiten der Gesellschaft an. Ein gut ausgestatteter Katalog lud werbend zur Besichtigung der in zehn Abteilungen gegliederten Auswahl der durch Feuer und Verbote nicht zu tilgenden Bücher ein.[33]

Man konnte in der Abteilung Zeitgeschichte Werke von Winston Churchill, Leon Blum, Charles de Gaulle, auch Hermann Rauschning und Konrad Heiden sehen; in der Abteilung »Europäische Politik seit Versailles« – gemeint ist der Vertrag von Versailles – waren vertreten: Thomas Masaryk, Edvard Beneš, Carlo Sforza und Thomas Mann mit der als Sonderdruck erschienenen Rede »Dieser Friede«, die im Amerikanischen den Titel trug: »Have no Fear«. In der Abteilung »Sozialismus und Russische Revolution« standen die Hauptwerke von Marx, Lenin, Kautsky, Bebel, Trotzki, Litwinow, Karl Liebknecht beieinander. Unter den Autoren, deren Bücher wegen ihrer Antikriegstendenz verboten worden waren, befanden sich die erste Friedensnobelpreisträgerin Bertha von Suttner, Ernst Toller, Arnold Zweig, Remarque, die Franzosen Georges Duhamel und Julien Benda.

In der Abteilung »Geschichte und Philosophie« waren Bücher von H. G. Wells, Henri Barbusse, André Maurois, Jakob Wassermann, Stefan Zweig, Emil Ludwig, Gina Kaus, dem französischen Pazifisten Victor Basch, dem Italiener Gaetano Salvemini ausgestellt. In der Sparte Wissenschaft dominierten die Namen von Einstein, Spinoza, Freud; auch Heinrich Manns Essay über Nietzsche wurde in diese Rubrik aufgenommen. Bei den »Deutschen Klassikern« führte Heine die Liste an, Lessings »Nathan der Weise« wurde ausgestellt, Franz Mehrings Literaturgeschichte, Edmond Vermeils und Max Brods Heine-Biographien, auch Schillers »Wilhelm Tell« (wohl wegen der Assoziation Tyrannenmord); seltsamerweise fehlten hier Moses Mendelssohn und Börne, wohingegen Berthold Auerbach vertreten war. In der Abteilung »Moderne deutsche Literatur« stand natürlich Thomas Mann am Anfang, Schnitzler, Bruno Frank, Schalom Asch (fehlplaciert), Anna Seghers, Lion Feuchtwanger, Franz Werfel, auch Vicki Baum und Felix Salten folgten. In der 10. Abteilung: »Ausländische« – will sagen: nichtdeutsche Literatur – wurden Bücher von Emile Zola, Sigrid Undset, Karin Michaelis, Selma Lagerlöf, Romain Rolland, André Gide, André Malraux, Guglielmo Ferrero, Maxim Gorki, Upton Sinclair, Richard Wright und Sinclair Lewis gezeigt. Nebenher ein wenig verbotene Musik, Kunst, Architektur: Paul Hindemith, Walter Gropius, Felix Mendelssohn-Bartholdy, Giacomo Meyerbeer, Käte Kollwitz. Alles in allem: eine etwas willkürliche, dem Publikumsgeschmack Rechnung tragende, aber eben deshalb wohl auch anziehende und erfolgreiche, im übrigen würdig gestaltete Ausstellung.

Die Eröffnung am 1. Dezember 1942 wurde zu einem öffentlichen Ereignis gemacht, zugegeben in etwas anreißerischer Weise, aber warum sollte für eine wirklich gute Sache nicht auch einmal die Werbung getrieben werden, mit der so viele schlechte Angelegenheiten sich weiterhelfen. Man hatte die mächtige Freitreppe der Public Library an der Fifth Avenue, einem der Wahrzeichen New Yorks, in eine Tribüne umgewandelt, Mikrophone aufgestellt, die die Ansprachen über alle großen Sender des Landes verbreiteten. Ein überdimensionales, gewissermaßen synthetisches Buch, das als Titel die Begriffe »Rights of Man – Freedom of Thought – Equality of Man« zeigte, war künstlichen Flammen (wabernden roten Bändern) ausgesetzt, die sich vergeblich mühten, Menschenrecht und Gedankenfreiheit zu verbrennen, ein Schauspiel, das die im Herzen New Yorks vorüberhastende Menge anlockte.

Über dem Gedränge einiger tausend Zuschauer standen der Präsident der New Yorker Stadtverordnetenversammlung, Newbold Morris, Abgeordnete, Vertreter von Staat und Behörden. Der führende Kritiker der New York Times, Clifton Fadiman, stellte der Presse und der Öffentlichkeit die teilnehmenden europäischen Schriftsteller vor: Oskar Maria Graf als Mitbegründer des Schutzverbandes Deutsch-Amerikanischer Schriftsteller; Professor Ambrose Donini für die italienischen Exilierten; Karin Michaelis, die glücklicherweise bei der Besetzung Dänemarks gerade zum Besuch ihrer Schwester in New York gewesen war, für die Skandinavier; die damals berühmte französische Publizistin Geneviève Tabouis für Frankreich.

Mir war aufgetragen, im Namen der exilierten Schriftsteller, die Gastfreundschaft in den USA gefunden hatten, Dankesworte ins Mikrophon zu sprechen. Ich erinnerte in der kurzen englischen Ansprache an die leiblichen Opfer der Verfolgung des Geistes und dankte für die Ermutigung, die die Überlebenden durch diese Kundgebung der Anteilnahme fänden.[34] Die Veranstaltung dauerte kaum länger als eine halbe Stunde, hatte aber viel Widerhall im Lande. Die Ausstellung wurde von Zehntausenden, vielen Schulklassen darunter, besichtigt und von Presse und Funk freundlich propagiert.

Das war der Auftakt gewesen. Nun bildeten sich vielerorten unabhängig voneinander Komitees, Studienzirkel, lokale Gesellschaften von Freunden der verbotenen Bücher. Die Vorbereitungen zu den Manifestationen am zehnten Jahrestag der Bücherverbrennungen begannen. Listen der verbotenen und verbrannten Bücher wurden zusammengestellt. Im Auftrag des Verbands der Bibliothekare erarbeitete ich das zentrale internationale Verzeichnis der bekanntesten Schriftsteller, deren Werke im Machtbereich der Nationalsozialisten unter Bann standen.[35] Durch strenge Auswahl nach dem Grundsatz der literarischen Bedeutung, nur selten dem Drängen nach Hinzufügung eines in den USA besonders bekannten Schriftstellers nachgebend, waren dann auf dieser offiziellen Liste vertreten: 30 Amerikaner, 22 Engländer, 39 Deutsche, 13 Österreicher, 26 Franzosen, 17 Russen, neun Tschechoslowaken, sechs Skandinavier, elf Spanier und 14 Schriftsteller verschiedener anderer Nationalitäten. Später stellte sich heraus, daß der oder jener, der in die Auswahl gehört hätte, vergessen oder übergangen worden war. Von heute aus gesehen, liest man einige Namen, die damals, 1943, zufällig besonders bekannt waren, aber nun längst vergessen sind, mit Kopfschütteln. Parteiisch war die Liste nicht, obwohl auf ihr, was damals, nach Stalingrad, gerade in den USA ganz unvermeidlich war, sogar Stalin vorkam, dessen Schriften ja gleichfalls verboten und verbrannt worden waren; andererseits fehlte Arthur Koestler ebensowenig wie die Revisionisten Karl Kautsky und Otto Bauer, wenn man die insgesamt wenigen marxistischen Theoretiker auf dieser Liste zum Maßstab nimmt.

Literarisch bis heute überlebt haben viele. Von den Amerikanern Sinclair Lewis, Upton Sinclair, Ernest Hemingway, John Steinbeck, Pearl S. Buck, Louis Bromfield, Langston Hughes, Theodore Dreiser, John Dos Passos, Richard Wright, Carl Sandburg, Stephen Vincent Benet, Sherwood Anderson; von den Engländern: George Bernard Shaw, H. G. Wells, Aldous Huxley, Bertrand Russell, D. H. Lawrence, Christopher Caudwell, Stephen Spender, Winston S. Churchill als Nobelpreisträger für Literatur. Von den Deutschen des 20. Jahrhunderts sind unvergessen: Walther Rathenau, Thomas und Heinrich Mann, Albert Einstein, Carl von Ossietzky, Lion Feuchtwanger, Arnold Zweig, Ernst Toller, Bert Brecht, Ernst Bloch, Anna Seghers, Alfred Döblin, Hermann Broch, Theodor Plievier, Oskar Maria Graf, im östlichen Orbit außerdem Johannes R. Becher, Friedrich Wolf, Ludwig Renn. Die Österreicher waren vertreten durch Sigmund Freud, Jakob Wassermann, Franz Werfel, Stefan Zweig, Arthur Schnitzler, Robert Musil, Joseph Roth, Richard Beer-Hofmann, Alfred Polgar, Otto Bauer, Kurt von Schuschnigg, Felix Salten und Berthold Viertel.

Unter den Franzosen – auch hier die »Klassiker« beziehungsweise die Enzyklopädisten des 18. Jahrhunderts ausgenommen – ragen hervor: Rolland, Barbusse, Gide, Malraux, Aragon, Jules Romains, Georges Bernanos, Anatole France, Emile Zola, Victor Hugo, Eve Curie, Edouard Herriot, Aristide Briand; den deutschsprachigen René Schickele hatte man als Elsässer ebenfalls auf die französische Ehrenliste gesetzt. Von den Russen wurden natürlich Gorki, Scholochow, Majakowski, Pasternak (wiewohl bei den Stalinisten bereits in Ungnade), Isaak Babel (obwohl bereits »liquidiert«), Ilja Ehrenburg, Konstantin Fedin, Alexej Tolstoi, Alexander Blok, dazu Lenin und Stalin genannt. Den Tschechoslowaken Thomas Masaryk, Edvard Beneš, Jaroslaw Hašek, Karl Čapek sind auch die deutschsprachigen Prager Franz Kafka, Egon Erwin Kisch, F. C. Weiskopf zugerechnet worden. Bei den Skandinaviern machten die Nobelpreisträgerinnen Selma Lagerlöf und Sigrid Undset den Anfang, gefolgt von Karin Michaelis, Martin Andersen-Nexö und dem jahrzehntelang Maßstäbe setzenden Literaturhistoriker Georg Brandes. Unter den Spaniern ragten die Dichter Federico Garcia Lorca, José Bergamin, Antonio Machado, Ramon Sender, Rafael Alberti, Maria Teresa Leon hervor. Von den Italienern sind Ignazio Silone und Benedetto Croce nennenswert, von den Polen ist Josef Wittlin zu erwähnen.

Es sind also von den knapp 200 Namen der repräsentativen Auswahlliste der verbotenen Schriftsteller zumindest 160 im Gedächtnis der Mitwelt lebendig geblieben. Die unumgänglichen Konzessionen an die Bestseller der damaligen Zeit hielten sich in erträglichen Grenzen. Die Liste diente zur Grundlage aller Ausstellungen und Veranstaltungen.

Offiziöse Stellen schalteten sich fördernd ein. Der Council on Books in Wartime, ein Dachverband, in dem alle großen Verlage des Landes, die Buchhändler und Bibliothekare zusammengeschlossen waren, suchte die aus Hunderten von Quellen strömenden Initiativen zu koordinieren. Wochen vor dem Stichtag wurden an insgesamt 20000 Buchhandlungen, Bibliotheken, Verlage, Zeitungsredaktionen, Rundfunkstationen, literaturwissenschaftliche Institute und höhere Lehranstalten gedruckte Rundschreiben[36] mit Vorschlägen für Ausstellungen und Veranstaltungen sowie Materialien, Flugschriften, Namens- und Bücherlisten, Fotografien der bekanntesten Autoren, schließlich auch beschriftete Transparente versandt. Im Rundschreiben vom 28. April 1943 hieß es zum Beispiel: »Ausgedehnte Radioprogramme sind arrangiert worden, einschließlich der Sendung von Stephen Vincent Benets Hörspiel ›They Burned the Books‹ über das Netz von NBC [National Broadcasting Company, neben Columbia Broadcasting System der größte Radiokonzern des Kontinents]. Beiliegend finden Sie eine Liste von Autoren, deren Bücher verbrannt wurden . . . Wir schlagen vor, daß Sie so viele von diesen Titeln, wie Sie vorrätig haben, ausstellen, aber auch andere, neue Bücher dieser Autoren, zum Beispiel Sinclair Lewis' ›Gideon Planish‹, St. Exupérys ›The Little Prince‹, Norman Angells ›Let the People Know‹.«

Das in gebundener Sprache ad hoc gedichtete Hörspiel von Stephen Vincent Benet wurde in Starbesetzung nicht nur an diesem 10. Mai, sondern auch in späteren Jahren von amerikanischen Sendern übertragen, in Buchform verbreitet, zur Schullektüre erwählt. Der erste Druck trug die Unterzeile »Ten Years Ago The Nazis Lighted The Way to Their Own Destruction.« Schiller und Heine und Nationalsozialisten sprechen in dem Hörspiel, und ein Erzähler berichtet, wie es vom Reichstagsbrand über die Bücherverbrennungen zum Weltbrand kommen mußte; von den Menschenverbrennungen wußte die Öffentlichkeit damals noch nichts.

Am 4. Mai erinnerte der Council in einem weiteren Rundschreiben an den bevorstehenden zehnten Jahrestag »eines der ruchlosesten Verbrechen in der Geschichte, der Bücherverbrennungen in Deutschland«. Er kündigte an, daß die New York Public Library, die wieder als Zentrum des Geschehens ausersehen war, mittags um 12 Uhr ihre Flagge auf halbmast setzen werde, »um an die Tragödie zu erinnern, die sich vor zehn Jahren ereignete«. Viele andere Bibliotheken – in den USA wurde damals die Zahl dreihundert errechnet – folgten am 10. Mai diesem Beispiel, und überall fanden dann in Gegenwart anteilnehmender Bürger, oftmals von Schulklassen, Honoratioren, Professoren, Geistlichen, Studenten, Gedenkfeiern statt. Die Unterlage für solche Veranstaltungen war eine an 30000 Schulen, Hochschulen, Bibliotheken und Buchhandlungen versandte Broschüre, die eine stichwortartige Zusammenfassung der Ereignisse vom 10. Mai 1933 und eine erweiterte Liste der betroffenen Autoren zur Kenntnis gab. Die Veranstaltungen hatten teilweise lokalen Charakter, aber überall wurde als Leitmotiv die Zuschrift Präsident Roosevelts verlesen: »Wir alle wissen, daß Bücher brennen – doch wir haben die bessere Kenntnis, daß Bücher nicht durch Feuer vernichtet werden können. Menschen sterben, aber Bücher sterben niemals. Kein Mensch und keine Gewalt können das Gedächtnis auslöschen. Kein Mensch und keine Gewalt können den Gedanken für immer in ein Konzentrationslager sperren. Kein Mensch und keine Gewalt können die Bücher aus der Welt schaffen, die den ewigen Kampf der Menschheit gegen die Tyrannei zum Ausdruck bringen. Wir wissen, daß Bücher in diesem Krieg Waffen sind. Und es ist ein Teil Ihrer Aufgabe, sie immerdar zu Waffen für die Freiheit der Menschheit zu machen.«

Dem Impetus dieses Gedankens, den Tag der Bücherverbrennungen zum Jahrestag des Freien Buches zu machen, konnte und wollte sich niemand entziehen. Der Council on Books in Wartime versandte fast täglich neue Erklärungen und Aufrufe der einflußreichsten Persönlichkeiten des Landes. Auch der republikanische Gegenkandidat Roosevelts bei den Präsidentschaftswahlen, Wendell L. Willkie, übrigens ein deutschstämmiger liberal-konservativer Politiker, ließ seine Erklärung verbreiten: »Im Rausch der Macht verbrannten die Nationalsozialisten die Bücher mit den Wahrheiten aus Jahrhunderten. Sie glaubten, durch Flammen Ideen vernichten zu können. Aber gerade diese Flammen erleuchteten überall den Horizont des Geistes, und heute verbinden sich freiheitsliebende Menschen, um die Kräfte der Barbarei und Brutalität auszulöschen – Kräfte, die nicht leben können, wo Menschen Bücher lesen.«[37]

Das Office of War Information, eine Behörde, die man in etwa mit einem Propagandaministerium ohne Vollzugsgewalt, auf Anregungen und Unterrichtung beschränkt, vergleichen kann, ließ graphisch wirkungsvolle Plakate herstellen, die z. B. symbolisierten, wie die Flammen der brennenden Bücher Hitler zu versengen drohten, der Rauch ihn nahezu erstickte. Der Schriftstellerverband bereitete Sonderveranstaltungen mit Lehrern vor. Neben den großen offiziellen und halboffiziellen Körperschaften bildeten sich viele Vorbereitungskomitees, u. a. des Metropolitan Librarian Council, der Book and Magazine Union, der Poetry Society und weiterer literarischer Gesellschaften, auch verschiedener Gewerkschaften. Alle diese Vereinigungen fanden sich in einem zentralen Komitee zusammen, das sich den etwas umständlichen Namen: Joint Committee for the Restauration of Burned and Banished Books in Europe gab. Zu den Förderern dieses Komitees gehörte

Präsident Roosevelt; von den Exilierten waren Albert Einstein und Franz Werfel im Präsidium vertreten. Das Komitee sandte an Buchhandlungen und Bibliotheken eine Liste von Büchern, die nach dem Sieg als erste wieder in die Bibliotheken Frankreichs, Deutschlands und besetzter europäischer Länder eingeordnet, womöglich neu verlegt werden sollten.

Man könnte meinen, daß die zahllosen Veranstaltungen von der Kriegspropaganda diktiert worden seien, aber das wäre in einem Land mit demokratischen Traditionen in diesem Ausmaß nicht möglich gewesen. Es waren die den Menschen des 20. Jahrhunderts unfaßliche Untat und die Idee ihrer Bereinigung, die allerorten Bereitschaft auslösten. Die Regierung, die Propagandaämter konnten wenig mehr tun, als zu koordinieren.

Thomas Mann hat in seiner Ansprache an »Deutsche Hörer« im Mai 1943 das Phänomen dieser das gesamte amerikanische Volk ergreifenden Kundgebungen erklärt: »Es ist merkwürdig genug, daß unter allen Schandtaten des Nationalsozialismus, die sich in so langer, blutiger Kette daran reihten, diese blödsinnige Feierlichkeit der Welt am meisten Eindruck gemacht hat und wahrscheinlich am allerlängsten im Gedächtnis der Menschen fortleben wird. Das Hitler-Regime ist das Regime der Bücherverbrennungen und wird es bleiben. Der Choc für das europäische Kulturgewissen war heftig und wirkt unaufhörlich nach, – während in Deutschland dieser Akt nationalistischer Betrunkenheit wohl schon so gut wie aus der Erinnerung verdrängt ist.« Thomas Mann erinnerte dann an die Bildung der Society of the Friends of the Burned Books in London und die Begründung der Deutschen Freiheitsbibliothek in Paris und berichtete über den Umfang der Gedenkfeiern, die in Amerika »zu wahrhaft rührenden und uns deutsche Europa-Flüchtlinge tief beschämenden Kundgebungen geführt« haben. Auch er sprach von »dreihundert der größten öffentlichen Bibliotheken im ganzen Lande«, die wie die Public Library in New York um zwölf Uhr mittags die Flaggen auf halbmast setzten und überlaufene Veranstaltungen mit Schriftstellern und Wissenschaftlern durchführten. Er bestätigte die bereits erwähnten Aktivitäten des Council on Books in Wartime und des Office of War Information. Viele andere Einzelheiten, von denen anschließend berichtet wird, summierte er und kam zu dem Schluß: »Genug, der zehnte Jahrestag der deutschen Bücherverbrennung wurde hierzulande zu einem Bekenntnistage, zu einer Demonstration großartiger Treuherzigkeit für die Kulturidee und für das Wort: ›Ihr tötet nicht den Geist‹.«[38]

Es ist wahr: Der 10. Mai 1943 stand in ganz Amerika, es ist kaum zuviel gesagt: bis in die letzte Kätnerhütte hinein im Zeichen des Gedenkens an den Kulturfrevel vor zehn Jahren und des Gelöbnisses, ihn durch Ehrung der Freien Literatur, des Freien Wortes, wiedergutzumachen. An diesem

Tag fanden nicht nur vor den Bibliotheken, sondern auch in Hunderten von Schulen, Colleges, Universitäten, ja in Kasernen Gedenkfeiern statt. An diesem Tag sprachen die beliebtesten Radiokommentatoren über hundert Sendestationen vom guten Buch, das jede Gewalttat überdauert. Literarische Sonderprogramme mit Ansprachen berühmter Dichter und Vorlesungen aus der verbotenen Literatur durch bekannte Schauspieler wurden eingefügt. Das Netz eines der bedeutendsten Radiokonzerne übertrug für Millionen Hörer eine Gedächtnisfeier, deren Sprecher der amerikanische Nobelpreisträger für Literatur Sinclair Lewis und die Französin Eve Curie, die Tochter der Nobelpreisträger Marie und Pierre Curie, waren. Auf den Musikprogrammen der Rundfunkstationen standen die Schöpfungen der verbotenen Komponisten: von Mendelssohn-Bartholdy zu Gershwin, von Schönberg zu Schostakowitsch, von Kurt Weill zu Hanns Eisler.

An diesem Tag spielten – wenn die Programmplanung es ermöglichte – die Theater Stücke verbotener und unerwünschter Dramatiker; die Auswahl war ja riesig: von Shaw zu Gorki, von Friedrich Wolf und Ferdinand Bruckner und Bruno Frank, auch Georg Kaiser zu Walter Hasenclever und Ernst Toller, von Ödön von Horváth, Carl Zuckmayer, Bert Brecht, Carl Sternheim zu Julius Hay, Hans José Rehfisch und Wilhelm Herzog, schließlich zu den vor Ausbruch des Dritten Reichs Verstorbenen wie Arthur Schnitzler und Hugo von Hofmannsthal – wie alle solche Aufzählungen wäre auch diese zu verlängern. In vielen Theatern traten vor Beginn der Vorstellung Mitglieder des Ensembles vor den Vorhang, um der verjagten oder sogar in den Tod getriebenen Bühnenautoren zu gedenken. Erwin Piscator hatte seine Studio-Bühne in New York, die der New School for Social Research angeschlossen war, für eine intime Veranstaltung der deutschsprachigen literarischen Vereinigung »Tribüne« zur Verfügung gestellt. Auch französische, polnische, tschechische, jugoslawische Kollegen nahmen an dieser und anderen Veranstaltungen teil.

Daß Zeitschriften und Zeitungen sich mit dem denkwürdigen Ereignis beschäftigten, versteht sich von selbst. Größere Artikel erschienen vorankündigend bereits am Sonntag, dem 9. Mai. Die literarischen Beilagen gaben Raum für Abdrucke aus der Exilliteratur. Die Saturday Review of Literature, das Free World Magazine und andere angesehene Blätter hatten den Gedenktag und seine Folgen zum Schwerpunkt der Hefte gemacht. Hier muß der Hinweis darauf genügen. Gegebenenfalls sind diese Quellen in den meisten Fällen noch leicht zu erschließen.

Es war ergreifend. Ein Funke, einst in einer winzigen Dachkammer im Hotel Helvetia in Paris von einigen verjagten, bedrohten, machtlosen Intellektuellen gezündet, hatte zehn Jahre später so viel Leuchtkraft gewonnen, daß er für eine Geschichtssekunde einen ganzen Kontinent erhellte. Der

10. Mai war zum Ehrentag des Freien Buches geworden. Um es zu wiederholen: für eine Geschichtssekunde!

Etwas von dem Ereignis wetterleuchtete durch die vielgehörten Sendungen von BBC nach Europa hinein. Die großen Veranstaltungen in den USA wurden von London ausgestrahlt, dann ins Deutsche, Französische, Holländische, Norwegische, Dänische, Italienische übertragen. Alle europäischen Völker sollten wissen, daß die Alliierten nicht nur die materielle und nationale, sondern auch die kulturelle Freiheit Europas siegreich wiederherstellen würden – und am Sieg war zu diesem Zeitpunkt nicht mehr zu zweifeln; schon wenige Wochen später gab der Faschismus in Italien auf. Natürlich wurden in den verschiedensprachigen Sendungen die Opfer und die Ehrungen der Schriftsteller des jeweiligen Landes, ihr Anteil an der Literatur, die den Nationalsozialisten mißfällig war, hervorgehoben. In den besetzten Ländern wird auch dieses Zeichen der nahenden Befreiung Hörer stimuliert haben.

In Deutschland war, wie die Dinge lagen, die verkündete geistige Befreiung unauflöslich mit der totalen Niederlage verknüpft. Die Ansprachen Thomas Manns fanden geringe Resonanz, nicht wenige verübelten sie ihm später als »geistigen Landesverrat«. Die öffentlichen Ehrungen der im Lande ermordeten oder im Exil lebenden deutschen und anderen Schriftsteller, deren Bücher verbrannt und verboten worden waren, sind zur Zeit der Bombennächte wohl als peripheres oratorisches Beiwerk der Höllenfahrt empfunden worden. Von einer Ausnahme abgesehen, über die anschließend berichtet wird, ist nicht mehr als ein nichtartikuliertes Unbehagen bei einigen wenigen Intellektuellen zurückgeblieben.

1944 tat sich besonders ein Women's Council For Post War Europe hervor, den Gedanken an die verbrannten und verbotenen Bücher wachzuhalten und dafür zu sorgen, daß sie den europäischen Völkern wieder zugänglich gemacht wurden. In einem von den Damen der Gesellschaft am 7. Mai 1944 verbreiteten Aufruf hieß es programmatisch: »Wir wollen, daß nach der Befreiung [vom Nationalsozialismus] der 10. Mai nicht nur der Tag der Wiederverbreitung dieser Bücher wird, sondern auch ein Tag, gewidmet der Toleranz, der geistigen Kraft und der Achtung vor den ewigen Werten der Menschheit, wie sie in den Kulturen der Völker der Welt zum Ausdruck kommen.«[39] In dem Aufruf wurde zugleich zu einem Lunch im Town Hall Club von New York am 10. Mai 1944 eingeladen, bei dem über »The Restauration of Books In War Devasted Countries« gesprochen werden sollte. Ein einstiger griechischer Minister, eine frühere spanische Botschafterin in Dänemark waren die Redner. Das New York Times Magazine vom 7. Mai 1944 erinnerte durch einen umfangreichen, bebilderten Artikel an den Gedenktag.[40]

Der Tag des Freien Buches, Berlin 1947

Dieses und jenes geschah noch zur Belebung der guten Vorsätze, nichts besonders Erinnernswertes. Ein Jahr danach, 1945, überschnitt sich das Ende des Krieges in Europa am 8. Mai beinahe mit dem Jahrestag. Noch rauchten in weiten Teilen Deutschlands die Trümmer, noch starben die in den letzten Kämpfen Verwundeten zu Tausenden, ein kleines Stück Brot, eine Kartoffel waren lebensnotwendiger als irgendein gutes Buch. Auch 1946 war die materielle Not noch wichtiger als geistige Bedürfnisse.

Aber 1947 wiederholte sich in angemessen bescheidenerem Umfang in Deutschland noch einmal das Wunder, das die exilierten Schriftsteller 1943 in Amerika mit Hoffnung erfüllt hatte: Der Jahrestag der Bücherverbrennungen einte die geistig interessierten Deutschen aus Ost und West in Berlin zu einer ernsten Manifestation für die Freiheit des Buches und des Gedankens. Der härteste und hungrigste Nachkriegswinter war kaum überwunden; noch Anfang Mai war Schnee gefallen. Hunger und Kälte hatten die Menschen ausgehöhlt, die körperlich zumeist weniger kräftigen und weniger behenden Schriftsteller und Intellektuellen vielleicht am ärgsten. Dennoch, viele waren damals von Zuversicht belebt, aufgeschlossen für die Erkenntnis, daß der schöpferischen Friedenstätigkeit dauerhaftere und ehrenvollere Siege gelingen können als den gewaltigsten Panzerarmeen. Man enttrümmerte in diesen ersten Nachkriegsjahren nicht nur materiell, auch geistig. Man handelte in Notgemeinschaft. Man war nicht mehr und nicht schon wieder verkrustet durch Unduldsamkeit, Gewalttat, selbstische Interessen, Geld, Karriere, Macht. Im Rückblick erscheinen diese materiell drückendsten, aber geistig hoffnungsvollen Jahre trotz aller nicht zu übersehenden drohenden Vorzeichen wie die Euphorie vor dem Eintritt des Starrkrampfes der Gegensätze, die noch keinen verläßlichen Modus vivendi ermöglicht haben.

Es hatte wiederum nur des Stichworts bedurft, um die Initiative von Hunderten auszulösen – Betroffenen zumeist, Schriftstellern, Verlegern, Widerstandskämpfern, um die sich aber viele gruppierten, die damals, gerade in den ersten Nachkriegsjahren, begierig waren, nun die Literatur kennenzulernen, deren Lektüre ihnen verboten gewesen war. Das Wiedersehen zwischen denen, die draußen, und denen, die drinnen überlebt hatten, war eine der ergreifendsten Begleiterscheinungen solcher Kulturaktionen.

Die Vorbesprechungen mit Peter Suhrkamp bleiben unvergeßlich. Er war noch gezeichnet – und blieb es bis zu seinem Tode – von den Martern des Konzentrationslagers, in das, was Wunder, die Nationalsozialisten auch ihn, den Treuhänder der im Lande verbliebenen Überreste des S. Fischer-Verlages, gesperrt hatten. Blaß, unterernährt, hinfällig saß er in einem Lehnstuhl der schlecht beheizten kleinen Villa in Zehlendorf, hörte vom schönen Gedanken öffentlicher Ehrung des Freien Buches, belebte sich sogleich, versprach jede in seinen Kräften stehende Mitwirkung. Mit Manfred Hausmann, Bernhard Kellermann, Elisabeth Langgässer, Günther Weisenborn, Axel Eggebrecht, Hermann Kasack hatten zuvor schon bewegende Begegnungen stattgefunden. Zwischen denen, die draußen »mit dem Gesicht nach Deutschland« den notwendigen geistigen und politischen Kampf gegen die Hitlerdiktatur geführt, und denen, die im Lande widerstanden, geschwiegen, nicht mitgemacht hatten, wirklich ins »innere Exil« gegangen waren, gab es keine Befangenheit, keine Mißverständnisse. Aber es waren wenige, die zurückkehrten, und wenige, die sich den Zwängen der Reichsschrifttumskammer im Lande entzogen hatten. Und was an Gemeinsamkeit bestand, wurde schon ein Jahr später durch die weltpolitischen Umstände der Zerreißprobe ausgesetzt. Dieser Tag des Freien Buches am 10. Mai 1947 wurde zum letzten gemeinsamen Bekenntnis deutscher Schriftsteller und deutscher Leser in Ost und West.

Noch war Berlin, wiewohl in vier Sektoren geteilt und politisch gespalten, als Stadt eine Einheit. Ich wohnte im amerikanischen Sektor in Zehlendorf; meine Arbeitsstelle, die Redaktion der noch in Vorbereitung befindlichen Zeitschrift Ost und West, befand sich zwanzig Untergrundbahnstationen entfernt im sowjetisch besetzten Stadtteil Pankow. Der »westliche« Wohnsitz trug vielleicht dazu bei, daß eine Anfrage, ob nicht ein Kompendium über die verbotene und verbrannte Literatur rasch zu erarbeiten sei, zuerst von dem amerikanisch lizenzierten Ullstein-Kindler-Verlag kam. Der Verleger Kindler, der die ebenfalls von den Amerikanern lizenzierte Wochenzeitschrift »Sie« herausgab, machte den Vorschlag, zum Gedenktag der Bücherverbrennungen eine Sondernummer mit Kurzbiographien und Textproben der ausgetriebenen oder zum Schweigen gezwungenen deutschen Schriftsteller zu veröffentlichen. Ein Publizist und guter Literaturkenner, der ehrenhaft im Lande überdauert hatte, Richard Drews, sollte die Namen und Textproben der »inneren Emigration«, ich die der exilierten Schriftsteller so vollständig, wie in der kurzen Zeit möglich, zusammenstellen. Es war eine Gedächtnisübung, bei der zahlreiche, auch bedeutende Autoren vergessen oder übersehen wurden. Hilfsquellen waren nicht zur Hand. Die Texte nahm man, wie man sie gerade bekommen konnte, ohne auf charakteristische Auswahl achten zu können. Dennoch erwies sich das Buch, das dann daraus wurde und mit einer Erstauflage von 60000 Exemplaren startete, als Notbehelf, als Hinweis auf ein Problem, das dann für Jahrzehnte verdrängt wurde.[41]

Die »östliche« Seite hielt sich zunächst zurück. Erst in letzter Stunde zog die Verwaltung für Volksbildung in der damaligen sowjetischen Besatzungszone und im sowjetischen Sektor von Berlin nach – auf einen Wink der Russen, wie es schien, denn die sowjetische Besatzungsmacht setzte sich dann besonders tatkräftig für die Veranstaltungen zum Tag des Freien Buches ein. Plötzlich sollte alles in größter Eile vor sich gehen. Mein noch in Amerika geschriebener Aufsatz über die deutsche Literatur im Exil wurde unkorrigiert in Satz gegeben und erschien rechtzeitig als Kernstück einer Broschüre: »Der Tag des Freien Buches«.[42] Die Einleitung hatte der mächtige Mann der sowjetischen Kulturabteilung, Oberst, bald darauf General, Sergej Ivanovitsch Tulpanow, geschrieben, der im Zivilberuf Professor an der Universität von Leningrad war. Es heißt in seinem Vorwort: »Das Sowjetvolk ehrte auch in den schwersten Jahren seines vaterländischen Krieges jene Deutschen, deren Bücher von den Nazis verbrannt worden waren und die oftmals selbst verfolgt und gepeinigt wurden und zum Teil den Tod erleiden mußten. Das deutsche Volk besitzt Männer und Frauen, die es nicht auf Plätze führen, wo nächtlicherweise unheilverkündende Brände entfacht werden, sondern auf die hellen, sonnenbestrahlten Anhöhen der wahren Demokratie und Kultur der Welt.«

Die 17 Druckseiten starke Zusammenstellung enthält beharrlich den gleichen Fehler, der sich auch in der Einleitung zu »Verboten und verbrannt« findet: Die Zahl der exilierten Schriftsteller wird mit 250 angegeben, was um so unbegreiflicher ist, als im Namensregister des letztgenannten Buches bereits rund 750 Namen verzeichnet sind. In den Zitaten aus den Arbeiten oder Zuschriften von Heinrich Mann, Präsident Roosevelt, Romain Rolland wurde wie im Text die Freiheit des Buches und des Gedankens als unabdingbare Voraussetzung für das Neubeginnen in Deutschland gefordert. Aber auch die angeschlossene auszugsweise »Liste der bedeutendsten Autoren, deren Bücher in Nazideutschland verbrannt und verboten wurden«, bestärkte die Hoffnung auf eine neue Toleranz, denn da fanden sich neben Heine, Marx, Engels, Liebknecht, Rosa Luxemburg auch Walther Rathenau, der Revisionist Karl Kautsky, der von Marx so scharf kritisierte Ludwig Feuerbach, Lassalle, Hugo Preuß und unter den schöngeistigen Schriftstellern nicht nur die konzessionierten Thomas und Heinrich Mann, Feuchtwanger, Toller, Brecht, sondern auch der abseitige Hermann Broch, Expressionisten wie Hasenclever, Fritz von Unruh, Georg Kaiser, Alfred Wolfenstein, Antimarxisten wie Hermann Kesten usw. usw. Auf der Liste der Österreicher gar gab es fast ausschließlich rein bürgerliche Autoren, angeführt von Sigmund Freud, Wassermann, Werfel, Schnitzler, Musil, Roth, Stefan Zweig, Karl Kraus, Kurt von Schuschnigg.

Unter den Franzosen fehlte André Gide nicht, trotz des Ärgers wegen seines kritischen Berichts über seine Reise in die Sowjetunion 1936. Auch André Malraux, der eigene Wege gegangen war, die ihn in Gegensatz zu den französischen Kommunisten gebracht hatten, war vertreten, desgleichen Henri Bergson, dessen Philosophie des »Intuitionismus« im Widerspruch zum Marxismus stand. Unter den 32 Namen der französischen Ehrentafel konnte man nur Romain Rolland, Henri Barbusse, der aber bei Stalin in Ungnade gefallen war, Louis Aragon, Jean Richard Bloch und Vladimir Pozner zu den Sympathisanten oder Mitgliedern der Kommunistischen Partei zählen.

Nicht anders bei der amerikanischen Ehrenliste, wo unter 39 Nominierten nur Theodore Dreiser und Michael Gold, vielleicht am Rande noch Langston Hughes für den Marxismus in Anspruch zu nehmen waren, alle anderen wie Sinclair Lewis, Upton Sinclair, Ernest Hemingway, John Steinbeck, Pearl S. Buck, Louis Bromfield, Edna Ferber, John Dos Passos, Erskine Caldwell, Edgar Snow (der sich mit Mao Tse Tung anzufreunden begann), Stephen Vincent Benet, nicht zuletzt Helen Keller waren Liberale mit mehr oder weniger ausgeprägtem Sinn für soziale Gerechtigkeit, Feinde des Nationalsozialismus zwar, unter dessen Herrschaft ihre Bücher verboten und verbrannt worden waren, aber nur sehr bedingt, zumeist sehr distanziert, Freunde des Sozialismus, geschweige denn des Kommunismus. In der englischen Liste blieben unter diesem Gesichtspunkt nur drei ehemalige Anhänger des Kommunismus zu nennen: Ralph Fox und Christopher Caudwell waren, jung noch, im Spanienkrieg gefallen. Ob W. H. Auden, zeitweilig Ehemann von Erika Mann, in den dreißiger Jahren Mitglied der englischen Kommunistischen Partei gewesen war, ob nur Sympathisant, bleibe offen. Im republikanischen Spanien war auch Stephen Spender gewesen, desgleichen Tom Wintringham. H. G. Wells, Wickham Steed, Bertrand Russell, Louis Golding waren Mitglieder der Society of the Friends of the Library of the Burned Books. Bernhard Shaw führte die Liste an.

Die sowjetische Liste wurde auf 18 Namen beschränkt. In ihr fand sich Josef Stalin als Schriftsteller gleich hinter Lenin. Trotzki, Bucharin und zahlreiche andere Opfer der »Prozesse« und Verfolgungen, darunter Schriftsteller wie Tretjakow, fehlten natürlich auf dieser Liste. Übrig blieben Gorki, Alexej Tolstoi, Scholochow, Ehrenburg, Fedin, Majakowski, Pasternak, Alexander Blok, Lunatscharski, Litwinow, Paustowski, Fadejew, Tichonow, Katajew, Ilf und Petrow.

Die Liste der tschechoslowakischen Autoren beginnt mit Thomas Masaryk, dem liberalen Staatsgründer, und seinem Nachfolger Edvard Beneš. Neben Jaroslaw Hašek und Karel Čapek sind es hauptsächlich deutschsprachige Schriftsteller wie Franz Kafka, Max Brod, Egon Erwin Kisch, Franz Weiskopf, deren Namen bekannt waren; an ihrem Ende steht André Simone, der dann später ein Opfer der »Prozesse« in Prag wurde. Man kann nicht umhin, in der Rückerinnerung bereits der Opfer neuer Gewaltherrschaft zu gedenken, auch wenn die Liste, die fast genau der in den USA veröffentlichten entsprach, dies vergessen machen könnte. Die folgenden skandinavischen, spanischen und die verschiedenen anderen Schriftsteller sind von der amerikanischen Liste übernommen; das gilt auch für Ignazio Silone, der als vormaliger Spitzenfunktionär der italienischen Kommunistischen Partei zu den verfemten »Renegaten« gehörte: eine ermutigende Weitherzigkeit.

Die Bereitschaft, mit der die Kulturoffiziere der sowjetischen Besatzungsmacht den Gedanken eines Tags des Freien Buches in die Tat umsetzten und den 10. Mai fast ohne Beteiligung deutscher Parteistellen zum Gedenktag gestalteten, war überraschend – für die heimkehrenden Schriftsteller eine gute, versprechende Überraschung, das sei eingestanden. Sogar die Siegesfeier am 8. Mai, die Paraden, Reden, Demonstrationen, Empfänge standen bereits im Zeichen, man darf sagen: im Schatten der Veranstaltungen zu Ehren der freien Literatur. Schon am Abend dieses Tages fand eine Kundgebung im Haus der Kultur der Sowjetunion, der vormaligen Singakademie unter den Linden, statt. Im Präsidium saßen Oberst Tulpanow in Zivil, bei seiner Festrede als Universitätsprofessor Dr. Sergej Tulpanow angekündigt; der alte Bernhard Kellermann, dessen neuromantisches Frühwerk »Ingeborg«, »Das Meer«, »Yester und Li« die Russen besonders liebten – einige junge Offiziere zitierten zu seiner Freude mit echter Hingabe ganze Absätze fehlerlos auswendig; Anna Seghers, einige Tage zuvor aus Mexiko zurückgekehrt und nun bei dieser Gelegenheit zum erstenmal der deutschen Öffentlichkeit präsentiert; Wolfgang Langhoff als neuernannter Intendant des Deutschen Theaters; Fritz Erpenbeck, zurückhaltend, leise und, obwohl Mitglied der Gruppe Ulbricht, mehr an Theater und Literatur als an Karriere und Macht interessiert; Tulpanows Stellvertreter Dymschitz, ebenfalls in Zivil, nicht Herr Major, sondern Herr Doktor; der Chefredakteur des Organs der sowjetischen Besatzungsmacht, Tägliche Rundschau, Professor Schemjakin – in der Uniform eines Oberstleutnants; und ein wenig abgesetzt von den Literaten als Vertreter der Partei: Paul Merker, ebenfalls erst kürzlich aus dem Exil in Mexiko zurückgekehrt und wenige Jahre später ebenso wie Leo Bauer, Lex Ende und andere »wegen Verbindung mit dem Agenten der amerikanischen Spionage, Noel H. Field, und umfangreicher Hilfe für den Klassenfeind«[43] mit Schimpf aus der Partei ausgestoßen, als Kellner in einem Provinznest bis zur allzu späten »Rehabilitation« vegetierend.

Schemjakin, als Literaturkenner ausgewiesen, hielt eine kurze Einführungsansprache. Das Referat von Tulpanow, das die Tägliche Rundschau unter dem Titel »Geistige Bollwerke der Demokratie« am Sonnabend, dem 10. Mai, veröffentlichte, enthielt bemerkenswert liberale Passagen: »Verschieden waren die Bücher, die verbrannt wurden. Verschieden waren auch ihre Autoren. Und verschieden war die Wirklichkeit, die sie in ihren Büchern darstellten. Und dennoch haben sie alle etwas Gemeinsames. Dieses Gemeinsame liegt nicht in einer Verwandtschaft ihrer politischen Anschauungen und nicht im Stile ihres Schaffens, es liegt in den hohen moralischen Zielen, die die Verfasser dieser Bücher sich steckten.«

Das Ende seiner Rede war eine Warnung vor neuen Scheiterhaufen des Geistes. »Es brennen zwar noch keine Bücher, aber das Reisig für neue Scheiterhaufen wird schon gesammelt.« Das war natürlich nicht als Selbstkritik oder Selbstwarnung gesagt und gedacht, vielmehr als Hinweis auf die Tätigkeit der Unamerican Committees, wie die Inquisitionstribunale Rankins und bald darauf McCarthys genannt wurden, die sich vor allem gegen Schriftsteller und Künstler wandten und in ihrer Hochzeit nahezu faschistische Züge annahmen. Tulpanow fuhr fort: »Der Faschismus versteht sich anzupassen. Er hat seine Stützpunkte in den verschiedenen Erdteilen gehalten. Er kann sich nicht nur auf den Teufel, sondern auch auf Gott beziehen, kann nicht nur Nietzsche, sondern auch die Bibel oder Klassiker der sozialistischen Lehre zitieren.«

Beim Nachlesen enthüllt sich der tiefere Sinn der etwas unklaren Formulierung. Mit den faschistischen Gruppen, die sogar »Klassiker der sozialistischen Lehre zitieren«, werden wohl Trotzkisten und andere Parteifeinde gemeint gewesen sein. Aber gleich darauf wird wieder von der Freiheit gesprochen. Die demokratischen Staaten hätten einen Fehler begangen, als sie stillschweigend zusahen, wie Bücher verbrannt wurden. »Man darf nicht schweigen, wenn wieder Vorbereitungen getroffen werden zu einem neuen Autodafé des Geistes. Man muß es mit allen Mitteln verhindern, auch mit den Mitteln neuer guter antifaschistischer Bücher ... Wir können nicht verzichten auf den Glauben an die Vernunft des Menschen, des einfachen Menschen, jener Millionen, um derentwillen wir leben, arbeiten, unsere Bücher schreiben und mit vollem Recht sagen können: ›Mensch sein – das klingt stolz!‹« Mit diesem Gorki-Zitat endete er. Die Schriftsteller, deren Bücher verboten und verbrannt worden waren, verstanden es als Versprechen.

Der Oberkommandierende der Sowjettruppen in Deutschland, Marschall Wassilij Sokolowskij, hatte eine Botschaft gesandt, die am 10. Mai auf der ersten Seite der ausstellungswürdigen Festnummer der Täglichen Rundschau abgedruckt wurde. Es hieß darin: »Am Vorabend des ›Tages des Freien Buches‹ begrüße ich die im ›Haus der Kultur der Sowjetunion‹ Versammelten. Mit der Bücherverbrennung auf den Plätzen der deutschen Städte begann der Faschismus seinen Vernichtungskrieg gegen die Weltkultur. Gemeinsam mit den fortschrittlichen Demokratien der ganzen Welt erhob sich gegen den Faschismus die Sowjetunion, die Wahrerin und

Verteidigerin der großen Kultur vergangener Zeiten, die Schöpferin der neuen humanistischen Kultur des Sozialismus.« Jedenfalls indirekt wurde der »Hitler-Stalin-Pakt«, der allen Antifaschisten so schreckliches Kopfzerbrechen machte, nicht geleugnet, denn es hieß weiter: »Der Gegenschlag, mit dem das Sowjetvolk auf den verräterischen [!] Überfall der Faschisten antwortete, war ein Kampf für die Kultur vergangener Zeiten, für die Freiheit und das Glück der Menschheit, ein Kampf gegen die Kulturschänder, die Würger und Unterdrücker des schöpferischen Geistes.« Die Zuschrift endete: »Es gibt für die deutschen antifaschistischen Kulturschaffenden keine höhere Aufgabe, als teilzunehmen an der Ausrottung der Überreste des Faschismus aus dem Bewußtsein und dem Dasein ihrer Landsleute. Dieser edlen Aufgabe dient auch der von Ihnen geschaffene ›Tag des freien Buches‹. Ich wünsche Ihnen von ganzem Herzen die besten Erfolge in Ihrer wichtigen Arbeit zur Umerziehung des deutschen Volkes in demokratischem Geiste.«

Bei der Feier lasen Langhoff und Laubenthal Gedichte von Heine und Majakowski, Prosa von Heinrich Mann, Gorki, Tucholsky. Später im engeren Kreis bei Wodka und Krimwein gelang es, Ernst Busch wieder einmal zum Singen zu bewegen. Ihm war die Flucht aus den französischen Lagern nicht gelungen, die deutschen Eroberer hatten ihn entdeckt und in ein Gefängnis gebracht, das zerbombt wurde. Seit seiner Verschüttung, die eine teilweise Lähmung einer Gesichtshälfte zur Folge gehabt hatte, war er verklemmt und gehemmt. Er redete sich ein, die Lähmung hindere ihn am Singen. Dabei sang er nach den grausigen Erlebnissen seiner Zuchthausjahre ergreifender und mitreißender als je zuvor. Er war nun wirklich ein großer Künstler, dem man Grobheiten und Unarten, die sich seit seiner Haft verschärft hatten, verzeihen mußte. Er sang Brecht-Eisler-Lieder, Spanien-Lieder und zur Freude der Anwesenden auch den »Lampenputzer« des so sehr zu Unrecht vergessenen Erich Mühsam.

Unterdessen waren in allen vier Sektoren Berlins Vorbereitungen für die Kundgebungen am Tag des Freien Buches getroffen worden. Endlich wieder einmal, zum letzenmal, einig, hatte der Gesamtberliner Magistrat durch Handzettel und Plakate an den Anschlagsäulen zur Kundgebung aufgerufen. »Berliner, beweist durch Euer Erscheinen, daß in unserer Stadt das Freie Wort wiedererstanden ist!«[44] Die miteinander verfeindeten Verbände, der Kulturbund und die Freie Deutsche Jugend auf der einen, der Schutzverband Deutscher Autoren und der Demokratische Jugendverband auf der anderen Seite, gehörten zu den gemeinsamen Unterzeichnern des Aufrufs. Sensation aber verursachte, daß die Sender der Besatzungsmächte, die täglich Gift widereinander ausspieen, sich gleichfalls friedlich-freundlich zu gemeinsamem Tun zusammentaten: der sowjetische Berliner Rundfunk, der britische NWDR, Abteilung Berlin, und der amerikanische RIAS. Im Ehrenpräsidium fanden sich neben den Parteifunktionären Abusch und Becher die Antikommunisten Birkenfeld und Nestriepke; und neben den vom »östlichen« Orbit beanspruchten Autoren Anna Seghers, Friedrich Wolf, Ludwig Renn, Alfred Kantorowicz die im »westlichen« Orbit zuständigen Alfred Döblin, Manfred Hausmann, Erich Kästner, Elisabeth Langgässer, Peter Suhrkamp. An diesem Tag des Freien Buches verstand man nicht recht, worin Elisabeth Langgässer »westlicher« als Anna Seghers oder Ludwig Renn »östlicher« als Peter Suhrkamp sein sollte. Für einmal hatten nicht Funktionäre und Machtpolitiker der einen oder der anderen Seite das Sagen. Man gab Schriftstellern das Wort, und solange sie das Wort hatten, stellte sich die schon gefährdete Einheit zwischen Menschen einer Sprache und eines Volkes wieder her.

Man hatte absichtsvoll den hellen Tag gewählt. Im Sonnenglanz des Maimittags fanden sich die Teilnehmer im Vorhof der Humboldt-Universität zusammen, angesichts des Opernplatzes, auf dem vierzehn Jahre zuvor nächtlicherweile lodernde Flammen den zeitweiligen Triumph des Widergeistes verflackert hatten. Schon äußerlich war zu erkennen, daß diesmal keine einseitige Propagandaschau geplant war. Ein einziges Transparent spannte sich über den Köpfen der Redner mit der Inschrift des Briefes von Romain Rolland: »Ja, ich bin mit Euch – Euch, dem besseren Deutschland, das leidet, aber kämpft. Die Zukunft wird sich an Euer Beispiel erinnern und sie wird es ehren!« Schulklassen aus Zehlendorf und aus Pankow trafen nach einem Fußmarsch dort im Vorhof der Universität zusammen und mengten sich fröhlich. Der Korrespondent der New York Times, Delbert Clark, seit meiner Heimkunft zum guten Bekannten geworden, und der Berichterstatter der Moskauer Prawda notierten eifrig und spendeten den Rednern an den gleichen Stellen freundlichen Beifall.

Das war nicht so erstaunlich, wie es wenig später schon erschien. Denn war Peter Suhrkamps Rede »westlich«, als er ausrief, daß die Intellektuellenhetze der Nationalsozialisten ein Schlag gegen die Aufklärung und eine Spekulation auf die Spießerdummheit gewesen sei, da »Dummköpfe lieber brennen und morden als denken«, als er die Bücherverbrennungen »ein Attentat gegen den Menschen« nannte? War Anna Seghers' kurze Improvisation gegen die Sprachverwilderung »östlich«? Richtete Günther Weisenborn seinen »Ruf an die Jugend« nach Osten oder nach Westen? Sprach ich als Amerikaner oder als Russe, wenn ich abermals – wie schon so oft zuvor in Paris, in London, in New York – daran erinnerte, daß die von Goebbels gerühmte »prachtvolle symbolische Tat« der Bücherverbrennungen am 10. Mai 1933 tatsächlich ein Symbol gewesen sei, weil die Flammen, die damals prasselten, die großen Geister aus Ost und West in ihrem Feuer vereint hatten?

Und war diese Feierstunde am 10. Mai 1947 nicht eine Bestätigung der vierzehn Jahre lang im Ausland gehegten Hoffnungen? Durfte man nicht in dieser Stunde noch einmal daran glauben, daß es möglich sein werde, durch eine Zeitschrift, die den Titel Ost und West – mit dem Akzent auf dem »und« – erhalten sollte, dazu beizutragen, Berlin nicht zum Zankapfel antagonistischer politischer Interessen werden zu lassen, sondern es zu einem Schnittpunkt geistiger Strömungen zu machen? Die Wunschträume wurden durch die Entwicklung von beiden Seiten her demontiert.

An diesem Maitag aber sangen Berliner Chöre aus Mozarts »Zauberflöte«: »Bald prangt, den Morgen zu verkünden ...« und Goethes »Beherzigung«, und zwischen den kurzen Ansprachen wurden die schon zu früheren Veranstaltungen gesandten Botschaften der ehemals verbotenen Schriftsteller von Weltrang verlesen. In der erwähnten, fast ausschließlich dem Tag des Freien Buches vorbehaltenen Ausgabe der sowjetischen Täglichen Rundschau wurden diese Erklärungen abgedruckt. Am Anfang stand Gorkis Protest gegen die Bücherverbrennungen von 1933, der die Sätze enthielt: »Der Schriftsteller in der bürgerlichen Welt mußte geradezu eine Wiedergeburt mittelalterlicher Zustände befürchten, die auch die Anwendung der Inquisition gegen die freiheitlich Denkenden nicht ausschlossen.« Gorki war 1936 gestorben, hatte also die Inquisitionsmethoden der »Prozesse« nicht miterlebt. Es war nach 1947 manchmal gut, das Zitat zur Hand zu haben. Im Ernstfall nützten die Zitate gegen die stalinistische Inquisition, die noch bevorstand, so gut wie nichts. Auch die Beteuerungen der anderen großen Schriftsteller blieben im deutschen Alltag wirkungslos. Romain Rollands Zuruf hatte ermutigen wollen: »Ihr tragt in Euch das Deutschland der Zukunft, all die Hoffnungen, die auch die unseren sind ... Eure Leiden werden heilig sein für die kommende Generation.« Vier Jahrzehnte danach sind Fragezeichen geboten. Dieses Buch widerlegt seine Hoffnungen, die auch unsere gewesen waren, weitgehend.

Die Leitsätze Heinrich und Thomas Manns aus den Jahren des Exils waren nicht vergessen.[45] Roosevelts Zuschrift zur Feier am 10. Mai 1943 in New York wurde ebenso zitiert[46] wie Stefan Zweigs Mahnung, daß es »niemals einer Tyrannei gelungen ist, dauerhafte Bücher auf die Dauer zu unterdrücken«. Das alles stand groß aufgemacht im Organ der sowjetischen Besatzungsmacht am 10. Mai 1947. Dies war ein Tag der Hoffnung.

Auch in den Hauptstädten der Länder der damaligen sowjetischen Besatzungszone fanden Erinnerungsfeierlichkeiten statt. In Leipzig sprach im überfüllten Schauspielhaus Professor Ernst Niekisch, später im Osten wie im Westen Deutschlands gleichermaßen von den Machthabern mißachtet, fast erblindet und gelähmt durch die Jahre der Haft, aber einer Entschädigung, einer Wiedergutmachung für unwürdig erklärt, weil er sich nach seiner Befreiung durch die Sowjets zuerst den Kommunisten angeschlossen hatte und von ihnen, obwohl er in Westberlin wohnte, in die provisorische Volkskammer delegiert worden war. Sein Thema war der »Untertan« als Vorstufe des Nationalsozialisten.

Die Landesbibliothek in Weimar veranstaltete am 10. Mai eine Ausstellung der einst geächteten Literatur, und in einer Gedenkstunde erinnerte Theodor Plievier an das Motiv des Verbrechens am Geist und forderte geistige Wiedergutmachung. Bald darauf floh er vor dem sich schon ankündigenden neuen Zwang in den Westen. Die Namen sind nicht willkürlich gewählt; die Genannten vertraten bei den Gedenkfeiern zum Jahrestag der Bücherverbrennungen 1947 die freie deutsche Literatur und Wissenschaft. Ihr Schicksal zeigt jedoch, daß das Exil nicht beendet war; daß viele der von Hitler Entrechteten, Vertriebenen, Eingekerkerten zu den Besiegten gehörten.

In Potsdam stellte der greise Bernhard Kellermann seine Gedenkrede unter das Motto »Gedanken sind mächtiger als Feuer und Flammen«. Er jedenfalls starb einige Jahre später, 1951, unangefochten einen friedlichen Tod an seinem Wohnsitz Potsdam. Nur in Dresden kam ein Berufsfunktionär zu Wort, ein gewisser Rentzsch, der ein paar Jahre später als Kultursekretär des SED-Apparates selbst Rollkommandos gegen unerwünschte Bücher und Theaterstücke, auch gegen Brechts »Lukullus«, einsetzte und anführte. Er gehörte zu den Siegern des Nachkrieges.

Epilog

Unter solchen Auspizien kehrte der schöne Gedanke, der hoffnungsvoll durch die Welt getragen worden war, den Jahrestag der Bücherverbrennungen zum Ehrentag des Freien Buches zu machen, nach Deutschland heim. Er kehrte heim und wurde nach dem würdigen Empfang, den man ihm am 10. Mai 1947 gegeben hatte, alsbald durch neue Unterdrücker der geistigen Freiheit in die Zwangsjacke gesteckt. Der SED-Apparat griff ein. Der bewährte Spezialist für die Zerschlagung jeden Ansatzes einer von geistiger Toleranz getragenen Bemühung, Alexander Abusch, erhielt den Auftrag, nach dem Rechten zu sehen. Der schöne Gedanke müsse organisatorisch betreut werden, damit er sich brav und züchtig im Parteisinne entwickele – ein Widerspruch in sich selbst. Man wollte unter der Obhut wohlinstruierter, verläßlicher Parteifunktionäre ein Komitee bilden, dessen Auftrag es war, der »Entartung« dieser Idee vorzubeugen. Entartung meinte: Freiheit des Wortes, Freiheit der Gedanken, die nicht mit den politischen Dogmen, Vorschriften, Maßstäben – auch den geschmacklichen – der stalinistischen

Funktionäre übereinstimmten. Mit der Begründung dieses Komitees war der Gedanke bereits in eine Isolierzelle gesperrt. Der Westen trug wenig dazu bei, ihn zu Zeiten des Kalten Krieges daraus zu befreien; im Gegenteil, er hätte die Praktiken des McCarthyismus nur gestört, und insbesondere im Westen Deutschlands war man zufrieden, auch diese unangenehme Erinnerung an die Untaten der Nationalsozialisten verdrängen zu können.

Gewiß, im nächsten Jahr, 1948, veranstaltete der Kulturbund pünktlich am 10. Mai unter der Aufsicht der Parteifunktionäre Becher, Abusch, Wandel, damals Präsident der Verwaltung für Volksbildung in der sowjetischen Besatzungszone, eine Erinnerungsfeier, bei der ich in einer halb wehmütigen, halb zornigen Rede einige ketzerische Gedanken in die neu anbrechende geistige Nacht hineinrief. Es wurde übel vermerkt, aber es war bereits vorgesorgt, daß die Mahnung nicht zur Kenntnis der breiteren Öffentlichkeit kam. Nur in einem der zahllosen seither wieder verbotenen, unterdrückten und kaum mehr auffindbaren Bücher mit dem unzeitgemäßen Titel »Vom moralischen Gewinn der Niederlage« kann man sie nachlesen.

Ich sagte: »Wir wissen wohl, daß es mit einer alljährlichen Erinnerung nicht getan ist: um den Preis einer Gedenkrede läßt sich die Aufgabe geistiger und sittlicher Erneuerung nicht erkaufen. Niemand kann uns Deutschen diese Aufgabe abnehmen, niemand sie uns anbefehlen und niemand sie uns verbieten. Es ist an uns – nicht durch gelegentliche Festreden und tönende Deklarationen, sondern durch stete Arbeit, intellektuelle Integrität und Tatbereitschaft – zu bekunden, daß in dem neuen Deutschland, das wir bauen wollen, der freie Gedanke und die Literatur in Ehren gehalten und verteidigt werden. Die große und schöne Idee, einen Tag im Jahre zum Ehrentag und Feiertag der Kultur zu machen und seine Bedeutung in Abermillionen empfänglicher, junger Gemüter einzuprägen, darf nicht als ein Aktenstück in ministerialrätlichen Schreibtischschubladen überlasteter Volksbildungsministerien oder Kultursekretariate beerdigt werden. Denn wir müssen gewärtig sein, daß ohne dies breite und tiefe Bewußtsein von der Würde und zukunftsweisenden Trächtigkeit der schöpferischen Literatur Scheiterhaufen in neuer Form, vielleicht Scheiterhaufen schlechthin, eines anderen Tages wieder das noch nicht vollendete, ja kaum begonnene Werk der Humanisierung unseres Volkes vernichten könnten.

Die grausige Erfahrung des ›symbolischen‹ Vandalenaktes vom 10. Mai darf beileibe noch nicht ad acta gelegt werden. Einmal: weil der von uns allen so beklagte Mangel an Kenntnis und Urteilsvermögen, die tiefe Verwirrung und Begriffsverwirrung der jüngeren Generation sich direkt von diesem ›symbolischen Akt‹ herleiten; zum anderen: weil der Kampf von Dunkelmännern gegen die Literatur – Verbote von Büchern und kulturellen Organisationen, Zensurmaßnahmen, einseitige Einwirkung auf die Gestaltung der Theaterspielpläne – nicht eine Sache ist, die der Vergangenheit angehört, sondern eine schreckliche, uns alle brennende, unsere hinkünftige geistige und soziale Entwicklung bedrohende Aktualität hat. Die Frage, ob wir – aber nicht nur wir Deutschen allein – aus den Folgen, die die Proklamierung der Barbarei in Deutschland am 10. Mai 1933 gehabt hat, die Folgerung gezogen haben, muß mit einem schmerzlichen ›Nein‹ beantwortet werden.«[47]

Diese Ansprache war eine Grabrede auf den 1948 offensichtlich bereits gescheiterten Versuch, den Tag des Freien Buches zum Wahrzeichen einer bindenden Verpflichtung zu machen. Nicht wenige, deren Bücher 1933 zum Gaudi Unwissender unter Feuersprüchen in die »reinigenden Flammen« geworfen oder auf den fortlaufenden Verbotslisten der Reichsschrifttumskammer genannt worden waren, stehen seither wieder auf den Indizes von Diktaturen gleich welchen Vorzeichens. Schon 1948, als diese Grabrede gehalten wurde, gab es Bücher von André Gide, Ignazio Silone, George Orwell, Theodor Plievier und wie vielen anderen nicht mehr in den Buchhandlungen der damaligen sowjetischen Besatzungszone zu kaufen. Was dann folgte, führte abermals bis nahezu zum Nullpunkt. Das innere Exil, nicht selten auch das äußere, währt für Schriftsteller vieler Nationen fort. Auch für deutschsprachige Schriftsteller: Überlebende des Exodus nach 1933 und Jüngere, die in einer Welt der verwalteten Literatur Atemnot leiden.

Es ist eine Schuldigkeit, nachzutragen, daß am 40. Jahrestag der Bücherverbrennungen auf Anregung der Hamburger Freien Akademie der Künste würdige Gedenkveranstaltungen stattfanden, an denen die Stadt Hamburg unter ihrem damaligen Ersten Bürgermeister Peter Schulz aktiven Anteil nahm. Der Leiter der Hamburger Arbeitsstelle für deutsche Exilliteratur, Professor Hans Wolffheim, und sein Assistent Jan Hans bereiteten für die Hamburger Kunsthalle eine den Räumlichkeiten angepaßte Ausstellung verbotener und verbrannter Bücher und einiger dazugehöriger Dokumente vor. Bei der Gedenkveranstaltung erinnerte Bürgermeister Schulz – erwiesenermaßen ein Verteidiger des freien Wortes und des freien Gedankens – die Zuhörer daran, daß es nicht um ein abgeschlossenes, einmaliges Ereignis ging: »Dieses Datum, seine Zeichenhaftigkeit, soll vielmehr Anlaß sein, über die Voraussetzungen der ›Freiheit des Geistes‹ in unserer Zeit nachzudenken.« Die Leitsätze seiner kurzen Ansprache seien hervorgehoben: »Rosa Luxemburg – und dies allein schon trennt sie um Welten von jenen, die sie für sich in Anspruch nehmen – hat definiert: Freiheit ist immer die Freiheit des Andersdenkenden. Diesen Satz zu bejahen bedeutet eine Last für jeden, der Macht hat, auch demokratisch legitimierte Macht. Trotzdem und deshalb muß ihn akzeptieren, wer es mit der Freiheit des Geistes und damit der Freiheit überhaupt ernst nimmt.« Die Grenzen der »Freiheit«, etwa beim Aufruf zu Unmenschlichkeiten, Vernichtung, Völkermord und Rassenhaß, übersah Schulz nicht. Sein Appell war eine Aufforderung zur Toleranz. Er endete: »Daher kann sich die Erfahrung des 10. Mai 1933 nicht beschränken auf ein Gedenken. Nachdenken, Informieren, Überdenken unseres immer noch gebrochenen Verhältnisses zum Geistigen muß gefordert werden, denn jeder einzelne trägt mit die Verantwortung für die Freiheit des Geistes.«[48]

Das mag als letztes Wort bestehen.

Anmerkungen

1. Kapitel

[1] Wilhelm Sternfeld; Eva Tiedemann, Deutsche Exil-Literatur 1933–1945. Eine Bio-Bibliographie. 2. verb. und stark erw. Aufl. Mit einem Vorwort von Hanns W. Eppelsheimer. Heidelberg 1970, S. 15.
[2] Helmut Müssener, Exil in Schweden. Politische und kulturelle Emigration nach 1933. München 1974.
[3] Desider Stern, Werke von Autoren jüdischer Herkunft in deutscher Sprache. Eine Bio-Bibliographie. Wien 3. Aufl. 1970.
[4] Sternfeld; Tiedemann, Deutsche Exil-Literatur, S. 14.
[5] Ebd.
[6] Wolfgang Leonhard, Die Revolution entläßt ihre Kinder. Köln, Berlin 1955.
[7] Walter A. Berendsohn in den Materialien des Kongresses für die Erforschung der deutschsprachigen Exilliteratur in Stockholm 1969.
[8] Thomas Mann, Die Entstehung des Doktor Faustus. Roman eines Romans. Berlin 1949, S. 124.
[9] Walter A. Berendsohn, Die humanistische Front. Einführung in die deutsche Emigranten-Literatur. T. 1: Von 1933 bis zum Kriegsausbruch 1939. Zürich 1946. T. 2: Vom Kriegsausbruch 1939 bis Ende 1946. Worms 1976. (Deutsches Exil 1933–45. Bd. 6). Dort auf S. 6–32 das erwähnte Kapitel.
[10] Walter A. Berendsohn, Bericht »Innere Emigration«. Hektographierte Beilage zum Arbeitsbericht 1971 der Stockholmer Koordinationsstelle zur Erforschung der deutschsprachigen Exil-Literatur am Deutschen Institut der Universität Stockholm, S. 2.
[11] Gedenkschrift für Karl Kraus anläßlich seines 60. Geburtstags, von der Wiener

Buchhandlung Richard Lanyi 1934 in 625 numerierten Exemplaren verteilt.
[12] Berendsohn, Bericht »Innere Emigration«, S. 2.
[13] Joseph Wulf, Literatur und Dichtung im Dritten Reich. Eine Dokumentation. Gütersloh 1963, S. 27.
[14] Robert Minder, Dichter in der Gesellschaft. Erfahrungen mit deutscher und französischer Literatur. Frankfurt/M. 1966.
[15] Robert Havemann, Dialektik ohne Dogma? Naturwissenschaft und Weltanschauung. Reinbek 1964. (rororo aktuell 683).

2. Kapitel

[1] Alfred Döblin, Die deutsche Literatur im Ausland seit 1933. Ein Dialog zwischen Politik und Kunst. Paris 1938. (Schriften zu dieser Zeit. 1).
[2] Ebd., S. 10.
[3] Ebd., S. 12.
[4] Oskar Loerke, Tagebücher 1903–1939. Hrsg. von Hermann Kasack. Heidelberg, Darmstadt 1955, S. 275 f.
[5] Döblin, Die deutsche Literatur im Ausland, S. 12 f.
[6] Ebd., S. 17.
[7] Ebd., S. 19.
[8] Ebd., S. 29.
[9] »Neubeginnen« bezieht sich auf wertende Geschichtsschreibung; das Verdienst der ersten Ausgabe des »Exil-Lexikons« im Jahre 1962 bleibt ungeschmälert.
[10] Joseph Roth, Geträumter Wochenbericht. In: Vorwärts Nr. 105, 41. Jg., 2. 3. 1924.
[11] Bertolt Brecht, Freiheit und Democracy. In: Ost und West. Beiträge zu kulturellen und politischen Fragen der Zeit. Hrsg. von Alfred Kantorowicz. 2. Jg., 1948, H. 10, S. 36–41.
[12] Verboten und verbrannt. Deutsche Literatur 12 Jahre unterdrückt. Hrsg. von Richard Drews und Alfred Kantorowicz. Berlin, München 1947.
[13] Franz Carl Weiskopf, Unter fremden Himmeln. Ein Abriß der deutschen Literatur im Exil 1933–1947. Berlin 1948.
[14] Klaus Jarmatz, Literatur im Exil. Berlin (DDR) 1966.
[15] Ebd., S. 289 ff.
[16] Ebd., S. 291 ff., S. 295.
[17] Ebd., S. 301.
[18] Aktionen – Bekenntnisse – Perspektiven. Berichte und Dokumente vom Kampf um die Freiheit des literarischen Schaffens in der Weimarer Republik. Berlin (DDR), Weimar 1966, S. 19.
[19] Babette Gross, Willi Münzenberg. Eine politische Biographie. Stuttgart 1967. (Schriftenreihe der Vierteljahrshefte für Zeitgeschichte Nr. 14/15).
[20] Aktionen – Bekenntnisse – Perspektiven, S. 153 f.
[21] Literatur und Widerstand. Anthologie europäischer Poesie und Prosa. Hrsg. von der Internationalen Föderation der Widerstandskämpfer, FIR. Frankfurt/M. 1969.
[22] Jarmatz, Literatur im Exil, S. 13.
[23] Ebd., S. 63.
[24] Ebd., S. 63.
[25] Manès Sperber, Wie eine Träne im Ozean. Köln 1961.

[26] Albin Stübs, Spanischer Tod. Gedichte. London 1937.

[27] Karl August Wittfogel, Oriental Despotism. A Comparative Study of Total Power. New Haven 1957. Deutsche Ausgabe: Die orientalische Despotie. Köln 1962.

[28] Margarete Buber-Neumann, Als Gefangene bei Stalin und Hitler. Eine Welt im Dunkel. Stuttgart 1958; Susanne Leonhard, Gestohlenes Leben. Schicksal einer politischen Emigrantin in der Sowjetunion. Frankfurt/M. 1956; Waltraud Nicolas, Die Kraft, das Ärgste zu ertragen. Frauenschicksale in Sowjetgefängnissen. Bonn 1958. Das Buch erschien früher unter dem Titel: Irene Cordes, Der Weg ohne Gnade; Erica Wallach, Licht um Mitternacht. 5 Jahre in der Welt der Verfemten. Mit einem Vorw. von Jeanne Hersch. München 1969.

[29] Theodor Plievier, Moskau. Roman. München 1952; ders., Mein Weg. In: Th. Plievier, Haifische. München 1953. (Welt im Buch), S. 305–319; Leonhard, Die Revolution entläßt ihre Kinder; Leo Bauer in zahlreichen Gesprächen mit dem Verfasser.

[30] Julius Hay, Geboren 1900. Hamburg 1970; Ernst Fischer, Das Ende einer Illusion. Erinnerungen 1945–1955. Wien, München, Zürich 1973.

[31] Braunbuch über Reichstagsbrand und Hitler-Terror. Basel 1933.

[32] Fritz J. Raddatz, Traditionen und Tendenzen. Materialien zur Literatur der DDR. Frankfurt/M. 1972; Hans-Dietrich Sander, Marxistische Ideologie und allgemeine Kunsttheorie. Tübingen, Basel 1970. (Veröffentlichungen der List Gesellschaft e. V. Bd. 67); Konrad Franke, Die Literatur der Deutschen Demokratischen Republik. München 1971. (Kindlers Literaturgeschichte der Gegenwart).

[33] Alfred Kantorowicz, Der geistige Widerstand in der DDR. Troisdorf 1968, S. 34.

[34] Brief Heinrich Manns an Max Braun vom 25. 10. 1937. (Fotokopie im Besitz des Verfassers). Auszugsweise abgedr. in: Alfred Kantorowicz, Deutsches Tagebuch. T. 1. München 1959, S. 48.

[35] Verbandsmitteilungen vom September 1972.

[36] Thomas Mann, geboren in Lübeck. Hrsg. von Jan Herschenröder und Ulrich Thoemes für die Thomas-Mann-Gesellschaft in Lübeck. Lübeck 1975.

[37] Georg Lukács, Geschichte und Klassenbewußtsein. Neuwied, Berlin 1968. (Werke. Bd. 2), S. 40.

[38] Georg Lukács und der Revisionismus. Eine Sammlung von Aufsätzen. Berlin (DDR) 1960.

[39] Jarmatz, Literatur im Exil, S. 12.

[40] Ebd., S. 17.

[41] Ebd., S. 36.

[42] Ebd., S. 38.

[43] Ebd., S. 41.

[44] Ebd., S. 76.

[45] Ebd., S. 78.

[46] Ebd., S. 84.

[47] Ebd., S. 86.

[48] Ebd., S. 108.

[49] Ebd., S. 110.

[50] Ebd., S. 205.

[51] Georg Lukács, Willi Bredels Romane. In: Die Linkskurve, 3. Jg., Nr. 11, November 1931, S. 23–27.

[52] An den Wind geschrieben. Lyrik der Freiheit. Gedichte der Jahre 1933–1945.

Gesammelt, ausgew. und eingel. von Manfred Schlösser unter Mitarb. von Hans-Rolf Ropertz. München 1962.
53 Verbannung. Aufzeichnungen deutscher Schriftsteller im Exil. Hrsg. von Egon Schwarz und Matthias Wegner. Hamburg 1964.
54 Deutsche Literatur im Exil. Briefe europäischer Autoren 1933–1949. Hrsg. von Hermann Kesten. München 1964.
55 Hildegard Brenner, Deutsche Literatur im Exil 1933–1947. In: Handbuch der deutschen Gegenwartsliteratur. Hrsg. von Hermann Kunisch. München 1965, S. 677–694.
56 Matthias Wegner, Exil und Literatur. Deutsche Schriftsteller im Ausland 1933–1945. Frankfurt/M., Bonn 1967.
57 Ebd., S. 63f.
58 Verbannung, S. 282; auch: Klaus Mann, Der Wendepunkt. Ein Lebensbericht. Frankfurt/M., Hamburg 1963, S. 263.
59 K. Mann, Der Wendepunkt, S. 284.
60 Wegner, Exil und Literatur, S. 62.
61 Ebd., S. 172.
62 Johannes R. Becher, Vom »Untertan« zum Untertan. Offener Brief an Heinrich Mann. In: Linkskurve, 4. Jg., Nr. 4, April 1932, S. 1–5.
63 Internationale Literatur. Moskau 1933, H. 5; Heinrich Mann, Der Sinn dieser Emigration. Paris 1937.
64 Heinrich Mann, Ein Zeitalter wird besichtigt. Stockholm [o. J.], S. 118ff.
65 Joseph E. Davies, Mission to Moscow. New York 1941. Deutsche Ausgabe: Als USA-Botschafter in Moskau. Authentische und vertrauliche Berichte über die Sowjet-Union bis Oktober 1941. Zürich 1943.
66 H. Mann, Ein Zeitalter wird besichtigt, S. 30–54.
67 Ebd., S. 511.
68 Lion Feuchtwanger, Moskau 1937. Ein Reisebericht für meine Freunde. Amsterdam 1937; Wegner, Exil und Literatur, S. 213.
69 Heinrich Mann an den Verfasser, 13. 4. 1949, in dessen Besitz.
70 Im Besitz des Verfassers.
71 Bertolt Brecht, Gruß an Feuchtwanger. In: Ost und West, 3. Jg., 1949, H. 6, S. 21.
72 Lion Feuchtwanger, Der Teufel in Frankreich. Erlebnisse. Rudolstadt 1954, S. 269.
73 Ulrich Weisstein, Clio the Muse: An Analysis of Lion Feuchtwanger's »Erfolg«. In: Lion Feuchtwanger. The man, his ideas, his works. Los Angeles 1972. (Univ. of South. Calif. stud. in comp. lit. 3), S. 157–186.
74 Wegner, Exil und Literatur, S. 61, Fußnote 16.
75 Das Wort, 2. Jg., 1937, H. 4/5, S. 34. Zitiert ebd., S. 61, Fußnote 16 und S. 108.
76 Ebd., S. 109.
77 Nach der Entlassung aus dem Lager Schauspieler in Zürich. Autor des Buches »Die Moorsoldaten«, 1935, eines der ersten Erlebniszeugnisse aus den Konzentrationslagern. Das Lied »Die Moorsoldaten« ging damals tatsächlich um die ganze Welt.
78 Wegner, Exil und Literatur, S. 61.
79 Ebd., S. 59.
80 Ebd., S. 59f.
81 Aufbau. Reconstruction. Dokumente einer Kultur im Exil. Hrsg. von Will Schaber. New York, Köln 1972.
82 Wegner, Exil und Literatur, S. 60.

[83] Heinz Klunker, Zeitstücke, Zeitgenossen. Gegenwartstheater in der DDR. Hannover 1972; Hans-Dietrich Sander, Geschichte der schönen Literatur in der DDR. Freiburg/Brsg. 1972; Raddatz, Traditionen und Tendenzen.
[84] WM. K. Pfeiler, German Literature in Exile. The Concern of the Poets. Lincoln 1957. (Univ. of Nebraska Studies. New Series No. 16), S. 5.
[85] Ebd., S. 19.
[86] Ebd., S. 30.
[87] Ebd., S. 41.
[88] An den Wind geschrieben, S. 186.
[89] Ebd., S. 59.
[90] Ebd., S. 58.
[91] Pfeiler, German Literature in Exile, S. 8.
[92] Vgl. Anm. 52 dieses Kapitels.
[93] An den Wind geschrieben, S. 18.
[94] Sternfeld, Tiedemann, Deutsche Exil-Literatur 1933–1945, S. 9.
[95] Ebd., S. 12, S. 10.
[96] Exil-Literatur 1933–1945. Eine Ausstellung aus Beständen der Deutschen Bibliothek. 3., erw. und verb. Aufl. Frankfurt/M. 1967.
[97] Ebd., S. 23.
[98] Vgl. Kap. 1, Anm. 3.
[99] Joseph Wulf, Musik im Dritten Reich. Eine Dokumentation. Gütersloh 1963; ders., Die Bildenden Künste im Dritten Reich. Eine Dokumentation. Gütersloh 1963; ders., Literatur und Dichtung im Dritten Reich. Eine Dokumentation. Gütersloh 1963; ders., Theater und Film im Dritten Reich. Eine Dokumentation. Gütersloh 1964; ders., Presse und Funk im Dritten Reich. Eine Dokumentation. Gütersloh 1964.
[100] Helmut Müssener, Die deutschsprachige Emigration in Schweden nach 1933. Ihre Geschichte und kulturelle Leistung. Stockholm 1971; später im Buchhandel unter dem Titel: Exil in Schweden. Politische und kulturelle Emigration nach 1933. München 1974.
[101] Protokoll des II. internationalen Symposiums zur Erforschung des deutschsprachigen Exils nach 1933 in Kopenhagen 1972. Hrsg. vom Deutschen Institut der Universität Stockholm. 1972, S. 153.
[102] Curt Trepte: Deutsches Theater im Exil der Welt. In: Protokoll des II. internationalen Symposiums zur Erforschung des deutschsprachigen Exils nach 1933, S. 520–556.
[103] Hans-Albert Walter, Deutsche Exilliteratur 1933–1950. Darmstadt, Neuwied 1972ff.
[104] Protokoll des II. internationalen Symposiums zur Erforschung des deutschsprachigen Exils nach 1933, S. 33.

3. Kapitel

[1] Das Tagebuch der Anne Frank. 14. Juni 1942 – 1. August 1944. Mit einer Einf. von Marie Baum. 7. Aufl. Heidelberg 1950.
[2] Wallach, Licht um Mitternacht, S. 9, S. 527.
[3] Vgl. Kap. 2, Anm. 28.
[4] Ernst Ottwalt (Ernst Gottwalt Nicolas) hatte sich vom Freikorpsmann zum überzeugten Kommunisten gewandelt. Außer antifaschistischen Romanen (Ruhe

und Ordnung. Berlin 1929; Denn sie wissen, was sie tun. Berlin 1931), Erzählungen, Artikeln hatte er 1932 gemeinsam mit Brecht das Drehbuch für den Film »Kuhlewampe« geschrieben und im selben Jahr das anklagende Buch »Deutschland erwache! Geschichte des Nationalsozialismus« (Wien, Leipzig 1932) veröffentlicht.

5 Waltraut Nicolas, Viele tausend Tage. Stuttgart 1960, S. 117.

6 Nicolas, Die Kraft, das Ärgste zu ertragen.

7 Vgl. Kap. 2, Anm. 28.

8 Alfred Kantorowicz, Deutsches Tagebuch. T. 2. München 1961.

9 Joachim Radkau, Die deutsche Emigration in den USA. Ihr Einfluß auf die amerikanische Europapolitik 1933–1945. Düsseldorf 1971. (Studien zur modernen Geschichte. Bd. 2), S. 86.

10 Ebd., S. 86.

11 Ernst Rüdiger Fürst von Starhemberg, Between Hitler and Mussolini. London, New York 1942.

12 Harry Graf Kessler, Tagebücher 1918–1937. Hrsg. von Wolfgang Pfeiffer-Belli. Frankfurt/M. 1961, S. 713.

13 Kurt R. Grossmann, Emigration. Geschichte der Hitler-Flüchtlinge 1933–1945. Frankfurt/M. 1969.

14 Braunbuch, S. 364.

15 Hans-Albert Walter, Deutsche Exilliteratur 1933–1950, Bd. 1: Bedrohung und Verfolgung bis 1933. Darmstadt, Neuwied 1972, S. 234.

16 Berthold Jacob, Warum schweigt die Welt? Paris 1936. (Phoenix Bücher. Nr. 25).

17 Hermann Kantorowicz, Gutachten zur Kriegsschuldfrage 1914. Aus dem Nachlaß hrsg. und eingel. von Imanuel Geiss. Mit einem Geleitwort von Gustav W. Heinemann. Frankfurt/M. 1967, Einleitung.

18 Wolfgang Langhoff, Die Moorsoldaten. 13 Monate Konzentrationslager. Zürich 1935.

19 H. Kantorowicz, Gutachten zur Kriegsschuldfrage 1914, S. 49.

20 Ebd., S. 5.

21 Thomas Mann, Briefwechsel mit seinem Verleger Gottfried Bermann Fischer 1932–1955. Hrsg. von Peter de Mendelssohn. Frankfurt/M. 1973, S. 28.

22 Kurt Tucholsky, Politische Briefe. Zusammengest. von Fritz J. Raddatz. Reinbek 1969, S. 13.

23 Brief Helene Stöckers vom 6. 8. 1942 im Besitz des Verfassers.

24 Hein Herbers, Friede durch Gewalt – Friede durch Recht. Der Friedensgedanke als Utopie und Möglichkeit. Essen 1959, S. 7.

25 Johannes R. Becher, Walter Ulbricht – ein deutscher Arbeitersohn. Berlin (DDR) 1958.

26 Mit dem Gesicht nach Deutschland. Eine Dokumentation über die sozialdemokratische Emigration. Aus dem Nachlaß von Friedrich Stampfer ergänzt durch andere Überlieferungen. Hrsg. im Auftr. der Kommission für Geschichte des Parlamentarismus und der politischen Parteien von Erich Matthias. Bearb. von Werner Link. Düsseldorf 1968.

27 Gerhart Seger, Oranienburg. Erster authentischer Bericht eines aus dem Konzentrationslager Geflüchteten. Karlsbad 1934.

28 Mit dem Gesicht nach Deutschland, S. 296.

29 Ebd., S. 282ff.

30 Erich Kuttner, Hans von Marées. Die Tragödie des deutschen Idealismus. Zürich 1937.

[31] Mit dem Gesicht nach Deutschland, S. 294.
[32] »Tschapaiew«. Das Bataillon der 21 Nationen. Dargest. in Aufzeichnungen seiner Mitkämpfer. Redigiert von Alfred Kantorowicz. Madrid 1938, S. 293; Alfred Kantorowicz, Spanisches Kriegstagebuch. Köln 1966, S. 233f.
[33] Aktionen – Bekenntnisse – Perspektiven, S. 351.
[34] Johannes Karl Koenig, Sturm im SDS. In: Die Linkskurve, 3. Jg., Nr. 7, Juli 1931, S. 25–27.
[35] Aktionen – Bekenntnisse – Perspektiven, S. 420.
[36] Mit dem Gesicht nach Deutschland, S. 296.
[37] Alfred Kantorowicz, Exil in Frankreich. Merkwürdigkeiten und Denkwürdigkeiten. Bremen 1971, S. 238ff.
[38] Mit dem Gesicht nach Deutschland, S. 562. Das ist eine Anspielung auf eine Rede Scheidemanns am 16. Dezember 1926, »in der er im Auftrag der Fraktion die Zustände in der Reichswehr scharf angriff«. Die abweisende Haltung bestätigt die im Exil-Lexikon vermerkte Eintragung, daß Scheidemann das Verhalten der SPD-Führung 1933 kritisiert habe.
[39] Peter Stahlberger, Der Zürcher Verleger Emil Oprecht und die deutsche politische Emigration 1933–1945. Zürich 1970, S. 296.
[40] Radkau, Die deutsche Emigration in den USA, S. 187.
[41] Hubertus Friedrich Prinz zu Löwenstein, Als Katholik im republikanischen Spanien. Zürich 1938.
[42] Vgl.: Deutsche Literatur im Exil. Briefe europäischer Autoren (wie Kap. 2, Anm. 54).
[43] H. F. Prinz zu Löwenstein an den Verfasser, 28. 1. 1973, in dessen Besitz.
[44] Hermann Rauschning, Die Revolution des Nihilismus. Kulisse und Wirklichkeit im Dritten Reich. Zürich, New York 1938.
[45] Mit dem Gesicht nach Deutschland, S. 398ff.
[46] Ebd., S. 404.
[47] Ebd., S. 435.
[48] Grossmann, Emigration, S. 194.
[49] Friedrich Stampfer, Ein Manifest des Geistes. In: Neuer Vorwärts. Sozialdemokratisches Wochenblatt Nr. 273, Paris, 11. 9. 1938; Thomas Mann, Vom zukünftigen Sieg der Demokratie. Sonderh. der Zeitschrift »Maß und Wert«. Zürich.
[50] Mit dem Gesicht nach Deutschland, S. 364.
[51] Radkau, Die deutsche Emigration in den USA, S. 120.
[52] Bertolt Brecht, Arbeitsjournal. Hrsg. von Werner Hecht. Bd. 2: 1942 bis 1955. Frankfurt/M. 1973, S. 599.
[53] Ebd., S. 621.
[54] Thomas Mann, Reden und Aufsätze. Bd. 3. 2. Aufl. Frankfurt/M. 1974. (Ges. Werke in dreizehn Bänden. Bd. 11), S. 1146.
[55] Thomas Mann, Briefe. Bd. 2: 1937–1947. Frankfurt/M. 1963, S. 339f.
[56] Bertolt Brecht, Arbeitsjournal. Bd. 2, S. 641.
[57] Bertolt Brecht, Arbeitsjournal. [Bd. 3:] Anmerkungen von Werner Hecht. Frankfurt/M. 1973, S. 116f.
[58] Brecht, Arbeitsjournal. Bd. 2, S. 693.
[59] Thomas Mann, Dieser Friede. In: Th. Mann, Reden und Aufsätze. Bd. 4. 2. Aufl. Frankfurt/M. 1974. (Ges. Werke in dreizehn Bänden. Bd. 12), S. 845.
[60] Bertolt Brecht, Freiheit und Democracy. In: Ost und West, 2. Jg., 1948, H. 10, S. 36–41.

61 Brecht, Arbeitsjournal. Bd. 2, S. 831.
62 Th. Mann, Briefe. Bd. 2, S. 289, S. 294.
63 Ebd., S. 305.
64 Ebd., S. 313.
65 Ebd., S. 562f.
66 Th. Mann, Briefe. Bd. 3: 1948–1955 und Nachlese. Frankfurt/M. 1965, S. 295f.
67 Th. Mann, Briefe. Bd. 2, S. 440ff.; Kurt Sontheimer, Thomas Mann und die Deutschen. München 1962; Klaus Schröter, Thomas Mann im Urteil seiner Zeit. Hamburg 1969.
68 Hans Egon Holthusen, Die Welt ohne Transzendenz. Eine Studie zu Thomas Manns »Dr. Faustus« und seinen Nebenschriften. Hamburg 1949.
69 Th. Mann, Briefe. Bd. 3, S. 395ff., S. 398.
70 Holthusen, Die Welt ohne Transzendenz, S. 13, S. 18f.
71 Wissenschaftliche Annalen. Hrsg. von der Deutschen Akademie der Wissenschaften zu Berlin. Berlin (DDR). 5. Jg., H. 9, Sept. 1956, S. 695–701.
72 Thomas Mann an Hermann Hesse, 10. Juni 1955. In: Th. Mann, Briefe. Bd. 3, S. 401f.
73 Vicki Baum, Es war alles ganz anders. Erinnerungen. Berlin, Frankfurt/M., Wien 1962, S. 406.
74 Ebd., S. 457.
75 Radkau, Die deutsche Emigration in den USA, S. 340, Anm. 1611.
76 Ernst Erich Noth, Erinnerungen eines Deutschen. Hamburg, Düsseldorf 1971, S. 266.
77 Franz Schoenberner, Erinnerungen. T. 2: Innenansichten eines Außenseiters. München 1965, S. 39.
78 Erich Maria Remarque, Arc de Triomphe. München 1960, S. 81.
79 Ebd., S. 173.
80 Schoenberner, Erinnerungen. T. 2, S. 39.
81 Ebd., S. 245.
82 Stefan Zweig, Die Welt von Gestern. Erinnerungen eines Europäers. Stockholm 1944; Frankfurt/M. 1965.
83 Ebd., S. 379.
84 Ebd., S. 394.
85 Klaus Matthias, Humanismus in der Zerreißprobe. Stefan Zweig im Exil. In: Die deutsche Exilliteratur 1933–1945. Hrsg. von Manfred Durzak. Stuttgart 1973, S. 291–311.
86 Karl Mewis, Im Auftrag der Partei. Erlebnisse im Kampf gegen die faschistische Diktatur. Berlin (DDR) 1972, S. 302.
87 Th. Mann, Briefe. Bd. 2, S. 281.
88 Hans-Albert Walter, Vom Liberalismus zum Eskapismus. Stefan Zweig im Exil. In: Frankfurter Hefte. Zeitschrift für Kultur und Politik. 25. Jg., H. 6, Frankfurt/M. 1970, S. 427–437.
89 Thomas Mann, Stefan Zweig zum 10. Todestag. In: Th. Mann, Reden und Aufsätze. Bd. 2, 2. Aufl. Frankfurt/M. 1974. (Ges. Werke in dreizehn Bänden, Bd. 10), S. 524f.
90 Th. Mann an Hans Reisiger, 19. 12. 1948. In: Th. Mann, Briefe. Bd. 3, S. 64.
91 Deutsche Literatur im Exil. Briefe europäischer Autoren, S. 197.
92 Joseph Roth, Briefe 1911–1939. Hrsg. u. eingel. von Hermann Kesten. Köln, Berlin 1970.
93 Schoenberner, Erinnerungen. T. 2, S. 40.

[94] Franz Werfel, Gesammelte Werke. Erzählungen aus zwei Welten. Hrsg. von Adolf D. Klarmann. Bd. 3. Frankfurt/M. 1954, S. 7, S. 11, S. 21f.
[95] Frederick R. Benson, Schriftsteller in Waffen. Die Literatur und der Spanische Bürgerkrieg. Zürich, Freiburg/Brsg. 1969, S. 9. Originalausgabe: Writers in Arms – The Literary Impact of the Spanish Civil War. New York 1967.
[96] Carl Zuckmayer, Als wär's ein Stück von mir. Horen der Freundschaft. Frankfurt/M. 1969.
[97] Auch Zuckmayers Frau hat unter ihrem Mädchennamen ein Buch über diese Exilzeit veröffentlicht: Alice Herdan, Die Farm in den grünen Bergen. Hamburg 1949.
[98] Zuckmayer, Als wär's ein Stück von mir, S. 350.
[99] Ebd., S. 420.
[100] Walter Hammer, Theodor Haubach zum Gedächtnis. Frankfurt/M. 1955, S. 47.
[101] Ebd., S. 18ff., S. 81, Anm. 35.
[102] Zuckmayer, Als wär's ein Stück von mir, S. 210.
[103] Ebd., S. 451.
[104] Ebd., S. 452.
[105] Ebd., S. 389.
[106] Ebd., S. 389.
[107] Ebd., S. 472.
[108] Elisabeth Castonier, Stürmisch bis heiter. Memoiren einer Außenseiterin. München 1964; dies., Seltsames Muster. Begegnungen, Schicksale. München 1971.
[109] Elisabeth Castonier, Ein Menschenleben mit Tieren. Frankfurt/M. 1965.
[110] Karl Wolfskehl, Zehn Jahre Exil. Briefe aus Neuseeland 1938–1948. Hrsg. und eingel. von Margot Ruben. Heidelberg, Darmstadt 1959, S. 286.
[111] Ebd., S. 284f.
[112] Hans Wolffheim, Von Dionysos zu Hiob. Karl Wolfskehls Spätwerk. In: Die deutsche Exilliteratur 1933–1945 (wie Anm. 85), S. 335–342.
[113] An den Wind geschrieben, S. 229.
[114] Wolfskehl, Zehn Jahre Exil, S. 312.
[115] Ebd., S. 320, S. 323.
[116] Ebd., S. 348.
[117] Margarete Susman, Ich habe viele Leben gelebt. Erinnerungen. Stuttgart 1964, S. 14.
[118] Ebd., S. 137.
[119] Ebd., S. 136.
[120] Margarete Susman, Das Buch Hiob und das Schicksal des jüdischen Volkes. 2. Aufl. Zürich 1948.
[121] Susman, Ich habe viele Leben gelebt, S. 147.
[122] Ilse Blumenthal-Weiss, Mahnmal. Gedichte aus dem KZ. Hamburg 1957.
[123] Margarete Susman, Vom Geheimnis der Freiheit. Gesammelte Aufsätze 1914–1964. Hrsg. von Manfred Schlösser. Darmstadt, Zürich 1965, S. V.
[124] Über Paul Celan. Hrsg. von Dietlind Meinecke. Frankfurt/M. 1970.
[125] Rainer Gruenter, Meister der Dunkelheit. In: Über Paul Celan, S. 52–54.
[126] Christoph Perels, Das Gedicht im Exil. In: Über Paul Celan, S. 210–213, Zitat: S. 213.
[127] Paul Celan, Ausgewählte Gedichte. Zwei Reden. Nachwort von Beda Allemann. Frankfurt/M. 1968. (edition suhrkamp 262), S. 127.
[128] Ebd., S. 128. Siegbert Prawer, Paul Celan. In: Über Paul Celan, S. 138–160, Zitat: S. 138.

[129] Milo Dor, Paul Celan. In: Über Paul Celan, S. 281–285.
[130] Ebd., S. 284f.
[131] Alfred Mombert, Briefe 1893–1942. Ausgew. und hrsg. von B. J. Morse. Heidelberg, Darmstadt 1961, S. 191.
[132] Ebd., S. 110.
[133] Ebd., S. 136.
[134] Ebd., S. 144.
[135] An den Wind geschrieben, S. 109.
[136] Selbstzeugnisse des deutschen Judentums 1870–1945. Mit einem Geleitw. von Helmut Gollwitzer hrsg. von Achim Borries. Frankfurt/M. 1962, S. 45.
[137] Stern, Werke von Autoren jüdischer Herkunft, S. 12.
[138] Ebd., S. 12f.
[139] Heinrich Fraenkel, Vansittart's Gift for Goebbels. London 1941; ders., The German People versus Hitler. London 1940.
[140] Heinrich Fraenkel, Lebewohl, Deutschland. Hannover 1960, S. 5f.
[141] Radkau, Die deutsche Emigration in den USA, S. 207.
[142] Alfred Kantorowicz, Vom moralischen Gewinn der Niederlage. Berlin (DDR) 1949, S. 281ff.
[143] Hannah Arendt, Elemente und Ursprünge totaler Herrschaft. Frankfurt/M. 1955. Das folgende Zitat findet sich in: Für und gegen Paul Tillich. Pro: Von Hannah Arendt. In: Aufbau, Bd. 8, Nr. 31, New York, 31. 7. 1942.
[144] Hannah Arendt, Eichmann in Jerusalem. Ein Bericht von der Banalität des Bösen. München 1964.
[145] Ebd., S. 87f.

4. Kapitel

[1] Heinrich Mann, Ein Zeitalter wird besichtigt, S. 401.
[2] Rudolf Leonhard erzählt. Hrsg. von Maximilian Scheer. Berlin (DDR) 1955; ders., Ausgew. Werke in Einzelausgaben. Hrsg. von der Deutschen Akademie der Künste zu Berlin (Ausw. u. Zus.stellung: Maximilian Scheer). Bd. 1–4. Berlin (DDR) 1961–1970.
[3] Dazu Briefe von Rudolf Leonhard im Besitz des Verfassers und Alfred Kantorowicz, Deutsches Tagebuch. T. 1, S. 419ff., S. 653ff.; T. 2, S. 441.
[4] Alfred Kantorowicz, Wir sind ihm viel schuldig geblieben. In: Neues Deutschland, 23. 12. 1953.
[5] Brief vom 24. 1. 1974 an den Verfasser.
[6] Brief vom 11. 2. 1974 an den Verfasser.
[7] Die Tochter des norwegischen Dichters Björn Björnson und vormalige Frau des deutschen Verlegers Albert Langen hatte in zweiter Ehe den franz. Großindustriellen Sautreau geheiratet.
[8] Bruno Frei, Der Papiersäbel. Autobiographie. Frankfurt/M. 1972, S. 166ff.
[9] Harry Wilde, Theodor Plievier. Nullpunkt der Freiheit. München 1965.
[10] Hildegard Plievier, Meine Hunde und ich. Frankfurt/M. 1957.
[11] Wilde, Theodor Plievier, S. 446.
[12] Ebd., S. 471.
[13] Ebd., S. 470.
[14] Ebd., S. 472.
[15] Anselm Rüst, Deutsche und »Arier«. Eine zeitgemäße Anthologie. Paris 1935.

[16] Augustin Souchy, Anarcho-Syndikalisten über Bürgerkrieg und Revolution in Spanien. Darmstadt 1969.
[17] Fritz Lieb, Sophia und Historie. Zürich 1962.
[18] Fritz Lieb, Christ und Antichrist im Dritten Reich. Der Kampf der deutschen Bekenntniskirche. Paris 1936.
[19] Vgl. Noth, Erinnerungen eines Deutschen.
[20] Hans Jacob, Kind meiner Zeit. Köln 1962.
[21] Karl O. Paetel, Versuchung oder Chance? Zur Geschichte des deutschen Nationalbolschewismus. Göttingen, Berlin, Frankfurt/M., Zürich 1965.
[22] Karl O. Paetel, Die Presse des deutschen Exils 1933–1945. In: Publizistik. Zeitschrift für die Wissenschaft von Presse, Rundfunk, Film, Rhetorik, Werbung und Meinungsbildung. Bremen, Jg. 4, 1959.
[23] Hans Arno Joachim, Die Stimme Victor Hugos. Paris 1935. (Phoenix Bücher. Nr. 27 a/b).
[24] Alfred Kantorowicz, Hans Arno Joachim. In: Deutsche Schicksale. Intellektuelle unter Hitler und Stalin. (Durchges. und ausgew. von Günther Nenning). Wien, Köln, Stuttgart, Zürich 1964.
[25] Michail Kolzow, Die rote Schlacht. Berlin (DDR) 1960.
[26] Vgl. Kap. 3, Anm. 32.
[27] Hertha Pauli, Ein Lied vom Himmel. London 1940.
[28] Joseph Roth, Briefe 1911–1939, S. 396.
[29] Briefe David Luschnats im Besitz des Verfassers.
[30] Arthur Koestler, Ein spanisches Testament. Zürich 1938.
[31] Odd Eidem, Digtere i Landsflyktighet. Oslo 1937.
[32] Jacob, Warum schweigt die Welt?, S. 36–43.
[33] Hermann Hesse, Briefe. Erw. Ausgabe. Frankfurt/M. 1964, S. 140.
[34] Armin T. Wegner, Odyssee der Seele. Wuppertal 1976, S. 237ff.
[35] Armin T. Wegner, Fällst Du, umarme auch die Erde oder der Mann, der an das Wort glaubt. Wuppertal 1974.
[36] Thomas Mann, Briefwechsel mit seinem Verleger, S. 130.
[37] Ebd., S. 651.
[38] Ebd., S. 132. Vgl. auch: Paul Egon Hübinger, Thomas Mann, die Universität Bonn und die Zeitgeschichte. Drei Kapitel deutscher Vergangenheit aus dem Leben des Dichters. 1905–1955. München, Wien 1974, S. 180f., S. 552–559.
[39] Th. Mann, Briefe. Bd. 2, S. 11; Hübinger, Thomas Mann, S. 562–569, Zitat: S. 564, außerdem S. 245ff.
[40] Einzelheiten finden sich in Thomas Manns Briefwechsel mit seinem Verleger, S. 118ff. und bei Hübinger, Thomas Mann, S. 166–170.
[41] Deutsche Literatur im Exil 1933–1945. Hrsg. v. Heinz Ludwig Arnold. Bd. 1: Dokumente. Frankfurt/M. 1974, S. 98.
[42] Ebd., S. 106.
[43] Ebd., S. 111.
[44] Thomas Mann, Spanien. In: Th. Mann, Reden und Aufsätze. Bd. 4, S. 793–798, Zitat: S. 795.
[45] Benson, Schriftsteller in Waffen, S. 9.
[46] Ebd., S. 17.
[47] Gustav Regler, Das Ohr des Malchus. Eine Lebensbeichte. Köln, Berlin 1958, S. 400.
[48] Rolf Reventlow, Spanien in diesem Jahrhundert. Bürgerkrieg, Vorgeschichte und Auswirkungen. Wien, Frankfurt/M., Zürich 1968.

[49] Julius Deutsch. Ein weiter Weg. Lebenserinnerungen. Zürich, Leipzig, Wien 1960.
[50] Vgl. Anm. 16 dieses Kapitels.
[51] Franz Borkenau, The Spanish Cockpit. An eye-witness account of the political and social conflicts of the Spanish civil war. London 1937.
[52] Bertolt Brecht, Stücke aus dem Exil. Bd. 2. Berlin 1957. (Stücke. Bd. 7), S. 6–60, Zitat: S. 60.
[53] Die Fahne der Solidarität. Deutsche Schriftsteller in der spanischen Freiheitsarmee 1936–1939. Ausgewählt und eingeleitet von Erich Weinert. Berlin (DDR) 1953; ders., Camaradas. Ein Spanienbuch. Berlin (DDR) 1951; ders., Gesammelte Werke. Hrsg. von Li Weinert unter Mitarb. von Ursula Münchow. Berlin (DDR) 1956ff.
[54] Karl Otten, Torquemadas Schatten. Stockholm 1938.
[55] Georges Bernanos, Die großen Friedhöfe unter dem Mond. Köln 1959. Originalausg.: Les grands cimetières sous la lune. Paris 1938.
[56] Rudolf Leonhard, Der Tod des Don Quijote. Geschichten aus dem Spanischen Bürgerkrieg. Bd. 1–2. Zürich 1938; Berlin (DDR) 1951/1952.
[57] Rudolf Leonhard erzählt (vgl. Anm. 2 dieses Kapitels).
[58] Egon Erwin Kisch, Die drei Kühe. Eine Bauerngeschichte zwischen Tirol und Spanien. Madrid 1938; ders., Soldaten am Meeresstrand. Valencia um 1936.
[59] Christian Ernst Siegel, Egon Erwin Kisch. Reportage und politischer Journalismus. Bremen 1973. (Studien zur Publizistik. Bremer Reihe. Bd. 18.)
[60] Helga Herting, Die Widerspiegelung des Kampfes deutscher Interbrigadisten in der deutschen sozialistischen Literatur. In: Interbrigadisten. Der Kampf deutscher Kommunisten und anderer Antifaschisten im national-revolutionären Krieg des spanischen Volkes 1936 bis 1939. Protokoll einer wissenschaftlichen Konferenz an der Militärakademie »Friedrich Engels«, 20./21. Januar 1966. Berlin (DDR) 1966, S. 439–447.
[61] Kolzow, Die rote Schlacht, S. 603–611, bes. S. 608.
[62] Hans Maaßen, Die Söhne des Tschapajew. Berlin (DDR) 1966.
[63] Ludwig Renn, Der spanische Krieg. Berlin (DDR) 1956.
[64] Artur London, Ich gestehe. Der Prozeß um Rudolf Slansky. (Deutsch von Willy Thaler). Hamburg 1970.
[65] Alfred Kantorowicz, Spanisches Tagebuch. Berlin (DDR) 1948.
[66] Kantorowicz, Spanisches Kriegstagebuch, S. 6–13.
[67] Pasaremos. Deutsche Antifaschisten im national-revolutionären Krieg des spanischen Volkes. Bilder, Dokumente, Erinnerungen. (Hrsg.: Militärakademie »Friedrich Engels«). 2. Aufl. Berlin (DDR) 1970.
[68] Vgl. Anm. 60.
[69] Der spanische Bürgerkrieg in Augenzeugenberichten. Hrsg. u. eingel. von Hans-Christian Kirsch. Düsseldorf 1967.

5. Kapitel

[1] Oskar Maria Graf, Reise in die Sowjetunion 1934. Hrsg. von Hans-Albert Walter. Darmstadt 1974. (Sammlung Luchterhand).
[2] Willi Bredel, Wir werden nicht rasten noch ruhen ... In: Zur Tradition der sozialistischen Literatur in Deutschland. Eine Auswahl von Dokumenten. 2. Aufl. Berlin (DDR), Weimar 1967, S. 609ff.

[3] Jan Petersen, Und ringsum Schweigen. Erzählungen aus der deutschen Widerstandsbewegung 1933/35. Berlin (Ost) 1949.
[4] Johannes R. Becher, Das große Bündnis. In: Zur Tradition der sozialistischen Literatur, S. 603 f.
[5] Graf, Reise in die Sowjetunion 1934, S. 25 f., S. 37.
[6] Regler, Das Ohr des Malchus, S. 282, S. 284.
[7] Klaus Mann, Der Wendepunkt, S. 296.
[8] Aufbau. Berlin (DDR) 1950, H. 5. Zitiert nach: Wilde, Theodor Plievier, S. 497.
[9] Klaus Mann, Die Heimsuchung des europäischen Geistes. Aufsätze. Hrsg. von Martin Gregor-Dellin. München 1973, S. 26f.
[10] Sozialistische Realismuskonzeptionen. Dokumente zum I. Allunionskongreß der Sowjetschriftsteller. Hrsg. von Hans-Jürgen Schmitt und Godehard Schramm. Frankfurt/M. 1974, S. 285.
[11] Ebd., S. 46f.
[12] Ebd., S. 47.
[13] Ebd., S. 47.
[14] Ebd., S. 49.
[15] Johannes R. Becher, Brief aus Paris. Paris, den 15. Dezember 34. In: Zur Tradition der sozialistischen Literatur, S. 684ff.
[16] Ebd., S. 684.
[17] Ebd., S. 684.
[18] Ebd., S. 685.
[19] Ebd., S. 685.
[20] Kl. Mann, Die Heimsuchung des europäischen Geistes, S. 27–31.
[21] Dazu ausführlich: Hans-Albert Walter, Deutsche Exilliteratur 1933–1950. Bd. 7: Exilpresse I. Darmstadt, Neuwied 1974.
[22] Jan Petersen, Deutschland ist nicht Hitler. In: Zur Tradition der sozialistischen Literatur, S. 707ff.
[23] Regler, Das Ohr des Malchus, S. 314f.
[24] Ebd., S. 315f.
[25] Europäische Hefte. Prag, 2. Jg., 18. 7. 1935.
[26] Bertolt Brecht, Eine notwendige Feststellung zum Kampf gegen die Barbarei. In: Zur Tradition der sozialistischen Literatur, S. 715.
[27] Vgl. S. 15f. und S. 315f., Anm. 11.
[28] Johannes R. Becher, Im Zeichen des Menschen und der Menschheit. In: Zur Tradition der sozialistischen Literatur, S. 689.
[29] Heinrich Mann, Die Verteidigung der Kultur. In: Zur Tradition der sozialistischen Literatur, S. 726f.
[30] Ebd., S. 728.
[31] Anna Seghers, Vaterlandsliebe. In: Zur Tradition der sozialistischen Literatur, S. 730.
[32] Egon Erwin Kisch, Reportage als Kunstform und Kampfform. In: Zur Tradition der sozialistischen Literatur, S. 720f.
[33] Lion Feuchtwanger, Centum Opuscula. Rudolstadt 1956, S. 508ff.
[34] Ebd., S. 514.
[35] Ernst Bloch, Literarische Aufsätze. Frankfurt/M. 1965. (Gesamtausgabe Bd. 9), S. 136.
[36] Ernst Bloch, Erbschaft dieser Zeit. Erw. Ausgabe. Frankfurt/M. 1962. (Gesamtausgabe Bd. 4), S. 257.
[37] Kantorowicz, Deutsches Tagebuch. T. 2, S. 554.

38 Bloch, Literarische Aufsätze, S. 138.
39 Erich Weinert, Die Bedeutung der Emigrantenliteratur für die illegale Arbeit in Deutschland. In: Zur Tradition der sozialistischen Literatur, S. 712.
40 Rundschau, Nr. 28/29, 1935, auszugsweise abgedruckt in: Zur Tradition der sozialistischen Literatur, S. 803 ff.
41 Robert Musil, Tagebücher, Aphorismen, Essays und Reden. Hrsg. von Adolf Frisé. Hamburg 1955. (Gesammelte Werke in Einzelausgaben), S. 899–902.
42 Bericht über den Internationalen Schriftstellerkongreß für die Verteidigung der Kultur. In: Zur Tradition der sozialistischen Literatur, S. 833.
43 Ebd., S. 812.
44 Ebd., S. 806f.
45 Ebd., S. 823.
46 Ebd., S. 826.
47 Ebd., S. 813.
48 Hans Marchwitza, Wir schreiben nur unsere Erfahrungen, ebd., S. 702.
49 Alfred Kantorowicz, Im 2. Drittel unseres Jahrhunderts. Illusionen – Irrtümer – Widersprüche – Einsichten – Voraussichten. Köln 1967.
50 Bericht über den Internationalen Schriftstellerkongreß für die Verteidigung der Kultur. In: Zur Tradition der sozialistischen Literatur, S. 832.
51 Ebd.
52 Kantorowicz, Exil in Frankreich, S. 231.
53 Walter, Deutsche Exilliteratur 1933–1950, Bd. 7, S. 297ff.
54 Ludwig Marcuse, Mein Zwanzigstes Jahrhundert. Auf dem Weg zu einer Autobiographie. Frankfurt/M., Hamburg 1968, S. 186.
55 Vgl. Kap. 2, Anm. 32.
56 Helga Gallas, Marxistische Literaturtheorie. Kontroversen im Bund proletarisch-revolutionärer Schriftsteller. Neuwied 1972.
57 Die Expressionismusdebatte. Materialien zu einer marxistischen Realismuskonzeption. Hrsg. von Hans-Jürgen Schmitt. Frankfurt/M. 1973.
58 Bertolt Brecht, Schriften. Bd. 2: Zur Literatur und Kunst. Zur Politik und Gesellschaft. Frankfurt/M. 1967. (Gesammelte Werke in acht Bänden. Bd. 8), S. 296ff.
59 Die Expressionismusdebatte, S. 23.
60 Vgl. Kap. 2, Anm. 38.
61 Menschheitsdämmerung. Ein Dokument des Expressionismus. Mit Biographien und Bibliographien neu hrsg. von Kurt Pinthus. Hamburg 1959.
62 Die Expressionismusdebatte, S. 89f.
63 Ebd., S. 93.
64 Ebd., S. 121.
65 Ebd., S. 157–166.
66 Ernst Bloch, Erbschaft dieser Zeit, S. 264. Auch in den folgenden Zitaten wird nach der erw. Ausgabe von 1962 zitiert. Daher erklären sich einige Sätze, die in der Erstausg. noch nicht stehen konnten.
67 Ebd., S. 82f.
68 Ebd., S. 80f.
69 Die Expressionismusdebatte, S. 232f.
70 Ebd., S. 254.
71 Bloch, Erbschaft dieser Zeit, S. 272.
72 Ebd., S. 268f.
73 Ebd., S. 269f.

[74] Ebd., S. 273.
[75] Fritz J. Raddatz, Georg Lukács in Selbstzeugnissen und Bilddokumenten. Reinbek 1972, S. 122.
[76] Vgl. Kap. 2, Anm. 32.
[77] Gespräche mit Georg Lukács. Hans Heinz Holz, Leo Kofler, Wolfgang Abendroth. Hrsg. von Theo Pinkus. Reinbek 1967.
[78] Die Expressionismusdebatte, S. 202.
[79] Hay, Geboren 1900, S. 277.
[80] Sander, Marxistische Ideologie und allgemeine Kunsttheorie, S. 226.
[81] Ebd., S. 233.
[82] Ebd., S. 235.
[83] Die Expressionismusdebatte, S. 223 f.
[84] Ebd., S. 224.
[85] Karl Marx und Friedrich Engels über Kunst und Literatur. Eine Sammlung aus ihren Schriften. Hrsg. von Michail Lifschitz. Berlin (DDR) 1950, S. 546.
[86] Hans Bunge, Fragen Sie mehr über Brecht. Hanns Eisler im Gespräch. München 1970.
[87] Die Expressionismusdebatte, S. 258.
[88] Ebd., S. 259 ff., S. 263.
[89] Ebd., S. 269.
[90] Ebd., S. 270.
[91] Ebd., S. 272 f.
[92] Vgl. Kap. 2, Anm. 18.
[93] Die Expressionismusdebatte, S. 274.
[94] Ebd., S. 275.
[95] Ebd., S. 283.
[96] Ebd., S. 283.
[97] Ebd., S. 289.
[98] Ebd., S. 290 f.
[99] Walter Benjamin, Versuche über Brecht. Frankfurt/M. 1971, S. 130, S. 133.
[100] Brecht, Arbeitsjournal. [Bd. 3:] Anmerkungen von Werner Hecht, S. V.
[101] Bertolt Brecht, Arbeitsjournal. Hrsg. von Werner Hecht. Bd. 1: 1938 bis 1942. Frankfurt/M. 1973, S. 13 f.
[102] Ebd., S. 18.
[103] Ebd., S. 22.
[104] Ebd., S. 25.
[105] Ebd., S. 28.
[106] Vgl. Anm. 58 dieses Kapitels.
[107] Brecht, Schriften. Bd. 2: Zur Literatur und Kunst . . ., S. 293.
[108] Brecht, Arbeitsjournal. Bd. 2, S. 804.
[109] Brecht, Schriften. Bd. 2: Zur Literatur und Kunst . . ., S. 294, S. 295.
[110] Ebd., S. 304.
[111] Die Expressionismusdebatte, S. 325 f.
[112] Ebd., S. 326 f.

6. Kapitel

[1] Bruno Frei, Fünf Jahre Schutzverband Deutscher Schriftsteller im Exil. In: Internationale Literatur, Jg. 10, 1938, S. 143; zitiert nach: Zur Tradition der sozialistischen Literatur, S. 800f.
[2] Geschichte der deutschen Literatur von den Anfängen bis zur Gegenwart. Bd. 10: Geschichte der deutschen Literatur 1917 bis 1945. Berlin (DDR) 1973, S. 429.
[3] Vgl. Wulf, Literatur und Dichtung im Dritten Reich, S. 41f.
[4] Dietrich Strothmann, Nationalsozialistische Literaturpolitik. Ein Beitrag zur Publizistik im Dritten Reich. Bonn 1968. (Abhandlungen zur Kunst-, Musik- und Literaturwissenschaft. Bd. 13), S. 67.
[5] Ebd., S. 75, Anm. 45.
[6] Hesse, Briefe. Erw. Ausgabe, S. 368.
[7] Wulf, Literatur und Dichtung im Dritten Reich, S. 44f.
[8] Ebd., S. 45f.
[9] Castonier, Seltsames Muster, S. 92f.
[10] Strothmann, Nationalsozialistische Literaturpolitik, S. 78.
[11] Berendsohn, Die humanistische Front. T. 1, S. 18f.
[12] Strothmann, Nationalsozialistische Literaturpolitik, S. 80.
[13] Sechs Bekenntnisse zum neuen Deutschland. Rudolf G. Binding, E. G. Kolbenheyer, Die »Kölnische Zeitung«, Wilhelm von Scholz, Otto Wirz, Robert Fabre-Luce antworten Romain Rolland. Hamburg 1933, S. 7f.
[14] Ebd., S. 16.
[15] Alfred Kantorowicz, In unserem Lager ist Deutschland. Reden und Aufsätze. Paris 1936.
[16] Strothmann, Nationalsozialistische Literaturpolitik, S. 79.
[17] Alfred Kantorowicz, Unser natürlicher Freund. Heinrich Mann als Wegbereiter der deutsch-französischen Verständigung. Senat der Hansestadt Lübeck. Amt für Kultur. 1972, S. 27f.
[18] Joseph Roth, Der Neue Tag. Unbekannte politische Arbeiten 1919 bis 1927. Wien, Berlin, Moskau. Köln, Berlin 1970. (Pocket 9).
[19] Ebd., S. 72.
[20] Ebd., S. 141.
[21] Ebd., S. 143.
[22] Ebd., S. 144.
[23] Ernst Toller, Eine Jugend in Deutschland. Amsterdam 1933, S. IXf., XIIf., XV; Reinbek 1963.
[24] Dazu Stichworte in: Alfred Kantorowicz, Meine Kleider. Hrsg. von der Freien Akademie der Künste. Hamburg 1968.
[25] Alfred Kantorowicz, Deutsches Tagebuch. T. 2, S. 186ff.
[26] Hermann Kantorowicz, Gutachten zur Kriegsschuldfrage 1914, S. 25.
[27] Im Besitz des Verfassers.
[28] Im Besitz des Verfassers.
[29] Im Besitz des Verfassers.
[30] Im Besitz des Verfassers.
[31] Max Schröder, Von hier und heute aus. Berlin (DDR) 1958, S. 265.
[32] Thomas Mann, Dieser Friede. In: Th. Mann, Reden und Aufsätze. Bd. 4, S. 832f.
[33] Im Besitz des Verfassers.
[34] Manuskript im Besitz des Verfassers.
[35] Manuskript im Besitz des Verfassers.

[36] Eine Anzahl dieser Rundschreiben im Besitz des Verfassers.
[37] Im Besitz des Verfassers.
[38] Thomas Mann, Ansprache an Deutsche Hörer, 25. Mai 1943. In: Th. Mann, Reden und Aufsätze. Bd. 3, S. 1073 f.
[39] Im Besitz des Verfassers.
[40] Im Besitz des Verfassers.
[41] Verboten und verbrannt. Deutsche Literatur 12 Jahre unterdrückt. Hrsg. von Richard Drews und Alfred Kantorowicz. Berlin, München 1947.
[42] Im Besitz des Verfassers.
[43] Entschließung auf der Tagung des ZK der SED am 24. August 1950.
[44] Handzettel und andere Dokumente im Besitz des Verfassers.
[45] Vgl. S. 42 und 168 dieser Arbeit.
[46] Vgl. S. 298.
[47] Alfred Kantorowicz, Vom moralischen Gewinn der Niederlage, S. 154f.
[48] Der Ehrentag des Freien Buches. Ansprachen von Bürgermeister Peter Schulz und Professor Dr. Alfred Kantorowicz aus Anlaß des 40. Jahrestages der Bücherverbrennungen. (Hrsg. vom Kuratorium für staatsbürgerliche Bildung, Hamburg). Hamburg 1973, S. 5 und 7.

Personenregister